토라 탈무드

Dr. A. 코언 편 / 한국기독문서간행회 역

도서출판 한글

머 리 말

탈무드의 발췌문·예화·금언 등이 독자를 만족시켜 주는 책으로는 부족함이 없으나 유대문헌의 한 중요한 부분인 교리에 대한 포괄적인 개관은 부족한 편이었다. 그 점을 보충하고자 한 것이 이 책의 특성이며 종교·윤리·민속·법률의 가르침을 요약하는 일이었다.

근래는 탈무드에 대한 관심이 점차 높아가고 있으며 현대 작가들과 전문지식이 없는 사람들도 자주 참조하고 인용하게 되었다. 전체의 교리가 닭과 달걀 관계 같다 하여 탈무드에 조소를 보냈던 19세기 신학자들의 무지는 용서받을 것이 못된다.

이 책은 성서시대(Bibical Age) 이후 이스라엘의 위대한 랍비들의 사상과 목적을 이해하는데 많은 자료를 제공하고 있다고 믿는다. 탈무드의 문헌은 수량이 방대할 뿐 아니라 체계 정돈이 안 된 상태이다. 어떤 글도 완벽하게 취급된 주제는 없다. 그래서 모든 이론은 넓은 밭에서 이삭 줍듯이 모아 엮어야 하는 애로가 있다. 더욱이 탈무드의 고본(稿本)에서 표현된 견해들은 6세기에 걸치는 수백 명의 스승들에게서 나온다.

필자는 때로 이런 사상의 상이성(相異性)을 보여 주는 일이 필요한 것이라 여기고 있지만 가능한한 그런 점에서도 랍비들의 전형적인 견해가 어떤 것인가를 나타내려고 노력했다. 이와 같은 힘든 선택 과정에서 필자는 편견을 피하려고 노력하였으며 잘 읽히면서 탈무드의 진면목을 보여 주는 인용문들로 한정시키도록 노력했다.

어떤 주제를 취급함에 있어 완벽을 기할 수는 없는 일이다. 자료가 너무 방대하므로 세심한 수집과 연구를 거쳐 각 장마다 논제를 달리하여 확대해 나갔다.

'탈무드'란 말의 해석이 필자가 겪어야 했던 최초의 어려움이었다. 서론에서 읽겠지만 협의의 뜻으로는 '미쉬나'(Mishnah; repeat 복습)와 '게마라'(Gemara; supplementary 補遺)의 뜻이 있다. 그러나 다만 그 어원의 출처만 가지고는 랍비들이 가르친 설명을 정확하게 이해하기란 불가능하다. 탈무드는 '토라'(Torah : 모세 5경)가 주해되고 토론되었던 팔레스틴과 바빌론의 학문 세계로 우리를 끌어 들인다. 그런데 집회들이 대중을 가르치기 위해 열렸던 또 다른 장소 즉 회당(Synagogue)과 같은 장소도 있었다. 특히 유대교의 윤리적·종교적인 교리는 예배장소에 모인 회중에게 전해졌고 이런 강연들의 주제들이 '미드라쉼'(Midrashim : 모세 5경 주해)으로 알려진 일련의 편집물로 보존되어 왔다. 이런 보충적인 출처를 무시하고 랍비들의 지식을 정확하게 얻을 수 없음은 당연한 일이다.

'미드라쉼'을 사용할 때에는 사려 깊은 주의를 기울여야 한다. 이것들 중 더러는 작성 시기가 늦어 탈무드 시대에 널리 퍼지던 사상의 부분적 발전이나 양태를 반영하기 때문이다. 따라서 필자는 가능한한 탈무드에서 인용한 랍비들의 이름으로 된 글이나 작자 미상일 경우 그 시기의 동시성(同時性)을 인정할 만한 문헌들에 한정시켰다.

성서는 히브리 원전과 일치하지 않을 때에는 영어 흠정역판에서 찾은 장(Chapter)와 절(Verse)에 따라 인용했다. 이것은 원전을 연구하는 사람에게는 다소 불편을 주겠지만 일반독자들에게는 더없이 편리함을 줄 것이다. 또한 랍비들의 해설이 원전과 뜻이 상치되는 것을 제외하고 항상 개정 흠정역판을 사용했다.

탈무드와 '미드라쉬'의 글들은 1921년에 필자가 출판한 번역판에서 취해온 문서(Tractate:Berachoth)의 인용문들과, 싱어(Rev. S. Singer) 목사의 많은 글은 물론 그의 흠정 일일기도서(Authorised Daily Prayer)에서 사용한 문서(Tractate:Aboth)의 발췌문들을 제쳐두고라도 이 작품을 새로운 것(anew:sor)이 되게 했다.

필자가 진실로 바라는 바는 이 책이 탈무드의 내용을 알기 원하고 또 예루살렘 성전(Temple)과 유대 나라의 멸망을 전후한 중요한 시기에 유대의 종교 지도자들의 신앙과 교리의 편견 없는 개념을 알려는 사람들에게는 도움이 될 것이다. 다음의 글은 진실로 기록된 말이었다. '그 뒤에 일어난 역사를 보면 이 시대의 위대한 성업은 전 유대를 통하여 대표적인 유대교의 창립과 확고한 최고의 교권을 가진 국교의 확립이었다.'[1] 랍비들이 과거 2,000년 전에 유대교에 미친 영향은 결정적이었다. 1,500년 이상 헤아릴 수 없는 수백만의 남녀는 그들의 가르침이 지적으로 계몽시켜주고 정신적으로 갱신시켜준 고무적인 지도상을 그들에게서 발견하게 되었던 것이다.

결론적으로 나에게 큰 도움을 주었던 친구들에게 입은 은혜를 기쁜 마음으로 여기에 밝혀두는 바이다. 법률에 대한 장(Chapter)은 버밍엄의 랍비 호데스(Rabbi Z. Hodes)의 글과 맨체스터 대학의 법률학 강사인 G. J. Webber씨로 필자가 홀로 자료의 수집과 정리에 여념이 없을 때 많은 도움을 준 이들이었다.

필자의 동료인 솔로몬 목사(Rev. S. I. Solomons)가 교정을 맡아 수고하여 주신데 대하여 심심한 감사의 말씀을 드리는 바이다.

버밍엄
1931년 12월
A. 코언

재판에 부쳐

이 책에 베풀어준 호평에 심심한 감사를 드린다. 이 개정판은 불어와 이태리어로 번역되었고 중판을 거듭해 왔다. 필자는 수많은 편지를 종교 학자들과 일반인들에게서 받았다. 그들은 한결같이 랍비들의 문헌을 소개함에 있어 그들에게 도움이 컸음을 인정하고 있었다. 이 개정판은 여러 차례 교정을 했기 때문에 더 실용적이 될 수 있으리라 믿는다.

버밍엄
1948년 7월
A. 코언

---

1) Moore, Judaism, i.p.3.

해 설

　Talmud는 원래 히브리어의 음역으로 '교훈', '교양'을 뜻함.
　유대인 법률학자의 구전 · 해설을 수집한 것.
　본문의 미쉬나(Mishna-反復이라는 뜻)와 주해의 게마라(Gemara-補遺, 완성이라는 뜻)로 이루어져 있다. 미쉬나는 모세의 법률(Torah)을 중심으로 역대 랍비가 그것으로부터 演繹한 사회 전반에 대한 사항을 구전적 해답으로 수록한 것으로 히브리어로 씌어져 있고 게마라는 구전 율법의 大集成인 미쉬나를 註解 · 解說하고 그것에 첨가된 전설을 모아 다시 그 교양을 확대 강화한 것으로 당시의 일상어인 아람어로 씌어져 있다. 《탈무드》는 4세기 경에 편집된 《팔레스틴(또는 예루살렘)탈무드》와 6세기 경까지에 편집된 《바빌론 탈무드》가 있다. 양자 모두 〈미쉬나〉의 부분은 똑같지만 게마라의 부분이 다르며, 《바빌론 탈무드》는 매우 확대되어 있다. 보통 《탈무드》라고 할 때는 《바빌론 탈무드》를 가리킨다. 《탈무드》는 그 완성 후 중세를 거처 현대에 이르기까지 성서 다음 가는 유대인의 정신문화의 원천이라고 할 수 있다.

일러두기

1. 본문 중에 나오는 성경 구절 표시와 탈무드 원전 인용 구절의 표시가 어려워 약호로 분류하였다.
2. 성경의 지명 · 인명 표기는 개역 한글 성경을 따랐고 성구의 번역문은 공동번역 성경을 인용하였으며 주(註)는 성서의 첫 자를 땄다. 〔예, 「창」은 창세기〕
3. 구약성서의 약호 다음에 붙은 알파벳 R(Rabbah:개설 원주18참조)(예 창 R1:50)의 R은 랍비문서에 있는 창세기 구절을 표시한 것이다.
4. 책 좌우에 성서의 약호 외에 숫자로 표시한 주는 탈무드 원전의 인용 경우 탈무드 문서의 책명을 숫자로 대치 표기한 것으로 다음과 같다. 〔예 31:1:5는 바바 카마 1장 5절〕 이라는 뜻이다.
5. 히브리어 원전의 문서 이름은 본 위원회의 결의에 따라 감수하신 민 영진 박사가 현지의 음을 그대로 우리말로 표시하였다.
6. 註는 각 페이지 하단에 일련 번호로 시종을 정리함.
7. 구약성서의 약호

창	창세기	출	출애굽기	레	레위기	민	민수기
신	신명기	수	여호수아	삿	사사기	룻	룻기
삼상	사무엘상	삼하	사무엘하	왕상	열왕기상	왕하	열왕기하
대상	역대상	대하	역대하	스	에스라	느	느헤미야
에	에스더	욥	욥기	시	시편	잠	잠언
전	전도서	아	아가	렘	예레미야	애	애가
겔	에스겔	단	다니엘	호	호세아	욜	요엘
암	아모스	옵	오바댜	욘	요나	미	미가
나	나훔	합	하박국	습	스바냐	학	학개
슥	스가랴	말	말라기	사	이사야		

탈무드의 약어

번호	영 문 표 기	뜻
1	Berachoth	축복
2	Peah	밭 모퉁이
3	Dammai	의심
4	Kilayim	혼종
5	Shebiith	안식년
6	Terumoth	제물
7	Maaseroth	십일조
8	Maaser Shéni	제2의 십일조
9	Challah	떡반죽
10	Orlah	할례
11	Bikkurim	맏물
12	Shabbath	안식일
13	Erubin	합병
14	Pesachim	유월절
15	Shekalim	세겔
16	Joma	대속죄일
17	Sukkah	초막
18	Bétzah	달걀
19	Rosh-Hashanah	신년
20	Taanith	금식
21	Megillah	두루마리
22	Moéd katan	두루마리
23	Chagigah	축제예물
24	Jebamoth	시형제
25	Kethuboth	결혼문서
26	Nedarim	서약
27	Nazir	나실인
28	Sotah	간통혐의
29	Gittin	이혼
30	Kiddushim	성별
31	Baba Kamma	첫째 문
32	Baba Metzia	중간 문
33	Boba Bathra	마지막 문
34	Sanhedrin	법정
35	Makkoth	채찍
36	Sbebuoth	맹세
37	Eduyyoth	증언
38	Abodah Zarah	우상 숭배
39	Pirké Aboth	성현의 교훈
40	Horayoth	결정
41	Zabim	고름 흘리는 병
42	Mena choth	곡식예물

번호	영 문 표 기	뜻
43	Chullin	세속적인 일
44	Bechoroth	맏아들과 맏배
45	Arachin	매긴 값
46	Temurah	예물 바꾸기
47	·Kerithoth	축출
48	Meilah	침해
49	Tamid	매일 드리는 제사
50	Middoth	성전규모
51	Kinnim	새 둥우리
52	Kélim	집기
53	Ohaloth	천막
54	Negaim	전염병
55	Parah	암소
56	Teharoth	정결
57	Mikwaoth	목욕재계
58	Niddah	
59	Machshirin	준비
60	Zabim	고름 흘리는 병
61	Tebul Jom	대낮 침례
62	Jadayim	양손
63	Uktzin	부정을 초래하는
64	Sem	과실수
65	A. R. N	

10. 미쉬나 이후에 나온 외경은 약호 숫
자를 사용하지 않고 앞 머릿글자 3
자만을 인용 표기했다.

약호	영 문 표 기	우리말 표기
Abo	Abotha d'Rabb; Nathani	아보다 드랍비 나탄
Aba	Abadim	아바딤
Der	Derech Eretz Rabbah	데레흐 에레츠 랍바
Kal	Kallah	칼라
Ebe	Ebel Rabbathi	에벨 랍바티
Kut	Kuthim	쿳팀
Pér	Pérek Shalom	페렉크 샬롬
Mez	Mezurah	메주라
Ger	Gerim	게림
Sop	Sopherim	소프림
Sép	Sépher Torah	세페르 토라
Tep	Tephillim	트필린
Tzi	Tzitzith	찌찌트

목 차

탈무드란 무엇인가?

§ 1. 탈무드의 내력

기 원전 586년— 가나안에 살던 이스라엘인들로 구성된 유대왕국은 참혹한 곤경을 당했다. 성전은 파괴되고 모든 종교 행위도 금지되었으며 백성들 거의는 바빌론으로 생포되어 갔다.

'시위대 장관 느브사라단이 다 사로잡아 가고 빈천한 백성만 그 땅에 남겨 두어 포도원을 돌보는 자와 농부가 되게 하였더라'(왕하 25:12)

이에 대하여 통절히 애통하는 탄식이 있었다.

'아, 그렇게 번화하던 도성이 이렇게 황폐하다니! 예전에는 천하를 시녀처럼 거느리더니 지금은 과부 신세가 되었구나'(애 1:1)

1세기 반 전인 기원전 722년에도 10개 부족으로 구성된 북왕국이 아시리아군에게 정복당하여 대부분의 백성들이 각 지방으로 흩어져 다른 나라에 동화되어 버리고 마는 국가적 위기를 당한 적이 있었다. 만약 유대에 내렸던 재앙이 북왕국이 겪었던 것과 같은 결과를 초래했었더라면 이스라엘은 역사에서 그 이름마저 사라졌을 것이다.

바벨론으로 잡혀간 유대 지도자들은 암울한 조국의 운명 앞에 이스라엘의 존폐에 대한 고민을 하게 되었다. 멸족할 운명에서 벗

어날 방법은 무엇인가? 이스라엘 백성들은 종교 속에서 그들의
특성을 발견할 수 있고 성전 중심으로 그 특성을 유지하고 있었
다. 그러나 성전이 무너지고 국민들과 해외 거주자들이 강력한 이
교의 관습에 물들기 쉬운 위기를 맞아 무슨 방법으로 자기들의 고
유성을 보존할 것인가를 강구하게 되었다.

성서의 자료가 그 당시의 실정을 충분히 반영하는 것은 아니지
만, 여러 사건의 과정을 알아볼 만한 성서 속의 참고 구절은 있다.
바빌론 포로 사회에서 가장 유명한 인물인 에스겔은 이스라엘의
생존 문제를 해결하기 위한 노력에 앞장섰다. 그는 '유다의 장로'
들이 자기 집에 모였던 일을2) 예언서에서 세 번씩이나 말하고 있
는데 이러한 모임에서 그들의 심중에서 가장 중요한 문제가 토의
되었음을 추측할 수 있겠다.

그들이 짜낸 해결책은 '토라'라는 말로 요약될 수 있다. '율법'이
라고 부정확하게 번역된 히브리어, '토라'(Torah)는 '교화(敎化),
지시(指示)'를 뜻한다. 토라는 바빌론 포로들에게 과거시대로부터
구전되어 온 것이나 문서로 기록된 율법을 가르쳐 주고 있다. 모
세5경의 기원이나 저작 연대의 진위를 따지는 난처한 문제는 취
급하지 않는다 하더라도 바빌론의 유대인들은 어느 형태로든지
모세의 계시를 지니고 있었음을 짐작할 수는 있다. 그들은 또한
예언서나 시편(詩篇)의 일부를 가지고 있었다. 이러한 바빌론 포
로 이전의 생활 유풍과 유물이 유대인들이 하나님께서 이스라엘
로 돌아가도록 할 때까지 이교도의 환경 속에서 확고한 신념을 주
는 반석이었던 것이다. 이러한 종교적 문헌들은 결과적으로 그들
에게 빛을 주고 깊은 감명을 주게 되었으며, 그들로 하여금 자신
들이 바빌론에 있으나 바빌론인이 아니며, 타민족으로 생존해야

---

2) 에스라 8장 1절, 14 : 1, 20 : 1

한다는 성스런 의무를 깨닫게 해주었다.

회당 제도는 바빌론 포로 시대에 곳곳에서 발생했다고 학자들은 의견을 같이한다. 「베트 하크네세트」 Beth Hakeneseth(회당)라는 히브리어는 정확히 그 최초의 의도를 보여 준다. 그것은 국가를 잃은 국민들의 집회 중심지였으며 그곳에서 성서를 읽고 가르쳤다. 시간이 흐름에 따라 회당에서 기도도 하게 되었고, 예배 처소로까지 발전되었다. 이러한 모임은 히브리 성서연구의 관심을 일깨워 주었다. 대중들 사이에 널리 퍼진 이러한 지식에 대한 열망은 스승 자격이 있는 학식 있는 사람들을 요구하게 되었다.

이러한 사람들은 「소프림」 Sopherim(scribes : 서기관들)이라고 알려지고 있으며, 그들은 작가들이라기보다는 '문자를 다루는 사람들'로 이해되어야 한다. 에스라 8 : 16에 열거된 인명은 '스승'으로 지칭된 이들이었으며, 느헤미야 8 : 7에 나오는 '백성에게 토라를 알게 하여 준' 사람을 의미하는 것이 분명하다.

이러한 스승 중에서 가장 뛰어난 인물은 에스라로서 에스라 7 : 6에서 '모세 율법에 익숙한 학사' 즉 가장 뛰어난 소페르(Sopher)로 기록되어 있다. 그는 선배들의 문제를 실질적으로 해결해 준 인물이었다. 탈무드는 모세가 이룩한 업적과 에스라가 그의 백성을 위해 행한 업적을 공정하게 비교한다. 입법자 모세가 해방된 노예들에게 율법을 주어 그들로 한 민족을 형성할 수 있게 하였듯이 에스라 역시 율법(토라)을 생활의 안내자로 부활시켜서 유대와 바빌론의 퇴폐적인 사회 속에서 생명력을 재활시킨 것이다. '모세가 존재하지 않았다면 율법을 이스라엘에 가져다 준 사람은 에스라일 것이다'(34 : 21b)라고 율법학자들은 그의 업적을 찬양하며 '이스라엘이 율법을 잊었을 때, 에스라는 바빌론으로부터 나타나 율법을 부활시켰다'(17 : 20a)고 말한다.

필자도 에스라의 방책(方策)을 다음과 같이 말한 적이 있다.

"장월(Zangwill)은 '역사란 주로 대집단 속에 융합된 소집단의 기록인데, 공간상으로 통합되지 않은 그룹이나 개척자의 불(火)과 마찬가지로 타오르는 믿음으로 보호받지 못한 집단은 종족 보존이 되지 못한다'는 실예를 많이 기록하고 있다"고 했다.

에스라는 이러한 역사적 교훈을 감지(感知)하고 있었다. 또한 유대인들은 공간상으로 통합될 수 없음을 알고 있었다. 이집트, 바빌론 및 페르시아의 민족 지파(支派)들도 고려해야 하고, 유대에 있는 유대인들과 인근 주민들간의 접촉도 불가피했었다.

유대 국가의 생존을 위해서는 성서에서 말하는 '불 같은 율법'처럼 가장 적절한 은유인 '개척자의 불같이 타오르는 믿음에 의해서' 뭉쳐야 한다. 유대인은 자신을 이교도와 구분시키는 종교 곧 자신이 유대민족의 일원임을 끊임없이 상기시키고 그런 믿음을 갖게 하는 하나의 종교를 갖지 않으면 안 된다. 유대인들은 신조에서뿐만 아니라 생활 양식에서도 이웃과 구분되어야 했다. 그의 신앙 태도와 가정도 달라야 하며, 일상생활 속에서조차도 유대인임을 끊임없이 상기하도록 해야 할 것이다. 그의 생활은 모든 면에서 율법의 지시에 따라야 하며 새로운 환경 변화에 따라 요구될 때는 모세 법전을 국민들의 단체생활 속에서 개발시켜서 실시하도록 해야 한다'3)

이러한 견해를 완전히 이해치 않고서는 율법학자들의 정신과 활동 경향 및 성서주해 방법을 이해할 수가 없다. 이것이 발아(發芽)되어 탈무드가 성장되었다. 이것은 에스라의 업적에 분명히 나타나 있다.

'에스라가 여호와의 율법을 연구하여 준행하며 율례와 규례를

---

3) The Jews at the Close of the Bible Age. pp. 37f. 에 나오는 머리말 설교를 참조.

이스라엘에게 가르치기로 결심하였더라'(스 7 : 10)

여기서 '연구하다'(darash)라는 히브리어 동사는 본서에서 가장 중요한 단어이다. 이 단어의 진정한 의미는 성서 구절을 깊이 연구하면 해석될 사상을 '추론하고 번역해 준다'는 뜻이다. 이러한 추론 과정을 미드라쉬(Midrash)4)라고 하며, 율법학자들의 문헌에 주로 사용되던 주석방법이다. 이 도움으로 성서 구문의 피상적인 해석을 초월할 수 있었다. 이 성스러운 말씀들은 출처를 발견했을 때 종교적이고 윤리적인 가르침이라는 값진 보물을 만들어내는 무한한 광물이 되었다.

하나님의 뜻이 율법에 현시되어 있다는 교훈으로부터 출발하여 유대인의 일상생활을 율법의 가르침으로 이루어져야 한다고 에스라는 가르치며, 율법은 완전한 생활의 안내자이므로 모든 인간생활의 여건에 이바지하는 안내 역할을 하여야 한다고 가르쳤다. 이것을 이루자면 우선적으로 율법의 지식을 가져야 한다. 율법을 실행하기 전에 교육을 받아야 한다. 그래서 에스라는 유대 민중들에게 5경을 낭독해 주고, 그 내용을 알게 해 주었다.

'하나님의 율법책을 낭독하고 그 뜻을 해석하여 백성으로 그 낭독하는 것을 다 깨닫게'하였다.(느 8 : 8)

유대 전통에 따르면 에스라는 '최고회의:Keneseth Hagedolah'를 창설했는데, 이것은 학사들의 회의로 학사들은 그때까지 보존되어 온 교리들을 이어받아서 자기 시대의 새로운 상황에 맞도록 개발, 적응시키고 탈무드를 만든 랍비들의 선구자들에게 전달해 주었다. 그러한 계보는 이렇게 적혀 있다.

'모세는 시나이에서 율법을 받아 여호수아에게 전해 주고, 여호수아는 장로들에게, 장로들은 예언자들에게, 예언자들은 최고회

---

4) 이 단어는 대하 24장 17절에서 '주해'로 번역되어 있다.

의 회원들에게 전달해 주었다.'(39 ; 1: 1)

금세기 학자들은 그러한 최고회의가 존재했었다는 것을 의심해 왔다. 에스라시대 이후의 2세기 반 동안이 모호하여 실제로 이용할 수 있는 역사적 자료가 없다는 것은 인정해야 하지만, 공식적인 학사단체가 그 기간 동안 활동해 온 사실은 부인할 수 없다. 에스라 같은 미래를 내다보는 개혁자는 분명히 자신의 사망 후에 자신의 정열을 이어받아서 자기 업적을 계승해 줄 후계자가 없다면 모두 무산(霧散)된다는 것을 너무나 잘 알고 있었다. 그리하여 백성들이 교육을 받을 수 있는 권위 있는 회합을 형성해 놓은 것 같다.

더욱이 진상을 더 밝히자면, 우리는 기원전 2세기 초에 자신들의 종교를 파괴하려는 것에 대항하던 소수 유대인을 발견하게 된다. 안티오커스 에피파네스(Antiochus Epiphanes)가 유대교의 교훈을 어기라 명령하고, '율법을 저버리고 모든 규칙을 바꿀 것'(1Macc. 1:4a)을 명령하였으므로 하스몬 가(家)는 시리아 군대에 대항했다. 마타디아스(Mattathias)는 이 반항의 대의명분을 내세울 때 이렇게 부르짖었다.

"율법에 대한 열성이 있고 우리 조상들이 맺은 계약을 지키려고 하는 사람은 나를 따라 나서라"(1Macc. 1:27) 또 사망하기 전에 아들에게 "아들들아, 용기를 내어 굳세어져라. 그리고 율법을 굳게 지켜라"(1Macc. 1:64)고 주장했다.

따라서 2세기 초에 율법은 유대인의 한 파(派)에서나마 깊이 뿌리 박고 있었음을 말할 수 있다. 만일에 에스라가 살던 5세기부터 그들에 이르기까지 율법 지식을 전수해 줄 통로가 없었다면 이러한 하스몬가 사람들의 끊임없는 율법의 수행을 어떻게 설명할 수 있겠는가? 역사적 사실은 '최고회의'와 같은 학사 단체가 있었음을 알려 준다. 그렇다면 그 최고회의 구성원들이 율법의 의무를

수행하기에는 최적임자였기 때문에 소프림(sopherim)으로 주로
구성되었을 가능성이 높다.5)

이 최고회의에는 3가지 금언이 있다.

'판단을 신중히 하라, 많은 제자를 양성하라, 율법을 견고하게
하라'(39:1:1)

이것은 바로 그들의 활동을 자극해 준 3가지 원리를 나타낸다.
율법의 다스림으로 결정해야 할 질문들을 상세히 연구하여 그 결
정에 따라 자세한 조사를 해야 한다는 면에서 신중한 판단을 하여
야 한다. 이러한 이유로써 성서 구문을 상세하고도 정확히 조사해
야 하고, 이에 탈무드의 율법학자들은 뛰어난 면을 보여 준다. 신
중한 판단을 하자면 완전한 조회가 필요하다. 율법 지식을 후대에
게 물려주기 위해서는 많은 제자들의 양성이 학사(스승)들의 끊
임없는 관심사가 되었었다. 율법 선생이나 제자들에게 주는 존경
심과 장학금으로 인해 율법 공부에 박차를 가하게 되었고, 탈무드
수집을 이룰 수 있게 해 주었다. '율법을 견고하게 한다'는 것은 율
법 교훈에 따라 살려는 욕구의 당연한 결과이다. 율법을 고지식하
게 말씀 그대로 따르면 우연히 율법을 어기는 수가 있게 된다. 경
지(耕地)에 무심코 들어오는 사람들을 막기 위해 삼울타리를 세워
놓듯이 율법의 영역을 무의식적으로 침해하는 것을 막기 위한 사
전 조치로써 율법에 울타리를 세워야 한다.

따라서 최고회의 목적에 의해 후세의 학자들이 따라갈 연구 조
직이 만들어졌다. 이러한 것들이 광범위한 탈무드를 수확케 해준
씨앗이 되었다.

---

5) The Keneseth Hagedolah 와 the Sopherim 은 Tanchuma의 Beshallach 16장에 실려
  있다. 전통적으로 이 회중은 120명으로 구성되어 있다고 하며(21;17b), 이 인원
  수는 '다리우스왕은 자신의 왕국에 120명의 총독을 설치한 것에 즐거워했다는
  사실 속에서 암시되었을 것이다.'(단 6:1)

'의인(義人) 시몬은 최고회의에서 최후로 생존한 사람 중의 하나
이다'(39 ;1:2)라는 말속에는 중요한 역사적 내용이 들어 있다. 불
행히도 그 이름을 지닌 사람이 누군지 불분명하여서 가치가 적다.
요세푸스는 대제사장 시몬에 관해서 '시몬이 의로운 자라고 불리
는 까닭은 하나님에 대한 신앙심과 그의 국민들에 대한 친절한 성
품 때문이다'(Antig 12:11:5)라고 했다. 그는 주전 약 270년에 사망
했다. 위의 시몬의 손자, 대제사장 시몬 역시도 역사가들은 기록
하고 있는데(Antig 12:11:5), 그는 주전 약 270년에 사망했다. 위의
시몬의 손자, 대제사장 시몬 역시도 역사가들은 기록하고 있는데
(Antig 12:4:10), 그는 주전 약 199년에 사망했다. 조부 시몬이 의
로운 자로 요세푸스에 의해 일컬어지고 있다는 사실이 그가 최고
회의의 최후 생존자임을 뒷받침해 주긴 하지만 주전 약 270년경
에 최고회의에 종말이 왔다면 연대상으로 맞지 않게 된다.

아보트(Aboth) 경(卿)은 소호(Socho)의 안티고노스(Antigonos)
가 의인 시몬의 제자였으며 요세르(Joezer)의 아들 '요세(José
)6)'와 요하난(Jochanan)의 아들 요세(José) 모두 그들로부터
율법을 전수받았다고 밝혀 주고 있다. 이 학자들은 주전 약 160
년에 사망했는데 그들이 시몬과 안티고노스(Antigonos)의 제자
라고 한다면 그 기간이 맞지 않는 것 같다. 따라서 이러한 시간차
를 메우기 위해, 상기의 '그들로부터'란 '무명(無名)의 학사들로부
터 계속됨을 의미한다.7)

---

6) b. 는 히브리어의 ben이나 아람어(aramaic)의 bar의 약자인데, '아들'이라는 뜻이
   다.
7) 하스몬가의 시몬은 '제사장과 백성들, 국가의 통치자, 장로들로 구성된 대회중
   과 관련되어 나타난다'는 새로운 이론이 제기되었다(Macc 14 : 28). 그러나 그
   는 136~5년에 사망했으므로 의인 시몬으로부터 토라를 전수 받은 권위자보다
   오래 생존했다. 전체적인 문제에 대하여서는 Moore의 〈유대교〉 3권 8ff페이지
   를 참조하라. 이곳의 대회중이란 Kene' seth Hagedolah를 계승한 Sanhedrin이었
   을 것이다.

　하여튼간에 최고회의는 3세기 중엽이나 말기에 소멸되었다. 그 후로는 산헤드린(Sanhedrin)8)이란 다른 조직이 유대 사회의 제반 사항을 책임지게 되었다. 요세푸스가 보관했던, 안티오쿠스(Antiochus) 3세가 프토리미(Ptolemy)에게 보낸 편지 속에서는 원로원(Antiq 12:3:3)으로 되어 있다. 성전(聖傳)에 따르면 2명의 율법학자로 구성된 다섯 주고드(Zugoth)가 있었는데, 힐렐(Hillel)과 샤마이(Shammai A.D. 10년 사망)로 끝을 보았으며, 2명 중 한 명은 교황인 나지(Nasi), 즉 왕자(王子:prince)이고, 다른 한 명은 부교황인 '법정의 아버지' 즉 Ab Beth Din이다.

　현대 역사 연구는 색다른 결론에 도달했다. 산헤드린(Sanhedrin)은 대제사장이 관장하는 제사장과 평신도의 복합체였다. 회의의 토의 도중에 분파가 곧 일어나서 두 개의 파로 분리되었다. 제사장들은 율법에 대한 충성을 희생하더라도 헬레니즘 사상과 타협하기를 더 좋아하였고 에스라와 소프림(sopherim)9)의 직계 후계자인 평신도들은 이것에 반대하여서 율법의 다스림에 전적으로 매달리기를 요망하였다.10) 이러한 평신도들의 지도자는 주고드(Zugoth)라고 알려진 율법학자들이었다.

　이 양당(兩黨)간의 분쟁은 마카비(Maccabea)가(家)의 투쟁 동안에는 종식되었다가 존 히르카누스(John Hyrcanus B. C. 135~105)가 등극하자 더욱 공공연히 표면화되었다. 이러한 현상은 사두개와 바리새, 두 지파가 등장할 때까지 계속되었다. 이들을 분할시킨 견해 차이 중에 유대교 발전에 매우 중요한 것이 있다. 요세푸스는 이렇게 말하고 있다.

---

8) 이것은 그리스어 Sunhedrion의 히브리어 표기체이다.

9) 신약성서는 바리새와 학사(scribe 서기관)를 동일시하고 있다.

10) 요세푸스는 정확한 '율법 해석에 대해서는 바리새인들이 가장 뛰어나다'고 말한다(war 2권 8 : 14).

"바리새인들은 모세의 율법 속에 기록되어 있지 않은 의식(儀式)을 조상으로부터 계속 이어받아서 백성들에게 전달해 주었고, 이에 대해 사두개인들은 그것을 배격하고, 성문화된 의식만 준수하여야 하며, 조상들의 구승에 의해 계승된 것은 준수치 않아도 된다고 말했다. 이러한 것과 관련해서 그들 사이에는 굉장한 논쟁과 견해차가 나타났다."(Antiq 13:10 : 6)

구전된 율법의 진위성(眞僞性)에 대한 논쟁으로 인해 구전율법의 옹호자는 성서 내용을 새롭게 연구하지 않으면 안 되겠다는 자극을 받았다. 그리하여 구전율법은 성문화된 율법의 중요한 부분이며, 그것은 마치 피륙의 날과 씨와 같은 것임을 증명하려고 노력했으며, 사두개인들이 부정했던 성전(聖傳)은 5경의 말씀에 포함되어 있다고 보여줄 정도로 성서 해석 방법을 더욱 발전시켰다. 이렇게 되어 율법 해석은 마침내 새로운 국면에 이르게 되었고 탈무드를 낳게 해 준 동기가 되었다.

§ 2. 미쉬나(Mishnah)

율법은 새로운 해석 방법이 나타나면서부터 과학화되었으며 고명한 자격을 갖춘 자만이 율법을 권위 있게 해석할 수 있게 되었는데 그들을 탄나임(先生, 敎師, Tannaïm)이라고 불렀다. 이것은 미쉬나의 율법을 조문화시킨 시대의 율법학자들에 대한 칭호이다.

바리새인의 입장은 힐렐(Hillel)이 가장 잘 대변하고 있다. 그는 날로 변화하는 여건하에서의 인생이란 틀에 박힌 고정된 성문규정 속에서 억압받는 것이 아님을 깨닫고 구승되어 온 율법에 대한 자유로운 해석 속에서 다양한 상황에 맞는 율법을 만들 수 있는 값진 도구를 발견했다.

신명기 15장 1절의 법규가 그의 방법을 잘 입증하고 있다. '칠 년에 한 번씩 남의 빚을 삭쳐 주어라. 빚은 이렇게 삭쳐 주어야 한 다. 누구든지 동족에게 돈을 꾸어 준 사람은 그 빚을 삭쳐 주어야 한다.' 다시 말하자면 빚진 것은 안식년까지 갚지 않을 때에는 빚 을 찾을 수가 없다.

이 성서 규정은 고통에 빠진 자기 백성들에 대한 이스라엘인들 의 자선 행위를 말하는 것이지 일상적인 사업거래상 관련된 대부 를 의미하는 것은 아니다. 이러한 율법의 사회적 배경은 자급자족 생활을 영위하는 소작농으로 이루어진 국가이다. 따라서 상황이 변하여 대부분의 사람들이 상업으로 생계를 유지할 때 이 성서 규 정은 심각한 곤경에 빠지게 된다. 사람들은 안식년이 지난 후에 빌려준 빚을 받을 수 없다면 돈 빌려주기를 꺼려 할 것이며, 이에 따르는 문제는 매우 클 것이다.

사두개인의 견해에 따르면 이것은 시정할 수가 없으며, 그것은 율법인 만큼 순종하여야 한다고 주장한다. 힐렐(Hillel)은 이에 반대하여, 성서의 정확한 연구는 이를 벗어날 수 있는 길을 가르 쳐 준다고 주장한다. 토라는 필요한 말씀만 기록한다는 전제로부 터 시작하여, '너희 것이 무엇이든간에 동족에게 준 빚은 삭쳐 주 어야 한다'(Antig : 3)는 구절을 지적했다. 처음에는 '동족에게서 빚 을 받아 내려고 하면 안 된다'는 앞 구절의 반복이라는 생각이 들 지만, 토라는 실없는 말을 않기 때문에 같은 뜻이 되지 않는다. 따 라서 이 '너희 동족에게 준 빚이 무엇이든 간에'라는 말씀은 '빚진 사람'과 같은 경우에는 제외되어야 한다. 이러한 논리로써 돈을 준 사람이 대부 증명서만 법원에 제시하면 안식년이 지나 만기가 되 었더라도 환수 받을 수 있다.

이러한 논리를 궤변이라고 한다면 부정할 수는 없다. 하지만 이

럼으로써 토라가 영생의 진리를 가진 생활의 진정한 안내자가 될
수 있다는 중요한 목적을 이룰 수 있는 것이다. 새로운 상황에 맞
도록 항상 새롭게 개역될 수 있는 한 토라는 불변할 것이다.

힐렐은 탄나임(Tannaïm)학파의 창시자이고, 동시대인 샤마
이(shammai)도 다른 학파를 설립했다. 1세기 70년 동안 이 두
교사와 제자들의 사상이 바리새 사회를 석권했다. 전반적으로 힐
렐파 사람들이 좀 너그러운 율법 해석을 하고, 샤마이 학파는 좀
더 엄격한 견해를 취했다.

이 두 학파간의 상이한 견해를 탈무드에서는 300여 종이나 기
록하고 있는데, 결국에는 힐렐학파의 가르침이 우세하였다. 학파
를 설립하자면 관련된 주제에 대한 체계적인 연구를 제시해야 했
다. 오늘날까지도 동양에서는 서양보다도 기억력이 높이 계발되
었다는 사실을 유념해야겠다. 많은 지식은 책에서보다는 스승의
말씀으로부터 배우게 된다. 따라서 선대로부터 물려받은 주석 중
에서 논리적으로 합당한 것을 제자에게 추천해 주고 조사하는 것
이 필요하다고 힐렐은 생각했다. 그는 일반적으로 적합한 일곱 가
지 해석 원리를 채택하였다. 그후에 또 다른 원리가 더 추가되었
다. 그는 학습자의 편의를 위해 방대한 양의 구승 지식을 정리해
야 했다. 이렇게 정리된 것은 구두로 보존되었으나 미쉬나의 첫
판으로 간주된다.

다음으로 살펴볼 인물도 자카이(Zakkai)의 아들 요하난
(Jochanan)이다. 그는 힐렐의 제자 중에서 가장 젊고 뛰어난 인
물로서, 힐렐이 사망하기 전에 '지혜의 아버지(미래학자), 세대의
아버지'(p 26 : 3ab)로 불린 사람이다. 그는 티투스(Titus)에 의해
성전이 파괴되던 시대에 가장 탁월한 지도자였다. 로마와의 투쟁
에서 유대인들의 패배를 예지한 그는 민족적 독립보다도 더 중요

한 유대교를 보존하기 위해 평화를 주장했다.

그러나 그의 주장이 거절되자, 성전과 국가적 파멸이 닥쳐왔다. 이때 그는 유대교의 소멸을 방지하기 위한 비책을 세웠다. 이야기에 따르면 유대교의 열심 당원들(zealots)의 출입을 통제하고 있는 예루살렘성을 탈출하기 위해 자신이 와병중이라는 소문을 퍼뜨렸다가 사망했다는 소문을 유포시켰다. 그런 다음 독실한 추종자들의 도움을 받아 장사를 지내게 하여 관 속에 들어가 예루살렘을 벗어났다.

산 사람은 아무도 성에서 벗어나지 못하도록 지키는 병사가 죽음을 확인하기 위해 창으로 찌르는 것이 통례이나 그에게만은 그에 대한 존경심 때문에 찌르지 않아서 생명을 구했다. 그는 곧장 로마 진영으로 가서 베스파시안(Vespasian) 면회를 허락 받고, 그에게 '야브네11)성과 학자들을 자기에게 돌려달라'고 간청했다. 로마 제왕은 약속을 지키고 야브네성은 구제되었다.

전쟁이 끝난 후에 요하난은 그곳에 머물렀는데 별로 중요치 않던 그의 학파가 유대인의 생활과 사상의 중심이 되었다. 야브네성은 산헤드린의 근거지가 되었고 실지로 예루살렘 대신에 새로운 수도가 되었다. 그의 예견에 의해 국가의 재난에서 오는 멸망으로부터 토라를 보존시킬 수 있었으며, 전쟁에 패한 백성들도 구제할 수 있었다.

이러한 재앙이 발생되기 전에 요하난은 토라에 대한 사두개인들의 태도를 매우 증오했다. 합리적 근거하에 그것이 그르다는 것을 증명했다. 그렇지만 사건은 사두개인들의 입장을 약화시키고 바리새인들의 힘을 강화해 주었다. 사두개인들의 유대교는 너무 편협적이고, 모세 5경의 율법만 항상 주장하여 성전의 의식에만

---

11) 야브네성은 역대下 26장 6절에 블레셋이라고 표기되어 있고, 그리스名은 Jamnia이다. 남부 팔레스타인 해안 근처에 위치하고 있다.

매달려 있었다.

따라서 성소가 파괴되었을 때 사두개파의 유대교도 사라졌다. 그와 동시에 약세에 몰려 있던 바리새인의 구승율법 이론이 각광을 받기 시작했다. 그것은 새로운 상황에 적응함으로써 살아 있는 백성의 종교가 되었다. 이러한 업적은 자카이의 아들 요하난만이 이루어 놓았다. 야브네성의 학교에서 그는 자신이 배운 지식을 제자들에게 가르쳐 주고, 그들은 또 후세대의 제자들에게 가르침으로써 유대교의 구승 지식에 새로운 계보를 형성하였다.

1세기가 지나고 2세기가 시작될 무렵 두 사람의 이름이 두드러지게 나타났다. 그 첫 번째는 학파를 새로 형성한 하드리아누스 황제의 박해에 의해 순교한 에리사(Elisha)의 아들 이스마엘(Ishmael)로 그는 율법에 대해 과학적 연구를 하여 힐렐의 7규례를 13개의 주석 원리로 정교하게 발전시켰다. 그 중요 업적은 많은 판례를 성서 속의 내용과 부합토록 모색한 것이다.

그는 모세 5경의 창세기를 제외한 4권에 대한 주석을 붙였다. 그러나 출애굽기 12장부터는 후대의 개정 속에 보존되어 있다. 이것은 메킬타(Mechiltail, Measure. 모세 5경 주석)12)로 알려져 있다. 다른 책에 대한 그의 주석은 다른 주석의 기초가 되었으며 마침내는 미쉬나의 근간을 이루는 기틀이 되었다. 이 책들은 3세기 초에 성행한 아바(Abba)의 아들 시야(chiyya)가 편집한 레위기의 시프라(sifra 주해서)13)와 편집자가 각기 다른(비록 같이 발간되긴 하였지만), 민수기와 신명기의 시프레(sifré 주해서)14)이다. 민수기의 주석은 시프라와 같은 시기에 이루어진 것으로 추정되

---

12) 이곳에서 인용된 저서는 M. Friedman의 저서(1870)이다.
13) Sifra d'Be Rab의 약자로서 '교사의 집의책' 즉 교과서를 말한다. 이것에 대한 비평서는 아직 발간되지 않고 있다.
14) 前著와 비슷하다. M. Friedmann의 비평서를 이곳에서 사용하고 있다.

며 신명기에 대한 주석은 좀더 후대에 속할 것 같다.

시프라와 시프레, 양서(兩書)는 132년 로마인에 의해 순교한 탁월한 율사 요셉(Joseph)의 아들 아키바의 영향을 보여준다. 그는 미드라쉬의 과학성을 최대한도로 계발시킨 율사이다. 성서의 한 구절도 중요치 않은 것이 없으며 그의 주석은 매우 정확하였다. 그의 주석 방법에 의해 성전은 성문화된 율법과 동일시되었다. 어떠하든 구승 율법은 성서의 권위 있는 기초를 이루었다.

주석가와 율사 외에도 율법의 조직자(systematizer)의 그의 업적도 또한 크다. 그는 율법을 '일련의 고리'식으로 연결시켰으며 그 시대까지 전해 내려온 많은 율법을 모아서 질서 있게 정리해 놓은 인물이라고 평해지고 있다. 그는 1세기 후에 존재할 수 있게 된 미쉬나의 설계자로 알려지고 있다. 그의 선구적인 노력이 없었더라면 탈무드는 궁극적으로 생성되지 못했을 것이다. 그의 제자들은 그가 이루어 놓은 노선을 계속 고수하여 후세대의 율법 연구에 지배적인 영향을 미쳤다. 그 중에서 가장 중요한 인물은 미쉬나를 저술하여 유다 왕자의 법전 편찬에 초석을 이루어 놓은 메어(Meïr)이다.

탈무드는 '아키바가 사망할 때 유다가 태어났다'(30 : 72b)고 말한다. 연대적으로 살펴보면 이것도 그릇된 것이다. 유다가 태어난 해는 135년이다. 그렇게 말한 의도는 유대사상의 뛰어난 두 인물을 상호 연결시켜 놓기 위해서였을 것이다. 유다는 아키바가 시작한 것을 완성시켜 놓았다. 아키바가 설계자라면 유다는 최종 완성자라고 하겠다.

유다는 가말리엘(Gamaliel II)의 아들 시메온(Simeon, 유명한 율사)의 아들로서 부유한 집 자제이다. 그는 그리스어와 같은 자유 교양 교육을 받았으며 로마 귀족과 친교를 가졌다. 그의 학식과 사회적 지위에 의해 팔레스타인의 유대인들 사이에 확실한 권위를 지닐 수 있었으며 219년 또는 그 이듬해에 사망할 때까지 50년 동안 그는 나지(Nasi ; 왕자, 족장) 직을 맡고 있었다. 그는 당시 사회에서 공식적으로 인정받은 지도자였다.

그의 일생에서 가장 위대한 업적은 유대법의 총화, 미쉬나를 편찬한 것이다. 이러한 이름은 '반복하다'는 뜻의 어간(語幹) 샤나(shanah)에서 유래한 것으로 반복함으로써 배울 수 있는 구승 교육을 말한다. 이 명사는 '낭독하기 위한 성서'의 본문을 의미하는 미크라(Mikra)의 반대어이다. 이것은 모세 5경의 성문 율법보다도 구승율법의 법전 편찬에 대한 중요성을 가르쳐 준다. 그는 성공적으로 팔레스타인과 바빌론의 모든 학파를 통해서 채택된 법전을 준비할 수 있게 해 주었으며, 어느 특정한 율법 학파에 의해 채택된 율법을 사용치 않도록 해 주었다.

그는 미래의 성서 연구와 심의를 위한 체계 있는 성전을 완성시켜 놓았다.

미쉬나에 사용된 언어는 성서에 사용된 히브리어와 다른 히브리어의 내국어(內國語)인데 라틴어와 그리스어의 문법과 어형 변화에 철저하게 따르지 않고 있다. 또한 문학적인 수식이 없고, 거친 표현을 그대로 사용하고 있으며 존경할 정도로 언어가 나타내는 주제와는 잘 융합되고 있다.

중세기 이후로 유다가 미쉬나를 성문화(成文化)하였느냐 또는 얼마 동안 구승으로만 정리되어 왔느냐 하는 문제에 대한 논란이 있었다. 학자들의 의견은 아직 일치되지 않지만 점점 성문법전의 형태로 처음부터 집필되었을 것으로 중지(衆志)가 모아지고 있다.

미쉬나는 6개의 법령(Sedarim Order)으로 되어 있는데 각 법(order)은 몇 개씩의 문서(Massichtoth, Tractates)로 구성

되며 63개가 된다. 또 각 법은 장과 절로 구분되어 있는데 모두
523章으로 되어 있다.15) 다음은 미쉬나의 목차이다.

Ⅰ. 제라임(Zeraim ; 씨앗)
― 농사에 관한 것 ―

1. Berachoth '감사기도' 《Ber9PB》 기도문에 대한 규정
2. Peah '구석진 곳' 《8p》 〈경작지〉 《레위기 19 : 9》에 관
   한 율법에 나타나는 문제점.
3. Dammai '의심' 《7p》 제사장에게 십일조를 내지 않은 것으
   로 의심받는 사람으로부터 구입한 옥수수 및 기타 물건에 대
   한 처리법.
4. Kilayim '혼종' 《9p》 씨종 교배나 혼성 교배에 대한 금지
   《레위기 19 : 19》
5. Shebiïth '안식년' 안식년에 관한 율법 《출애굽기 23 : 11, 레위기
   25 : 2, 신명기 15 : 1》
6. Terumoth '십일조 헌금' 〈11p〉, 십일조에 관한 율법 《민수
   기 18 : 21》
7. Maaseroth '십일조' 〈5p〉 레위인들의 십일조에 관한 율법
   《민수기 18 : 21》
8. Maaser Shéni '제2의 십일조' 〈5p〉 신명기 14장 22절에
   기초를 둔 규정
9. Challah '떡반죽' 〈4p〉 제사장에게 바치는 떡반죽 예물에
   관한 내용

---

15) 후대에 첨가된 Aboth章도 합치면 524장으로 되어 있다. 미쉬나는 法章, 節식으
   로 인용된다. (예) Ber Ⅲ 2.

10. Orlah '할례받지 못한 사람' 〈3p〉 처음 4년 동안 경작한 과일에 대한 율법 《레위기 19 : 23》
11. Bikkurim '햇곡식' 성전에 예물로 바치는 햇곡식 《신명기 26 : 1》

II. 모에드(Moed;계절)

─농사에 관한 것─

1. Shabbath '안식일' 〈shab 24 PB〉 안식일에 금지하여야 할 노동
2. Erubin '합병' 《Erub 10PB》 안식법에 야기되는 기술적인 문제, 즉 안식일에 하지 말아야 될 경계선과 그 확장 범위
3. pesachim '유월절' 《4 pes 10 PB》 유월절의 준수
4. shekalim '세겔' 〈shek 8p〉. 성전에 인구조사 때 바치는 목숨 값 《출 30 : 12》
5. Joma '날(日)' 〈8PB〉 속죄일의 의식 《레위기 16 》
6. sukkah '초막'(suk 5PB) 초막절의 준수 《레위기 23 : 34》
7. Bétzah '달걀' 또는 jom Tob(축제일) 〈Betz 5PB〉 축제일에 허용되고 금지되는 노동
8. Rosh Hashanah '신년' 〈R.H 4PB〉 신년 축제일의 준수
9. Taanith '금식' 〈Taan 4PB〉 대중금식에 대해
10. Megillah '두루마리' 〈Meg 4PB〉 에스더서의 부림절에 대한 대중적 의식에 대해 《에스더 9 : 28》
11. Moéd katan '소 축제일' 〈M.K 3PB〉 유월절과 초막절에 가까운 축제일에 대해
12. chagigah '축제예물' 〈chag 3PB〉 유월절, 추수절 초막절

의 예물에 대하여 《신 16 : 16》

III. 나심(Nashim : 여성법)
― 가족의 법 ―

1. Jebamoth '형수와의 관계' 〈Jeb 16PB〉 자식이 없는 형수 와의 결혼문제 《신명기 25 : 5》 및 결혼에 관련된 부정관계를 명시
2. Kethuboth '결혼절차문서' 《Keth 13PB》 아내의 결혼 지 참금 및 결혼 재산을 명시
3. Nedarim '서약' 《Ned 11PB》 여성에 대한 서약이나 파기 에 관한 것. 맹세할 때 받는 규제 《민 30 : 3》
4. Nazir '나지르인' 〈Naz 9PB〉 나지르인의 서약에 관해 《민수기 6》
5. Sotah '간통' 〈sot. 9PB〉 아내가 간통한 사실을 밝히는 절 차 《민 5:12》
6. Gittin '이혼'(Git 9PB) 이혼 절차법 《신 24 : 1》
7. Kiddushin '축성' 〈Kid 4PB〉 결혼의 지위에 대하여

IV. 네지킨(Nezikin ; 私犯)
― 민법 · 형법 · 재판법규 ―

1. Baba Kamma '첫째문' 〈BK 10PB〉 재산 피해나 상해(傷 害)에 대하여
2. Baba Metzia '중간문' 《BM 10PB》 주운 물건과 보석, 상행위 및 고용에 대해
3. Baba Bathra '마지막 문' 《BB 10PB》 부동산과 상속 문

제에 대하여

4. Sanhedrin '법정' 〈sanh 2PB〉 법정과 재판절차 및 중죄에 대하여

5. Makkoth '채찍질' 〈Mak 3PB〉 위증에 대한 벌과 도피성 《민 35:10》 채찍으로 다스릴 죄악에 대하여

6. Shebuoth '맹세' (8PB) 개인적으로 또는 법정에서 하는 맹세

7. Eduyyoth '증언' 〈Eudy 8〉 권위있는 옛 성인들에 대한 랍비들의 증언을 수집한 것

8. Abodah Zarah '우상' 이교도의 제식과 신앙

9. Pirké Aboth '조상들의 金言' 〈Aboth 5〉 Tannaim의 유명한 聖言들을 수집한 윤리서, 또 '율법을 얻은 R. Meïr의 金言'이라고 불리는 부록이 있다.

10. Horayoth '의사결정' 〈Hor 3PB〉 종교 지도자들의 부주의한 가르침으로 갖는 제약

V. 카다심(Kodashim ; 제사물)

— 성물에 관한 법 즉 성전의식 식사의 계율 —

1. Zebachim '제물' 〈226 14B〉 성전의 제물 체계에 대하여

2. Menachoth '곡식예물' 《Men 13B》 곡식 및 제주에 관해

3. Chullin '천한 일' 《chul 12B》 동물 학살과 식이요법에 대하여

4. Bechoroth '맏배' 〈Bech 9B〉 맏아들과 맏배에 관해 《출 13 : 12. 민 18 : 15》

5. Arachin '평가' 〈Arach 9B〉 서약예물의 값에 대하여 《레 27》

6. Temurah '예물대치' 예물로 바친 제물의 교환에 대해 《레위기 27 : 10~33》

7. Kerithoth '절단' 〈Ker 6B〉 절단으로 벌할 수 있는 죄에 관하여
8. Meilah '침해' 〈6B〉 성전의 제기를 신성하게 취급하여야 한다는 내용
9. Tamid '계속적인 예물' 〈7B〉 성전에서의 매일 행하는 의식에 대하여
10. Middoth '치수' 〈5〉 성전 건축에 대해
11. Kinnim '새둥우리' 〈3〉 새들의 예문에 대하여 《레 1:14, 12:8》

VI. 타하로트(Teharoth ; 청결)
— 청결과 부정의 계율 —

1. Kélim '용기' 〈30〉 의식상의 제기를 더럽히는 문제에 대해
2. Ohaloth '천막' 《18》 시체에 의한 더러움(不淨)에 대하여
3. Negaïm '역병' 《14》 문둥병에 관한 법 《레 13》
4. Parah '암소' 〈12〉 출산 전 암소에 대한 규정 《출 13 : 12, 민 18 : 15》
5. Teharoth '순수' 〈10〉 해질녘까지 계속되는 부정에 대한 완곡어법 《레 11 : 24》
6. Mikwaoth '목욕재계' 〈10〉 의식상의 정화를 위해 성결함이 필요하다.
7. Niddah '월경의 부정' 〈Nid 10PB〉 레위 율법에 관해 《레위기 12, 15 : 19》
8. Machshirin '사전준비' 〈6〉 부정을 초래하는 알콜에 관해
9. Zabim '물리적 논쟁' 〈issue〉 에 의해 야기되는 부정에 대해 《레 15 : 2》
10. Tebul Jom '주간 침례' 〈4〉 침례를 받았으나, 해질녘까지 정화되지 못한 사람에 대한 상대

11. Jadayim '손' 〈Jad〉 손의 부정과 정화에 대하여
12. Uktzin 부정을 초래하는 과실(果實)수의 취급

미쉬나 이후에 나타난 외경

1. Aboth d'Rabbi Nathan '랍비 나단의 金言' 〈ARN 41〉
   Pirké Aboth '조상의 말씀'을 整理한 것
2. Sopherim '학사' 《soph 21》 율법을 회당과 기도에서 사용
   하기 위해 작성하는 규칙에 대해
3. Ebel Rabbathi '위대한 장사' 완곡하게 '희열'이라고 불린다
   《sem 14》 장사의식에 관한 규정
4. Kallah '신부' 자선에 관한 1장으로 구성된 가장 짧은 경전
5. Derech Eretz Rabbah '처신에 관한 대경전' 〈11〉 금지된
   결혼과 윤리적 행위에 대해
6. Dérech Eretz Rabbah 행위소경(小經) 〈10〉 선행규례집
7. Pérek shalom '평화에 관한 장'
8. Gérim '개종자' 〈4〉 유대교로 개종하기 위한 규정
9. Kuthim '사마리아인' 〈2〉 유대법에 관련하여 사마리아인의
   예배식에 대하여
10. Abadim '노예' 〈3〉 히브리인 노예들에 대하여

상기 Gerim, Kuthim, Abadim과 함께 4개의 소경전이 18전년
에 R. Kirchheim에 의해 발간되었다. 이것은 Sépher Torah(법
령), Mezurah(문전의 표식) 《신 Deuit 6 : 9》 Tephillim(성구
함), 그리고 Tzitzith(옷자락 술)이다.
미쉬나와 유사한 다른 경전, 토시프타(Tosifta '부록' 追加의 意

味)가 전해 내려 왔다. 물론 이것은 미쉬나와 여러 점에 병행되는 체계적인 율법서이지만 미쉬나보다도 다른 내용을 추가해서 담고 있다. 경전 양식은 유다가 사용한 것보다 더 산만하여 미쉬나에 당연히 생략된 원전 출처를 자주 사용하고 있다. 공식적인 법전과의 정확한 관계에 대해서는 아직 밝혀지지 않았지만, 원작자와 관련된 문제는 미확인된 채로 있다. 이 경전의 핵심은 3세기의 두 랍바(Rabbah)와 오사야(Oshaya)가 주로 작성한 것이라고 하며 현재의 형식을 갖춘 것은 아마 5세기부터였을 것이다.16)

§ 3. 게마라(Gemara)와 미드라쉬(Midrash)

유다의 미쉬나 편집 목적은 율법을 고정화시키려 한 것이 아니다. 이것은 율법학자들에게 생명감을 주고 구승율법의 기본 원리에 반대 영향을 미쳤던 정신에 역행될지도 모르겠다.

그러나 그의 목적은 율법연구를 용이하게 하려는 것이었다. 그러한 이유 때문에 많은 학자들의 반대 의견을 기록하고 있다. 그는 어떤 것이든 의견이 결정되면 그것이 무엇인지 밝혀주고 있다. 그의 법전은 성서연구를 더욱 고무시켜 주었다.

미쉬나는 성서학교의 교과서로 채택되었으며 교과서가 매우 필요했던 학교에서 사용되자 토라 연구는 양과 질에서 급속히 진전을 보게 되었다. 모든 성서의 매 절마다 그 타당성, 그 정의와 범위를 조사하기 위해 음미하고 심의했다. 미쉬나의 편집자는 결코 자신이 수집한 자료를 모두 이용하지는 못했을 것이므로 율사들은 그 속에 포함되지 않은 합법적인 견해들을 성문으로 또는 구전으로 전달해 주었다. 이렇게 제외되는 말씀을 바라이투(Baraitu 外

---

16) 1881년의 M. S. Zuckermande 판이 가장 권위 있다.

經:외부적인 것)라고 부른다. 미쉬나의 절에 대한 논쟁이 있을 때는 그 율법의 반대 견해를 갖는 바라이타(Baraita)를 인용해서 토론하며 그 상이한 견해를 절충시키려고 노력하게 된다.

미쉬나 이후 수세기 동안 유대학자들은 주로 미쉬나의 지식과 하나씩 붙여진 주석을 주로 배우려고 했다. 이러한 주석은 미쉬나를 완전케 해주었으므로 게마라(Gemara:가르침의 완성)라고 한다. 미쉬나 이전의 랍비, 즉 탄나임(Tannaim)과 대조하여서 미쉬나의 해설자를 아모라임(Amoraim:대변자, 해설자)17)이라고 명명한다.

이러한 연구를 행하던 주요 학교들은 팔레스타인에 있는 Caesarea, Sepphoris, Tiberias, Usha와 바빌론에 있는 Neharadea, Sura, Pombeditha이다.

이 양대 아카데미는 독립적으로 성서 연구를 하였으며 랍비들이 서로 교류해 가며 의견을 교환할 수 있었다. 팔레스타인에서 가장 저명한 율사는 티베리 아카데미 원장인 나파카(Nappacha)의 아들 요하나(Jochana:199~277)였다.

그는 팔레스타인 학파들간에 토론된 미쉬나의 내용을 수집하기 시작했다. 그러한 그를 팔레스타인의 탈무드 저술가로 평하지 못하는데 그 이유는 3세대에 속하는 권위 있는 율법학자들이 그 속에 인용된 것이 그 사후에 밝혀졌기 때문이다.

그는 후대의 권위자들이 다른 내용을 첨가하여 4세기 말에 완전한 형태를 갖출 때까지의 이 작업의 초석을 놓았다고 할 수 있다. 주석판 게마라와 미쉬나를 합쳐서 탈무드 토라(Talmud Torah)의 약자(略字)인 탈무드(학문)라고 한다.

17) 현대의 대학교의 졸업자들처럼 성직임명을 받은 학자들은 명예로운 칭호를 받는다. Tannaim과 팔레스타인의 Amaraim은 성명 앞에 (Rabbi)를, 바빌론의 Amoraim은 (Rab)이라는 칭호를 사용하고 특별한 경칭인 Rabban은 Gamariel 1세와 2세, Gamariel의 아들 Simeon, Zakkai의 아들 Jochanan에게 사용된다.

따라서 팔레스틴 탈무드는 미쉬나와 그 지방의 학교에서 이루어진 주석으로 구성되어 있으며, 동시에 바빌론의 탈무드도 같은 과정을 가졌다. 유대인의 사회는 팔레스타인의 같은 신앙인들보다도 수가 많고 좋은 환경을 가졌으므로, 뛰어난 지성을 갖춘 사람들을 양성하거나 유치(誘致)할 수 있었다. 아무튼 각 학파간의 가르침은 더욱 완전해지고 심원해졌으며, 많은 게마라(Gemara) 속에서 이것을 명확히 알 수 있다. 율법학자 아쉐(Ashé 352~427)는 30년 동안 해설서를 작성했으나 끝을 맺지 못하고 사망했다. 그것을 라비나(Rabina)가 499년에 끝맺었다.

두 탈무드는 완전한 게마라를 갖고 있진 않지만, 현재는 소실되어 없더라도 소실된 부분에 대한 주석이 존재했었다는 증거가 있다. 팔레스틴 탈무드는 39개의 문서에 대해 주석이 되어 있으나 후자가 전자보다 7, 8배 더 많은 수의 주석을 가지고 있다.

탈무드를 현재와 같은 형태의 완본(完本)을 최초로 발행한 사람은 베니스의 다니엘 봄버그(Daniel Bomberg)인데 1520~3년에 바빌론(版)을, 1523~4년에 팔레스틴판을 발간했다. 그는 이후에 발행한 모든 내용에 페이지 일련번호를 붙였다. 그는 팔레스틴의 탈무드에 주석을 달지 않고, 2절지(폴리오)의 좌우 2단에 발간하였고, 바빌론 탈무드는 양단의 중앙에 이삭(Issac)의 아들 솔로몬(Solomon: 1040~1105, Rashi로 더 잘 알려져 있다)이 주석을 붙인 게마라와 나중에 토사피스트(Tosafist)라는 주석가가 주석한 것을 인쇄했다.18)

각자의 탈무드에 사용된 언어는 서로 다른 아람어인데, 팔레스

---

18) 이리하여 팔레스틴 탈무드에 대한 참고 표시는 각 종목의 이름 앞에 본서에서는 P라고 표기하고 있으며, 한 예로 6 a, b, c, d라고 한다면 폴리오 6권 前面 1단과 2段, 後面 1단과 2단을 나타내고 있다. 히브리 인쇄는 우측에서 좌측으로 行線이 되어 있고, 2절지의 앞뒤로 인쇄된다. 바빌론 탈무드는 a 와 b만 있다.

틴 게마라는 서부 아람어로 되어 있으며, 에스라와 다니엘 (Daniel)의 성서에 사용된 아람어와 유사하다. 바빌론 게마라는 맨다이틱(Mandaitic)과 유사한 동부 아람어로 되어 있다.

탈무드를 역사적으로 살펴본 바에 의하면, 엄격히 말해 문학작품이라고 할 수는 없다. 일상적 문헌의 규범이 이에 적용될 수 없다. 그러나 미쉬나 원전(原典)의 내용을 따르기만 한다면 체계를 갖는다고 하겠다. 그렇다손 치더라도 전체적으로 볼 때는 각자 다른 자료에 대한 무질서한 혼돈을 주장한 것 같다. 자기 학파들의 발전, 진행을 기록해 온 것이기 때문에 어느 한도 내에서 토론되어 온 것을 보여 주고 있다. 이러한 율사나 제자들은 탐구하여야 할 본체를 벗어나서 생각할 수 있는 모든 종류의 내용에 대해 임의적으로 발행했던 경향이 있는 것 같다. 그들은 좀 가벼운 주제를 선택하여 심원한 합법적인 주제가 주는 따분한 토론을 벗어나려고 했다.

그들은 역사·전설·민담(民譚)·의학·천문학·식물학·동물학과 그 외 여러 문제에 대한 자신들의 기억의 보물들을 서로의 사상을 선도하기 위해 쏟아 놓은 것이다. 탈무드에는 이러한 아카데미 속에서 이루어지는 날카로운 재치의 투쟁과 일상적인 대화도 명확히 기록되고 있다.

더욱이 율법학자들이 말하듯이 율법은 생활의 모든 점을 다루고 있다. 종교·윤리·육체적 생활, 실로 미신과 같은 모든 인간의 생활 모습을 다루고 있으며 인간에게 관련된 모든 것을 말씀하고 있다. 따라서 율사나 제자들은 율법 문제에만 토론을 국한시키지 않고, 대중과 밀접한 관계를 갖고, 평범한 남녀들이 생각하고 말하는 것을 체계 정리하여 탈무드에 기록한다.

탈무드의 주제거리를 구성하는 소자료는 크게 두 부류, 즉 할라카(Halachah, 법)와 하가다(Haggadah, 說話)로 구분할 수 있다.
전자는 '보행'을 뜻하는데 율법의 교훈에 따라서 살아가는 생활양
식을 나타낸다. 이것은 미쉬나와 그 주석 게마라를 포함한다. 할
라카(Halachah)는 이스라엘 백성의 구원을 위해 많은 세대의 헌
신적인 학자들이, 특히 에스라가 고안한 논리적인 이론이다. 이것
은 전체적인 사회나 개인에게 유대인의 의식을 고취하기 위해 처
신해야 할 행동규범을 가르쳐 준다. 할라카(Halachah)는 유대
인의 존재를 형성한다. 유대인의 발걸음을 안내하여 하나님과 함
께 고상하게 살아가도록 해 준다. 또한 유대 민족이 정착하고 있
는 곳에서 쫓아내려는 외부 세력(영향)으로부터 안전하게 지켜
주는 방파제가 되었다. 이러한 민족 보존의 효과는 금세기까지 많
은 경험 속에서 완전히 입증되고 있다. 할라카는 하나의 정체(政
體)로서 과거의 유대인들이 유대인으로서 존재하게 해 주었으며,
현재도 그렇게 존재토록 해 준다. 이래서 소수 집단이 장구한 세
월 속에서 주체성을 유지할 수 있었던 이유와 외부의 다수파에 왜
흡수되지 않았는지를 밝힐 수 있다.

할라카와 탈무드의 다른 내용을 분리할 수는 있지만, 많은 비평
가들이 항시 주장하듯이 할라카는 영적 내용을 결(缺)한 삭막한
법전이라고 지레 짐작하는 것은 잘못이다. 현대의 어느 랍비 문학
도가 말하듯이, '바리새인과 랍비들은 무엇보다도 선생이었다. 그
들은 실제적인 종교와 하나님과 인간을 섬기기 위한 올바른 처신
을 가르쳐 주었다. 그들은 인간끼리의 통일과 평화를 가져다주는
요소, 즉 정의감·진실·성실·형제애·동정·자비·인내 그 외
에도 백성들간의 도덕적 규범을 향상시키는 요소를 강화하려고
했다. 그들은 이러한 목적으로써 할라카를 발전시키고 딱딱한 법
전이 되는 것을 방지하려고 했다. 그들은 발전적인 도덕성과 세월

이 지나도 소멸되지 않는 도덕 규범을 위한 올바른 처신을 가르쳐
줌으로써 윤리를 교육시키려고 했다.' 19)

그러나 또 다른 중요 구성 요소인 하가다(Haggadah)와 분리
시키면 랍비들의 가르침을 곡해하게 된다. 하가다는 할라카의 기
술적인 문제를 탐구한 같은 랍비들의 관심사이다. 양자는 동일 학
파에서 동일 학생들에게 가르치는 것이며 서로 같이 탈무드를 구
성하는 직조(織造)와 같은 것이다.

하가다(설화)는 법 외의 율법 문학을 중요시하며, 수 세대의 율
사들이 추구하던 사상의 세계를 올바르게 이해하자면 서로 매우
중요하다. 양자의 차이는 놀라울 정도지만, 서로 보충해 주며 같
은 뿌리에서 자라 같은 목적을 달성하려 한다. 할라카가 하나님
같은 생활 방법을 가르쳐 준다면 하가다 또한 그렇다.

'세상을 창조하신 분이 누구신지 알고 싶으냐?' 하가다를 공부
하면 하나님을 알게 될 것이며 그의 길에 전념할 것이다. 그들은
같은 토양에서 성장하였다. 랍비는 토라에서 법적 재가(裁可)를
추출하려고 하는 동시에 성서를 인용하여 윤리적, 도덕적 교훈을
가르치려고 했다. '이렇게 말씀한 바와 같이' 또는 '이렇게 기록된
것처럼'이라고 성서를 참고하는 것은 하가다 구성(構成)의 일반적
인 방법이다. 그러나 한 가지 중요한 차이점을 알아야겠다. 할라
카는 어느 능력 있는 권위자가 폐기시킬 때까지 율법으로 계속 시
행될 수 있지만, 하가다는 단지 어느 선생 개인 의견으로만 존재
한다. 하가다는 사회의 일부분 또는 전체적인 하등의 구속력이 없
다.

어느 유대 학자가 이 관계를 아래와 같이 정의했다. '할라카는
구체화된 법률이며, 하가다는 도덕성을 지닌 법에 의해 규정받는

19) R. T. Herford, 〈바리새인들〉 p. 111.

자유이다. 할라카는 엄격한[20] 법률의 권위를 나타내지만, 하가다는 상식적인 도덕성에 대한 여론과 의견을 나타내는 중요한 법률과 이론을 만한다. 할라카는 오랜 세월 동안 성문율법에 대해 구승되어 온 주석과 전승(傳承)으로 점철되고, 팔레스틴과 바빌론 아카데미의 토론을 통하여 마침내 할라카 법령을 형성케 된 법령(法令)을 말한다.

그 반면에 하가다는 똑같이 성서의 말씀으로부터 출발했지만 무용담·전설·구전 이야기·시가(詩歌)·알레고리(寓意)만 가지고 설명하고, 윤리와 역사적 사실만을 반영하였다. 그러기 위해서는 성서가 최고의 명령이 되는 지상(至上)의 율법이 되며, 하가다는 아름다운 주단을 걸어놓을 황금 못이 되어야 하며, 성서 말씀은 탈무드의 서론, 본문, 시적(詩的) 주해 대상이 되어야 한다.

성서의 율법을 기초로 하여 난폭한 시간을 이겨낼 수 있는 합법적 건물을 건설하고, 현시대의 고통과 역경을 초월하고, 미래 후손들을 위하여 율법을 적용하는 데 매우 합법적인 결과를 추구하여야 하는 것이 할라카(Halachah)의 영역이다. 하가다에는 바빌론 포수자들의 비통과 정신적 침체의 위협을 백성들에게 가르치고, 위로하고, 교화하는 높은 윤리적 임무와 과거의 영광이 미래의 높은 영광을 예언하고 현재의 비참함은 성서에 나타난 하나님의 계획에 의한 것이라고 주장할 임무가 주어져 있다.

할라카는 모든 유대인이 최후의 피 한 방울로 방어할 수 있는 이스라엘 지성소의 방책(防柵)이라는 비유가 옳다면, 성전의 방벽의 피난 속에서, 하가다는 '신비한 색깔과 놀라운 향기로 가득찬 꽃의 미로(迷路)처럼' 보일 것이다.[21] 바빌론 포수 시대로부터 모

---

20) 할라카는 본질적으로 온건하므로 이 형용사가 적절한지 의문스럽다.
21) G. Karpeles의 〈유대 문학과 기타 평론〉 pp. 54

세 5경의 낭독과 해설을 듣기 위해 유대 민족이 서로 모이고, 이러한 모임에서 회당이 이루어졌음을 알고 있다. 탈무드 시대로부터 그 이후는 말하지 않더라도 회당(Synagogue)은 대중학교였으며 기도장이었다.

할라카적 변증을 가질 시간·성향· 능력도 없는 대중들은 자기들 지식 범위에서 추구할 수 있는 종교 지식을 필요로 하게 되었다. 특히 안식일 오후가 열성스런 청중들을 지적·영적·도덕적으로 만족시켜 주기 위한 강론을 위해 이용되었다. 당시에 범람하던 허위를 수정하기 위한 설교, 핍박받는 백성에게 용기와 희망을 심어 주고, 생의 의지를 보존해 주는 강론, 하나님과 우주, 인간과 창조주의 관계에 대한 교훈, 백성들에게 새로운 빛과 신선한 사상을 열어 준 성서 주해, 이러한 모든 것들이 회당 속에서 백성들의 교화를 위해서 행하여졌다.

이러한 종합적인 견해로부터 설교자가 청중들에게 성서의 피상적인 해석만 전달하는 것으로 만족치 않았음을 곧 이해할 수 있겠다. 시구(詩句)의 의미를 이해하고 가르치는 것보다는 무엇을 의미하기 위해 기록되어 있는가를 더욱 열심히 알려고 했다. 설명 방법이 사용되었는데, 낙원 'Garden, Paradise'(Pardes)의 자음을 따서 명명되었다.

이것은 각자 축자역(逐字譯)인 페샤트(Peshat : 성서의 내용의 단순한 문맥에 따른 이해), 우화적인 설명의 레메즈(Remez : 암시), 설교상의 주석인 해설(Derash), 비교(秘敎)의 비의(秘義)(Sod)를 말한다. 이러한 식으로 하가다 자료에 이바지되는 많은 아이디어들을 축적할 수 있었다.

따라서 학교 외에도 하가다의 풍부한 자원은 회당에서도 발견되었음을 알 수 있다. 시간이 흐름에 따라 이러한 자료들을 개인적인 독서나 연구를 위해 수집할 필요성을 느꼈다. 이러한 필요에 의해 미드라쉼(Midrashim, uidrach의 복수형)이라고 불리는 유대 랍비 문학이 생성되었다.

이중에서도 중요한 것은 모세 5경에 대한 하가다 게마라의 형태를 가진 위대한 미드라쉬(Midrash Rabbah)와 연중 공회예배 때 낭독되는 아가(雅歌) 룻기, 애가, 전도서, 에스더의 5개 두루마리(Megilloth)가 있다. 이들은 5~12세기 사이에 편찬된 것이지만, 주로 탈무드 시대에 편찬되었다. 또 주시할 만한 것은 4세기 말기에 생존했던 팔레스틴의 랍비 탄쿠마(Tanchuma)로부터 이루어진 모세 5경에 대한 미드라쉬(Midrash) 탄쿠마(Tanchuma)가 있는데, 지금 현존하는 형태는 좀더 후대에 이루어졌다. 또 6세기에 축제일이나 특별한 안식일에 낭독하던 가르침에 대한 페식타 랍카하나(Pesikta d' Rab Kahana)[22]와 시편에 대한 미드라쉬가 있다.[23]

지금까지 살펴본 것이 본문에서 탈무드의 내용을 살펴볼 때 사용되는 근거가 되겠다. 이들은 전 3세기부터 후 5세기까지 이스라엘의 형성기간, 유대교가 오늘날까지 존속할 수 있도록 해 준 모세와 예언자들의 율법이 발전되는 기간 동안 유대인들이 가졌던 사상세계를 충실히 반영해 주고 있다.

비브리오그라피(Bibliography)

탈무드에 대한 각종 문헌은 방대하므로, 이곳에서는 독자들의

---

[22] S. Buber(1868)가 편찬했으며, 또 다른 版은 1925년에 Romm이 발간한 것이다.
[23] 자료가 불확실하다. 1981년에 Buber가 편찬하였을 때, "후대에 개작을 하긴 했지만 이것은 고대 팔레스틴저서"라고 말한다.

길잡이가 될 만한 것만 선정했다. 또한 영어 저서만 선정해 놓았는데, 좀더 종합적인 참고 문헌은 H. L. Strack 《*Einleitung in den Talmud*》를 (5판)참조하기 바란다. 이 귀중한 저서는 영어로 번역되어 있다 《*Introduction to the Talmud and Midrash*(탈무드와 미드라쉬에 대한 入門》. 1931.

I

가 정 생 활

§1. 여 성

탈무드는 유대인의 가정과 사회생활의 규범으로, 매우 조심스럽게 가정의 순수성과 안정을 지키려 한다. 탈무드는 가정 생활 속에서 여성이 갖는 중요한 지위를 인정하고 있으며, 가장 고귀한 위치를 부여하고 있다. 특히 탈무드가 형성될 무렵의 다른 민족들 속에서의 여성의 입장과 비교해 볼 때 탈무드 속에 나타난 여성의 위치와 명예는 놀라운 대조가 된다.

탈무드 속의 여성은 결코 남성보다 열등한 존재로 생각되지 않으며 그들의 활동 영역 또한 남성의 경우와는 다르지만 여성이 사회적 혜택을 덜 받는 것도 아니다.

'남성은 매일 세 번의 기도를 드려야 한다. 하나님께서 나를 이스라엘 사람으로 만드신 것과 나를 여성으로 만들지 않으신 것과 나를 어리석은 자로 만드시지 않은 것에 대한 감사기도이다'(42 : 43b)1). 이 말에 대해서, 악의에 찬 비평가들은 이것이 여성 멸시

---

1) 기도에서는 세 가지 감사기도를 '나를 이교도(異敎徒)로, 노예로, 여성으로 만드시지 않으신 분에게'라고 기술하고 있다. 어리석은 자로 태어나지 않은 것에 대한 감사는 '어리석은 자는 죄를 무서워하지 않는 인간이니라(39 ; 2 : 6)

의 분명한 예라고 지적했다. 그러나 위의 문장을 살펴보면, 이 말
의 내부 동기는 토라(Torah : 계율)를 수행할 수 있는 임무의 특권
을 주신 것에 대한 감사라는 것이 명확하다. 이러한 점에서 남성
의 책임이 여성보다 막대하다. 그 까닭은 여성의 가정적인 책임을
고려해 볼 때 어느 면으로 종교적 의무로부터 해방되기 때문이다.
"여성들은 '너는 반드시 해야 한다'2)는 율법에서 해방되며 율법을
어느 일정 시점(時點)에서만 지키게 된다"(30 : 1 : 7)는 말이 타당하
다.

　예를 들어 초막절(the Festival of Tabernacles) 동안 초막
집에서 거하라는 계명이나, 성구함(聖句函)을 지니라는 계명은 여
성에겐 절대적인 것이 아니다. 이러한 것을 제외하고 탈무드에서
는 종교적 책임이 관련되는 한 양성간(兩性間)에 차별을 두지 않
는다. '네가 백성 앞에 세울 율례는 이러하니라'(출 21:1) '성서는 토
라 법령에 관해서는 남녀동등권을 밝혀주고 있다'(31 : 15a). 이러
한 본문에서 우리는 일반적인 원리가 나타나 있는 것을 본다.

여성의 힘

　여성이 훌륭한 영향력을 발휘하여 남편이나 자식들이 토라 경
전의 진보된 지식을 공부하도록 하며 자신은 일상 생활의 얽매임
속에서 벗어날 수 있게 한다면 그녀는 찬사를 받아 마땅하다. '여
성은 무엇으로 찬사를 받을 수 있는가? 자녀들을 회당에 보내어
토라를 배우게 하고 남편들을 랍비학교로 보내 공부하게 하는 것
이 아니겠는가.'
　여성이 남편의 인생에 결정적인 영향을 끼치는 사실은 다음 문

---

2) '너는 반드시 하지 말라'는 금지조항이 아니다.

장에 강조되어 있다.

'신앙심이 깊은 남성이 신앙 깊은 여성과 결혼했으나 자식이 없으므로 서로 이혼케 되었다. 그리고 그는 사악한 여성과 재혼하였다. 그의 새 아내는 그를 사악케 만들었다. 한편 이혼당했던 신앙 깊은 그녀는 다시 사악한 남성과 결혼하여 사악한 남편을 바른 사람으로 만들었다.'

이 한 예로써 여성의 힘이 얼마나 큰가를 알게 되고 모든 것이 여성의 손에 달려 있음을 알 수 있다.'(창R.17:7)

다음은 여성에게 경의를 표하는 예화이다.3)

어느 제왕이 랍비 가말리엘(R. Gamaliel)에게 '당신의 신은 도둑이었소. '여호와 하나님이 아담을 깊이 잠들게 하시니 잠들매 그가 그 갈빗대 하나를 취하고'(창 2 : 21) 라고 기록되어 있으니까 말이오'라고 말했다.

이때 랍비의 딸이 아버지에게 '제게 맡겨 두세요. 제가 대답하겠습니다' 하고는 그 제왕에게 '제게 관원 한 분을 주세요(한 건의 고소를 조사하기 위해)'하고 부탁했다.

'무슨 목적으로?' 하고 왕이 묻자 딸이 답하기를, '지난 밤에 저희 집에 도둑이 들어와서 은항아리를 훔쳐가고, 금항아리를 남겨놓고 갔습니다' 했다.

이에 왕은 '그런 도둑이라면 날마다 나를 방문하면 얼마나 좋겠는가!' 했다.

'갈빗대 하나를 빼내고, 대신에 시중 들어줄 여성 하나를 주는 것이 최초의 인간에게 얼마나 좋은 일이었겠습니까?'라고 그녀가 대꾸했다.'(34 : 39a)

갈빗대로써 여성을 만드신 이유는 아래와 같다.

---

3) 어떤 교본에서는 '이교도'로 표기되고 있으나, "관원 한 분을 주십시오"라는 말은 권위 있는 직위를 가진 사람임을 시도해 준다.

'하나님은 남성의 어느 부분에서 여성을 창조하실까 생각했다. 하나님께서는 여성이 너무 건방지게 머리를 쳐들지 않도록 머리에서 창조하지 않은 것이고, 너무 호기심이 많지 않도록 눈에서 만들지 않고, 몰래 엿듣는 사람이 되지 않도록 귀에서, 너무 말이 많지 않도록 입에서, 너무 질투심이 많지 않도록 가슴에서, 너무 욕심이 많지 않도록 손에서, 너무 쏘다니지 않도록 발에서 창조하지 않고, 육체의 감춰진 곳을 택하여 그것으로 창조하여서 겸손하도록 해야겠다.'(창R. 18 : 2)

그러나 분명히 신의 이상(理想)은 실현되지 않았다. 창조주께서 피하시려고 했던 결점을 랍비가 지적하고 있다.

'여성들에게는 탐욕·나태·질투 및 엿듣기 좋아하는 네 가지 속성이 있다. 또한 캐묻기 좋아하고, 수다스럽다.'(창R.45 : 5) 더욱이 수다스런 점에 대해선, 좀 혹독하게 표현하고 있다. '열 개의 말하는 기술이 세상에 내려왔는데, 여성이 아홉을 취하고 남성이 하나를 가졌다.'(30 : 49b)

게으른 여성

여성의 게으른 점에 관한 지적은 '그녀가 졸고 있을 때 광주리가 굴러 떨어진다'(34 : 7a)라는 격언에 나타나지만 그 반대 의견도 있다. '가정에 게으르게 앉아 있는 것은 여성의 길이 아니다.'(P. 25 : 30a)

여성의 지적 능력에 대해선 의견이 일치되지 않고 있다. '여성은 마음이 가볍다'(12 : 33b) '여성은 가정에 남고, 남성은 장터에 나가서 타인으로부터 지혜를 배워야 한다'(창R. 53 : 1)는 말이 있으나 이에 반대되는 견해로 명백한 주장도 있다.

'하나님은 남성보다 여성에게 더 많은 지혜를 주었다'(58 : 45b) 또한 여성은 자신에 관한 분별이 있으며, 외적으로 나타나지 않을 때라도 자신의 계획을 처리해 나간다는 잘 알려진 격언 구절이 있다. 그러한 격언 중에서 '여성은 말하면서도 물레를 돌리며, 거위는 걸으면서 머리를 숙여 좌우를 살펴볼 수 있다.'(21 : 14b) 여자의 부드러운 마음 또한 잘 알려져 있다. '여성들은 인정이 많다'(21 : 14b)

여성과 화장

장식품에 대한 애정이나 외모에 대한 관심도 잘 나타나 있다. '여성이 추구하는 사물은 장신구이다'(25 : 65a) '여성은 오직 아름다움에 대해서만 생각한다. 남성이 아내를 즐겁게 해 주려면 린네르 옷을 입혀 주어라.'(25 : 59b) 다음 구문에서 더욱 자세하게 표현된다. '여성들의 장식은 코올로 눈화장시켜 주고, 머리를 퍼머해 주고, 얼굴에 연지를 발라 주는 것이다. 랍비 키스다의 아내는 며느리의 얼굴을 장식해 주곤 했는데, 키네나의 아들 랍비 후나는 어느 날 키스다와 같이 앉아 있다가, 이것을 보고서 말하기를 '화장이란 늙은 여인이 아닌 젊은 여인에게만 허락되는 것이다.' 이에 키스다는 '하나님은 자네 어머니나 할머니에게도, 죽음의 문턱에 있는 여성에게도 화장을 허용하셨네. 잠언의 말씀대로, 60세의 여성도 6살난 소녀처럼 탬버린 노랫소리로 달려간다네.'(22 : 9b)

여성에게 불리한 한 가지 특징은 신비한 것에 대한 편애(偏愛)다. 이것은 여러 민족의 현대 작가들에 의해 확인되고 있다. 탈무드에서 이러한 주장을 발견할 수 있다.

'여자들은 무당에게 몰두한다'(요 83b)

'여자가 많으면 무당도 많다'(39 : 28)

'여자 치고 무당 소질 없는 사람 드물다.'(34 : 67a)

이러한 까닭으로 '너는 무당을 살려두지 말찌니라'(출 22 : 18)는 성서의 법령은 여성을 두고 한 것이다.

§ 2. 결혼과 이혼

결혼하고 가족을 부양하는 것은 종교적 명령, 실로 하나님이 인간에게 말씀하신 최초의 분부인데(창 1 : 28) 탈무드는 이 점을 강조한다. '결혼하지 않은 사람은 기쁨과 축복, 미덕이 없는 삶을 사는 것이다.'(24 : 62b) '결혼하지 않은 인간은 완전한 의미의 인간이 아니다.' 성서의 말씀대로 '하나님이 남자와 여자를 창조하셨고 그들이 창조되던 날에 그들에게 복을 주시고 그들의 이름을 사람이라 일컬으셨더라.'(창 5 : 2, 24 : 63a)

아내는 곧 가정이다. 따라서 '아내는 남편의 집'이라 했다.(16 : 1 : 1) 'R. 요세가 말한, 나는 아내를 아내라고 부르지 않고 항상 '나의 가정'이라고 불렀다'(12 : 28b)는 이 말을 이해할 수 있다.

조혼(早婚)은 장려된다. 남성에게는 18세가 권장된다.(39 : 5 : 24) '너의 자녀들을 통제할 수 있는 16~22세 혹은 18~24세가 되었을 때에 결혼시키도록 하여라'(30 : 30a) 성스러운 하나님께서는 사람이 20세까지 결혼하는지 살펴보시며 그때까지 결혼하지 않으면 그를 저주한다.'(30 : 29b) 무분별한 결혼, 즉 한 남성이 아내를 거느릴 위치가 되지 못할 때의 결혼은 부정된다. 신명기 20장 5~7절로부터 탈무드는 '토라는 남성이 우선 집을 짓고 포도원을 가꾸고 나서 결혼해야 한다는 올바른 절차를 가르치고 있다'는 교훈을 얻어낸다.(28 : 44a)

결혼은 매우 중요하므로 아내를 맞기 위하여 토라를 매매할 수도 있으며(출 27 a), 또 학업을 계속하기 위해 팔 수도 있다. '누구

든지 금전을 위해 결혼하면 평판이 좋지 않은 자녀를 얻으리라'(30
: 70a)라는 말씀에서 돈을 위한 결혼은 부정한다. 부모들에게 사랑
이 결핍되면 자녀들의 성격에 영향을 준다는 것이 강조된다.

조혼하라

늦기 전에 딸의 남편감을 골라 주는 것이 아버지의 의무라고 탈
무드는 주장한다. '너의 딸을 창녀로 내놓아 몸을 더럽히게 하지
말라'(레 19 : 29)는 말씀은 '적령의 딸에게 결혼 주선을 하지 않는'
아버지에게 적용된다.(34 : 76a)

결혼의 적령(適齡)은 여자가 12세 생일이 지나서 성년(成年)이
되거나 12세 반이 되었을 때이다.4) 탈무드 율법은 '아버이는 딸
이 미성년이거나 성장해서 이러이러해서 결혼하고 싶다는 말을
할 때까지 결혼시켜서는 안 된다'(30 : 41a)라고 명기하고 있다.

만약에 미성년 때 결혼을 강제로 시켰다면 12세가 되어서 그
결혼을 파기할 수 있으며 이러한 파혼은 이혼으로 성립되지 않는
다.

결혼이란 하늘에서 성사(成事)되는 것이며, 출생 전에 점지된다
고 일반적으로 확신한다. '어린이가 형성되기 40일 전에 바스 콜
(Bath kohl)이 이 사람은 누구누구의 딸과 결혼하게 된다고 발
표한다.'(28 : 2a) 이러한 견해의 고전적 이야기를 들어보자.

"어느 로마 여성이 랍비에게 물었다.'축복 받으실 신은 며칠 동
안에 우주를 창조하셨습니까?' '6일 동안에 하셨습니다.' '그 후로
지금까지 신은 무엇을 하고 계십니까?' '결혼을 주선하고 계십니
다.' '그것이 하나님의 직업인가요? 그 정도는 저도 할 수 있습니

---

4) 소년은 소녀보다 1년 늦게 성인이 된다.

다. 저는 많은 남녀 노비를 지니고 있는데 아주 짧은 시간에 그들을 모두 짝맞출 수가 있어요.' 랍비가 그녀에게 말했다. '그것이 당신 눈엔 간단한 일 같지만 하나님에겐 축복을 위해 홍해를 가르시는 것만큼 어려운 것입니다'라고 말한 뒤에 떠나가 버렸다.

그 후 그녀는 어찌 했을까? 그녀는 천 명의 남녀 노비를 불러 모아 줄을 세우고 강제로 짝을 지어 주었다. 하룻밤 사이에 모두를 결혼시켜 준 것이었다. 다음 날 그들은 이마가 깨지고, 눈이 튀어나오고, 다리가 부러진 꼴로 그녀 앞에 나타났다. '무슨 일이냐?'고 그녀가 묻자, 어느 여인은 '저는 그가 싫어요' 어느 남성은 '그녀가 싫습니다'라고 대답했다. 그래서 그녀는 랍비에게 사람을 보내 고백했다. '당신의 하나님 같은 신이 없군요. 당신의 토라는 진실합니다. 제게 말씀해 주신 것이 아주 옳습니다.'(창 R. 48 : 4)

아내를 고를 때

이러한 모든 것에 대해 탈무드는 아내 선정에 대한 현명한 충고를 해 준다. 결혼 문제에 있어서 남성은 실제적 목적을 위한 자유스런 선택권이 있음을 시사해 준다. 그 예로써 연령의 심한 차이는 절대 금지한다. 상기 인용된 레위기의 성서 구문은 '자기 딸을 늙은이에게 결혼시키는' 아버지에게도 적용된다. 이처럼 '자기 딸을 늙은이와 결혼시킨 사람이나 젊은 아들에게 늙은 아내를 맞도록 하는 사람을 '목마른 자(者)에게 갈증을 더하듯이 주님은 용서치 않으리라'(신 29 : 19, 34 : 76b) 했다. 형이 자식이 없이 죽었을 경우에 시동생의 의무에 관한 것을 성서는 말한다. '그러면 그 성읍의 장로들이 그를 불러서 말해 준다.'(신 25 : 8) 탈무드는 이렇게 말하고 있다. '이것은 장로들이 시동생에게 적절한 충고를 해 주는 것임을 가르치고 있다. 그가 젊고 형수가 늙었거나 그 반대라면 장로들은 그에게 이렇게 말할 것이다. '너보다 훨씬 젊거나 늙은 사람과 결혼할 이유가 무엇인가? 가서 자네 나이에 맞는 사람과 결혼하여 가정 분란을 일으키지 않도록 하라.' 따라서 사람을 선정할 때엔 적당한 사전주의가 필요하다. 탈무드는 '아내를 선정할 때 서둘지 말고 신중히 하라'고 권장한다. 동방국가(東方國家)에서 행해지는 관습과는 달리 랍비 율법은 이렇게 주장한다. '남성은 후에 반대할 만한 점이 발견되어 혐오감이 나타나지 않도록 사전에 여성을 만나보고 아내로 맞도록 해야 한다.' 또한 '키 큰 남성은 자녀들이 홀쭉하지 않도록 키 큰 여성과 결혼하지 말고, 키 작은 남성은 난쟁이를 낳지 않도록 키 작은 여성과, 지나친 미인이 되지 않도록 미남은 미녀와, 피부가 검은 남성은 자녀들이 너무 검지 않도록 피부가 검은 여성과 결혼하지 말아야 한다는 우생학(優生學)적 원리를 간과해서는 안 된다. 또 권장하는 것은 '아내를 선정하는 데 한 단계를 낮춰라.'(24 : 63a)고 했다.

까닭은 사회적 신분이 자기보다 높은 여성과 결혼하면 그녀가 친지로부터 멸시 당할 우려가 있기 때문이다.

결혼의 목적

결혼의 목적은 가족의 부양이고, 결혼의 이상(理想)은 토라 속에서 학식을 갖추도록 자녀들이 교육하는 것이므로 유전을 믿게 되고 학자의 자녀와 결혼하고자 하는 열망을 갖도록 해 준다. '남성은 학식 있는 사람의 딸과 결혼하기 위해 자기의 모든 재산을 바쳐야 한다. 왜냐하면 그가 죽거나 추방당할 때 자기 자녀들이 교육받을 수 있다고 확신할 수 있기 때문이다. 무식한 사람의 딸과 결혼하지 않도록 하라. 죽거나 추방당할 때에 자녀들이 무식해지기 때문이다. 남성은 학자의 딸과 결혼하기 위해 또는 자기 딸

을 학자와 결혼시키기 위해 자기의 전 재산을 팔아야 한다. 이것
은 동질의 포도원의 포도끼리 통합하는 것과 같이 훌륭한 일이며
받아들일 만하다.

그러나 무식한 사람의 딸과 결혼시키지 말아라. 이것은 포도원
의 포도와 숲 속의 딸기를 결합하는 것과 같으며, 추하고 용납할
수가 없기 때문이다.'(14 : 49a) 탈무드가 재삼 강조하는 결혼의 이
상은 지고하다. 결혼의 일상적 용어는 신성화(神聖化)를 뜻하는
Kiddushin인데 그렇게 불리는 이유인즉 '남편은 아내를 지성소
(至聖所)에 봉납하는 제물처럼 모든 세상으로부터 격리시켜야 한
다.'(30 : 2b)

이것은 양자간의 엄격한 순결을 암시한다. '가정 속의 부도덕은
채소 위의 벌레와 같으며'(28 : 3b), 아내와 남편 모두에게 적용된
다. '완숙(完熟)한 호박 속의 남성과 어린 호박 속의 여성'(28 : 10a)
이라는 잠언은 남편의 부정(不淨)은 아내의 부정을 가져온다는 것
을 가르친다.

네 아내를 공경하라

이것에 대한 현철(賢哲)한 말씀이, '남편과 아내가 같이 있으면
쉐키나가 함께 하고 그렇지 않으면 불길이 그들을 태워 버린
다.'(28 : 17a) 이것은 히브리어의 '남편(ish)'과 '아내(ishah)'의 철
자를 바꾸어서 '하나님(Jah)'과 '불(esh)', 두 단어를 형성한다는
사실에 기초를 두고 있다. 그 외에 많은 가정생활의 규법에 관한
말씀이 있다. '아내를 자신처럼 사랑하고, 자신보다 더 존중하며
자녀들을 올바른 길로 인도하고 사춘기 후에 곧바로 결혼을 주선
해 주는 사람에 대해 '너의 장막엔 평화가 깃드는 것을 알 수 있느
니라'(욥 5 : 24'고 탈무드는 말한다.(24 : 62b)

'너의 아내를 공경하라, 그럼으로써 네 자신이 풍요케 된다. 아내에 대한 공경을 성실히 해야 한다. 가정 속에는 아내에 대한 축복만이 있기 때문이다.'(32 : 59a) '남성은 자신을 위한 음식(飮食)이나 자기 의복에 보다 적은 비용을 들이고 아내와 자식들의 공경에 재산을 써야 한다. 그가 우주를 창조하신 하나님께 의존하듯이 그들은 자기에게 의존하기 때문이다.'(43 : 84b) 부부간에는 서로 인생의 동반자로 생각할 것을 권장한다. 잠언의 말씀에 '너의 아내의 키가 작거든 허리를 굽혀 그녀에게 속삭이라.'(32 : 59a), 다시 말하자면 남편은 자신이 우월하다고 생각하여 자기 문제에 대해 아내와 협의하지 않아도 된다고 생각하면 안 된다고 말한다. 이에 반대되는 의견도 동시에 나타나는 것도 사실이다. '아내와 충고만 의지하는 사람은 누구든지 지옥으로 떨어진다.' 하지만 이것은 아내 이제벨(Jezebel)의 충고를 따라서 신세 망친 아합(Ahab)의 특별한 경우를 지적하는 것이다.

성전이 세워져 있던 초기 성서시대에 결혼은 사랑으로써 맺어지게 되었다. 그러한 기록이 있는데, '이스라엘인들은 5월(Ab)5) 15일과 속죄일이 가장 즐거웠다. 그 날에는 예루살렘의 젊은이들이 빌려온 하얀 옷(白衣)을 입는다. 자기 옷을 가지고 있지 않은 사람은 수치를 당한다. 또 예루살렘의 딸들은 포도원으로 나가서 춤을 추며 '젊은 분이여, 눈을 들고 아내로 선택할 사람을 찾으시오. 아름다움보다는 가문에 신경써 주시오.'(20 : 4 : 8)

남성의 으뜸 가는 사랑은 첫째 부인이다. 따라서 '첫째 아내가 생전에 죽는다면 그건 마치 그의 일생 동안 성전이 무너지는 것과 같으며 일생 동안 다른 아내가 죽으면 세상이 어두워진다.'(34 : 22a) '한 남성이 첫번째 부인을 사별하게 되었다면 그분의 행적을 기억해야 한다.'(1 : 32b)

---

5) Ab는 히브리 달력의 5월이다. 이 날은 베냐민 지파(支派)와 타지파간의 화해를 맺은 기념일이다. 사사기 21장 참조.

일부다처제

탈무드는 성경처럼 일부다처제를 신성시하나 적극적으로 찬성하지는 않는다. 이것에 관한 여러 자료를 곳곳에서 발견할 수가 있다. '남성은 원하는 수만큼 아내를 택할 수 있다.'(24 : 65a, 44a) '그러나 4명을 초과할 수는 없다.'6)고 주장하기도 한다. 그 반면에 다른 랍비는 '남성은 아내를 맞이할 때에 자기 아내가 원하면 이혼을 해 줘야 한다.(24 : 65a) 다만 대제사장은 일부일처이어야 한다고 기록되어 있다.'(요 13a)

대중들간에는 다처제가 실행되고 있었으나 랍비가 권장했다는 기록은 없다. 그러한 제도가 혐오의 대상이 됐다는 이야기가 있다.

유다 왕자(R. Judah the prince)의 아들이 아내와 떨어져 12년 동안 수학하고 돌아왔을 때에 그녀는 불임이었다. 이 소식을 듣고 아버지께서 말하기를 "어떻게 해야 한다? 이혼 당하면, 사람들이 신앙심이 돈독한 여성이 그 오랜 세월을 헛수고 했다고 말할 것이고, 새로운 아내를 구해 주자니 한 사람은 아내요, 다른 사람은 창녀라고 할 것이 아닌가?" 그후 그녀를 위해 기도하였고 기도가 이루어져 치유되었다.(25 : 62b)

악 처

결혼 전에 미리 알아 보았음에도 불구하고 때로 부부가 잘못 만나는 경우가 있다. 이런 경우 다음과 같은 익살스런 말이 있다.

---

6) 이것은 마호멧의 견해이다. 코란(Koran) 4 : 3을 참조하라.

'팔레스타인에서는 한 남성이 아내를 받아들일 때, 사람들은 그 결혼이 아짜(Matza)인지, 모쩨(Motzé)인지 묻는다.(24 : 63b)

다음 두 구절 속에서 위의 말뜻을 알 수 있다.

'아내를 얻는 것은 행복을 얻는 길이다(Matza)'(잠 18 : 22)

'여자란 죽음보다 신물나는 존재이다(Motzé)'(전 7 : 26)

이러한 말 속에서 모든 아내가 완전하지 않음이 증명된다. 즉 '게힌놈(Gehinnom)지옥의 표정7)을 전혀 보지 못할 사람은 나쁜 아내를 가진 사람이다'(13 : 41b), '아내의 다스림을 받는 사람의 인생은 인생이 아니다.'(18 : 32b) '아내의 지배를 받는 사람은 아무도 관심을 두지 않는다.'(32 : 75b) 탈무드법(法)에서는 부부가 이혼하려면 어렵지 않게 할 수 있다. '나쁜 아내란 남편에게는 문둥병과 같으므로 그 치료를 위해 이혼을 하게 하라.'(24 : 63b)

또한 '나쁜 아내를 지녔다면 이혼하는 것은 종교적 의무이다.'

금세기 초에 샤마이(Shammai) 학파와 힐렐(Hillel) 학파간에 성경의 신명기 24 : 1절에 대한 해석상의 이견(異見)이 있었다. 그 성경구절은 '그 아내에게 무엇인가 수치스러운(unseemly) 일이 있어 남편의 눈밖에 나면 아내를 집에서 내보낼 수 있다.8)

여기서 'unseemly thing'이란 구문은 글자 그대로 '사물의 적나라한 상태'를 의미하므로, 샤마이 학파는 이 성경 말씀이 '남편은 아내에게서 자기에게 불충실한 점을 발견한다면 이혼해도 좋다'는 뜻이라고 주장하였고, 힐레 학파는 'anything unseemly(못마땅한 것)'으로 해석하여, '아내는 음식만 망쳐놓아도 이혼할 수 있다고 주장한다.9)' 그녀가 그의 눈밖에 나면, 이라는 말 속에는

---

7) 왜냐하면 이 세상에서 아내의 시달림이란 예외적인 고통을 겪으므로써 속죄할 수 있기 때문이다.

8) 이 해석은 마태복음 19 : 9절의 율법과 일치된다.

9) 어떤 학자들은 이것이 너무 수사학적인 표현이라고 생각하여, 부정(不貞)한 처사를 의미한다고 생각한다. 이 구문은 탈무드에서도 형이상학적 의미로 사용되

'그녀보다 더 아름다운 여성을 발견했을 때라도 이혼할 수 있다.'
고 알 아키바(R. Akiba)는 주장한다.(29 : 9 : 10) 힐레인들의 좀
더 관용성이 있는 의견이 우세하여 율법으로 채택되었다.

성경의 가장 제도는 랍비로부터 계속되는 것이므로, 남편은 절
대적 권위를 행사할 수 있었다. '여성은 본인의 동의 여하에 불구
하고 이혼 당할 수 있지만, 남성은 반드시 자신의 동의가 있어야만
이혼할 수 있다'

이혼하자면 남편이 직접 또는 신용있는 대행자를 통하여(24 : 14
: 1)이혼비(Get라고 한다)를 아내에게 제시하면 되므로, 실제적으로
남편은 아내와 이혼할 수 있지만 아내는 이혼할 수가 없었다. 이러
한 절차로써 여성의 이혼을 금지시킨 것을 주시해야겠고 남성의
무분별한 이혼에 대한 방지책은 후에 설명하겠다.

간음한 여성

탈무드 율법은 '간음한 여성은 이혼 당해야 한다'(25 : 3 : 5)고 주
장한다. 그러나 이러한 실수 외의 이혼은 권장되지 않는다. '누구
든지 첫 아내와 이혼하는 자에게는 제단(祭壇)조차 아내 편을 들
어 눈물을 흘리리라.' '네가 다시 이런 일을 하게 되면, 너는 울고
불고 눈물로 주님의 제단을 적시리라. 왜냐하면 네가 배반한 조강
지처, 약조를 맺고 혼인한 아내, 너의 짝과 너 사이에 주님께서 증
인으로 나서시기 때문이다.'(말 2 : 13, 29 : 90b, 말 2 : 19)

지만, 유대인 해석가들은 그 의미를 直譯하려고 한다. 이 문제는 R. T. Herford의 '탈
무드와 미드라쉬(Midrash)에 나타나는 기독교 정신'의 57페이지에 언급되어 있다.
Josephus 또한 이혼의 자유를 주장하며, 힐레인의 견해를 뒷받침한다. '어떤 이
유에서라도 아내와 이혼하려는 사람은(이런 이유가 남성들간에는 많이 나타난
다), 이혼한 아내와 다시는 동거치 않도록(문서로) 확약해야 한다. 〈Anfig 4 : 8
: 21〉

'그가 내보내는 것'이란 말은 어느 랍비의 해석에 따르면, '너희가 그녀를 내쫓기 싫어한다는 것'이다. 그러나 다른 사람은 '아내를 내쫓는 자는 저주받는다'고 말하기도 한다.

이 두 가지 해석은 후자가 첫째 아내를, 전자가 둘째 아내를 의미한다고 가정하면 조화가 이루어진다.(29 : 90b)

무분별한 이혼의 방지책은 결혼 청산금(淸算金)인 케투바를 아내에게 꼭 지불케 하는 것이다. 따라서 '주께서 지우신 멍에가 어찌나 무거운지 난 지쳐 버렸다오.'(애 1 : 14)

'케투바를 지불해야만 이혼할 수 있는 나쁜 아내를 가진 사람에게 적용된다.'(24 : 63b)

그러나 그녀의 행실이 나쁘다고 소문나면 케투바(Kethubah)를 지불하지 않아도 된다. '다음은 케투바를 지불치 않고 이혼할 수 있는 경우이다. 유대법을 거역한 여성, 즉 머리를 가리고 대중 앞에 서지 않았을 때나, 거리에서 방황하거나 다른 남성과 대화하는 여성이나 남편 앞에서 자녀들에게 욕했을 때나 집안에서나 이웃에서 들을 수 있을 만큼 큰소리로 말하는 여성을 말한다.(25 : 7 : 6)

불임 여성

'결혼의 목적은 가족 부양이므로 여성측의 불임은 그 목적을 상실하게 된다. 따라서 남성이 여성과 결혼하여 10년간 자식이 없어 기다렸다면 더 이상 자식 없이 살아선 안 된다. 남편이 아내와 이혼했을 때 아내는 재혼할 수 있으며 새로운 남편은 10년간 기다려야 한다. 그녀가 유산(流産)한 경우에는 유산한 시간부터 10년을 계산한다.'(24 : 6 : 6)

이혼의 조건

정신 이상은 이혼의 이유가 되지 않고 오히려 장애가 된다. '아
내가 정신 이상이 되었을 경우 남편은 이혼할 수 없고 남편이 정
신 이상이 되어도 이혼할 수가 없다.'(24 : 14 : 1) 그 이유는 아내가
정신 이상이 되었을 때 보호자가 없으면 사악한 무리의 희생물이
될 우려가 있기 때문이다. 그리고 정신 이상된 남편이 이혼할 수
없는 까닭은 Get(이혼의 빌미?)를 주기 위한 의도적인 정신 이상으
로 가장할 우려가 있기 때문이다.

위에서 살펴본 바와 같이 이론상으로는 남편만이 결혼을 끝낼
수 있지만 사실은 그렇지 않다. 탈무드 율법은 '법정은 남편에게
압박을 주어 마침내 '아내와 이혼하겠다'고 종용한다.'(45 : 5 : 6) 아
래 경우는 그러한 강제성이 필요하다. 결혼 후 신방에 들기를 거
절할 때,(25 : 13 : 5) 남편의 임포텐스(26 : 11 : 12)나 아내를 올바르
게 부양할 능력이 없거나 부양치 않으려 할 때(25 : 17a), '남성이
아내와 성행위를 하지 않는다고 공언했다면, 샤마이학파는 2주
일, 힐레학파는 1주일을 허용한다.'(25 : 5 : 6) 그 후에 그 맹세를
취소하고 동거하지 않는다면 이혼하도록 강요한다. 남성은 그 맹
세를 파기할 수 있으며 여성이 계속 고집한다면 케투바를 지불하
지 않고 이혼할 수 있다.(25 : 63b)

여성 또한 남편이 불치의 질병에 전염되거나 혐오감을 주는 생
업에 종사하면 이혼을 제기할 수 있는 조건이 된다. '남성의 결점
이 몇 가지 나타났다고 해서 법정에서 이혼을 강요할 수는 없다.
그러나 알·시메온비 가말리엘(R.Simeon b.Gamaliel)은 그것
이 작은 결점인 경우엔 강요할 수 없지만 심각한 결점이라면 강요
할 수 있다고 했다.

다음 경우는 법정에서 강제 이혼을 요구할 수 있다. 남편이 문둥병에 걸렸거나 식육(살 썩음병) 증세가 나타날 때, 개똥 수집가, 동(銅) 제련공이나 제혁업자일 때, 물론 결혼 전후를 막론하고 이런 상태가 되면 이혼할 수 있다. 알 메이어(R. Meir)는 이것과 관련해서 남편이 아내의 동의를 얻었더라도10) 그녀는 '참을 수 있으리라고 생각했었으나 지금은 참을 수 없다'고 청원할 자격이 있다고 주장한다.

현인들의 말씀은(협의가 이루어진 경우에는) '성교로써 감염될 수 있으므로 문둥병을 제외하고는 아내가 감수해야 한다고 주장한다.'(25:7: 6, f)

소식이 끊긴 채 헤어져 있는 경우 그 기간이 얼마가 되든 이혼 근거가 되지 못한다. 다만 남편의 사망에 대한 신빙성 있는 성명(聲明)이 있으면 재혼할 수 있다. 이 문제에 관한 중대한 양보가 이루어져서 남편의 죽음을 확신하는 데는 법적으로 증인 2인이 필요했었으나 믿을 만한 증인 하나면 족하게 되었다.(24 : 88a)

또한 이사 문제에 있어서 아내가 원하지 않으면 가지 않을 수도 있게 되었다. '남편은 팔레스타인으로 이사 가려 하고 아내가 반대할 때 법정은 아내에게 이사 가도록 강요할 수 있으며 그녀가 거절하면 케투바를 받지 못하고 이혼될 수 있다. 아내가 팔레스타인으로 가려 하나 남편이 반대하는 경우에는 남편에게 강요할 수 있으며 거절하면 그녀와 이혼 조건으로 케투바를 지불해야 한다. 그녀가 팔레스타인을 떠나려 하고, 남편이 반대할 때, 그녀에게 강요할 수 있으며 거절할 때, 그녀는 케투바를 받지 못하고 이혼된다.

그가 팔레스타인을 떠나려 하고, 그녀가 반대할 때는 그에게 강

---

10) '결혼할 때 아내가 반대하지 않겠다고 하다'라는 뜻.

요해서 거절하면 그녀와 이혼하고 케투바를 지불해야 한
다.'(25:110b)

　이혼법을 전체적으로 살펴보면 여성한테 지나칠 정도로 불리한
것으로 나타난다고 할 수는 없다. 부부의 결합이 쉽게 깨어질 수
있기도 하지만 남용됐다는 증거는 나타나지 않는다. 탈무드가 권
장하고 실행했던 최고 이상적인 결혼생활은 비밀스런 결혼이 필
요할 때는 언제든지 쉽게 끝날 수 있다는 사실과 함께 유대인의
결혼관의 표본을 고양시키려 한 점이다.

§ 3. 자 녀

동 서고금을 막론하고 어린애, 특히 아들에 대한 강렬한 욕망은 인간들에게 생활화된 듯하다. 이러한 사상들이 탈무드에도 언어상으로나 표현상으로 잘 반영되어 있다. 그들은 어린 아이들(banim)은 건설자(bonim)라고 표현했다. 그들은 가족의 미래뿐만 아니라 사회의 미래도 건설할 수 있기 때문이다.(1:64a) 그러므로 '자녀가 없는 사람은 죽은 것과 같다'라고 했다. 그들은 표현하기를 '그는 자기에게 주어진 주요 의무를 수행치 못하고 그의 이름이 그와 함께 사멸하기 때문이다'라고 했다. 그리고 고의적으로 자녀를 두지 않는 것이 큰 죄악이라 여겨진 것은 에즈키야 왕이 병석에 누워 있을 때에 이사야와 주고받은 전설적인 대화 속에서도 발견된다.

아모스의 아들 선지자 이사야가 왕에게로 와서 말했다. '주님께서는 말씀하시기를 '너의 왕실에 마지막 유시를 내려 기강을 바로 잡아라. 너는 곧 죽게 될 것이며 다시 회복되지 못하리라'(사 38:1)하셨습니다. '곧 죽게 되며 회복치 못하리라는 말씀은 무엇을 뜻합니까?' '죽게 된다는 것과 이 세상에서 회복치 못한다는 것은 미래 세계를 뜻합니다' 하자 에즈키야 왕이 '어찌하여 이리 심한 벌을 주시나이까?' 하고 반문했다. 이사야는 '자녀 낳는 의무를 행하지 않았기 때문입니다'11)라고 대답했다.

---

11) 이것은 랍비가 가장 사악한 왕이라고 비난하던 마나스(Manasseh)를 암시한다.

이에 대하여 에즈키야 왕은 '그 이유는 제가 성령의 도움으로 가치도 없는 자식을 낳은 것을 보았기 때문이오' 했다. 다시 이사야는 '당신이 전능하신 하나님의 비밀을 알 수 있겠습니까? 당신은 명령받은 것을 행하고 성스러운 하나님의 가호가 있으시기를, 모든 행하심을 하나님의 처사에 맡기십시오.'(1 : 10a)

임신하여 모체의 이상이 증명되었을 경우 피임약의 사용이 허락되며 권장된다. 피임약으로서는 '흡수제(absorbent)'가 쓰여진다. 이것을 사용할 수 있는 부류의 여성은 미성년자, 허약한 임신부, 유모 등 세 부류이며 미성년자의 경우는 임신이 치명적이지 않도록, 임신부에게는 유산하지 않도록, 유모에게는 임신해서 젖먹이 아이의 건강에 해가 되지 않도록 해야 한다'(24 : 12b)라고 했다.

어린애에 관한 설화로 알 메이어(R.Meir)와 두 아들의 슬픈 이야기가 있다.

한 랍비가 안식일 오후에 공회당에서 강연하고 있었다.

그의 두 아들은 집에서 위독해 있었다. 그들의 어머니는 안타까워 그들을 간호했지만 안식일이 끝나서 서둘러 집에 온 랍비가 아들을 찾았을 때 그들은 이미 저 세상 사람이 되어 있었다. 현명한 그의 아내는 말하기를 '여쭤 볼 말씀이 있습니다. 얼마 전에 한 사람이 제게 와서 제게 맡겨 두었던 값진 물건을 돌려달라고 하는데 돌려드려야 할까요?' 랍비는 대답하기를 '저당물은 반드시 돌려줘야지 무슨 말을 하는 게요?' 했다.

그녀는 '당신의 동의도 없이 그에게 그걸 돌려주었어요' 하면서 침착하게 그의 손을 잡고 2층으로 올라가 시체 덮은 담요를 제쳤다. 랍비는 두 시체를 보자 오열하며 통곡했다. 그녀는 표정을 가다듬어 '당신이 제게 말씀하지 않았습니까? 우리에게 맡겨진 것을 요구하면 돌려주어야 한다고…….' '하나님께서 주셨던 것 하나님께서 도로 가져가시니 다만 주님의 이름을 찬양할지라.'(욥 1:21 Jalkut 잠 964)

이 이야기는 하나님의 법령에 대해 절대 복종하고 자녀들은 하나님으로부터 사랑과 충실한 보살핌을 받는 값진 존재들이라는 것을 보여 준다.

딸보다도 아들을 더 중요시하는 이유는 여러 곳에서 발견된다. 그 예로써 '주님은 모든 일에서 아브라함을 축복하셨다'는 구절에 대한 해석으로 '모든 일'(창 24: 1)이란 무엇을 뜻하는가에 대하여 어느 랍비는 아브라함은 딸이 없다는 것을 의미하고, 다른 랍비는 더욱 확고하게 아브라함에겐 딸이 하나 있었다고 대답한다.(33 : 16b)

어느 랍비의 아내가 딸을 낳자 그는 매우 심란한 마음이었다. 그의 부친께서 그를 위로하기 위해 말씀하시기를 '세상이 증가되었다' 그러자 다른 랍비는 '자네의 부친은 거짓 위안을 주는 것일세. 랍비의 금언에 세상은 남녀 없이는 존재할 수 없지만은 아들 자식을 가진 사람은 즐거워하고 딸자식을 가진 사람은 슬퍼한다는 말씀이 있잖은가'(33 : 16b)라고 했다.

아들이 중시되는 까닭은 노후의 부양과 양친이 이루지 못한 야망에 대한 가능성의 실현이 뒤따르기 때문이다. 딸 갖기를 꺼리는 이유 중의 하나가 탈무드에 기록되어 있는 벤 시라(Ben sira)의 인용 어구에 잘 나타나 있다.

'딸이란 아버지에게는 허황된 보물이다. 그녀에 대한 걱정 때문에 밤마다 밤잠을 못 이룬다. 어려서는 유혹 받지 않도록, 사춘기에는 허황한 생각으로 타락하지 않도록, 결혼 적령기에는 제 남편을 멋대로 선택하지 않도록, 결혼하면 자식을 못 낳게 될까봐, 늙

어서는 요물이 되지 않을까 걱정한다.12)(34 : 100b)

이러한 뜻은 제사장의 축복 어구에도 나타나 있다.

'하나님께서 너희에게 축복을 내리시며 너희를 지켜 주실 것이다.'(민 6 : 24) 아들과 함께 너희를 축복하고 딸들은 조심스런 보호가 필요하므로 너희를 딸로부터 지켜주리라.'(민 R.11 : 5)

인간의 본질적인 사랑으로, 으뜸가는 사랑은 자기 자녀에게 베푸는 사랑이며 양친의 사랑 중에서 자녀에게 우선된다는 사실은 잠언 속에 나타난다. '아버지의 사랑은 자녀를 위한 것이며 그 자녀의 사랑은 또 그들의 자녀를 위한 것이다.'(28 : 49a) 청소년의 복지를 보살피는 것, 특히 고아를 책임진다는 것은 가장 바람직한 행위로 장려되었다. '항상 정의를 베푸는 사람은 축복 받을지어다.'(시 106 : 3)

이것은 자녀들이 어릴 때 베풀어야 할 사랑의 정의를 뜻한다. 어느 랍비는 이것을 의지할 데 없는 고아를 데려다가 자기 집에서 올바른 성인이 되기까지 양육하여 결혼시켜 주는 사람을 가리킨다고 말한다.(25 : 50a)

가정 교육

자녀 지도 문제에 대하여 어떻게 하는 것이 보다 현명한가. 몇 가지 탈무드의 교훈은 이러하다.

야곱이 요셉에게 보여 준 지나친 편애에 대한 충고가 있다. '아버지는 자녀에게 차별이 없어야 한다.(12 : 10b) 한 자녀를 편애하여 결점을 수정해 주지 않는 것과 너무 엄격하게 다스리는 것에 대한 수단이 강구되어 있다. '자녀에게 벌주지 않으면 매우 탈선하

---

12) 이 인용구는 전도서 xlii 9 f 서 발췌한 것이다. 탈무드의 인용구는 몇 가지 그 리스본과 다르지만 일반적으로 동일하다.

기 쉽다.(출 R.1: 1) 그러나 성인이 다 된 자녀를 꾸짖지 말라.'(22 :
17a) '자녀에게 지나치게 공포감을 주지 말라.'(29 : 6b) 자녀와 여
성을 다루는 방법은 '왼손으로는 밀어내고 오른손으로는 끌어당겨
라.'(64 : 2 : 6)

　벌을 주겠다고 겁을 주어서 소년이 자살한 사례가 기록되어 있
다. 이러한 연유로 '자녀를 위협하지 말고 그 자리에서 벌을 내리
든가 해서, 벌은 자녀가 모르는 사이에 진행되어야 한다.'

　또 다른 교훈은 '자녀에게 무엇을 주겠다고 했으면 약속을 이행
하라. 약속을 어기는 것은 곧 거짓말을 가르치는 것이기 때문이
다.'(17 : 46b) 자녀들은 어른의 언행에 따르므로 그 앞에서 해야 할
어른의 말조심에 대하여 잠언은 경고한다. '거리에서 노는 아이들
의 말은 곧 그 아이들 부모의 언행에 따른다.(17 : 46b)

§ 4. 교 육

이 이스라엘 공동사회에서 부모들에게 부과되는 주요한 책임
은 자녀들을 사회의 일원이 되게 교육시키는 것이다.

교육의 목적은 자녀들을 계속 교육시켜 선대로부터 물려받은
종교적 유산을 손상시키지 않고 후대에 전하는 것이다. 이것을 이
루기 위한 필수 요건은 자녀들에게 토라에 대한 지식을 넣어 주는
것이다. '너희는 부지런히 하나님이 내리신 규정과 법규들을 자녀
들에게 가르쳐야 한다'(신 4 : 7)의 계명은 매우 준엄하게 받아들여
져야 하며 매일 조석 기도로써 행하여야 한다.

이러한 의무의 중요성에 대한 말들이 탈무드에 많이 나타나고
있다. '토라 속에서 자녀 교육을 한 사람은 이 세상에서 그 열매를
맛보는 사람에 속하며 그 자산(資産)은 다가올 세계에서 그를 위
해 남아 있게 된다.'(12 : 127a) '토라를 연구하는 아들을 가진 사람
은 결코 죽지 않는 것과 같다. '아들에게 토라를 가르치는 사람에
게, 성서는 그가 마치 호렙(Horeb) 산상에서 직접 전수받은 것처럼
한다. 왜냐하면, '너희는 그것을 자자손손(子子孫孫) 깨우치게 하
라.'(신 4 : 9, 신 10 :) '너희가 호렙에서 너희 하나님 앞에 섰던 날'이라
고 말하기 때문이다.'(1 : 21b)

교육에다 특별히 높은 가치를 주는 한 가지 이유는 교육 목적상
배움에 대한 사랑이다. '너희가 지식을 얻으면 무엇이 부족한가?
지식이 부족하면 무엇을 얻을손가?'(레 R.1 : 6)

사회의 존속은 지식의 확장에 의존된다는 사고가 더욱 깊어지

고 있다. 다음의 경우보다 교육의 중요성을 강하게 전달해 주는 언어는 없을 것이다.

'기름 부어 세운 나의 것을 손대지 말고 나의 예언자에게 해 끼치지 말라'(대상 16 : 22) '기름 부은 나의 것'이란 학생들, '나의 예언자'란 학자를 뜻한다. '세상은 학생들의 숨결로 존재한다.' '성전 건립을 위해 자녀의 교육을 미루어서는 안 된다.' '학생이 없는 도시는 파멸될 것이다.'(12 : 119b)

옛 설교로 구성된 전설은 매우 중요시되고 있다.

'베오르(Beor)의 아들 발람(Balbam)과 가다라(Gadara)의 오노마오스(Oenomaos) 같은 철학자는 일찍이 세상에 없었다. 모든 이교도들이 모여서 오노마이오스(Oenomaos)에 묻기를 '이스라엘 민족과 싸워 이길 수 있는 방법을 말씀해 주십시오. 이에 그는 '그들의 공회당과 학교에 학생들의 우렁찬 글 읽는 소리가 들리면 그들을 당해 낼 수 없다네. 왜냐하면 그들의 족장인 이삭이 말하기를 '말소리는 야곱의 소린데 손은 에서의 손이라'(창 27 : 22)고 했다네. 이 말의 뜻은 야곱의 목소리가 회중에 들리면 에서의 손에 힘이 빠진다는 뜻이라네.'

자녀 교육에 대한 욕망과 철저한 관심은 이들의 학교를 설립케 했다. 서력 기원 50년 전에 시몬 시타치(Simon b.Shetach)가 최초의 학교 설립을 위해 노력했다. 그러나 종합적 계획은 예루살렘 성전 파괴 몇 년 전에 가말라의 여수아(Joshua b. Gamala)에 의해 이루어졌다. '가말라의 여수아를 영원히 기억하라. 그가 없었더라면 토라는 이스라엘로부터 잊혀졌을 것이기 때문이다.' 처음에는 아버지가 자녀를 가르쳤으므로 고아들은 교육을 받지 못했다. 따라서 여수아는 예루살렘에 교사를 지정하여 예루살렘 밖에 거주하는 아버지는 자녀를 데리고 와서 가르침을 받도록 했다. 하나 여전히 교육비 때문에 고아들은 혜택을 받지 못했다. 다시(고등 교육을 위해서) 각 지역마다 교사를 지정하여, 16~17세의 소년들을 맡겼다. 그런데 선생님이 학생에게 화를 내면 학생이 선생에게 반항하여 학교를 그만두는 사례가 생겨났다. 마침내 여수아는 모든 지방마다 도시마다 교사를 지정하여 6~7세 된 아동들을 책임지고 가르치게 하였다.

아마도 이것이 세계에서 전반적인 교육을 채택한 최초의 기록이 될 것이다. 세월이 흐름에 따라 이 훌륭한 제도가 점점 기울게 되었다. 어느 랍비는 '예루살렘인들이 자녀를 학교에 보내는 것을 게을리하여 예루살렘이 망했다'(12 : 119b)고 주장한다. 이 주장에서 그는 역사적 사실을 구술하는 것보다는 자녀 교육을 위해 학교를 이용치 않았던 위험을 당시대의 부모들에게 통감하도록 하기 위한 것이다. 모든 부모들이 그렇게 나태하지만은 않았다. 어느 랍비는 '자녀가 학교에 간 후 반드시 아침식사를 했다'(30 : 30a)는 것이다.

3C에 치야(Chiyya)라는 랍비는 기본 교육에 대한 관심을 재생시키게 하였다. 그의 말을 살펴보면 "나는 이스라엘이 토라를 잊어버리지 않도록 노력했다. 무얼 하느냐고 묻는다면 나는 아마 '실을 짜서 그물을 엮어 사슴을 잡았다, 그 살코기는 고아들에게 주고, 가죽은 양피 종이를 만들어 모세 오경(五經)을 필사했다. 그리고 어느 곳으로 가서 모세 오경을 다섯 아이에게, 미쉬나(Mishnah)13) 육례(六禮)를 여섯 아이에게 가르친 후 서로 오경(五經)과 육례(六禮)를 전파하도록 해라' 이런 방법으로 이스라엘로부터 토라가 잊혀지지 않도록 했다."(32 : 85b)

---

13) 즉 그는 한 명의 소년에게 모세 오경이나 미쉬나의 각 과를 가르쳐 주고 그것을 배운 소년이 다른 사람에게 자기가 배운 것을 가르쳐 줌으로써 전체를 배우도록 한다는 뜻이다.

부모들의 신분 여하를 막론하고 모든 자녀들에게 교육시켜야
하는 데 주목해야 한다. 가난한 자녀들도 게을리 대하지 않았다.
'토라는 가난한 자로부터 나온 것이므로 가난한 자녀들을 살펴보
라'(26 ; 81a)는 말도 있다.

여수아 제도 아래서의 학령(學齡)은 6~7세부터 시작되었다.
아보트(Aboth) 편에서는 그 나이가 5세로 되어 있다(5:24). 그렇
지만 탈무드에서는 '6세 이하의 자녀는 학생으로 받아들일 수 없
으며, 6세 이상의 아동만 취학시켜 소처럼 토라를 받아 배불리 먹
게 한다.'(330: 21a) 모든 권위자들은 초기 아동교육을 주장했으며
소년 시절의 교육만이 오래도록 지탱된다는 결론에 의견이 같았
다. 이에 관하여 어느 랍비는 '어린 시절의 교육은 무엇과 같을까?
그것은 깨끗한 종이 위에 쓰여진 잉크와 같으며 노년기의 교육은
더러운 종이 위에 쓰여진 잉크와 같다.'(39: 4 : 25) 또 다른 말을 인
용해 본다면 젊었을 때 토라를 배우면 그 말씀이 핏속으로 흡수되
어 입으로 깨끗하게 나올 수 있지만 노년에 배우면 피로 흡수되지
못하여 깨끗한 말씀이 되지 못한다.' 또한 잠언은 '젊었을 때 그들
을 원치 않으면 어찌 노년에 얻을 수 있으리오?"(65: 24) 했다.

탈무드는 여러 학교와 학생수가 많았다는 증거를 보여주기도
한다. 2세기의 어느 랍비는 말한다. '베타르(Bethar)14) 성읍에
는 400개의 공회소가 있으며 각기 400명의 기본 교사와 그 교사
에 각각 400명의 학생들이 있었다.'(29: 58a) 3세기의 어느 랍비는
'예루살렘에는 394개의 법원이 있으며 동 수의 공회소와 학술원
(House of study), 초등학교가 있다.'(25: 105a)

물론 이 통계에는 과장이 내포되어 있겠으나 그만큼 그 당시의
교육기관이 많았다는 사실을 가르쳐 준다.

---

14) 이 성읍은 바코크 바(Bas Kochba)가 로마에 대항해서 일으켰다. 실패한 폭동의
   최후가 보루였기 때문에 많은 학교가 존재했었다.

　교사직은 가장 위엄을 지닌 존경받는 직업으로 높이 평가되었으며 어떤 문제상으로 유대법은 부모보다도 교사에 우선권을 주기도 했다. '부모는 자녀를 이 세상의 생활을 갖게 했지만 교사는 다가올 세계의 생활로 인도해 주기 때문이다.'(32: 11 : 11) 이 이야기는 팔레스타인 전역에 걸쳐 교육 상태를 검토하기 위하여 파견된 3명의 랍비들이 조사한 기록 속에도 나타난다.

　세 랍비가 어느 마을에 도착했는데 교사가 한 명도 없는 듯했다. 그들은 마을 사람들에게 '이 성읍의 수호자를 데려오시오'라고 했다. 그러자 주민들은 군병을 데리고 왔다. 랍비들은 고함쳐 말하기를 '이는 수호자가 아니라, 오히려 파괴자니라!' 마을 사람들이 의아해 묻기를 '그러면 누가 수호자니이까?' '그는 곧 랍비이니라.'고 대답했다.'(p.23 76C) 교사란 유대교 성채의 방어자이므로 '랍비 두려워하기를 하늘처럼 하라'(39: 4 : 15)는 말씀이 있다.

　랍비에게는 지고한 도덕과 종교적 자질이 요구되었다. 예언자가 말한 이상적인 표준이 적용된다. '사제들의 입술에는 참된 지식이 있고, 사제들은 만군의 여호와께서 보낸 특사라, 사람들은 그 입술만 쳐다보면서 인생을 바르게 사는 법을 배워야 한다.'(말 2:7) '랍비가 주님의 특사와 같으면 그로부터 토라를 배우고 그렇지 않으면 그로부터 토라를 추구하지 말아라'(22: 17a) '성미가 급한 사람은 가르칠 수 없다. 그러므로 교사에게는 인내심이 가장 중요한 자격이니라.'(39: 11 : 6)

　어느 권위자는 나이 많은 교사를 더 칭송했다. '젊은 교사로부터 배운 사람과 나이 든 교사로부터 교육받은 사람은 어떠한 차이가 있을까? 젊은 교사로부터 교육받은 사람은 마치 설익은 포도를 먹고 저장통 속에 있는 포도주를 마심과 같고 나이든 교사로부터 교육받은 사람은 잘 익은 포도를 따먹으며 오래된 포도주를 마심과 같다.(39:4:26) 라고 한 것에 대하여 그의 동료는 이렇게 반박한다.

"병만을 보지 말고 그 안에 무엇이 들어 있는가를 보라. 병에는 오래 묵은 포도주로 가득찬 새 병도 있을 것이고 새 포도주도 들어 있지 않은 낡은 병도 있을 것이다."(39:27)

탈무드는 또한 그 당시의 교육 방법도 제시해 주고 있다. '교실 크기는 학생 개인을 통솔할 수 있는 정도가 좋으며 교사 한 사람이 담당할 초등학생의 최대수는 25명이다. 학생 수가 50명이면 교사는 2명이 더 필요하며 40명이면 학생 중에서 뛰어나다고 하는 선임자가 도와야 한다.'(33:21a) 교사는 말이 장황치 않도록 주의해야 한다. '교사는 학생들에게 항상 간략한 표현을 사용해야 한다'(14:3b)

교과서와 연습 노트가 있었는데 값이 비싸고 구하기 힘들었으므로 학습은 주로 암기로써 이루어졌다. '교사는 학생이 암송할 때까지 과목을 반복시켜야 한다.'(13:54b) '학생이 토라를 배우고 반복해서 공부하지 않으면 씨를 뿌리고 수확하지 않는 사람과 같다'(34:99a) '한 과목을 100번 암송하는 자와 101번 암송하는 자와는 현저한 차이가 있다.(23:9b)

기억을 돕기 위한 학습방법으로 통송(通誦)을 권장한다.

교사는 제자들에게 '너희들이 크게 소리를 합하여 성서와 미쉬나를 공부하면 오래 기억에 남게 될 것이다'(13:54a)라고 말해 줘야 한다. 또한 소리 내어 공부하지 않는 학생은 3년 후에 공부한 것을 모두 잊게 된다고 말한다.

유아(幼兒)들에게 히브리어 알파벳을 가르치는 방법에 대한 탈무드의 서술은 주시할 만하다. 암기를 돕고 좀더 쉽게 배우도록 몇 개의 철자로써 단어를 만들어서 가르치게 했다. 가장 중요한 것은 알파벳을 종교 및 윤리 교육의 수단으로 사용하며 총괄적으로 교훈을 담아야 한다는 것이다.

'유아기의 어린이들은 학술원으로 나와 Nun의 아들 여수아 시대에는 듣지도 못하던 사물들을 암송한다. A와 B는 '이해를 한다'는 뜻인 두 단어의 첫 글자이며 G와 D는 '가난한 자에게 자비를 베풀라'는 뜻이다. 왜 G자의 끝이 D자로 향해 있을까? 그것은 가난한 자의 뒤를 쫓아 자비를 베풀라는 뜻이기 때문이다. D자의 끝이 G자로 향한 이유는 가난한 자는 부자에게 도움을 청한다는 뜻이다. D자의 앞면이 G자와 돌아선 이유는? 자선이란 받는 수치감을 느끼지 않도록 몰래 행해져야 한다는 걸 나타내기도 한다. H자와 V자는 성스러운 하나님의 이름을 뜻한다. Z. CH, T, Y, K, L15) 가난한 자를 대하는 태도로 살아간다면 하나님(聖神)은 너에게 일용할 양식을 주고 자비를 베풀고 은혜를 주시며 유산을 주시고 다가올 세계에서 너에게 왕관을 주신다. 열려진 M과 닫혀진 M16)은 어떤 교리는 이성에 열려 있고 다른 것은 닫혀 있다고 의미한다. 굽은 N과 똑바른 N은 하나님의 충실했던 신자가 변절했을 때는 정상적인 시간에는 다시 충실해짐을 암시한다. S자와 A자17)는 '가난한 자를 도우라'는 두 단어를 뜻하거나 또는 토라 경전을 학습할 때 기억을 돕기 위한 '기억술을 만들라'는 뜻이다.18) 굽은 P자와 곧은 P자는 열려진 입과 닫혀진 입을 의미한다. 굽은 TZ과 곧은 TZ은 불행한 일로 변절한 사람은 마음만 올바르다면 정상적인 시간에 다시 정의롭게 될 것을 의미한다. K는 '성스러운(holy)'의 첫 글자

---

15) 이 글자는 계속되는 문장의 Keyword에 각자 나타난다.
  16) 한 글자가 두 형태를 가졌다는 말은 이는 단어의 최종자음(最終子音)으로 사용된 형태를 말한다.
  17) 영어와는 다른 연구개음이다.
  18) 이러한 기억술은 탈무드에서 실제로 발견되는데, 一連의 키워드나 글자로 되어 있다.

이고, R은 '사악한(Wicked)'의 첫 글자이다. 왜 K자는 R자와 얼굴을 돌리고 있을까? 하나님(Holyone)은 말씀하시기를 '나는 사악한 자들을 바라볼 수 없다'고 하셨다. k자의 끝이 R자로 향한 이유는? 축복하시는 하나님은 '사악한 자들이 회개하면 나 자신처럼 그들에게도 왕관을 씌우리라'고 말씀하셨다. K자가 양팔을 벌리고 있는 이유는? 사악한 자가 회개하면 열려진 문으로 들어가서 하나님을 접할 수 있다. SH자는 '거짓(falsehood)'의 첫 글자이며, TH는 '진실(truth)'의 끝자이다. '거짓(shéker)'이란 단어가 왜 3개의 계속된 알파벳으로 되어 있을까? 또 '진실(ameth)'이란 단어는 왜 처음 중앙 밑 끝에 있는 알파벳을 따서 만들어져 있을까? 그 이유는 거짓이란 일반적이고 진실이란 귀(貴)하기 때문이다. 왜 '거짓'이란 단어는 한 점 위에 서 있고 '진실'이란 단어는 굳건한 기초 위에 서 있는가?19) 이것은 진실은 생존할 수 있으나 거짓은 생존할 수 없음을 가르치기 위함이다.'(12: 104a)

초등민학교 교육의 주요 목적은 히브리어와 모세 5경을 학생에게 가르치는 것이다. 모세 5경을 교육할 때는 먼저 레위기를 중심해야 한다는 것을 알게 된다. 그 이유는 왜 창세기가 아닌 레위기부터 자녀 교육을 시작해야 하나 하면 '하나님이 말씀하시기를 어린아이와 속죄 제물은 정결하므로 정결한 아이들이 정결한 것으로 빠져들게 해야 하기 때문이다.'(레R.7: 3)라고 했다.

그리스어 학습에 대해서는 의견이 상충된다. 그리스 사상에 대해서는 반대 의견으로 통일된다. 어느 랍비는 '자녀에게 그리스 철학을 가르치는 사람은 저주받을지어다'(31: 82b)라고 통렬히 비난했다. 이러한 태도는 그것에 몰두하는 사람들에게 끼치는 혼란된 영향 때문이었다. 어느 랍비는 말하기를 '나의 부친 학교에는 천

19) 이 암시는 글자형태에 대한 것이다.

명의 학생이 있었는데, 500명은 토라 경전을, 다른 500명은 그리스 철학을 배웠다. 한데 그리스 철학을 배우는 학생은 나와 내 조카만 남게 되었다.'(31: 83a) 그러나 그리스어와 그리스 철학과는 구분 지어야겠다.(31 83a) 그리스어는 일부 교사들에게 많은 추천을 받았다. '하나님께서 야벳(Jabet)을 흥하게 하시어 셈(Shem)의 천막에서 살게 하시고'(창9 : 27) 한 노아의 축원은 '야벳의 언어(그리스어)가 셈의 천막에서 살게 하소서'(21: 9b)라고 번역되었다. 그 반면에 어느 랍비는 아들에게 왜 그리스어를 가르쳐야 하는가라는 질문을 받았을 때 여호수아 1:8을 인용하면서 밤낮이 아닌 시간을 발견할 수 있다면 그 시간에 가르쳐도 좋다고 했다. 그러나 다른 랍비는 '딸에게 교양이 되므로 그리스어를 가르쳐도 좋다'(P.2 : 15C)고 주장했다.

학생들의 형태를 분류해 본다면 대체적으로 네 종류로 나눌 수 있다. 첫째는 빨리 이해하고 빨리 잊어버리는 형태(그들은 지식을 얻자마자 잊어버린다) 둘째, 어렵게 이해하고 어렵게 잊어버리는 형태(그들은 잊어버리면 곧 얻는다) 셋째, 빨리 이해하고 어렵게 잊어버리는 형태(그는 훌륭한 학생이다) 넷째, 어렵게 이해하고 빨리 잊어버리는 형태(그는 열등생이라 하겠다(39: 5 : 15)) 또 다른 형태에서의 분류는 '賢者 앞에 앉아 있는 학생들은 4개의 성질로 분류된다. 그들은 모든 것을 吸收하는 스펀지와 같은 형태, 한 끝에서 받아들여 다른 끝으로 내보내는 깔때기와 같은 형태, 포도주를 내보내고 찌꺼기를 거르는 여과기와 같은 형태, 밀기울을 내보내고 고운 밀가루를 남기는 체와 같은 형태가 있다'(39: 18)라고 했다.

한 가지 탈무드에서 우리가 고려해야 할 여지가 남아 있는 문제는 여성의 교육상 위치 문제이다. 이 문제에는 직접 반대되는 견해들이 있다. 어느 교사는 '사람은 딸자식에게 토라를 가르쳐야 한다'고 말하고 그 반대 의견은 '딸에게 토라를 가르치는 사람은 누구나 외설을 가르치는 것과 같다.'(28: 3:4) 후자의 의견이 좀더 일반적으로 채택되는 경향이다. 예를 들어서 '이것을 너희 자손에게 깨우쳐 주어라'(신 11: 19)라는 말씀에서 '자손'이란 히브리어는 딸보다는 아들을 문어적으로 암시함을 주시해야겠다.(30: 30a)

어느 랍비는 주장하기를 '토라 경전의 말씀을 여성에게 전수시키려면 불로써 파괴시키는 것이 낫다.'(P.28: 19a) 또 한 여성이 황금 송아지(the Golden Colf)에 관해 랍비에게 질문했을 때 그는 여성이란 물레질만 할 줄 알면 된다'(16: 66b)고 했다.

이러한 말씀이 고등교육을 의미하는 것이라고 볼 수 있겠다. 위에서 서술된 바와 같이 한 부류만 제외한 모든 종교적 책임은 남녀 똑같이 부과된다. 따라서 여성은 남성만큼 완전하게는 아니나 상응될 만큼 교육을 받아야 할 것이다. 그 당시의 상황으로서는 여성의 유일한 활동 범위도 가정이었으므로 그녀가 정열과 시간을 학업에 쏟는다면 가사를 잘 보살피지 못할 것이라는 두려움 때문에 그러했을 것이다.

그러나 여성이 좀더 진보적인 교육을 추구치 못하도록 꺼리는 몇 가지 다른 이유가 있다. 이스라엘의 종교 지도자들은 그리스와 로마에서 여성이 교육으로 인해 남성과 가깝게 되고 도덕적 이완을 가져온 사실을 잘 알고 있었다. 이러한 증거는 '외설'이라고 한 말에서 잘 표현된다. 더욱이 여성들이 종교적 광신에 의해 독신 생활에 빠져들면 기독교 왕국이 어찌될 것인지 랍비들은 분명히 잘 인식하고 있었다. 독신 생활이란 결혼을 하늘이 정해 주신 것으로 생각하는 유대교 사회에서는 전율할 만한 것으로 생각되었다. 탈무드는 어떤 사람, 특히 '여자 바리새인' 즉 너무 광적인 믿음의 여성을 '세계의 파괴자'로 비난했다. 이러한 여성의 광신 경향을 방지하기 위해 랍비들은 여성들이 토라 지식에 너무 몰입하는 것에 반대하는 태도를 견지했다.

§ 5. 효도(孝道)

탈 무드는 부모를 공경할 의무에 대해 매우 강력히 강조하고 있으며 효도는 종교적 책임이라고 말한다. 이는 여러 교훈 중의 하나로, 효도를 행함으로써 현세에서 그 보람을 즐길 수 있으며 내세에 또한 소중한 재산으로 남는다.(2; 1:1) 성서는 부모의 공경과 하나님의 숭배를 동일시하고 있다. '너희는 부모를 공경하여라'(출 20; 12)와 '땅에서 난 만물을 드려 여호와를 공경하여라' (잠 3: 9) 이처럼 부모에 대한 경외심은 전능하신 분에 대한 경외심과 같다. '너희는 각자 자기의 부모를 경외해야 한다.'(레 19 : 3) '너희는 주 하나님을 경외해야 한다.'(30; 30b, 신 6:13)

위의 처음 두 구절은 부모에 대한 의무가 하나님에 대한 것보다 더 엄격하다는 교훈을 갖게 해준다. '하나님께서는 자신에 대한 공경보다 부모에 대한 공경을 더 중요시하므로 부모님 공경에 대한 교훈은 중대하다. '너희는 부모를 공경하여라', '땅에서 난 만물을 드려 여호와를 공경하여라'고 기록되어 있는데 무엇으로 공경할 것인가? 잊혀진 짚단, 논 한 마지기 1/10 교구세나 가난한 자에 대한 자선과 같이 율법을 수행할 때 경우에 맞게 내는 것처럼 하나님이 주신 것만큼 공경하면 된다. 이러한 계명을 수행할 능력이 있으면 수행하고 그렇지 못하면 꼭 해야 하는 것은 아니다. 그러나 부모 공경하는 데는 그렇지 않다. 그럴 여유가 없어 비록 문전걸식을 하더라도 이 계명은 지켜야 한다.'(P.2: 15a)

적어도 한 가지 면에서는 하나님의 공경이 부모보다 앞설 경우가 있는데 그때는 부모가 하나님의 계명을 어겼을 때이다. 비록 아버지가 아들 보고 자신을 모독하라고 명령하거나 그가 발견한 유실물(有失物)을 반환치 말라고 명령하더라도 그 말씀에 따라야 한다. '너희는 각자 자기 부모를 경외해야 한다. 또 나의 안식일을 지켜야 한다'(레 19:3)는 가르침이 있다. 너희들 모두 나를 공경해야 한다.'(24:6a)

앞에서는 계속해서 경외와 공경이라는 상이한 두 단어가 사용되었다. 그것은 다시 다음과 같이 정의할 수 있다. 즉 '경외란 아버지의 자리에 서지 않고, 아버지 자리에 앉지 않고, 아버지의 말씀을 거역치 않고, 그의 의견에 거역하지 않는다는 뜻이고, 공경이란 그에게 의식주를 제공해 주고, 들고 날 때 부축하고 받든다는 뜻이다.'(30:31b)

아버지와 어머니

5번째의 계명에는 아버지가 먼저 언급되었고, 레위기 19장 3절에는 어머니가 먼저 언급되었다. 이 차이점을 설명하는 이론이 나오게 되었는데, 이렇게 된 소이는 부모에 대한 개인의 심리적 자세를 기초로 하기 때문이라고 했다.

우주를 창조하신 분은 어머니가 부드러운 말씀으로 아들을 이끌어 가므로 아들은 아버지보다 어머니를 더 좋아한다는 사실을 알고 계셨다. 그래서 하나님은 부모 공경의 계명에서 아버지를 먼저 언급했다. 그러나 하나님은 또한 아버지가 토라를 가르치므로 아들은 어머니보다 아버지를 더 경외한다는 것을 알고 부모 경외하는 계명에서 어머니를 먼저 언급했다.'(30:3b 계속)

부모에 대한 효도 문제에서는 양친 모두 동일함을 가르치고 있다. 탈무드 율법에 따르면 아들이 양친을 모시는 데 있어서 효도상의 애로가 생길 때는 아버지를 따라야 한다고 했다. '저의 양친 두 분 다 동시에 '물 한 컵 달라'고 했을 때 어느 한 분 말씀을 먼저 들어야 할까요? 라는 질문에 어느 랍비는 이렇게 대답한다. '어머니 공경은 잠시 미루고 아버지 말씀을 들어라. 너와 너의 어머니 모두 그를 공경할 의무가 있기 때문이다."(30: 31a)

부모 공경엔 하나님의 축복이 따른다

부모님을 공경하는 가정은 하나님의 축복이 있다. '사람이 부모를 공경하면 하나님께서는 '내가 그들과 함께 거하여 나를 공경하는 것으로 생각한다'고 말씀하신다.

그러나 아들이 부모를 곤경에 처하게 하면 하나님께서는 '내가 그들과 함께 거하지 않기를 잘했다. 같이 거했더라면 곤경을 당했을 테니까."(30: 30b 이하) 하신다.

아버지가 화를 내게 하여도 자식은 참고 불경한 짓을 하지 않아야 한다. '어느 정도로 부모를 공경해야 합니까?'라는 질문에 어느 랍비는 '아버지가 돈지갑을 꺼내서 아들이 보는 곳에서 바다에 던져 넣더라도 아버지를 막아서는 안 된다'(30: 32a)고 대답한다. 또 고려해야 할 사항은 아버지가 토라의 교훈을 어기는 것을 보았을 때 '아버님, 지금 토라의 말씀을 잘못 하시고 계십니다' 라고 말하지 말고 '아버님, 토라 경전에 이렇게 되어 있습니다'라고 말하라. 이렇게 하여도 기분이 상하셔서 반대하시면 이렇게 대신 말하여서 아버지 스스로 결정을 내리도록 맡겨 두어라.

'아버님, 토라에는 이러 이러한 말씀이 있습니다."(30: 32a)

실제로 공경하는 것을 보여 주기도 해야 하지만 그런 행위를 유발하는 바른 정신이 있어야 한다. 탈무드에 씌어 있기를 '아버지께 살찐 고기를 잡숫도록 하여도 지옥 가는 사람이 있고 아버지를 방

앗간에서 방아를 찧게 하여도 천당 가는 사람이 있다. 전자는 아
버지가 '애야, 어디서 이런 고기를 구했느냐?'고 묻자, '아버님, 잠
자코 잡수시기나 하세요. 강아지도 잠자코 먹는데—'라고 대답하
는 사람이며, 후자는 방아를 찧고 있을 때 임금이 방아꾼을 징병
한다는 명령이 왔다. 그는 '아버님, 여기서 방아를 계속 찧으세요.
제가 가겠습니다. 모욕을 당하면 제가 받는 것이 낫고, 때리면 제
가 맞는 것이 나으니까요.' 라고 말하는 사람이다.'(2: 15C)

어머님을 모시는 효도

몇몇 랍비들은 어머님에 대한 뛰어난 효도로 유명하다. 그 중 하
나는 '그의 어머니의 발자국 소리를 들었을 때 그는 '쉐키나
(Shechinah) 앞에 제가 서 있습니다' 하고 말하곤 했다.'(30: 31b)

R. 타르폰에 관한 몇 가지 일화가 있다. '어머니가 침대에서 내
려오실 때와 오르실 때 그는 엎드려서 자기 등을 밟고 오르내리도
록 해 드렸다.'(30: 31b)

어머님이 안식일에 정원에 내려가셨다가 신발이 벗겨지면 그는
자기 손을 발 밑에 받쳐서 침대에 드실 때까지 계속 발 밑에 깔아
드렸다. 한 번은 그가 병들어 현인이 방문했을 때 어머니는 그들
에게

'분수에 넘치도록 나를 공경하는 내 아들 타르폰을 위해 기도해
주십시오' 했다. 무슨 일을 하였느냐는 질문에 그 일을 말해 주자
그들은 놀랍게도 이렇게 말하는 것이었다.

'그가 그보다 백만 배를 더하여도 부모 공경에 관한 토라의 말씀
을 아직 반(半)도 행하지 못한 것입니다.'(P.2: 15C)했다.

겸손한 효도

가장 유명한 이야기는 비유대인의 것이다. '어느 정도 부모님을
공경해야 하는가?' 라는 질문에 어느 랍비가 대답했다.

"아스카론에 사는 이교도 네팅스(Nethinah)의 아들 다마(Dama)
의 행적을 보시오. 한번은 현인들이 법의(法衣)를 짓기 위해 보석
을 구하고자 그에게 60미리아드의 이윤(어느 사람은 80미리아드)을
주겠다며 보석을 요구하였소. 그런데 마침 보석함 열쇠를 그의 아
버지가 베개 밑에 베고 자는지라 아들은 아버지를 깨우지 않으려
고 거절했소. 다음 해에 하나님은 그에게 보상으로 한 마리의 붉
은 송아지20)를 그 집에 태어나게 해 주셨소. 그런데 이스라엘의
현인들이 그 송아지가 필요하여 그것을 구하러 찾아오게 되었소.
그는 현인들에게 '저는 이 세상의 모든 돈을 요구해도 주실 줄 알
고 있습니다. 그렇지만 지난 번에 아버님을 공경하느라고 거두지
못한 액수만큼만 요구하겠습니다' 하고 말했다."(30; 30a)

자기를 돌보지 않는 효도

그의 어머니는 교양이 부족하여 인사치레는 물론 아무것도 제
대로 모르는 분이었다. 그러나 그의 아들은 시공위원장(市公委員
長)이었다. 하루는 의원 모두가 한자리에 모인 곳에서 어머니가
슬리퍼를 가지고 그의 얼굴을 때리다가 그것을 놓쳤다. 그러자 그
는 어머니가 수고하지 않도록 하기 위해 그것을 얼른 집어다가 다
시 어머니께 넘겨 드렸다.'(P.2; 15C)

'또 한번은 금으로 수를 놓아 만든 비단옷을 입고, 로마 고관들

20) 민수기 19장을 참조, 완전히 붉은 송아지는 매우 귀해서 값이 비싸다.

과 앉아 있는데 그녀가 들어와서 그 옷을 갈가리 찢고, 머리를 때리고, 침을 뱉고 하였다. 그러나 그는 어머니에게 조금도 반항하는 기색을 보이지 않았다.'(30; 31a)

　자식은 부모님이 사망 후에도 공경해야 한다. "사람은 생전·생후 언제고 그의 아버님을 공경해야 한다. 사망하였을 때 아버님에 대해 말할 때가 있으면 '나의 아버님은 이렇게 말했다'고 말하지 말고, '나의 스승이신 아버님은 이렇게 말씀하셨다. 내가 아버님의 사망을 속죄할 수 있다면 좋으련만!'하고 말하라21) 이것은 사망후 12개월 동안에 하는 말이고 12개월이 지나면 '아버님의 기억은 영생 속에서 축복을 받을지어다'라고 말해야 한다."(30; 31b)

---

21) '그의 죄에 지어진 고통이 내게 하기를'이란 뜻이다. 보통 사람들은 사망 후 12개월 내로 속죄하므로 그 후로는 다른 말을 사용해야 한다. 그렇지 않으면 사망한 사람이 정상적인 기간 내로 속죄할 수 없는 죄인임을 뜻하는 것 같다.

Ⅱ
사 회 생 활

§1. 개인과 공동체

인간은 혼자 살 수 없으며 공동체의 일원으로 살아가도록 지음 받았다. 인간은 인류라고 하는 큰 몸의 일부를 이루고 있는 한 단위다. 그렇기 때문에 인간은 자기의 친척과 이웃에 대하여 많은 의무를 지니고 있다. 제 생명이라고 해서 저 좋을 대로 맘대로 쓰진 못하는 법이다. 즉 인간은 타인의 행동에서 영향을 받는 것과 마찬가지로 자기의 행동이 이웃에게 영향을 주기 때문이다.

다음의 예화는 그러한 진리를 훌륭히 입증해 준다.

'죄는 한 사람이 지었는데 온 회중에게 화를 내십니까?'(민 16: 22)

그것은 같은 배에 승선한 승객들과 같다고 볼 수 있다. 한 사람이 송곳으로 배의 바닥에 구멍을 뚫기 시작하였다. 다른 승객이 그에게 말했다.

'당신 지금 무얼 하고 있는 거요?'

'당신이 무슨 상관이오? 나는 내 자리에 구멍을 뚫고 있지 않소?'

이때 모든 사람들이 반박하였다.

'하지만 물이 들어오면 당신뿐만 아니라 우리가 다 물에 빠지게 될 것이오."(레 R 4: 6)

힐렐(Hillel)의 격언은 개인의 행동이 공동체에 미치는 영향에 대한 교훈을 요약하여 준다. '내가 나를 위하여 존재하는 것이 아니라면 누가 나를 위하여 존재하는 것인가? 또 내가 나만을 위하여 존재한다면 나는 무엇인가?'(39; 1:14)

첫째로 인간은 스스로 도와야 하며 타인에게 의지해서는 안 된다. 궁핍한 사람들에게 동정을 받는다는 생각은 불유쾌한 것으로 되었다. '안식일을 평일과 같이 지키라.(식사에 관하여)1) 다만 네 이웃의 도움에 의지하지 말라'(12; 118a)고 강조하였다. 이 주제를 또 다르게 표현하였다. '거리에서 시체의 가죽2)을 벗기고 생계를 벌어라. 나는 위대한 인물이며 그런 일은 내 권위를 떨어뜨린다고 말하지 말라.'(14; 113a)

초기 랍비시대(1; 48b)에 속하는 식사 후 감사기도에 이런 구절이 포함되어 있다. '우리가 고기와 피가 있는 선물이나 타인들이 꾸어 주는 것을 원하지 말게 하시고, 다만 충만하며, 개방되어 있고, 거룩하며 풍부하신 당신이 주시는 도움의 손길을 간구하게 하여 주십시오. 그러면 우리는 영원히3) 부끄러워하거나 혼란되지 않겠습니다.'

다음 예화는 같은 사상을 나타내 준다. '타인의 상에서 떨어지는 부스러기로 사는 사람들은 이 세상을 어둡게 산다. 그런 삶은 참된 삶이 아니기 때문이다.'(18; 32b) '인간이 자기의 소유로 생활할 때는 마음이 편안하다. 만약 그가 아버지나 어머니나 자기 자녀의 소유로 산다고 하여도 그 마음이 편안할 수는 없다. 하물며

---

1) 안식일을 거룩히 지키는데 있어서 음식은 독특한 성격을 가진다.
2) 가장 적은 소유를 말한다.
3) Singer의 p. 281

낯선 타인의 소유에 의지한다고 할 때는 더 말할 나위가 없을 것이다.'(65: 31) '사람은 자기 이웃이 가진 아홉 가지보다 자기가 가진 하나를 더 기뻐한다.'(32: 38a) '비둘기는 부리에 금방 딴 올리브 잎파리를 물고 있었다.'(창 8:11) 비둘기가 거룩하신 은총의 신께 말하였다. '고기와 피에서 나오는 꿀처럼 단 음식보다는, 당신의 것이면 올리브 잎처럼 쓴 음식을 제게 주십시오.'(13: 18b) '주위에는 악인들이 우글거립니다. 더러운 자들이 판을 칩니다.'(시 12: 8) 라는 구절은 무슨 의미인가? 인간이 이웃의 도움을 바랄 때 그의 얼굴은 케룸(Kerum)4)과 같이 변한다. 케룸은 무엇인가? 바닷가 마을에 사는 새가 케룸이라 불린다. 햇빛이 빛날 때마다 여러 가지 색깔로 변한다.

타인의 도움을 바라는 사람은 마치 두 가지의 형벌, 즉 불과 물을 선고받은 것과 같다.(1: 6b) 그러나 이와 같은 독립정신이 미덕이라고 하여도 개인이 이웃으로부터 소외될 때는 신앙을 넓혀 나갈 수 없음이 틀림없다. '나 자신만을 위해 존재한다면 나는 무엇인가?'

인간의 삶이 더욱 복잡하여짐에 따라 너무나 많은 욕구의 만족을 얻기 위해서는 다른 사람의 수고에 의존할 수밖에 없게 되었다. 어떤 랍비는 이런 생각을 하였다.

'아담은 먹을 양식을 얻기까지 얼마나 많은 수고를 하였는가! 그는 땅을 갈고 씨를 뿌리고, 거두어들이고, 단을 세우고, 타작하여 키질하고, 낟알을 골라서 밀가루를 체로 치고 반죽하여 구운 후에야 먹을 수 있었다. 그에 비하면 나는 아침에 일어나 이 모든 것이 준비되어 있는 것을 받는다. 모든 기술자들이 내게 시중들어 주며 내 집 문 앞에서 대기하고 있다. 내가 잠을 깨면 이 모든 것

---

4) Kerum 그리스어 chroma(색깔)과 관계가 있다는 것은 의심할 여지가 없다. 여기서는 낙원에 사는 새를 의미하는 것 같다.

이 준비되어 있는 것을 본다.'(1: 58a)

가진 자가 못 가진 자들의 은혜를 입고 있다는 생각은 그들의 부가 계층과 계층 사이의 날카로운 분계선을 없애는 데 도움이 되었다. 그 시대에 이런 격언이 있었다. '만약 몸이 다른 곳으로 간다면 머리가 무슨 소용이 되겠는가?'(창 R 100: 9)

이 말은 모든 계층의 사람들이 상호 의존해야 한다는 진리를 강조한다. 또 하나의 격언은 개인의 운명이 전체의 운명과 관련되어 있다는 것을 지적해 준다. '만약 집이 쓰러지게 된다면 창문에 화가 미칠 것이다.'(출 R26: 2)

아무리 높은 지위에 있는 사람도 자기의 직업으로 공동체에 봉사해야 한다는 사실을 깨닫는다면 무익한 계급의식을 피할 수 있을 것이다. 얍네에 있는 유명한 아카데미의 랍비는 이러한 개념을 잘 표현하였다. '나는 신의 피조물이요 나의 이웃들도 신의 피조물이다. 나는 도시에서 일하고 그는 들에서 일한다. 나는 일찍 일어나 일을 하며 그도 일찍 일어나 자기 일을 한다. 그 사람이 나보다 더 나은 일을 하지 않는 것같이 내가 그 사람보다 더 나은 일을 하는 것은 아니다. 혹자는 아마 내가 큰일을 하고 그가 작은일을 한다고 말할지 모른다. 누구든지 자기 마음을 신께 향한다면 큰일을 하든 작은일을 하든 문제가 되지 않는다는 것을 알게 된다.'(1: 17a)

다음의 예화에서 참된 랍비 정신을 볼 수 있다. 시크닌이라는 마을에서 온 시메온(Simeon)이라는 사람이 있었는데 그는 유능한 갱부였다. 그가 하루는 요하난 자카이에게 이렇게 말했다.

'나도 당신만큼 위대한 사람입니다.'

'왜 그렇게 생각합니까?'

랍비가 물었다.

'왜냐하면 내 직업도 당신 직업만큼 이 사회에 많은 영향을 주기 때문이지요. 당신이 남자, 여자들에게 예배 때는 정결히 하는 성수를 사용하라고 말했을 때 그 사람들에게 물을 주는 사람은 바로 나거든요.'(전 R to 4: 17)

이 말을 더욱 강조한 일화가 있다. '주는 나의 목자시니.'(시 23: 1)
세상에서 목자보다 더 천한 직업은 없다. 목자는 일생 동안 지팡이와 자루만 메고 다닌다. 그럼에도 다윗은 거룩한 분, 은총의 신을 목자라고 불렀다. 소외된 생활은 값있는 삶이 아니다.

탈무드의 립 반 윙클, 원을 그리는 자,5) 코니(Choni)의 일화에서 그 중요한 진리를 발견한다. 의로운 그는 일평생 이러한 의심을 하였다. '야훼께서 시온의 포로들을 풀어 주시던 날 꿈이던가 생시던가.'(시 126: 1)

그는 70년6)이 꿈같이 흐를 수 있는가에 대하여 의문을 품었다. 어느 날 그가 길을 따라 걷고 있을 때 카룹나무를 심고 있는 사람을 보고 이렇게 말했다.

'카룹나무는 심고 칠십 년이 지나도 열매를 맺지 못하는 나무인데 당신은 그 열매를 먹을 수 있을 만큼 오래 산다고 생각합니까?'
그가 대답하였다.

'나는 이 세상에 많은 카룹나무가 있다는 것을 알고 있지요. 내 선조들이 나를 위해 그 나무를 심은 것처럼 나도 내 후손을 위해 나무를 심는 것뿐이오.'

코니는 거기 앉아 식사를 한 후 잠이 들었다. 그가 잠자는 동안 동굴이 둘러싸서 그의 모습을 감추어 준 덕분에 70년을 잘 수 있었다. 그는 잠을 깨자 어떤 사람이 바로 그 카룹나무에서 카룹을

---

5) 그는 유명한 수도승이었으며 가물었을 때 백성들이 그에게 비를 내려달라는 기도를 해주도록 청원하였다. 그는 즉시 원을 긋고, 신께서 비를 내릴 때까지 한 발짝도 움직이지 않고 기도하였다(20; 23a). 그의 이름의 본래 의미는 원을 그리는 자가 아니고, 지붕을 씌우는 자이다. 그것이 그의 직업이었기 때문이다.
6) 포로 기간.

따먹고 있는 것을 보았다. 코니가 그에게 물었다.

'당신은 누가 그 카룹나무를 심었는지 아시오?'

그가 대답하였다.

'내 조상이오.'

코니는 감탄하였다.

'참으로 칠십 년이 꿈과 같이 흘러 갔구나!'

그는 자기 집으로 가서 원을 그리는 코니의 아들이 아직 살아 있는가를 물었다. 사람들은 그의 아들은 죽고 다만 손자가 살아 있을 뿐이라고 대답했다. 코니는 사람들에게 자기가 코니라고 말했지만 그들은 믿지 않았다. 그는 아카데미로 가서 랍비의 설교를 들었다.

'우리는 원을 그리는 자 코니 때만큼 확실히 연구한다. 왜냐하면 아카데미에 입학한 후 코니는 항상 학자들의 어려운 문제를 풀었기 때문이다.'

코니가 그들에게 말했다.

'내가 코니요.'

그러나 사람들은 코니를 믿지 않고 당연한 예의도 표하지 않았다. 그러자 코니는 신께 죽음을 달라고 기도하고 죽었다.

이 예화에서 '우정이 아니면 죽음을'(20: 23a)이라는 속담이 생겼다.

다음 구절을 보면 우정의 중요성을 알 수 있다.

'혼자서 애를 쓰는 것보다 둘이 함께 하는 것이 낫다.'(전 4: 9)

모름지기 인간은 자기의 친구에게, 자기를 위해 성경을 읽고, 미쉬나를 연구하며, 함께 먹고, 함께 마시고, 서로의 비밀을 털어 놓을 것을 요구할 수 있어야 한다는 견해가 있다.(sifré 신 305: 129b)

격언은 협동과 상호 보조가 삶의 기본적인 요소라고 말한다.

'만약 네가 짐을 들면 나도 함께 들고, 네가 들지 않는다면 나도

들지 않을 것이다.'(31: 92b)

이것과 관련을 갖고 자주 나오는 또 하나의 개념은 정해진 관습에 순응하라는 것이다.

'사회에서 너 자신을 고립시키지 말라'(31: 2:5)라는 힐렐의 훈계는 예외가 되려고 노력하지 말라는 뜻이다.

'인간의 마음은 항상 이웃의 마음과 화목하게 조화를 이루어야 한다.'(25: 17a)

다른 격언은 이렇게 훈계한다. '만약 네가 어떤 도시에 들어가거든 그곳의 법을 따르라.'(창 R 48: 14)

성서적 증거는 이상한 방법에서 얻어진다. 인간은 정해진 습관을 벗어버릴 수 없다. '보라, 모세는 거기에서도 빵을 먹지 않고 물도 마시지 않았다.'(출 34: 28)

구원의 천사도 지상에 내려왔을 때 함께 음식을 먹었다.(32: 86b, 창 18:8)

인류에는 여러 종류의 다양한 사람들이 뒤섞여 있다. 어떤 사람은 칭찬받을 만하고 다른 사람들은 그 반대인 것을 알 수 있다. '인간은 네 가지 특성을 가지고 있다. 내 것은 내 것이고 네 것은 네 것이라고 말하는 사람은 자연스러운 성격의 소유자이다. 혹자는 이런 사람을 소돔인과 같은 기질을 가졌다고 말한다.

내 것은 네 것이고 네 것은 내 것이라고 말하는 사람은 농부이다.

내 것은 네 것이고 네 것은 네 것이라고 말하는 사람은 성자이다.

네 것은 내 것이고 내 것도 내 것이라고 말하는 자는 악인이다.'(39: 5:13)

인간이 스스로 획득할 수 있는 것 가운데 가장 값진 보물은 이웃에 대한 존경이다. 세 가지의 영광이 있다. 토라의 영광, 제사장의 영광, 군주의 영광, 그러나 선한 이름이 받는 영광은 그 세 가지 영광보다 월등하다.(39: 4:17)

인간이 선택할 수 있는 바른 길은 무엇인가? 스스로 자부심을 가지며, 인류로부터 영광을 받는 길은 무엇일까?(39; 2:1)

존경받는 사람은 누구인가? 남을 존중하는 사람이다.(39; 4:1)

신의 인정을 얻은 사람의 특징은 이웃에게 잘 알려진 사람이다. 이웃의 마음을 즐겁게 하는 사람은 자기 안에 계시는 성령을 기쁘게 한다. 이웃의 마음을 즐겁게 하지 못하는 사람은 자기 안에 계시는 성령을 기쁘게 하지 못한다.(39; 3:13)

랍비는 신앙의 관점을 단순히 인간과 창조자의 관계에 둘 뿐만 아니라, 인간과 이웃과의 관계에 둔다는 사실을 보여 주는 대표적인 예화이다. 다음의 예화는 같은 교훈을 가르쳐 준다.

우리가 율법서와 예언서와 성서를 볼 때 인간은 편재하시는 분에 대한 의무와 마찬가지로 자기의 이웃에게 의무를 다해야 한다는 사실을 알게 된다. 왜 그것이 율법에서 나왔는가? '너희는 야훼 앞에서도 이스라엘 앞에서도 떳떳하리라.'(민 32: 22)

왜 그것이 예언서에서 나왔는가? 가장 높으신 하나님 야훼 주께서 아십니다. 이스라엘이여 그대들도 알기를 바랍니다.'(수 22:22)[7]

왜 그것이 성서에서 나왔는가? '성실하게 신의를 지켜라. 그래야 너는 하나님과 사람 앞에서 훌륭한 사람으로 기림을 받는다'(잠 3:4, P.15; 47C)

이사야 3장 10절은 이렇게 해석된다. '너희는 그가 선한 의인이라고 말하라. 선한 의인과 선하지 않은 의인이 있는가? 신과 이웃에게 선한 자는 선한 의인이요, 신에게 선하고 이웃에게 악한 자는 선하지 않은 의인이다.' 이 본문과 비슷한 구절이 있다. '악한 자에게 화가 있으라.'(sic 15: 2)

---

7) 우상숭배로 변절하였던 두 지파와 반지파는 하나님은 물론 다른 지파들이 자기들의 행실을 심판할 것을 두려워하였다.

그러면 악한 의인과 선한 악인이 있는가? 신에게 악하며 이웃에게 악한 자는 악한 악인이요, 신께 악하고 이웃에게 악하지 않은 자는 선한 악인이다.(30: 40a)

탈무드는 일반적인 행동에 대하여 이런 규범을 정하였다.

'통치자에게 순종하고, 탄원자에게 친절하며 모든 사람을 즐거이 받아들이라.'(39: 3:16) 사람이 항상 진노를 부드러운 응답으로 바꾸고, 모든 사람과 친척과 형제, 심지어 거리의 이방인에게까지 화평을 준다면, 그는 하늘의 사랑을 받으며, 지상에서 영광을 얻고, 이웃에게 기꺼울 것이다.(1: 17a) '군주의 평안을 위해 기도하라. 그런 경외감이 없다면 인간들이 서로 삼키리라.'(39: 3:2)

탈무드에 이렇게 추고된 격언이 있다.

'너는 인간을 바다의 고기와 같이 만든다.'(합 1:4) 바닷속에 사는 고기들은 큰것이 작은것을 삼키는 것처럼 인간들도 그러하다. 군주를 두려워하는 마음이 없을 때 큰것이 작은것을 삼키지 않겠는가.(38: 4a) 랍비는 자기 지위에 합당한 모든 군주들이 신의 인정을 받고 그 자리에 있는 것으로 확신하였다. 신의 세 가지 가르침 중의 한 가지는 좋은 지도자에 대한 내용이다. 랍비는 신이 지도자를 임명하신 보편적인 증거가 있어야 한다는 견해를 가지고 있었다.

'우리는 먼저 공동사회와 의논하지 않고서는 지도자를 뽑을 수 없다.'

'들어라, 야훼께서 우리의 아들인 보살렐을 지명하여 부르셨다.'(출35: 30)

거룩하신 분 은총의 신이 모세에게 물었다.

'브살렐이 네 마음에 드느냐?'

그가 대답하였다.

'우주의 주재자시여, 주께서 마음에 드신다면 제게는 더 말할
나위도 없습니다.'

신이 모세에게 말하였다.

'그렇다면 어서 가서 백성들에게 말하라.'

모세가 이스라엘에게 가서 물었다.

'브살렐이 여러분의 마음에 듭니까?'

그들이 대답하였다.

'만약에 거룩한 분 은총의 신인 당신의 마음에 든다면 우리들은
더 말할 나위가 없습니다."(1; 55a)

탈무드는 이렇게 규정하였다.

'훌륭한 군주는 신의 인정을 받는다.'(33; 91b)

우리가 그런 증거를 알 수 있기 때문이다.

'군주에게 파렴치한 행동을 하는 자는 누구나 쉐키나 앞에서 똑
같은 행동을 하는 것과 같다.'(창 R 94: 9) '군주의 권위에 반역하는
자는 사형에 해당하는 범죄를 저지른 자이다.'(34; 49a)

성서적 가치 있는 행동으로 이 교훈에 대한 확증을 얻는다.

'너를 다스리는 군주를 항상 존경하라.'

'너의 신하들이 모두 내려와 내 앞에 엎드려'(출 110: 8)

모세가 군주에 대한 존경을 잃고 이렇게 말한 것이 아니다.

'당신이(바로가) 내 앞에 엎드릴 것입니다.'

자기 사자들을 지키던 엘리야가 아합의 수레 앞으로 뛰어온 행
동에서도 군주에 대한 존경심을 볼 수 있다.(왕상 18:46; 102a)

이런 교훈은 율법의 내용과 일치한다. "누구든지 이스라엘의 왕
을 알현할 때 이렇게 인사해야 한다. '은총의 신, 주 우리 야훼, 우
주의 왕이시여. 주께서는 당신을 두려워하는 군주에게 영광을 나
누어 주셨습니다.' 왕은 이렇게 응답해야 한다. '은총의 신, 주께서

는 당신의 피조물에게 당신의 영광을 나누어 주셨습니다.' 백성이
이스라엘 왕을 만났을 때는 달려가야 한다. 이스라엘의 왕에게 뿐
만 아니라 다른 나라의 왕에게도 그렇게 해야 한다. 만약 그가 훌
륭한 사람이라면 이스라엘의 왕과 다른 백성들을 구별할 것이
다."(1: 59a)

　다음 구절에는 국가와 관계를 맺는 데 있어서 유대인들이 행하
여야 하는 근본 원리가 분명히 나타나 있다.

　'국가의 법은 율법이다.'(31: 113a)

　이 말은 유대인이 자기 나라가 아닌 다른 나라에서 살 때 자기
나라 율법의 지배를 받는 것이 아니라 자기 민족의 율법과는 다른
그 나라의 법으로 다스림을 받아야 한다고 가르친다.

　유대인의 율법에도, 만약 국가의 법이 토라의 기본 원리에 위배
되지 않는 한 그 법을 지키도록 명하였다. 다음 구절은 이 원칙을
확실하게 표현해 준다.

　'하나님 앞에서 임금에게 충성을 맹세했거든 임금의 명령을 지
키도록 하여라.'(전 8: 2)

　거룩하신 분 은총의 신이 이스라엘에게 말하였다.

　"내가 너희에게 명한다. 만약 임금이 정한 법이 악법이라 하여
도 네게 주어진 어떤 조문이라도 거역하지 말고 임금의 명령을 지
키라. 그러나 만약 그 명령이 토라와 예언에 위배될 때는 복종하
지 말고 이렇게 말하여라. '나는 당신이 원한다면 무엇이든지 임금
의 명령으로 지킬 준비가 되어 있다. 그러나 신의 계명에 관계되
었을 때는 신의 현존에서 어긋나는 일을 서두르지 말라.(전 8: 3) 왜
냐하면 그 일이 예언을 부인하기 때문이 아니라 거룩하신 분 은총
의 신을 포기하라고 강요하기 때문이다' 라고."

　군주들에게 복종하라는 훈계를 하였음에도 불구하고, 탈무드는

누구든지 군주에게 아첨하지 말라고 강력히 명령하였다. '일을 사랑하되, 지배를 미워하라. 또한 다스리는 권세와 더불어 친하려고 하지 말라.'(39: 1:10) '통치자의 권세를 경계하라. 왜냐하면 권세가 들은 자기에게 이익이 되지 않을 때 아무도 가까이 두려고 하지 않기 때문이다. 그들은 자기에게 소용될 때만 친구인 척하고, 상대에게 필요할 때는 도움이 되어 주지 않는다.(39: 2:3) 또 다른 충고의 말을 보자. '여우의 머리가 되기보다는 사자의 꼬리가 되라.'(39: 4:20)

이 말의 의미는, 자기보다 못한 사람들 가운데서 돋보이려고 그들에게 가담하기보다는, 보다 나은 사람들의 모임 안에서 평범한 일원이 되라는 뜻이다. 여기서 우리는 각광 받기를 피하고, 두드러진 지위를 거절하라고 재삼 재사 강조하는 것을 알 수 있다. 탈무드는 사람이 우월감과 거만한 태도를 가지면 자기의 명을 재촉한다고 설명한다. 요셉이 왜 형제들보다 먼저 죽었는가?8) 우월감을 나타냈기 때문이다.(1: 55a) '권위를 지닌 체하는 자는 매장 당한다.'(16: 86b) 그것은 사실상 노예상태이다.(40: 10a,b)

이 말은 인간이 자기의 할 바 책임을 회피하라는 것이 아니라 이기적 야심으로 권세를 얻고자 하지 말라는 뜻이다.

다음의 비유 안에는 이 사상이 훌륭히 표현되어 있다. '어떤 곳에서 인간이 되고자 노력하는 사람이 아무도 없었다.'(39: 2:6)

탈무드는 위의 말을 이렇게 평하였다. '인간이 모인 곳에서는 인간이 되려고 하지 말라는 의미를 암시한다.'(1: 63a)

공동사회를 위하여 일을 할 때 독단적인 태도를 취하거나 자기를 내세우지 말라는 뜻이다. 그러나 다른 사람이 그 임무를 사양할 때는 네가 그 일을 수행하여라. 무엇보다도 청렴한 동기에서

---

8) 이 말은 출애굽기 1: 6 〈요셉이 죽고 모든 형제들이 죽었다〉는 구절에서 유추하였다.

일을 시작해 나가야 한다. '공동사회를 위해 일하고자 하는 사람들
은 신의 이름으로 행하라. 그렇게 할 때 선조들의 자비가 그들을
지켜 주며 그들의 의로움이 영원히 남을 것이다. (신이 네게 말씀하시
기를) 네가 만일 최선을 다해 노력했다면 나는 너에게 상을 줄 만
하다고 인정할 것이다.'(39: 2:2)

§ 2. 노 동

인간은 자기의 양식을 얻기 위해서 뿐만 아니라 사회질서 유지
에 할당된 자기의 몫에 공헌하기 위하여 맡은 바 의무를 감당해
나가야 한다. 우리가 이미 관찰한 바와 같이 토라를 연구하는 것
이 가장 존경받을 만한 직업이라고 하여도 랍비는, 만약 모든 사
람들이 항상 그런 관념적인 일에만 종사한다면 이 세상이 유지되
어 나갈 수 없다는 것을 충분히 인정할 만큼 현실적이었다.

다음의 격언을 살펴보자. '가장 훌륭한 직업이란 토라의 연구와
세속적인 일을 합친 직업이다. 랍비들이 노동을 필요로 하는 것은
그 두 가지 죄를 범하지 않게 해주는 까닭이다. 노동하지 않고 토
라만 연구할 때 마침내 무익하게 되고 죄를 범하게 된다.'(39: 2:2)

다음은 평범한 사람들이 취할 수 있는 행복한 중용이다. '만약
아침과 저녁에 두 가지 율법을 배우고 낮에는 종일토록 일하는 사
람이 있다면, 그는 토라 전체를 지킨 사람으로 인정받을 수 있다.'

다음의 인용문을 읽고, 우리는 랍비가 전적으로 영적인 일에 헌
신하며 세속적인 일에서 도피하려는 은둔자의 생활을 거부하였다
는 것을 알게 될 것이다.

신을 경외하는 자보다 노동의 결실을 기뻐하는 자가 더 위대하
다. 왜냐하면 신을 경외하는 자에 대하여서는 '주를 두려워하는 자
는 복이 있다'(시 112:1)고 기록되어 있고 자기 노동의 수확을 즐기

는 자에게는 '네 손의 수확을 먹을 때 그것이 너를 만족케 하리라' (시 128: 2)고 되어 있기 때문이다.

네가 이 땅에서 복되고 오는 세상에서 만족을 얻게 될 것이다. 신을 경외하는 자에 대해서는 '네가 만족하게 될 것이다'라고 표현하지는 않았다.(1: 8a)

탈무드문학은 노동의 존엄성을 확인한다. '일하는 자에게 영광을 가져다주는 노동은 위대하다'(26: 49b)라는 말은 이런 주제를 꿰뚫는 핵심이 된다. 인간에게 주신 신의 계획 가운데 중요한 부분은 노동이다. '일을 사랑하라'(39: 1:10)는 랍비의 격언에서 이것을 배울 수 있다.

아담이 손수 일을 할 때까지 음식을 먹을 수 없었다 해도 야훼 하나님께서 아담을 데려다가 에덴에 있는 이 동산을 돌보게 하시며(창 2:15) 이렇게 이르셨다.

'동산에 있는 나무 열매는 무엇이든지 마음대로 따먹어라.'(창 2: 16) 거룩한 분 은총의 신은 이스라엘이 일을 마칠 때까지 주저하지 않고 쉐키나를 내려주셨다. '내가 이 백성들 가운데 살고자 하니 그들에게 내가 있을 성소를 지으라고 하여라.'(출 25:8)

만약 실직한 사람이 있다면 그는 무엇을 할 수 있는가? 그가 터나 밭을 가지고 있다면 거기서 바쁘게 일하도록 하라.

'엿새 동안 힘써 네 모든 생업에 종사하고'(출 20:9)

'네 모든 생업에 종사하고'9)라는 구절을 덧붙인 것은 무슨 의도인가? 그것은 쇠퇴한 상태에서 뜰이나 밭을 가지고 있는 사람을 염두에 두고, 그가 바쁘게 일하라는 것이다. 인간은 게으름을 피울 때 죽게 될 뿐이다. 이런 예화가 있다. 거룩하신 분 은총의 신이 아담에게 알려 주시기를 '땅은 가시덤불과 엉겅퀴를 내리라' 하

---

9) 성서를 해석한 랍비 주석에는 중복이 없다. 그러므로 노동은 인간이 먹을 것을 얻기 위한 일상적인 직업을 의미하고 일은 여가 시간의 사역으로 표현하였다.

섰다.(창3:18) 아담이 눈물이 글썽해서 신께 말하기를,

"우주의 주재자시여, 나와 내 나귀가 똑같은 구유에서 먹어야 합니까?"

그때 신이 대답했다.

"이마에 땀을 흘려야 낟알을 먹으리라."(창 3: 19)

아담의 마음은 곧 편안하게 되었다.(14: 118a)

모든 동물의 왕국 안에서 인간만이 노동을 함으로써 다른 동물보다 우월하게 된다는 사실은 매우 교훈적이다. 물론 노동은 인간 존재에 가장 중요한 기본 요소이다. '너희 후손이 잘 살게 하려거든 생명을 택하라'(신 30: 19)는 구절에서는 수고를 의미하고, 그 개념을 간결하고 강력하게 표현하였다. '인간이 손으로 수고한 것에 축복이 내린다.'(1: 7:8) 라는 말은 노동이 행복에 이르는 길이라는 사실을 암시한다. 만약 어떤 사람이 자기 아내에게 백 명의 하인을 주었다 하더라도, 그의 아내는 손수 얼마간의 집안일을 해야 한다. 왜냐하면 게으름을 피우면 음란에 이르게 되고 음란은 정서적 불안을 가져오기 때문이다.(25: 5:5) 노동이 온 우주 질서 안에서 가장 중요한 위치를 점유하고 있다는 사실을 다음 구절에서 훌륭히 지적해 준다.

'그날밤 아랍 사람 라반의 꿈에 하나님께서 나타나시어 야곱과 시비를 따지지 말라고 이르셨다.'(창 31: 42)

우리는 노동을 함으로써 조상들이 남겨 주신 공적으로 얻을 수 없었던 지위를 얻게 된다. '만일 제 할아버지 아브라함의 하나님 아버지 이삭을 돌보시던 두려운 분이 제 편이 아니셨다면 장인은 저를 빈털터리로 내쫓았을 것입니다.'(창 31: 42)

그것이 사실이라면 조상들의 공적이 자기의 부를 지키는데 소용될 뿐이다. '그러나 하나님께서는 내가 얼마나 보람없는 고생을

하였는지를 살피시고 어젯밤에 판결을 내리신 것입니다.'(창 31: 42)

이 구절은 야곱이 손수 수고한 공적을 생각한 신이 야곱을 해하지 말라고 경고한 것을 설명해 준다. 그러므로 신께서는 인간이, '신이 나를 불쌍히 여기고 계시니까 나는 손수 수고하지 않고 먹고 마시 번영하겠다'라는 말을 하지 말라는 교훈을 주신다. '그가 손으로 하는 모든 일을 축복해 주셨고'(욥 1:10) 라고 주장하였다.

인간은 손수 노력해야만 거룩하신 분 은총의 신께서 축복을 내리실 것이다. '일하기 싫은 자는 먹지도 말라'는 속담이 있다.(창 R14: 10)

더구나 인간은 자기 개인의 필요 때문에 노동을 한다고 생각해서는 안 된다. 다음의 일화에 그런 생각이 잘 표현되어 있다.

하드리안 황제가 디베랴 근처의 거리를 걷고 있을 때 한 노인이 나무를 심으려고 땅을 파고 있는 것을 보고 노인에게 말을 건넸다.

"노인장, 당신이 만약 좀더 일찍 수고했다면 그렇게 나이 들어서까지 일할 필요가 없었을 것이오."

노인이 대답했다.

"나는 젊어서도 일했고 늙어서도 일했습니다. 우리와 함께 일하시는 하늘에 계신 신께서는 그 일을 기뻐하십니다."

하드리안이 몇 살인가 묻자, 그는 백 살이라고 대답하였다. 황제는 이렇게 외쳤다.

"아니, 백 살이나 된 노인이 나무를 심자고 땅을 파다니오? 당신이 그 열매를 먹을 수 있다고 생각합니까?"

노인이 대답하였다.

"내가 먹을 수만 있다면야 먹겠지요. 하지만 그렇지 못한다 해

도, 내 조상들이 나를 위해 수고한 것처럼 나도 내 자손들을 위해 일하고 있습니다."(레 R25: 5)

랍비는 손으로 하는 수고를 높이 평가하였으며, 자기들이 설교한 내용을 몸소 실천하였다.

몇 사람의 랍비가 부유한 가문 태생이라는 사실을 읽었지만, 대부분의 랍비는 일용 양식을 벌기 위해 겸손히 노동한 사람들이었다. 힐렐이 청빈하였다는 사실은 이미 이야기하였고 다른 랍비들에 대해서도 배웠다. 아키바는 날마다 나뭇단을 주워 모아 내다가 판 값으로 생활을 했다.(1: 29a)

요수아는 숯을 구웠으며, 자기의 일 때문에 더러워진 방에서 살았다. 메이어는 서기였고(13: 13a) 요게 할랍타(José. b.chalaphta)는 피혁공이었다.(12: 49b) 요하난은 구두 직공이었고(39: 4:14) 유다는 빵굽는 사람이었으며(23: 77b) 아바 사울(Abba Saul)은 빵반죽 빚는 사람으로 천한 지위에 있었으며(14: 34a) 한편으로는 무덤 파는 자였다고도 한다.(58: 24b)

일세기에 속하는 요세푸스는 그의 저서 안에서 유대인들에게 이렇게 선언하였다. '우리로 말하자면 장사하는 것이 즐겁지는 않다. 우리 나라가 비옥한 토지를 갖고 있다면 그 땅을 경작하는 데만 모든 수고를 기울일 것이다.'

너무나 당연한 말이다. 그러나 탈무드가 모든 사람에게 권유한 노동을 농업의 노동에 비유하여 말한 것은 특기할 만한 일이다. 창조에 관한 일화는 토라의 변론 가운데서 이미 인용하였지만[10] 이런 이야기들이다. '저녁때 들에서 돌아온 사람'에 대하여 언급한 것을 볼 수 있고,(1: 44b) 또 얍네의 랍비는 '나는 도시에 있고 그는 들에 있다'[11]고 표현하였다.(1: 17a)

---

10) P. 150을 보라.

수공업이나 상업에 비교하여 농업의 상당한 공적을 인정하는데 대하여 날카로운 견해 차이를 볼 수 있다. 한편은 '모든 종류의 노동자들은 결국 땅으로 돌아간다'고 말한다. '땅을 갖지 못한 인간은 참인간이라고 할 수 없다.'(24: 63a) '주께서 지우신 명예가 어찌나 무거운지 그만 지쳐 버렸다오'(렘 1:14) 라는 구절은 자기의 돈으로 살며 농사하지 않는 팔레스타인 사람에게 적용된다.(렘 1: 63b)

이에 대하여 반대의 의견도 강력하다. '땅을 경작하는 일보다 더 나은 직업은 없다. 백 명의 ZUZ가 사업에 종사할 때 날마다 고기와 술을 준비해 주지만 백 명의 ZUZ가 농업에 종사할 때는 사람들로 하여금 소금과 야채에 순응하게 해줄 뿐이다. 게다가 땅에서 잠자게 되며(밤에 이삭을 지키기 위해서) 자기의 이웃과 분쟁을 일으키게 될 것이다.'(렘 1: 63a)

어떤 랍비는 이런 권고를 하며 타협안을 내놓았다. '사람은 반드시 자기의 돈을 삼등분해서 삼분의 일은 땅에, 삼분의 일은 사업에 투자하고, 나머지 삼분의 일은 자기의 소유로 두어야 한다.'(32: 42a)

특히 토지의 소유가 불확실할 때 수공업에서 얻을 수 있는 안정된 생활은 대단히 매력적이다. '칠 년 동안 계속되는 가뭄도 장색의 대문 앞까지는 올 수 없다'라는 속담도 있다.(34: 29a)

기근이 농부들에게 무섭게 닥친다 해도 장색은 별로 영향을 받지 않는다. 이 문제에 대하여 랍비는 이렇게 가르쳤다.

'누구든지 자기의 아들에게 직업을 가르쳐 주어야만 한다. 자기 아들에게 직업을 가르치지 않는 사람은 도둑이 되라고 가르치는 것과 같다. 자기 손으로 일하는 직업을 가진 사람은 담을 둘러친 포도밭과 같아서 가축과 들짐승이 침입하거나 지나가는 사람들이

---

11) P. 186을 보라.

들여다보고 따먹지 못한다. 그러나 자기 손수 일하는 직업이 없는 사람은 담이 무너진 포도밭과 같아서 가축과 들짐승이 침입하고 지나가는 사람들도 들여다보고 따먹을 수 있다.'(30: 1:11)

사람이 배울 수 있는 여러 가지 직업 사이에 구별이 있는데 어떤 것은 추천하고 어떤 것은 비난하였다.

'누구든지 자기 아들에게 여자와 동업하는 것을 가르쳐서는 안 된다.

누구든지 자기 아들에게 깨끗하고 밝은 직업을 가르쳐 주어야 한다.

누구든지 자기 아들에게 노새몰이나, 낙타꾼이나 선원, 의사, 백정기술은 가르칠 수 없다. 왜냐하면 그것은 도둑질하는 직업이기 때문이다. 다른 랍비는 이렇게 말했다. '대부분의 노새몰이꾼은 악한이며, 대부분의 낙타꾼은 정직하고, 대부분의 선원은 경건하고 가장 훌륭하다는 의사는 게힌놈에 갈 것이며 대부분의 정직하다는 백정들은 아말익과 동조자이다.'(30: 4:14) 이 문제에 대하여 다른 의견을 볼 수 있다. 이 세상에서 사라지지 않는 직업은 없다. 자기의 부모가 고상한 직업에 종사한다고 생각하는 사람은 복있으며, 부모가 마음에 들지 않는 직업에 종사한다고 생각하는 사람은 화있을 것이다.

향료제조업자가 없거나 피혁공이 없다면 이 세상은 유지되어 나갈 수 없다. 그러나 향료제조업을 직업으로 하는 사람은 복있고 피혁공을 직업으로 하는 사람은 화있을지라.(30: 82b)

탈무드는 왜 인간이 자기의 직업을 좋아하지 않는다고 해도 일을 계속해야 하는가에 대하여 설명하였다.

'하나님께서는 모든 것이 제 때에 알맞게 맞아 들어가도록 만드셨더라.'(전 3: 11) 이 구절은 무슨 의미인가? 거룩하신 분 은총의 신께서는 사람들에게 자기가 종사하는 직업이 마음에 들도록 하셨다.(1: 43b) 랍비는 생활비를 버는 방법 중에 고리 대금업을 신랄히 비난하였다. '그런 직업을 가진 자는 법정에서 증언을 할 수 없다.'(34: 3:3)

고리대금업자가 눈먼 것을 와서 보라. 만약 어떤 사람이 자기 이웃에게 나쁜 놈이라고 말했다면 후자는 양식을 빼앗긴 경우와 같이 그를 고소할 수 있지만, 고리대금업자는 증인과 서기와 펜과 잉크, 아무개(고리대금업자)가 이스라엘의 하나님을 부정했다는, 사건에 대한 서면기록과 봉인이 있어야 한다. 이자 없이 돈을 꾸어 주는 사람에 대하여 이런 말씀이 있다.

'돈놀이를 하지 않으며 뇌물을 받고 무죄한 자를 해치지 않는 사람, 이렇게 사는 사람은 영원히 흔들리지 아니하리라.'(시 15: 5)

'이것으로 너희는 만약 어떤 사람이 자기 소유를 빌려주고 이자를 받는다면 비난받아 마땅하다는 것을 알 수 있다.'(32: 71a) 고리대금업자는 피를 짜내는 사람에 비유할 수 있다.(32: 61b)

성경에서는 이자를 받는 사람을 모든 악한 행동과 범죄를 저지른 사람처럼 취급하였다. '또 물건을 세놓았고 돈놀이를 했다고 하자. 이런 온갖 역겨운 짓을 하고는 결코 살 수 없다. 그런 자는 자기의 죄를 쓰고 죽을 수밖에 없다.'(에 18: 13) 거룩하신 분 은총의 신께서는 이자 없이 꾸어 주는 사람에 대해 모든 예언을 지킨 것처럼 표현하였다. '그는 자기 돈으로 고리대금업을 하지 않았다.'(출 R31: 13)

§3. 주인과 일꾼

탈무드는 고용주와 고용인 사이의 관계를 명확히 정의하였고, 각자의 책임에 대해 확실하게 설명하였다. 이 문제를 서로가 양심적으로 존경해야 하는 두 부류 사이에 맺은 계약으로 보았다.

주인이 자기가 고용한 고용인을 억압하거나, 그 반대의 경우에는 사기꾼으로 비난을 받았다. 먼저 고용주가 지킬 의무를 살펴보자. 그는 자기가 살고 있는 지방에서 고용인을 대우하는 관계대로 주어야 한다. 일찍 일을 시작하거나 늦게까지 일을 시키지 않는 관례가 있는 지방에서는 고용주가 고용인들에게 보통의 노동 시간을 초과해서 일하라고 강요할 수 없다. 고용인에게 식사를 제공하는 관례가 있는 지방에서는 일꾼을 먹여야 한다. 식사 후에 간식을 주는 관례가 있는 지방에서는 간식을 주어야 한다.(32: 7:1)

자기가 고용한 사람들이 사고를 냈을 때 고용주가 엄격한 공의만을 주장할 수 없다. 다음의 일화는 그런 문제를 설명해 준다.

라바 바바 카나(Rabbah bar Bar chanah)에게 고용된 짐꾼들이 그의 술 한 통을 깨뜨렸다. 그래서 그는 자기가 받은 손해에 대하여 짐꾼들의 겉옷을 벗어놓게 했다. 일꾼들은 주인이 옷을 벗게 명하도록 한 랍비에게 불평하였다. 그러자 주인이 랍비에게 물었다.

"그것이 율법입니까?"

랍비가 응수하였다.

"너는 착한 사람들과 한 길을 가고 옳게 사는 사람들과 같은 길을 가거라[12](잠 2: 20) 라고 씌어 있소."

그는 일꾼들의 옷을 돌려주었다. 그러자 일꾼들이 말했다.

"우리는 가난하고 하루 종일 수고하여 배가 고픕니다. 게다가 우리는 빈털터리입니다."

랍비가 주인에게 말했다.

"가서 저 사람들의 품삯을 지불하시오."

---

[12] 이 말은 선한 사람이란 엄격한 정의만을 주장하지 않고 사람들의 요구를 관대히 들어 주는 사람이라는 뜻이다.

그가 물었다.

"그것이 율법입니까?"

"그렇소. 성서에 '의인의 길을 걸으라'(잠 2:20)고 씌어 있소."(32: 83a)

무엇보다도 고용주들은 노동에 대한 임금을 지불해야 하며 마땅히 치를 것은 즉시 주어야 한다. 이 문제에 대하여 율법은 이렇게 규정하였다. '낮에 고용된 일꾼은 밤동안 임금을 받아야 한다.'(32: 4:11) 할당된 기간이 끝난 후에도 임금의 지불을 연기하는 것은 악질적인 범죄와 같이 비난하고 엄격히 힐책해야 한다. '고용된 일꾼의 임금 지불을 연기하는 자는 토라의 다섯째 계명을 범하는 것이다.' '너는 이웃을 억눌러 빼앗아 먹지 말라.'(레 19: 13) '가난하기 때문에 품을 파는 사람을 억울하게 다루어서는 안 된다.'(신 24: 14) '품삯을 다음날 아침까지 미루지 말라.'(레 19:13) '날을 넘기지 않고 해지기 전에 품삯을 주어야 한다.'(신 24: 15) '해가 질 때까지 미루지 말라.'(32: 111a) '이스라엘은 고용한 일꾼들의 임금을 지불하지 않은 까닭에 포로가 되었다.'(애 R.To 1:3)

고용한 일꾼의 임금을 지불하지 않는 자는 일꾼의 생명(영혼)을 빼앗는 자와 마치 일꾼에게서 생명을 빼앗는 것과 같으니, '힘 없다고 해서 가난한 사람을 털지 말며 법정에서 어려운 사람을 짓누르지 말아라'(잠 22:22)라는 구절과 같다. 또 다른 랍비는 그 구절을 사기 당한 사람에게 적용하여 설명하였다. '욕심 많은 자의 마지막은 다 이러하니 그가 얻은 재산이 목숨을 앗아간다.'(잠 1:19, 32:112a)

한편 고용인들은 자기의 시간과 정력을 판 것과 마찬가지이므로, 자기 급료를 받을 수 있을 만큼 정직하게 시간과 정력을 바쳐야 한다. 고용주에게 자기가 할 수 있는 한 최선을 다하지 않는 사람은 점원이 부족량을 파는 것보다 더 큰 악행이다.

랍비는 이론으로서 뿐만 아니라 실제도 이 생각을 실천하였던 것을 알 수 있다. 건축업자 아바 요셉의 이야기인데, 그는 어떤 문제점을 찾아내려고 발판 위에 서 있었다. 그때 어떤 사람이 그에게 말했다.

"무얼 좀 물어 보러 왔습니다."

그러나 그는 이렇게 대답했다.

"나는 하루 종일 고용된 까닭에 내려갈 수가 없소."(출 R13: 1)

그는 문제의 해결을 자기가 맡고 있는 한, 고용주에게 소속되는 시간을 잠시라도 허비해서는 안 된다고 생각하였다.

이와 비슷한 예화가 있다.

'가뭄이 들었을 때 사람들은 원을 그리는 사람 고니와 손자 아바 힐기야(Abba Hilkiah)에게 비를 내려달라는 기도를 드려 달라는 부탁과 함께 두 제자를 보냈다. 제자들은 힐기야의 집에 갔으나 그는 거기에 없었다. 제자들이 들로 나가 보니 그는 땅을 파고 있었다. 그들이 힐기야에게 문안을 드렸지만, 그는 주의를 돌리지 않았다. 돌아오는 길에 제자들은 왜 자기들의 인사를 받지 않았는가 하고 물었다. 그가 대답하기를, '나는 나를 낮 동안 고용하였다. 그러므로 내가 나의 일을 방해할 권리는 없다고 생각한다.'(20: 23a,b)

똑같은 원리를 세운 규정이 있다. '인간은 밤에 들에서 일할 수 없으며 낮 동안에 해고될 수 없다. 일꾼이 고용주의 일에 손해 입혔다는 이유로 굶주리거나 굶기를 강요당할 수 없다.'(3: 26b) 탈무드는 노동자들이 나무의 꼭대기나 발판 위에 있을 동안에 그 자리에서 매일 드리는 예배를 드려도 좋고, 식후의 감사기도를 줄여서 외어도 좋다고 허용하였다.(1: 14:4)

다른 의견이 있다. '누구든지 자기 고용주의 권고를 무시하는 자는 도둑이라 불린다.'(32: 78ab) 유대인이든 이방인이든 누구를 막론하고 일꾼들 이외에 종이라는 노동 계층이 있었다.

탈무드는 종에 대해서도 적절한 대우를 해주도록 엄격히 규정하여 놓았다. 먼저 히브리인 종에 대하여 언급하였다. 성서를 보면 히브리인이 자유인으로서의 권리를 잃게 되는 몇 가지 경우가 있었다. 궁핍하였을 때 양식과 잠자리를 얻기 위해 자기 자신을 팔거나, 도둑질을 한 벌로써 법정에서 팔릴 수도 있었다. 자기 자유를 스스로 파는 것은 괘씸한 행동으로 비난하였다. 출애굽기 21장 6절에 '주인은 그의 귀바퀴를 뚫어라'는 구절은 이에 대한 상징적 해석이 된다. 사람 몸에는 여러 부분이 있는데 왜 귀를 이런 목적에서 사용하였는가? 귀는 거룩한 분 은총의 신께서 시내 산에서 말씀하실 때 그 목소리를 들었다.

'이스라엘 백성은 나의 종, 내가 이집트 땅에서 이끌어 낸 나의 종이다. 나 야훼가 너의 하나님이다.'(레 25:55)

이스라엘 백성은 나의 종이며 종의 종이 아니다. 그러므로 종이 주인에게 가서 스스로 요청해야 한다. 귀를 뚫어 주십시오. 그렇다면 집에 있는 모든 가구들 중에서 왜 문설주를 이런 목적에 사용하였는가? 거룩하신 분 은총의 신이 말씀하시기를,

"내가 문과 문설주를 지나며 이스라엘이 내게 예배하고 노예 중의 노예가 되지 말 것을 선언하고 이스라엘을 애굽의 속박에서 자유롭게 해주었을 때 명령하였다."

그러므로 히브리인 종은 스스로 주인에게 가서 자기 귀를 뚫어 달라고 요청해야 한다.(30: 22b)

히브리인이 필수품을 얻기 위해 자기를 팔았을 때의 조건은 더 나쁘다. '너희와 함께 사는 너희 동족 가운데 누가 옹색하게 되어 너희

에게 몸을 팔았을 경우에 너희는 그를 종 부리듯 부리지 못한다.'(레 25:39)

랍비는 '사람이 자기의 지갑에 돈을 채우거나, 가축이나 가구나 집을 사기 위해 몸을 파는 것을 금지한다'(sifra adloc) 고 말하였다. 종을 소유한 사람이 히브리인 종을 부릴 때는 여러 가지 제한을 받았다. '육 년 동안만 종으로 부리고'(출 21: 2) 라는 구절은 종의 의무연한을 말한다. 본문의 '너희는 그를 종 부리듯 부리지 못한다'(레 25: 39)는 구절은 이런 의미이다. '그러므로 종이 주인을 위하여 발을 씻기거나 신을 신겨 주거나, 목욕실에 그릇을 갖다 주거나, 주인이 계단을 올라갈 때 자기에게 기대게 하거나, 들것이나 의자나 가마에까지 주인을 나르는 것과 같은 종으로서의 행동을 하지 말라고 규정하였다.'

본문을 이렇게 평할 수 있다. '누구든지 그 일을 스스로 부끄러워하든 아니든간에 할 바를 다 해야 한다는 사실을 암시하는 구절로 이해한다.

성서에는 '너희는 그를 품꾼이나 식객처럼 데리고 살다가'(레 25:40)라고 기록되어 있다. 고용한 품꾼을 대할 때처럼 주인이 종의 직업을 바꿀 수는 없다. 히브리인 종에게는 자기의 일상적인 직업과는 다른 일을 하라고 강요할 수 없다. 그러므로 주인은 종에게 여러 사람을 위해 봉사하는 직업, 즉 양복장이·때밀이·이발사·백정·빵굽는 자와 같은 일을 하라고 강요할 수 없다.

만약 종의 직업이 이런 일 중의 하나였다면 주인의 명령을 따라서 그런 일을 할 수는 있다. 그러나 주인이 자기를 위해 종의 직업을 바꿀 수는 없다. '그를 품꾼이나 식객처럼'이라는 구절은 고용된 일꾼이 낮에만 일하고 밤에는 일하지 않는 것처럼, 히브리인 종도 낮에 일하고 밤에는 일하지 않는다.

일반적으로 종에게 이렇게 대우하여야 한다. '만일 그 히브리인이 너와 함께 있는 것을 좋아하여'(신 15:16) 집에서 나가지 않겠다고 할 때는, 너와 함께 먹고 마셔야 한다. 너는 깨끗한 빵을 먹으며 종에게 곰팡난 빵을 주지 말 것이며, 너는 묵은 술을 마시고 그가 새 술을 먹게 하지 말며, 너는 푹신한 자리에서 자며 그가 짚더미에서 자게 하지 말라. 누구든지 히브리인 종에게 요구하는 것을 주인 자신도 함께 해야 한다.'(30:20a)

성서는 출애굽기 20장 2절과 레위기 25장 39절에서 종이 해야 할 봉사의 내용을 규정하였다.

그러나 탈무드가 종에게 친절히 하라고 율법을 해석한 구절은 어디서든지 볼 수가 있다. '칠 년째 되는 해에는 자유를 주어 내보내야 한다.'(신 15:12)

만약 종이 도망갔다가 돌아왔다면 부과된 햇수를 완전히 채워야 하는가?

본문은 '육년만 부리고'라고 언명하였다. 만약 그가 병이 났다가 회복되었다면 병이 났던 기간 동안을 변상해야 한다고 생각할 수 있다. 본문에서는 '칠 년째 되는 해에 자유를 주어 내보내야 한다.'(sifré 118:99a)라고 규정하였다. 탈무드는 종이 육 년 동안 병이 났을 경우에 이 구절을 어떻게 적용해야 할지를 심의하였다. 만약 종의 병이 삼 년간 계속되었다면 삼 년 동안 봉사하고, 병이 삼 년을 초과했을 때는 육 년 동안 봉사해야 한다고 규정하였다.(30:17a) 주인이 죽었을 경우에 종은 자기 기간이 끝날 때까지 주인의 아들에게 봉사하여야 한다. 그러나 주인의 딸이나 다른 상속자에게는 그렇게 하지 않아도 된다.(30:17b) 귓바퀴를 뚫은 종은 '죽을 때까지 그의 종이 된다'(출 21:6)고 기록되었다. 랍비는 죽을 때까지라는 구절을 종이 자유를 얻을 때, 즉 주비리(Jubilee)의

해까지를 의미한다고 생각하였다. 더 나아가서 그의 종이 된다는 구절의 뜻을 노예가 본래의 육 년이 지나도 주인의 아들이나 딸이나 다른 상속자들에게 봉사해야 하는 것이 아니라 주인의 죽음으로 자유를 얻는다고 유추하였다.(Mechad loc 77b)

성서는 종이 맡은 바 봉사 기간을 마쳤을 때 빈손으로 나가게 해서는 안 된다고 명하였다.(신 15:13f) 탈무드는 종에게 30세겔을 주어야 한다고 금액을 명시하였다.(30:1:3)

율법은 이방인 종을 소유할 경우에 대해서도 명시되어 있다. '이방인 종은 보상이나 문서나 육체적인 봉사로 얻을 수 있다.'(30:1:3)

만약 어떤 사람의 종이 황소에 받혀 피를 흘리고 죽었다면, 죽은 자가 여자든지 남자이든지간에 보통 주인에게 30셀라13)를 변상해야 했던 것으로 생각된다.(31:4:5)

탈무드에서도 문서를 가지고 종을 얻는 경우에 대하여 기록되어 있다. '이런 사람은 합법적으로 종이 되는 것이다. 그는 자유를 찾을 권리에나, 왕이나 여왕14)의 어떤 봉사를 해야 하는가? 주인의 신을 벗기고, 그릇을 들고 목욕실까지 뒤따라 가서 주인의 옷을 벗기고, 주인을 씻겨주며, 그의 몸에 기름을 바르고, 머리를 빗기고, 옷을 입히고, 신을 신겨 주며, 주인을 부축해 준다면 이 모든 행동은 주인이 종에게 대하여 가진 권리를 증명해 준다.'(30:22b) 이방인 종이 이스라엘의 집에서 가솔이 되었을 때 알아야 할 중요한 점은 상서의 여러 가지 예언에 순종해야 한다는 점이다. 비록 그들 공동사회의 구성원이라고 생각하지 않는다 해도 공동사회 안에 포함된다고 생각하였다.

---

13) 1셀라는 3실링의 값어치가 있다.
14) 그 종은 정부에 대하여 또는 유죄 선고를 받은 죄인으로서 봉사해야 할 의무가 없다.

이방인 종이 지켜야 하는 첫번 계율은 할례 문제이다. 탈무드는
이 문제를 종의 의사에 상관없이 행할 수 있는가에 대하여 언급하
였다. 일반적으로 '만약 종이 이방에서 왔으며 아직 할례를 받지
않았다면, 주인은 종을 20개월간 데리고 있은 후에, 종이 선택의
자유를 원한다면, 이방인에게 되팔아야 한다.'(24;48b)

이방인 종이 할례를 받았다고 해도 사회적으로나 종교적으로
이스라엘인과 똑같은 대우를 받는 것은 아니다. 이방인 종은 법정
에서 증언할 수 없다.(19;1;8) 손해를 입었을 경우에도 그가 만약 자
기의 주인 이외 사람에게서 상처를 입었다면, 자기 '권리를 상실하였
으므로'(31;8;3) 보상받을 수가 없다.

이방인 종은 소유권을 주장할 수 없다. '종이 가진 것은 주인의
소유이다.'(14;88b)

신앙을 지키는데 있어서도 이방인 종은 삼순절에 성전에 가야
한다는 의무를 갖지 않는다.(23;1;1) 이방인 종은 여자나 어린이처
럼 매일 기도문의 한 구절을 외거나 성물함을 입지 않는다.(1;3;3)
이방인 종은 식사 후 감사기도 암송에 필요한 세 명의 정족수에
포함될 수 없다.(1;7;2) 그러나 종들끼리 인원을 구성하는 것은 허
용된다.(1;45b)

탈무드는 공중예배를 드리는데 필요한 열 명의 성인 남자에 대
하여 이렇게 설명하였다. 아홉 명의 자유인과 한 명의 종이 있을
때 정족수로 계산할 수 있다.

엘리제(R. Eliezer)가 회당에 갔을 때 열 명이 보이지 않았다.
그래서 그는 자기 종을 자유롭게 해주고, 종을 포함하여 정족수를
채웠다. 그가 종에게 자유를 주었으므로 종도 인원에 포함될 수
있었다. 그러나 종에게 자유를 주지 않았을 때는 종은 인원에 포
함될 수 없다.15)

완전한 정족수에서 두 사람이 부족하였으므로 자기 종을 자유롭게 해주고 나머지 사람을 합하여 열 사람을 채워야 한다는 의무를 지킬 수 있었다.(1:47b)

우리는 이 예화에서 긴급한 경우에만 회당에서 종을 정족수의 구성원으로 허용하였다는 사실을 알 수 있다. 또한 여덟 명의 자유인과 두 명의 종을 합해서 계산될 수 없다는 사실은 모든 사람이 알고 있었다. 약간의 예외를 제외한다면 종은 장례식을 치를 수 없다. 가말리엘의 종 타비가 죽었을 때 그는 자기 종의 공적에 대하여 조사하는 것을 허락하였다. 제자들이 그에게 물었다.

"스승님, 종이 죽었을 때는 조사를 할 수 없다고 가르치셨습니다."

그가 대답하였다.

"내 종 타비는 다른 종들과 다르다. 그는 훌륭한 사람이었다."(1:2:7)

탈무드는 이 일을 다음과 같이 규정한다. 남녀 종을 매장할 때 죽은 자를 위하여 열을 짓지[16] 아니하며 조객들이 강복이나 조사를 할 수 없다.[17]

엘리제의 여자 종이 죽었을 때 제자들이 그를 위로하러 갔다. 그가 뜰을 걸어가자 제자들은 뒤를 따라 갔다. 그가 응접실에 들어가자 제자들이 그의 뒤를 따라 갔다. 그가 제자들에게 말하였다.

"나는 너희들이 미지근한 물[18]에 데일까 걱정했다. 그런데 너

---

15) 종은 정족수에 포함되지 않는다. 그러나 랍비가 이런 목적으로 자기 종에게 자유를 주는 것은 쓸데없는 일일 것이다.

16) 그때의 관습이 아직도 전해 내려오는데, 장례식에 참석한 친지들이 조상의 말을하며 두 줄을 지어 지나간다.

17) 강복은 묘지에서 돌아온 후 식사 후에 하고, 조사에는 하나의 고정된 형식이 있다.'편재하는 신께서 시온과 예루살렘의 다른 조객들 가운데 누운 당신을 위로하시기를!'

18) 나는 너희에게 조사를 받고 싶지 않다고 확실한 힌트를 주었다.

회는 뜨거운 물에도 데이지 않는구나. 내가 너희들에게 남녀종이 죽었을 때 죽은 자를 위해 열을 짓기도 하고 조객들이 강복이나 조사를 할 수 없다고 가르치지 않았느냐? 그렇다면 우리는 무슨 말을 할 수 있겠느냐? 황소나 나귀를 잃은 사람에게 전능하신 신께서 당신의 손해를 보상해 주시기를 바랍니다 하고 말하는 것처럼 종을 잃은 주인에게도 전능하신 신께서 당신의 손해를 보상해 주시기를 바랍니다 하고 말해야 하지 않겠느냐?"

우리는 남녀 종이 죽었을 때 장례식이나 조사를 하지 않는다.

요세(R. José)는 '종이 훌륭한 사람이었을 경우에는 죽은 자에게는 슬프다. 훌륭하고 성실한 사람이 자기 짐을 벗고 안식처로 갔구나 하고 말하라'고 언명하였다. 모세는 노예가 아닌 훌륭한 사람이 죽었을 때는 무슨 말을 해야 하는가19) 하는 질문을 받았다. '우리는 남녀 종에게 아버지 아무개 어머니 아무개라고 부르지는 않는다. 그러나 가말리엘의 종들에게는 이렇게 불렀다. 그것은 앞에 인용한 가르침을 번복하는 행동인가. 그러나 그렇지 않다. 그들은 다르다. 왜냐하면 훌륭한 사람으로 존경받았기 때문이다.'(1:16b) 보편적으로 여자가 지켜야 할 계율은 종의 경우와 같이 적용되었다. 즉 여자는 때를 따라 행하는 율법의 의식에서 제외받았다. 종의 복리에 대하여서는 주의 깊은 관심을 가졌다. 종을 주인의 자비로움에 호소하여 맡겨둔 것은 아니었다. 출애굽기 21장 20절 '자기 남종이나 여종을 때려 숨지게 한 자는 반드시 벌을 받아야 한다'는 규정은 이방인 종에게도 확실히 적용되었다.(Mech 85a)

일반적으로 말해서 이스라엘인들은 자기의 종을 조심스럽게 다루었다.

19) 누가 그것보다 더 큰 칭찬을 받을 수 있는가.

예를 들면 요하난은 고기를 먹을 때는 언제나 종에게 나누어 주었고, 포도주를 마실 때는 종에게도 일부를 나누어주었고 자기에게 '나를 모태에서 생기게 하고 그분이 그들도 내시지 않으셨던가?'(용 31:15)는 구절을 인용하였다.

종들은 보통 죽어서 자유로워질 때까지 주인에게 봉사하며 살았다. 그러나 어떤 사람이 자기 주인에게 적당한 값을 지불하거나, 주인이 노예해방 문서를 주었을 때는 자유를 얻을 수 있다.(30:1:3)

종이 자유를 얻을 수 있는 몇 가지 조건은 다음과 같다. '만약 어떤 사람이 자기 종에게 재산을 상속하여 준다면 그 종은 즉시 자유인이 된다.'(2:3:8) 왜냐하면 주인이 종을 자유롭게 해주려는 확실한 뜻이 없이는 종에게 재산을 주지 않고 종은 재산을 소유할 수 없기 때문이다. '자기 주인이 살아 있을 동안 자유인 여자에게 장가간 종은 자유롭게 될 수 있다.'(29:39b)20) '주인이 살아 있는 동안 성물함을 입은 종이 자유로이 갈 수 있다.'(29:40a) 종이 자유로운 유대 여자에게 장가를 들거나, 성물함을 입을 권리를 얻거나 할 수 있으며, 그것이 이스라엘인에게만 해당되는 의무라는 것을 감안할 때, 위의 두 가지 경우에는 종을 해방해 주려는 주인의 의도를 분명히 알 수 있다. 대단히 엄격한 규정이었다. '만약 누구든지 자기 종을 이방인이나 거룩한 땅의 밖에서 온 사람에게 판다면, 그 종은 자유를 얻게 된다.(29:4:6)21) 그럼에도 불구하고 일반적으로 종들을 멸시하고, 잘못을 저지른 사람으로 취급하였다. 또한 종들을 보통 게으르다고 생각하였다.

---

20) 주인이 알고 승인했을 경우를 말한다.
21) 이방인 주인에게서 도망쳐 나와 이스라엘인에게 보호를 청하였을 때 그는 체포될 수 없다. 종의 행동은 자기가 팔리기 전에 지키던 예언을 준수하려는 것으로 간주된다.

'세상에는 열 가지의 잠이 있는데 그 중의 아홉은 종들이, 나머지 하나는 자유인이 가졌다.'(30;49b)

'종들은 음식을 배불리 먹을 가치가 없다.'(31;97a) 종들은 신뢰를 받지 못했다.

'종들은 성실성이 없다.' '도덕적 수준도 낮았다.' '여자 종이 많으면 많을수록 더욱 음란이 성행한다. 남자 종이 많으면 많을수록 더욱 도둑질이 성행한다.'(32;86b)

'남자 노예는 합법적으로 결혼한 여자 노예와 더불어 바람 피우기를 좋아한다.'(29;13a)

§4. 평화와 정의

사회복지와 함께 사회의 안정이 평화를 이루는 기초가 된다고 정의하였다. 이에 대한 탈무드의 격언은 다양하다. 예를 들면 다음과 같다. '진리와 심판과 평화는 이 세상을 지속시킨다.' '성문 앞 재판정에서 바른 재판을 하여 평화를 이룩하여라.'(슥 8:16) '몸에 상처를 내지 말라.'(신 14:1) '당파를 짓지 말고 너희 모두가 합심하여라.'(sifré:94a)22) '야훼가 너의 영원한 빛이 되고'(사 60:19) 너희가 하나로 뭉치면 '너희는 모두 이렇게 살아 있다.'(신 4:4)

누구든지 한 묶음의 갈대를 묶은 채로 꺾을 수는 없다. 그러나 하나씩 풀어서 꺾을 때는 어린 아이도 할 수 있을 것이다. 이것은 세상이 다 아는 사실이다.(Tan;1)

평화가 없는 곳에 번영과 복지가 있을 수 없다. '땅은 소출을 내고'(레 26:4) 적어도 너희는 보다 우리에게 먹을 것과 마실 것이 있으니 무엇을 더 바라겠는가 하고 말할 수 있어야 한다. 그러나 평

---

22) 여기서 말놀이를 볼 수 있다. 자르다는 gud이고 묶다는 agudah이다.

화가 없는 곳에는 아무 것도 있을 수 없다. '내가 그 땅에 평화를 주리니'(레 26:6) 평화는 다른 어떤 것보다 중요하다. 가장 사랑 받는 것은 평화이다. 왜냐하면 모든 축복의 말은 평화의 소망으로 끝맺기 때문이다. 이와 같이 제사장들의 축복도 '평화 주시기를 빈다'고 끝맺는다(민 6:26) 신께서는 이 세상에 평화의 축복을 내리셨다.(민 R11:7)

'인류는 단 한 사람에서 시작되었다. 왜냐하면 한 사람에게서 많은 자손을 얻을 수 있기 때문이었다. 또 서로 다투지 않게 하려는 이유 때문이었다.

인류가 한 사람에게서 시작되었음에도 불구하고 너무나 많은 분쟁이 일어나고 있는데, 만약 두 사람에서 시작되었다면 얼마나 많은 분쟁이 일어났을 것인가.(34:38a) 중재하는 사람은 큰 칭찬을 받았다. 이 세상에서 먹고 마신 사람들 중에서 가장 덕이 있고, 앞으로 올 세상에 남아 있어야 할 가장 중요한 사람은 '사람이 이웃과 화평케 하는' 사람이다.(2:1:1) 다음의 예화에서 그 의미가 잘 나타나 있다.

어떤 랍비가 장거리에 서 있을 때 엘리야가 그의 앞으로 걸어왔다. 랍비가 엘리야에게 물었다.

"이 장거리에 앞으로 올 세상에서 분깃을 받을 자가 있습니까?"

엘리야는 없다고 대답하였다. 조금 후에 두 사람이 다가왔다. 그때 엘리야는,

"이 사람들이 앞으로 올 세상에서 분깃을 받을 사람들이오."

랍비가 그들에게 물었다.

"직업이 무엇이오?"

그들이 대답하였다.

"우리는 즐겁게 떠드는 사람들이지요. 사람들의 마음속에 괴로

움이 있는 것을 보았을 때 우리는 그를 즐겁게 해줍니다. 두 사람이 다투고 있는 것을 보았을 때는 두 사람을 화해시켜 주지요."(20:22a)

힐렐은 다음과 같이 유명한 예화를 인용하였다.

'평화를 사랑하고 평화를 따르는 아론 제자들의 이야기이다'(39:1:12)

'평화를 사랑하는 자는 어떻게 해야 하는가?'

라는 질문에 '아론이 모든 사람들과 함께 살기 위해서 평화를 사랑한 것같이 이스라엘에서 모든 사람들과 함께 살려면 평화를 사랑해야 한다. 입으로는 참된 법을 가르치고, 나와 함께 잘 지내며 바르게 살며 많은 사람을 그릇된 길에서 바른 길로 인도하게 하였다.'(말2:6) 라고 했다. 그 대답의 한 구절에

'그릇된 길에서 바른 길도 인도하게 하였다는 무슨 의미인가?'

이 의미에 대하여는 '아론이 거리를 걷고 있는데 한 사람의 악인을 만났다. 아론은 그에게 인사를 건넸다. 다음 날 악인이 범죄를 저지르게 되었을 때 그는 혼자 말하였다. 내가 눈을 들어 아론을 바라본 후에 어떻게 그런 짓을 할 수 있는가? 나는 내게 인사한 그분 앞에 부끄러울 뿐이다.'

그 결과 그는 나쁜 짓을 멀리하게 되었다.

한 번은 두 사람이 서로 반목하고 있는 것을 보고 아론이 그 중의 한 사람에게 말했다.

'젊은이, 자네 친구가 어떻게 하고 있는지 아는가? 그 사람은 자기 가슴을 치고 옷을 찢으며 울부짖고 있네. 그러면서 슬프다, 내가 어떻게 친구의 얼굴을 대할 것인가? 비겁하게 대한 사람은 바로 나인데 그를 보기가 너무나 부끄럽다고 했다네.'

그리고 아론은 그의 마음속에 있는 모든 증오심이 사라질 때까지 함께 앉아서 대화를 나누었다. 그런 후에 아론은 다른 한 사람

에게 가서 그의 마음속에 모든 증오심이 사라질 때까지 똑같은 말을 하였다. 그 후에 두 사람이 만났을 때 그들은 '서로 얼싸안고 입을 맞추었다.'(65:12)

메이어(Meir)는 또 다른 화해자로서 유명한 일화가 있다.

'메이어는 매주 안식일 저녁이면 회당에서 설교를 하였다. 어떤 여인이 그의 설교를 듣기 위해 빠지지 않고 회당에 참석하였다. 어느 날 그는 설교를 길게 하였다. 그래서 여인이 집에 도착했을 때는 이미 침실의 등이 꺼져 있었다. 여인의 남편이 그녀에게 어디를 갔었는지 말하라고 요구하자, 여인은 설교를 들으러 갔었다고 대답하였다. 남편은 화를 내며 그녀가 랍비의 얼굴을 때리고 오지 않으면 집안에 들어올 수 없다고 했다. 성령으로 메이어는 그녀에게 무슨 일이 일어났는지 알았다. 그는 눈병이 난 것처럼 꾸미고 누구든지 아픈 눈을 낫게 할 수 있는 사람은 와서 고쳐 달라는 소문을 냈다. 여인의 이웃 사람이 그녀에게 말했다.

"이제 집으로 들어갈 수 있는 기회가 생겼어요. 당신이 랍비를 고치는 척하고 눈을 때려요."

그 여인은 랍비에게 갔다. 랍비가 그녀에게 물었다.

"당신은 안질 고치는 방법을 알고 있소?"

랍비를 존경하는 여인은 차마 때릴 수가 없어서 모른다고 대답하였다. 그러자 랍비는 여인에게 자기 눈을 일곱 번 때리면 나을 것이라고 말했다. 여인이 그렇게 하자 랍비가 말했다.

"남편이 한 번 때리라고 했지만 가서 일곱 번 때렸다고 말하시오."

메이어의 제자들이 탄식하였다.

"율법이 이렇게 멸시를 받다니, 만약 그 여인이 자기 집에서 일어났던 일을 말해 주었다면 우리는 남편을 데려다가 아내와 화해할 때까지 채찍으로 벌하였을 텐데."

랍비가 제자들에게 말했다.

"메이어의 명예가 창조자의 영광만 하겠느냐? 만약 성경에 거룩하게 기록된 신의 이름을 물로 지우는 것을 허락했다면(민 5:23) 메이어가 남편과 아내를 화해시키기 위해 그보다 더 큰일을 못 하겠느냐?"(28:16d)

말다툼과 분노는 백해무익하다는 사실을 강조한 격언이 있다.

'말다툼은 샘의 구멍과 같다. 물의 흐름이 많아지는 대로 샘의 구멍은 넓어진다.'(34:7a)

'분노를 못 참는 자는 집안을 망친다'(34:102b)

인간은 까다로운 자(너무 예민하게)와 다혈질, 우울증의 소유자 등 세 가지 기질로 나타난다.(14:113b)

말다툼을 피하는 자를 높이 칭찬하는 격언이 있다.

'듣고도 못 들은 척하는 자는 복이 있다. 그리고 말 많은 자보다 침묵을 지키는 자가 칭찬받을 만하다.'(30:71b)

'사람의 성격에는 두 가지가 있는데 쉽게 노하고 쉽게 가라앉는 사람은 성자이며, 쉽게 노하고 더디 가라앉는 사람은 악인이다.'(39:5:14)

탈무드는 평화를 찬미하는 것만으로는 부족하여서 무엇이 평화를 유지하며 무엇이 평화를 깨뜨리는가를 지적하였다.

'칼은 정의를 왜곡하고 율법을 바로 해석하지 않는 자를 벌하기 위하여 세상에 존재한다.(31:5:11)

'진리와 정의는 평화에 없어서는 안 될 필수불가결의 요소이며 평화를 지키는 진실한 보호자가 된다. 진리와 바른 재판과 평화, 이 세 요소가 세상을 지켜준다."

탈무드는 위의 격언을 인용하며 이렇게 평하였다.

"그 세 가지는 일치해야 한다. 바른 재판에는 진리와 평화가 뒤따라야 하기 때문이다."(20:68a)

다른 교훈은 다음 구절에 근거를 두고 있다.

'정의를 소홀히 하지 말라. 그것은 세상을 버티는 세 개의 다리 가운데 하나이기 때문이다. 정의를 악용하지 말라. 그렇지 않으면 세상이 흔들리게 된다.'(신 R5:1)

정의는 성전에서 제물을 드리는 것보다 중요하다고 가르쳤다.

"제물은 성소 안에서 드리지만 정의는 성소와 세상, 동시에 적용된다. 제사는 죄 지은 사람을 속죄하지만 의와 정의는 고의든지 실수든지 범죄한 사람을 속죄한다. 제사는 인간이 드리지만 의와 정의는 인간과 하늘의 천사들이 수행한다. 제사는 이 세상에서 드리지만 의와 정의는 이 세상과 앞으로 올 세상에서 이루어진다. 거룩하신 은총의 신께서는 '의와 정의를 실천하는 사람은 성전보다 나와 더 가까이 있다'고 하셨다(신 R5:3)"

무엇이 세상을 존속시켜 주는가?라는 질문에 대한 대답은 하나의 기둥 즉 정의23)라는 이름이다.

'착한 사람의 터전은 영원하다.'(잠 10:25, 23:12b)

다음의 예화를 보면 나라를 다스리는 정의를 생각하는 랍비의 태도를 알 수 있다.

마케돈의 알렉산더가 카챠(Katzya)24) 왕을 방문하였다. 왕은 그에게 많은 금과 은을 보여 주었다. 알렉산더가 왕에게 말했다.

"나는 금과 은을 보러 온 것이 아니오. 내가 온 목적은 당신의 습관과 품위, 그리고 정의를 어떻게 실천하는가 알려는 것이오."

그들이 서로 대화하는 도중에 한 사람이 자기 이웃을 송사하러

---

23) 의의 모습 가운데 계신 신.
24) Katzya는 신비한 검은 산 너머에 있는 나를 다스렸다.

왕에게 나왔다. 그는 자기가 이웃에게서 쓰레기 더미가 있는 밭을 샀는데 거기서 돈 꾸러미가 묻힌 것을 발견하였다고 했다. 그는 (매입자) 이렇게 주장하였다.

"나는 쓰레기를 샀을 뿐 거기 묻힌 보물을 산 것은 아닙니다."

판매자가 주장했다.

"나는 쓰레기와 함께 거기 있는 모든 것을 팔았습니다."

그들이 이렇게 다투고 있을 때 왕이 한 사람에게 물었다.

"당신 아들이 있소?"

"네."

그가 대답하자 왕이 다른 사람에게 물었다.

"당신은 딸이 있소?"

"네."

"그럼 됐고. 그들을 결혼시키고 보물을 그들에게 주시오."

이것이 왕의 판결이었다. 알렉산더는 크게 웃었다. 카챠가 물었다.

"왜 웃소? 재판이 잘못 됐습니까? 당신이라면 어떻게 하시겠소?"

"나라면 두 사람을 죽이고 보물을 차지하겠소."

"황금이 그렇게 좋습니까?"

카챠는 이렇게 묻고 알렉산더를 위해 연회를 베풀고 황금으로 만든 고기와 칠면조를 대접하였다.

"나는 이런 걸 먹을 수가 없습니다."

알렉산더가 이렇게 말하자 카챠는 차갑게 응수하였다.

"저주받을 양반아, 먹을 수 없다면서 황금은 왜 그리 좋아하시오?'

그는 계속하여 물었다.

"당신네 나라에도 태양이 빛나고 있소?"

"물론이지요."

알렉산더가 대답하자 또 물었다.

"당신네 나라에도 조그만 짐승이 있나요?"

"물론이지요."

"저주받을 양반아, 당신은 그런 짐승들 덕분에 살고 있다는 사실을 깨달아야 해요."(32:8C)

정의를 수행하는 자는 무거운 책임을 지고 있다. 자기에게 전체 공동사회의 운명이 걸려 있기 때문이다.

'재판관은 항상 목에 칼이 겨누어져 있고 발 아래 지옥이 입을 벌리고 있다고 생각하라.'(34:7a)

세 사람이 앉아서 재판할 때에 쉐키나가 그들과 함께 계시는가? 이 물음에 대한 대답은 이러하다.

'하나님은 천사들을 모으고 그 가운데서 재판하신다.'(시 82:1, 1:6a)

정의를 실천하는 재판관은 이스라엘 위에 쉐키나가 임하도록 하는 사람이다. '가난한 자를 약탈하고 궁핍한 자를 슬프게 한 사람에게 이제 내가 일어나리라' 야훼의 말이다.(1:12:5)

다음은 불의가 얼마나 사회의 행복을 파괴하는가 설명해 준다.

"만약 너희가 여러 괴로움으로 고통받고 있는 세대를 보거든 가서 이스라엘의 재판관들을 조사하여 보라. 왜냐하면 이 세상에 오는 모든 괴로움은 재판관들로 연유된 것이기 때문이다. '야곱의 성전에서 머리가 되시며 이스라엘 성전을 다스리시는 당신은 재판을 싫어하고 모든 부정을 두시렵니까?'(미3:9) 라고 기록되어 있다."

그들이 악하지만 아직은 심판자와 앞으로 올 세상에 대한 믿음을 가지고 있다. 거룩하신 분 은총의 신은 그들이 지는 죄를 세 가지로 벌하신다. '당신의 뜻이라면 시온산이 밭으로 경작되며, 예루살렘이 산으로 변하고, 수많은 집들은 숲이 울창한 언덕이 될 것입니다.'(미 3:12)

거룩하신 분 은총의 신은 이스라엘에서 악한 재판관들과 관리들이 근절될 때까지 이스라엘 위에 쉐키나를 내리시지는 않을 것이다. '그리고 손을 돌려 너의 찌꺼기를 용광로에 녹여내고 납은 모두 거두어 순결하게 하리라.'(사 1:25, 12:139a)

재판관이 되려면 높은 인격을 갖추어야 한다. '지혜롭고 겸손하며, 죄를 두려워하고, 평판이 좋고, 이웃에게 잘 알려진 사람이 재판관으로 임명되어야 한다.'(34:7:1)

재판관이 될 자격이 없는 사람을 임명하는 것은 '이스라엘에 우상을 세우는 것과 같다.'(34:7b)[25]

다음의 주석은 재판관이 엄격한 불편 부당함을 지녀야 한다는 사실을 날카롭게 지적한다.

"너는 영세민이라고 두둔하지 말고,(레 19:15) 이렇게 말하지 말라. 그는 불쌍하다. 나와 부자들이[26] 그를 도울 의무가 있다. 나는 이 재판을 그의 이웃에게 알리고, 명예를 손상하지 않게 해줄 것이다."(sifra ad loc)

뇌물을 받지 말라는 경고를 극단적으로 표현하였다.

'너희는 뇌물을 받지 말아라.'(출 23:8)

이 본문은 무엇을 가르쳐 주는가? 재판관이 죄있는 자를 무죄로 하고 무고한 자를 유죄로 할 수 있는가? 이렇게 기록된 바와 같다.

'너는 허위 고발을 물리쳐라.'(출 23:6)

---

25) 이 문제를 좀더 자세히 알려면 P. 305를 보라.
26) 소송에서 다른 편 사람.

무죄한 사람을 무죄로 범죄자를 유죄로 해 달라고 뇌물을 주는 법은 없다.(25:105a)

재판관에게 뇌물을 주지 말라고 하는 것도 불필요한 일이다. 말로27) 뇌물을 주는 것도 금지되어 있기 때문이다.

어떤 랍비가 다리를 건너가는데 한 사람이 그를 부축하려고 손을 내밀었다. 랍비가 물었다.

"너는 왜 이렇게 하느냐?"

"나를 고소한 사건이 있습니다."

그러자 랍비가 대답했다.

"나는 그것을 결정할 권한이 없다."

이스마엘(R. Ishmael)에게 가장 엄격한 재판이 무엇인가 물었을 때 그는 이런 권고를 하였다.

"유대인과 이방인이 피고와 원고가 된 재판이 있었다. 만약 유대인에게 유대 율법을 따라 재판할 수 있거든 그렇게 하고, 그것이 우리 율법이라고 말하자. 만약 그가 이방인의 법에 따라 재판을 받으려고 한다면 그렇게 하고, 이방인에게 그의 법이라고 말해 주어라. 만약 양쪽의 법이 모두 필요하다면 속임수를 사용하라."

그러나 아키바는 명예를 존중하여 속임수를 허락하지 않았다.

가말리엔은 이스마엘의 견해를 이렇게 설명하였다.

"만약 이방인이 유대법으로 재판 받게 된다면 그 법에 따라 결정하고, 그가 이방의 법으로 재판 받기 원할 때는 이 방법을 따르라."(sifré 신 16:68)

이스마엘의 주장을 보면 유대인들이 이방인의 법정에서 항상 당하고 있는 무력함과 권리 침해를 없애고자 하는 의도를 알 수 있다. 그러나 율법학자들은 이스마엘의 시도를 거부하였다.

---

27) 물질적이 아닌 것도

Ⅲ

도덕생활

§ 1. 신의 모방

탈무드 교리 전체의 근간을 이루는 토라 이론에 따르면 도덕적인 삶에의 길은 반드시 성서 안에서 모색되어야만 하며 거기서 발견될 수밖에 없다는 결론에 필연적으로 도달하게 된다. 토라가 명하거나 금하는 바는 확실한 지침이며 도덕은 그 가르침을 준수하는 데 있다. 이러한 생각은 랍비들이 매우 명료하게 표현하고 있다.

그들은 '오늘 내가 너희에게 명령하는 이 말을 마음에 새겨라'(신 6:6)는 문구에 대해서 이와 같이 해석한다.

'이러한 말들을 마음에 간직하라. 그리 함으로써 축복 받을진저, 하나님을 깨달아 알고, 그의 길을 고수하도록 하라.'(sifre 신 33:74a)

'너희가 나의 모든 명령을 기억하고 지켜 너희 하나님에게 성별된 백성이 되려면 그렇게 해야 한다'(민 15:40)라는 성경 구절에는 이런 의미심장한 훈계가 들어 있다.

바닷속으로 떨어진 사람의 우화— 그 배의 선장이 그에게 밧줄을 던져 주며 가로되 '이 밧줄을 꼭 붙잡고 놓치지 말라. 만일 그

것을 놓치면 빠져 죽는다!.' 마찬가지로 축복 받을진저, 하나님께
서도 이스라엘 사람들에게 '그러나 너희의 하나님 야훼께 신실하
였던 너희는 오늘 이렇게 모두 살아 있다'(신 4:4)라고 하셨고, 또
'이 교훈을 흘려 버리지 말고 굳게 잡아라. 그것이 네 목숨이니 잘
지켜라'(잠 4:13)라고도 말씀하셨다. '또한 경건하라' —네가 그 계
율들을 이행하는 한 너는 그 보답으로 경건함을 얻으리라.'(R 민
17:6)

　　토라의 교훈을 제정하신 이외에도 신께서는 스스로가 그 교훈
을 실천하심으로써 이스라엘 자손들에게 복종의 본보기를 보이셨
다. '인간의 왕은 법령을 제정하고 마음이 내키면 준수하고 내키지
않으면 다른 사람들이나 준수하게 하는 것이 통례이다. 그러나 축
복 받을진저, 하나님께서는 그렇지 않으시다. 기록된 바 '백발이
성성한 어른 앞에서 일어서고 나이 많은 노인을 공경하여라. 너희
하나님을 경외하여라. 나는 야훼이다.'(레 19:32) 때로 그가 율법을
정하실 때 그는 먼저 그것을 행하신다 —

　　나는 백발이 성성한 어른 앞에서 일어서라는 분부를 먼저 수행
한 하나님이니라'(레R.35:3)[1]

　　그러므로 신께서는 자신의 계명 안에서 인간에게 참된 삶의 길
을 지침해 주셨을 뿐만 아니라 스스로가 본보기를 보이심으로써
따르게 했다. 랍비의 문헌에서 신의 모방은 인간이 추구해야 하는
이상(理想)으로 제시되어 있다. 신은 인간의 삶이 묘사해야 할 본
보기이다. 신 안에서 똑똑히 보이는 특징은 인간의 행위 안에서도
눈에 띄게 되어야 할 속성이다.

---

1) 이 말은 '야훼가 그냥 아브라함 앞에 서 있었다'는 원본을 '아브라함은 그냥 야
　훼 앞에 서 있었다'(창 18:22)로 경건하게 변형시킨 것이라는 랍비들의 이론에
　근거한 것인데, 이는 그 장(章)이 '야훼께서 그 (아브라함)에게 나타나셨다'라고
　시작되었기 때문이다.

이러한 교리의 가르침은 여러 군데에 나타난다. "너희의 하나님 야훼만 따르고 그 분만을 공경하여라"(신 13:4) 라는 구절이 의미하는 것은 무엇인가? 그렇다면 인간이 '너희 하나님 야훼는 삼키시는 불이시오'(신 4:24) 《상동 24절》 라고 기록된 쉐키나2)를 추종하는 일이 가능한가? 그러나 그 의미는 축복 받을진저, 하나님의 속성을 따르는 것이다. 하나님께서 벌거벗은 그들을 입히심(창 3:21)처럼 너희도 벗은 사람에게 옷을 입히고, 그가 병든 자를 방문하신 것(창 18:1)처럼 너희도 병든 자를 방문하며, 그가 애통해 하는 자들을 위로하신 것(창 25:11) 같이 너희도 슬퍼하는 자들을 위로해 주며, 그가 죽은 자를 장사지낸 것(신 34:6)처럼 너희도 죽은 자를 장사지내라'(24:14a)

'너희는 내가 내리는 이 모든 명령을 성심껏 지켜 그대로 실천하여라'(신 11:22) 즉 씌어진 바 '나는 야훼다. 야훼다. 자비와 은총의 신이다. 좀처럼 화를 내지 아니하고 사랑과 진실이 넘치는 신이다'(출 34:6) '야훼의 이름을 부르는 사람마다 구원을 받으리라'(욜 4:5) 대로 축복 받을, 하나님의 이름으로 불리어지는 것이 가능한가? 하나님께서 사랑과 진실로 불리시는 것처럼 너희도 또한 사랑하고 진실하며 모두에게 아낌없이 주라. 축복 받을 하나님께서 바르시다고(시145:17) 불리심처럼 너희도 바를 것이요 그가 사랑이라고 《상동》 불리심같이 너희도 사랑하라'(Sifre 신 49:85a) '내 하나님이시니 어찌 찬양하지 않으랴(출 15:2)

그렇다면 하나님을 찬양하는 일은 가능한가? 그렇다. 그를 닮음으로써 가능하다. '하나님께서 사랑하시고 진실하신 것처럼 너

---

2) 이 말은 Targum (Aram語로 번역된 구약성서)에 나오는 용어로서 성경에서는 찾아볼 수 없으나 그 의미하는 바는 '주의 영광'이라는 표현에서 찾아볼 수 있다. 유대인의 신전에 감도는 영광의 구름 덩어리로서 신의 존재를 나타내는 상징, 현시이다.

회도 또한 사랑하고 진실하라.' '하나님에게는 수행원이 한 명 있다. 그의 의무는 무엇인가? 하나님을 모방하는 것이다'(Mech. ad Ioc.;37a) '나를 닮으라, 내가 악을 선으로 갚는 것처럼 너희도 악을 선으로 갚으라'(sifra to 레19:2) '사람은 항상 창조주의 마음으로부터 배워야 한다. 높은 산줄기와 구릉지대를 제쳐두고 쉐키나(Shechina)를 낮은 시내산에 비추게 하시며, 또 다른 좋은 수목들을 버려두고 관목에 쉐키나를 비추게 하신 하나님을 보라'(28:5a) 마찬가지로 인간도 교만하지 말아야 하고 겸손한 사람과 어울려야 한다. 한편 랍비들은 성서 안에서 시기나 노여움처럼 인간이 본받아서는 안될 특성들이 신에게 구속된다는 사실을 간과하지 않았다. 그래서 그들은 그런 문제에 있어서는 왜 모방의 교리가 적용되지 않는가에 대한 이유를 내세운다. '나 야훼 너희의 하나님은 질투하는 신이다'(출 20:5) — 나는 질투를 지배하는 주인이지 질투가 나를 지배하는 주인은 아니다.

기록된 바 '야훼, 극성스레 원수를 갚으시는 하나님'3)(Mec 68a 나 1:2)처럼 인간의 왕에게 있어서는 격노가 그를 지배하나, 축복 받으실진저 하나님께서는 당신의 노여움을 다스리신다.'(창R.9:8)

따라서 신의 모방의 교리는 탈무드 윤리의 실제적인 기반일 뿐만 아니라 그 동기와 교시가 된다. 그것은 인간에게 그의 삶이 도덕적으로 옳았을 때 그가 창조주의 승낙을 얻는다는 느낌을 갖게 하지만 그보다도 더 중요한 것은 신과 유대를 맺는다는 느낌을 조성한다는 것이다. 그렇게 함으로써 그것은 옳은 행위를 하도록 하는 충분한 자극이 된다.

---

3) 히브리어로는 "진노의 정복자"로 표기

§ 2. 형제애

R. 아키바는 '네 이웃을 네 몸처럼 아껴라'(레 19:18)라는 명령에 대해 말하기를 그것은 '토라의 기본 원리'라고 했다. 그의 동료인 벤 아자이는 훨씬 더 중요한 원리로써 '이것은 아담 세대의 책이다… 하나님께서는 당신의 모습대로 사람을 만드시되'(창 5:1)를 인용했다.

여기에서 우주적인 사랑은 단지 토라에서 주창하는 이상(理想)으로서가 아니라 인간 관계의 유일한 참된 규범으로서 선언된다. 첫번째 랍비는 명백한 명령을 언급하고 있는 반면에 두 번째 선생은 그 이상(理想)의 근거를 모든 인간은 한 조상의 자손들이고 따라서 공동 태생의 혈연관계로 서로 결합되어 있으며 또한 그들은 더없이 귀중한 한 가지 특권, 즉 신과 똑같은 형상으로 창조되었다는 특권을 공유하고 있다는 교리에 두고 있다. 근엄한 경고로서, '네 이웃을 사랑하라'는 선언을 했다. '내(하나님)가 그를 창조했다. 네가 그를 사랑하면 내가 너에게 응분의 보답을 충실히 할 것이고 네가 그를 사랑하지 않는다면 나는 반드시 벌을 내리는 심판자가 될 것이다'(65:16)

같은 의미를 다르게 표현한 것들은 다음과 같다. '토라는 이스라엘에게 어떤 메시지를 가져다 주었는가? 너희들 스스로를 하늘나라에 속박시키고 하나님을 경외하는데 서로 겨루며 다른 사람들에 대해 사랑의 행위를 실천하라'(Sifre 신 323:138b)

레위기에 나오는 '이웃'이라는 단어가 그 범주에 있어서 단지 같은 이스라엘 민족에게만 적용되는지 아니면 보편적으로 쓰인 것인지 여기서는 우리의 관심을 끄는 문제가 아니다.4) 그러나 탈무

드 안에 상술되어 있는 사랑의 법칙은 이스라엘인 공동체의 일원
에게만 국한된다는 주장을 종종하는데 이에 주목하여야 한다.5)
성서의 율법에 관련되는 이웃이라는 말을 해석하는 데 있어서, 탈
무드는 이교도를 제외한 이스라엘 민족이라고 빈번히 밝힌 것이
사실이다. 그러나 그것은 성서를 그와 같이 해석해야 하기 때문에
그런 것이다. 이런 사실로 볼 때 랍비들이 같은 종교를 믿는 사람
들을 제외한 어떤 사람과의 관계에 있어서 윤리원칙들의 실천을
옹호했다고 추리해 내는 것은 논리적일 수도 공정할 수도 없다.
수백 명의 랍비들이 낸 수천의 의견 가운데는 신앙과 종족에 대한
감정이 아닌 인간을 향한 형제애의 감정을 드러내지 않은 것이 좀
있다는 것도 역시 가볍게 인정할 수 있을 것이다. 쓰라린 경험으
로 말미암아 표현이 거칠게 되는 것도 있다. 이 문제는 위에서 이
미 언급되었지만 문헌을 편견 없이 검토해야만, 도덕의 영역에서
의 랍비들의 견해가 보편적이었지 국수적(國粹的)이 아니었다는
결론에 이를 수 있다. 많은 윤리적 격언 가운데 베리요트
(beriyyoth)라는 용어가 씌어졌는데 그것은 '창조물', '인간'을 의
미하며 한정적인 의미로 쓰이는 것은 불가능하다. '네 동포를 사랑
하는 사람이 되어라'(39:1:12)는 힐렐의 훈계이다. 그들 중의 몇몇
은 실제로 유대인이 아닌 사람들을 한정해서 언급했는데 예를 들
면 '사람은 자기와 같은 피조물을 비록 이교도일지라도 속여서는
안 된다'(43:94a).

'더욱더 심각한 문제는 이스라엘인을 속이는 것보다 이방인을
속이는 것이다. 왜냐하면 그것은 한층 더 나아가 성스러운 이름을
욕되게 하는 것이기 때문이다'(Tosifta 31:10:15) 같은 것들이다.

---

4) R. T. Herford의 Talmud & Apocrypha pp. 144ff를 보라.
5) 이 문제에 대한 알차고 솔직한 토론을 위해 독자는 C. G. Montefore의 Rabbinic
   Literature & Gospel Teachings pp. 59 f 를 참조할 것.

우리는 '너희는 길을 잃은 원수의 소나 나귀를 만나면 그것을 임자에게 반드시 데려다 주어야 한다'(출 23:4)와 같은 폭 넓은 원리를 인식한다. 여기에 대한 논평이 있다. '네 원수의 소란 우상을 섬기는 이교도를 말하는 것인데 여기서 우리는 이스라엘의 지정된 적인 우상숭배자들이 어디에나 있음을 안다' 그 의도는 비록 우상 예배자들에 대한 적대감이 반드시 필요한 것이라고는 하더라도 인간애(人間愛)의 요청을 파기할 수는 없다는 것이다. 이런 종류의 많은 문제에서 탈무드는 유대인들에게 엄격한 법문자의(法文字義)를 넘어서는 것을 용납하는데 그것은 그것이 '화평의 길이기 때문에' 즉 화목한 관계를 어지럽히지 않기 위해서이다. 그 한 예로 가난한 자에 관한 판결이 있다. '우리는 가난한 자와 몸 붙여 사는 외국인이 땅의 수확을 거두어들일 때 이삭이나 곡식단을 줍거나 밭 모퉁이에서 수지 맞는 일을 막지 않는다'(레 19:9f, 29:5:8) 그리고 이렇게 전개된다.(29:5:8)

'우리의 랍비들이 가르치기를, 우리는 가난한 외국인은 이스라엘의 가난한 사람처럼 원조해 주어야 하고, 병든 외국인은 이스라엘의 병든 사람처럼 방문해야 하고, 죽은 외국인은 이스라엘의 죽은 사람처럼 명예롭게 장사지내야 하는데 이는 그것이 화평의 길이기 때문이다'(29:61a) 자기가 한 발로 서 있는 동안 토라 전체를 사사받는다는 조건으로 유대교로 개종(改宗)하겠다는 이교도의 요청에 힐렐이 응답한 이야기가 있다. 그 랍비는 '네게 싫은 일은 네 친구에게도 하지 말아라'(12:31a)라고 대답했다.

이것은 황금률을 탈무드 형식화한 것이다. 복음서가 긍정적인 말로 표현되어 있는 데 반해서 힐렐의 격언은 부정적으로 표현되어 있다6)는 사실을 어떤 학파의 신학자들이 강조해 왔다. 그들은

---

6) 아마도 힐렐은 인용하고 있는 것 같다. 왜냐하면 토비트 4장 15절에 '네가 싫어하는 일은 아무에게도 행하지 말아라'라는 것이 있기 때문이다. G.B.킹이 쓴

그 변형 안에서 심원한 윤리적 차이를 간파했다. 그러나 신학적으로 다른 속셈이 없는 그들은 아마도 키텔 교수의 결론에 동의할 것이다. '실제로는 부정적인 형태와 긍정적인 형태 사이의 미묘한 차이 속에 존재한다고 생각되는 모든 것은 거의가 현대의 실체에 대한 불신에 기인한다. 예수 시대의 의식으로서는 그 두 가지 형태는 거의 구별되지 않는다. 그 증거는 가장 오랜 기독교 문헌에 그 두 형태가 분별없이 기록되어 있다는 점이다. 옛날 사람들에게는 그 차이점의 개념이 전혀 명백하지 못했다.7)

힐렐 이야기로의 변형에서 명백해진 바와 같이 부정적인 형태일지라도 좋은 윤리적 결실을 맺을 수 있다. '한번은 모든 사람이 R. 아키바에게 와서 "랍비여, 토라 전체를 단숨에 가르쳐 주십시오"라고 말했다고 한다. 그는 "내 아들아, 우리의 스승이신 모세도 40일 낮과 40일 밤을 산에서 지내신 후에야 그것을 배웠는데 너는 그것을 내가 단숨에 가르쳐 주기를 바라고 있구나! 그러나 아들아, 이것이 토라의 기본 원리이다. 네 자신에게 싫은 일은 네 친구에게도 하지 말아라. 만일 네가 누구도 네게 속한 것에 관해서 해치지 않기를 바란다면 너도 그같은 일로 친구를 해하지 말아야 한다. 만일 네가 누구도 네 것을 빼앗지 않기를 바란다면 너도 남이 소유한 것을 빼앗아서는 안 된다." 그는 그 친구들에게로 되돌아가 함께 여행하던 중 콩꼬투리로 뒤덮인 들판에 이르게 되었다. 그의 친구들은 각자 두 개씩 가졌으나 그는 하나도 갖지 않았다. 그들은 계속 여행을 하다가 양배추가 가득한 밭에 이르게 되었다. 그들은 각자 두 개씩 가졌으나 그는 하나도 갖지 않았다. 그들이 그에게 왜 하나도 갖지 않느냐고 묻자 그는 "R.아키바가 내게 '내

Journal of Relijion지(紙)에 '부정적인 황금률'이라는 교훈적인 기사가 실려 있는데, 그는 그것을 몇 가지 예수 출생 이전의 출처에서 추적해 냈다.
7) Montefiore의 인용 op. cit. P. 151

게 싫은 일은 친구에게도 하지 말라고 가르쳤기 때문이다'라고 대답했다."8)

그 규범은 탈무드에도 많이 적용되고 있다. 즉 '사람은 언제나 추격을 당할지언정 남을 추격해서는 안 된다'(31:93a)라고. 압박을 당하되 앙갚음하지 않는 자들과, 사랑으로 행동하고 고난 중에 기뻐하는 자들의 이야기가 씌어 있어, 기록된 바 '남을 사랑하는 이들은 해처럼 힘차게 떠오르게 하소서'(사 5:31) 그리고 이런 격언이 있다(12:88b)

'저주당하는 자가 될지언정 저주하는 자는 되지 말라.'(34:49a)

두 금언의 상세한 설명으로 그것은 훨씬 명백해진다.

'네 친구의 명예를 네 것처럼 소중히 여겨라'(39:2:15)

'이것은 어떤가? 그것은 사람이 그의 명예를 존중하는 것과 꼭 마찬가지로 그의 친구의 명예도 존중해야 하고 그가 좋은 평판에 대해서 비난받지 않기를 바라는 것과 마찬가지로 그의 친구의 평판을 손상시키기를 바라지 말아야 한다고 가르친다'(65:15) '네 친구의 재산을 네 것처럼 소중히 여겨라'(39:2:17)

라는 격언에 대해서도 마찬가지이다. '이것은 어떤가? 그것은 사람이 자기의 재물을 소중히 여기는 것과 마찬가지로 친구의 재물도 소중히 여겨야 하고, 자기의 재물을 얻은 방법에 대해서 추문이 돌지 않기를 바라는 것과 마찬가지로 친구에 관해서도 비난이 생기지 않도록 배려해야 한다.'(65:17a) 사랑하라는 계명 이외에 또 미워하지 말라는 계명이 있다. '형제를 미워하는 마음을 품지 말라'(레 19:17)

-(토라가 요청하는 모든 것은) 너는 네 친구를 저주하지 말고 괴롭히지도 말며 모욕을 주지도 말라는 것으로 생각할 수도 있다.

---

8) 이 이야기는 ARN. ed. Schcehter의 두 번째 개정판에 나와 있다.

그러므로 원문에 '네 마음으로'라고 덧붙여 놓았는데 그 의도는 마음 속에 증오를 품지 못하게 하려는 데에 있다. '자기 동포를 미워하는 것'은 '인간을 세상 밖으로 추방시키는'(39:2:16) 세 가지 악덕 중의 하나이다.

탈무드의 여걸 중의 하나에 대한 한 구체적인 교훈적 예화가 있다. 'R. 메이어의 이웃에 무법자 몇 사람이 살고 있었는데 그들은 그에게 몹시 귀찮게 굴곤 했다. 한번은 R. 메이어가 그들을 죽게 해 달라고 빌었다. 그의 아내 베루리아가 소리치며 가로되 "당신 마음 속에 무엇이 있습니까? 그것은 기록된 바 '죄인들아, 이 세상에서 사라져 버려라!'(시104:35) 때문입니까? 그렇지만 그 원문은 '죄악을9) 이 세상에서 소멸시키신다'는 뜻으로 읽을 수도 있습니다. 그 절의 끝 부분을 보면 '악인들아, 너희 또한 영원히 사라져라!'라고 씌어 있는데 즉 '죄인들이 사라질 때에는 악인들 또한 사라지게 되리라'는 것입니다. 오히려 당신은 그들이 뉘우치고 다시는 악하게 되지 않게 해 달라고 기도해야 할 것입니다."

R. 메이어는 그들을 위해서 기도했으며 그들은 회개했다.(1:10a) 형제애라는 주제에 대해서 이 간결한 예화보다 랍비들의 가르침을 더 훌륭하게 요약할 수는 없을 것이다.

'어떤 사람이 위대한가? 적을 친구로 만드는 사람이다'(65:23)

§3. 겸 손

어떤 랍비는 '거룩함'이 최상의 미덕이라고 선언한 반면에 그의 동료는 이렇게 주장했다. "겸양이 최대의 미덕이다. 씌어진 바 '주

---

9) 죄인(sinners) 대신 죄악(sins)이라는 단어를 사용하기 위해서 같은 자음들에 모음 부호가 붙여질 수도 있다. 탈무드 시대의 히브리 원본에서는 모음이 없었으므로, 베루리아가 읽은 것은 그녀가 과장했다는 것을 말해 준다.

야훼의 영을 내려주시며 야훼께서 나에게 기름을 부어 주시고 나를 보내시며 이르셨다.' 겸손한 자10)들에게 복음을 전하여라."(사 61:1)

성스러운 자에게가 아니라 '겸손한 자에게'라고 기록되어 있다. 따라서 '겸양이 최상의 미덕이라는 것을 알라'(38:20b) 이런 성격을 소유한 자에게 최대의 찬양이 내려진다. '내세의 주인은 누구인가? 비천하고 성품이 겸손하며 허리를 굽히고 방을 드나들며 끊임없이 토라를 연구하되 명예를 구하지 않는 자니라'(34:88b) '자신을 낮추는 자는 축복할진저 하나님께서 높여 주시고 자신을 높이는 자는 축복할진저 하나님께서 낮추신다'(13:13b)

'누구든지 위대해지고자 욕심을 부리면 위대함은 그를 피해 가고, 누구든지 위대함을 피하면 위대함이 그를 따른다'《상동》

겸손은 신이 크게 사랑하셔서 쉐키나의 매혹을 불러일으키는 반면에 오만함은 역효과를 낳는다. '축복할진저 하나님은 용감하고, 부유하고11) 현명하고 겸손한 자에게만 쉐키나(Shechinah)가 불타오르게 하신다.'(26:38a) '모세가 하나님 계신 쪽으로 나아가는 동안'(출 20:21) '그의 겸양이 그로 하여금 그렇게 하게 했다. 가로되, 모세는 실상 매우 겸손한 사람이었다'(민 12:3)

성서는 우리에게 겸손한 자는 누구나 쉐키나를 지상의 인간에게 머물도록 하고 교만한 자는 누구나 지구를 더럽히고 쉐키나를

---

10) 영어 원본에는 'meek라고 나와 있는데 우리말 성경에는 '억눌린 자(공동) 및 '가난한 자(개역)로 번역되어 있다. 여기서는 후에 나올 문장들과 문맥을 일치시키기 위하여 단어의 뜻을 그대로 겸손한 자로 해석하였다.

11) Maimonides는 이 말들을 랍비들이 부여한 특별한 의미로 이해했다. "부유한"이라는 말은 도덕적으로 완전히 만족한 상태를 가리켜서, 만족한 사람을 "부자"라고 불렀으며, "부유한"의 정의는 "누가 부자인가? 운명에 만족한 사람이다. (39;4:1)에서 볼 수 있다. 마찬가지로 "용감한" 은 도덕적인 완성을 의미한다. 즉, 용감한 사람은 지성과 이성에 따라 그의 재능을 인도해 나간다. 랍비는 말한다. "누가 용감한가? 자신의 열정을 가라앉히는 사람이다"《상동》(The Eight Chapters of Manmonides on Ethics, ed. Gorfinkle, P. 80)

떠나도록 한다고 가르친다. 그는 또한 증오하는 하나님으로도 불리어진다. 기록된 바 '야훼께서 마음이 교만한 자를 미워하시니'(잠 16:5, Mec 72a)

'몸가짐을 곧게 하고(즉 거만하게) 걷는 자는, 비록 거리는 4큐빗밖에 안 된다 하더라도 마치 쉐키나의 발을 미는 것이나 같다. 이유인즉 씌어진 바 "그의 영광이 온 땅에 가득하시다"(사 6:3, 1:43b) 고 하신 때문이다.'

오만한 자에게 혹독한 선고가 내려진다. 교만한 마음으로 가득 차 있는 자는 누구나 우상을 섬기고 종교의 근본원리를 부인하며 온갖 부도덕한 짓을 저지르는 것과 같다. 그는 우상과 같이 베어 쓰러뜨림이 마땅하다. 그의 시체는 움직여지지 않을 것이고[12] 쉐키나는 그를 애도한다. 축복할진저 하나님의 속성과는 다른 것이 인간의 속성이다. 사람에게 있어서 존귀한 자가 존귀한 자를 귀하게 여기지는 않는다. 하나님에게 있어서는 그렇지가 않다. 그는 존귀하지만 비천한 자를 귀하게 여긴다. 누구든 교만한 마음을 가진 자는 축복받을진저 하나님께서 말씀하시기를, 나는 그와 세상에 함께 거할 수 없노라.'(28:4b, et seq.)

논문집 아보트 속에는 이 주제에 대한 몇 가지 교훈이 들어 있다. '위대하게 된 이름은 멸망된 이름이다', '세 가지 일을 곰곰이 생각해 보라. 그리하면 너는 죄악의 권능에 빠지지 않게 될 것이다. 너는 어디서 왔으며 어디로 갈 것이고 누구 앞에서 장차 심판을 받을 것인가? 너는 어디서 왔는가? 썩은 한 방울 물로부터 어디로 가는가? 먼지, 벌레, 그리고 구더기가 끓고 있는 곳, 장차 누구 앞에서 심판을 받을 것인가? 축복받을진저 왕중의 왕이신 하나님 앞에서'(2:1) '지극히 겸손한 마음을 가지라. 인간의 희망은

---

12) 다시 말해서 부활되지 않을 것이고.

단지 벌레에 지나지 않으니'(4:4) '모든 인간 앞에서 겸허하
라'(4:12) '선한 눈(즉 시기하지 않는 마음), 겸허한 마음, 그리고 자신
을 낮추는 마음은 우리 아버지, 아브라함 제자들의 속성이
다'(5:22)

한 부류의 자부심이 특별한 경고의 대상으로 지적되었는데 그
것이 바로 학자의 자부심이다. 최고의 가치가 학식에 부여되었고
최고의 영예 또한 그것을 소유한 자들에게 주어졌기 때문에 그들
은 특히 자기 예찬의 악덕에 굴복되기가 쉬웠다. 그러한 이유로
지식에는 겸손이 따라야 한다는 이해가 자주 언급되는 것이다. 겸
손은 토라가 학생들에게 가르치는 필수적인 48개 자격요건 중의 하
나이다. '광야에서 마따나13)까지'(민 21:18)가 의미하는 바는 무엇인
가? 만일 어떤 사람이 자기 자신을 모든 사람이 걸을 수 있는 광야
처럼 만든다면 그의 학식은 그 안에서 견디어 낼 것이나 그렇지 않
으면 견디지 못한다'(13:54a)

'하늘에 있는 것이 아니다. 바다 저쪽에 있는 것도 아니다'(신
30:12)

'너는 토라를 교만한 자들 속에서도 발견하지 못할 것이고 사업
상 많은 여행을 해야 하는 장사꾼 속에서도 찾지 못할 것이
다'(13:55a) '누가 감히 토라의 말씀으로 자신을 찬미하여 지금의
자기를 말할 수 있는가? 지나가는 사람들이 코를 막고 멀리 피해
갈 거리에 팽개쳐질 시체나 될 테지. 그러나 토라의 말씀으로 자
신의 어리석음을 드러내는 사람이 대추야자와 메뚜기를 먹고 허
름한 옷을 입고 학자들의 문헌이나 들여다보고 있다면 사람들은
그를 바보라고 생각할지도 모르지만 결국에는 그가 토라 전체를
소유하고 있다는 것을 알게 될 것이다.'(65:11)

---

13) 아따나는 지명(地名)이나, 히브리어로는 '선물'을 의미하므로 여기서는 토라의
　 선물을 가리키는 것으로 생각된다.

탈무드는 대체로 랍비들이 남달리 겸손했다는 것을 입증한다. 그 가장 좋은 본보기가 랍비들 중에서 가장 유명하고 또한 가장 겸손했던 힐렐이다. '나의 비하(卑下)는 나의 찬양이요, 나의 찬양은 나의 비하(卑下)이다(레 R.1:5)'라는 말은 그의 유명한 어록 중의 하나이다. 그가 임종했을 때 그에게 낭독된 장례사의 문구는, '아, 겸손하고 경건한 사람, 에스라의 사도로다'(28:48b)였다.

다음 일화가 그 성격의 이러한 면을 잘 보여준다.

"우리의 랍비들이 가르쳐 왔다. 사람은 자고로 항상 힐렐과 같이 온유하며 샤마이와 같이 급한 성격이어서는 안 된다. 한 번은 두 사람이 내기를 했는데 힐렐을 화나게 하는데 성공하는 사람이 400주즈(화폐단위)를 받기로 했다. 마침 그날은 우연히도 안식일 전날이어서 힐렐은 머리를 감고 있었다. 그들 중의 한 사람이 그의 집 문 앞에 가서 소리쳤다. '힐렐 선생님 계십니까?[14] 선생님 계세요?' 힐렐은 모포로 몸을 두르고 나와서 그에게 물었다. '아들아, 무엇을 원하느냐?' 여쭤볼 문제가 하나 있습니다. '묻거라, 아들아' '바빌론 사람들은 어째서 머리가 둥글지요?' '중요한 문제를 나에게 물었도다. 그 이유는 그들에게 산파들이 없었기 때문이다.' 그는 돌아가서 잠시 기다렸다가 다시 돌아와 불렀다. '힐렐 선생님 계십니까? 선생님 계세요?' 힐렐은 몸을 모포로 두르고 나와서 그에게 물었다. '아들아, 무엇을 원하느냐?' '여쭤볼 문제가 하나 있습니다.' '묻거라, 아들아' '팔미라 주민들은 어째서 앞을 보지 못하지요?' '중요한 질문을 나에게 하였도다. 그 이유는 그들이 모래가 많은 지역에서 살기 때문이다.' 그는 돌아가서 잠시 기다렸다가 돌아와 소리쳤다. '힐렐 선생님 계십니까? 선생님 계세요?' 그 선생은 몸을 모포로 두르고 나와 그에게 물었다. '무엇을 원하느냐, 아

---

14) 이것은 "랍비여"라고 불러야 할 것을 의도적으로 무례하게 부른 것인데 그의 위엄을 잃게 하는 것이 목적이기 때문이다.

들아?' '여쭤볼 문제가 더 있습니다.' '묻거라, 아들아,' '아프리카 인들은 어째서 발바닥이 넓지요?' '중요한 질문을 하였도다. 그 이유는 그들이 늪지에서 살기 때문이다.' 그가 말했다. '저는 드릴 질문이 많이 있습니다만 선생님의 노여움을 살까 두렵습니다.' 힐렐은 몸에 모포를 두르고 앉아서 말했다. '네가 원하는 모든 것을 묻거라.' '당신이 이스라엘의 왕자라고 사람들이 부르는 힐렐 선생님이 아니십니까?' '그렇다.' '그렇다면 이스라엘에는 당신과 같은 사람이 많지 않겠군요!' '왜 그러느냐 아들아' '나는 당신 때문에 400주즈를 잃었기 때문입니다.' 그러자 힐렐이 그에게 말했다.

'주의하라, 네가 나를 화내게 하는 것보다 차라리 그 때문에 400주즈를 더 잃는 것이 마땅하니라'(12:30b)

§4. 자 비

도덕적인 삶을 위한 특징 가운데 특이한 것은 도움을 필요로 하는 동료에게 가능한 한 도움이 되고자 하는 열망이다. 탈무드에서 인식되는 바 자비는 엄격히 두 범주로 구분된다. 그 첫번째가 자선으로서 쩨다카(Tzedakah)라고 불리어진다.

이 말을 가난한 자에게 금전적인 도움이라는 의미로 사용하는 것은 재미있는데 랍비들이 이런 형태의 자선에 대해 취해 온 태도를 설명해 준다. 그것의 합당한 의미는 '정의'이다. 성격 속에서 이미 새로운 의미를 찾아 내는 학자도 있다. 다니엘서의 아람어로 씌어진 부분(4. 27)에는 이런 말이 있다. '선을 베풀어 죄를 면하시고 빈민을 구제하셔서 허물을 벗으시기 바랍니다.' 이 말이 여기서 '정의'를 의미하는지 아니면 두 번째 절에 의해서 '자선'으로 정의되는지는 확실히 말할 수가 없다. 금세기보다 200년 전에 만들어진 집회에서는 결정적으로 변화가 이루어진 것을 본다. 3장 14절의 '아비를 잘 섬긴 곰은 잊혀지지 않으리니'에서 '섬기다'는 히브리어 원본에는 쩨다카로 나와 있다. 또 7장 10절의 '자선 베풀기를 게을리하지 말라'는 원본에는 쩨다카(Tzedakah)에 있어서는 남에게 뒤지지 말라15)로 나와 있다.

용어가 의미하는 바는 일반적으로 변화할 수 없는데, 의미의 변화란 가난한 자를 돕는 것은 돕는 자의 입장에서 보면 자비의 행위가 아니라 의무라는 이론의 취지이다. 자선을 행함으로써 그는 단지 옳은 일을 실천하는 것, 다시 말해서 정의의 행위를 하는 것이다. 모든 사람의 소유물은 땅과 충만히 속해 있는 우주 창조자로부터 대부받은 것에 불과하다. 따라서 그는 자선을 행함으로써 단지 신의 인간에 대한 공평한 선물 분배를 더 확보하는 것이다. 이 말보다 쩨다카에 대한 랍비들의 생각을 더 잘 정의한 말은 없다. '너와 네가 가진 것이 하나님의 것임을 알고 하나님께 드리라.' 이것을 다윗은 '모든 것은 하나님께서 주시는 것이기에 하나님 손에서 받은 것을 바쳤을 따름입니다'라고 표현했다.(대상 39:3:8, 29:14) 그것은 또한 탈무드의 법률을 설명한다. '자선을 받아 먹고 사는 거지라 하더라도 자선을 행해야 한다'(29:7b) 어느 누구도 이 의무로부터 벗어날 수는 없다.

따라서 자선 행위는 가난한 사람들을 도울 뿐 아니라 베푸는 자에게도 정신적인 이득을 준다. '집주인이 거지에게 하는 것 이상으로 거지가 집주인에게 한다'(레 R.34:8) 이 주제에 대한 R · 아키바와 팔레스티나의 로마인 총독 티네이어스 · 루퍼스간의 대화 중

---

15) 비슷한 용례를 마태 6 : 1에서 찾아볼 수 있다. '너희는 남이 보는 앞에서 선행을 하는 일이 없도록 하여라… 그러므로 자선을 베풀 때는 스스로 자랑하지 마라.
 * 게힌놈(Gehinnom) ① 성서에서 예루살렘 근처의 힌놈(Hinnom) 계곡을 말하는데 이곳에 쓰레기를 버리고 공기를 정화시키기 위하여 항상 불로 태우고 있다고 함. ② 신약에서는 "지옥"의 뜻으로 쓰임.

재미있는 이야기가 전해 내려오고 있다. 티네이어스 루퍼스가 물었다.

"당신의 하나님이 가난한 사람들을 사랑한다면 하나님은 왜 그들을 부양하지 않습니까?"

아키바가 대답하기를

"그들을 통해 우리가 게힌놈의 처벌로부터 구원받게 하려 함이요." 16)

티네이어스 루퍼스가 말하기를,

"오히려 그로 말미암아 게힌놈에 책임을 져야 할 것이오. 이런 우화가 있습니다. 어떤 예화가 적합할까? 한 왕이 있었는데 그는 하인 때문에 화가 나서 그를 투옥시키고 그에게 음식과 마실 것을 주지 말라고 명령했습니다. 그런데 어떤 사람이 그에게 가서 음식을 먹이고 마실 것을 주었습니다. 왕이 그 소식을 들으면 그에게 화를 내지 않을까요? '이스라엘 백성은 나의 종'(레 25:55)이라고 씌어진 바 당신들은 종으로 불리어집니다."

아키바가 대답했다.

"이런 우화가 있습니다. 어떤 예가 적합할까? 한 왕이 있었는데 그는 아들 때문에 화가 나서 그를 투옥시키고 그에게 음식과 마실 것을 주지 말라고 명령했습니다. 그런데 어떤 사람이 그에게 와서 음식을 먹이고 마실 것을 주었습니다. 왕이 이 소식을 들으면 그에게 상을 내리지 않을까요? '너희는 너희 하나님 야훼의 자녀이다'(신 14:1) 라고 씌어진 바 우리는 자녀로 불리어집니다. 보십시오. '네가 먹을 것을 굶주린 자에게 나눠 주는 것, 떠돌며 고생하는 사람을 집에 맞아들여 주는 것'(사 58:7)이라고 선언하신 이가 바로 하나님이셨습니다."(33:10a)

---

16) 다시 말해서 자선이란 속죄의 한가지 방편이다.

자선은 속죄의 한 매개체라는 아키바의 말은 탈무드의 다른 곳에서도 나타난다. '식탁에 앉아 있는 시간을 늘리는 사람은 그의 생명을 늘리는 것이다. 왜냐하면 어쩌면 어떤 가난한 사람이 올 것이고 그는 그에게 음식을 조금 줄 수도 있으니까. 신전이 존재했던 동안은 제단이 이스라엘을 속죄했으나 지금은 인간의 식탁이 그를 속죄한다'(1:55a) 가난한 사람들을 손님으로 모심으로써 자선으로 파생되는 장점이 얼마나 큰가 하는 것이 이 이야기의 교훈이다. 'R·타르폰은 대단히 부유하였으나 가난한 사람들을 돕지 않았다고 한다.' 한번은 R·아키바가 그를 만나 물었다.

"제가 당신에게 마을을 한두 개 사드릴까요?' 그는 동의하고 즉시 그에게 4,000 금데나리를 건네주었다. 아키바는 그 돈을 받아 가난한 사람들에게 분배해 주었다. 얼마 후 타르폰이 그를 만나 물었다.

"당신이 나를 위해 산 마을은 어디에 있습니까?"

아키바는 그의 손을 잡고 연구원으로 갔다. 그리고는 시편 한 권을 가져다 둘 사이에 놓고 계속 읽어 내려가던 중 '그는 너그러워 가난한 자들에게 나눠 주니, 그 의로운 행실은 영원히 기억되고'(시 112:9) 라는 구절에 도달했다. 아키바는 외쳤다.

"이것이 내가 당신을 위해 산 도시입니다."

타르폰은 일어나서 그에게 입맞추며 말했다.

"나의 스승이며 지도자이시여, 당신은 지혜에 있어 나의 스승이시고 옳은 행실에 있어 나의 지도자이십니다."

그는 아키바에게 자선을 베풀 돈을 추가로 건네주었다.(68:)

괴로워하는 신의 자식들을 도우려면 신의 허락을 받아야 하므로 신은 돕는 자에게 상을 주심으로써 즐거움을 나타내신다는 것이다. 이러한 믿음은 구약 성서에서 얼마든지 볼 수 있다. '바르게 살면 죽을 자리에서도 **빠져나간다**'(잠 10:2)는 성경구절이 새로운 형태를 취하여 '자선은 사람을 죽음에서 건져내고 모든 죄를 깨끗이 소멸시키십니다. 자선을 행한 사람은 장수하게 될 것입니다'가 됐다.

자선이 구원의 힘을 갖고 있다는 진실을 실제로 일어난 일로써 예증해 주는 많은 이야기들이 탈무드 속에 자세히 열거되어 있다. 몇 가지 예를 들면, 'R·아키바에게 딸이 하나 있었는데 점성가들이 예언하기를 그녀는 신방으로 들어가는 바로 그날 뱀에게 물려 죽게 될 것이라고 예언했다. 그는 그 일이 몹시 걱정되었다. 그런데 그녀는 결혼날 브로우치를 꺼내어 벽에 꽂았다. 그랬더니 우연히도 그것이 뱀의 눈을 관통했던 것이다. 다음 날 아침 그녀가 브로우치를 뽑아 냈을 때 죽은 뱀이 브로우치에 매달려 있었다. 이 사건을 전해 듣고 R·아키바는 그녀에게 무슨 일이 있었느냐고 물은즉 그녀가 대답했다.

"저녁에 어떤 가난한 사람이 집에 구걸하러 왔었는데 모두가 잔치에 바빠 그의 이야기를 듣지 않았습니다. 그래서 제가 일어나 아버지께서 주신 결혼 선물을 꺼내 그에게 주었습니다."

아키바가 가로되 "참 훌륭한 일을 했구나." 그는 즉시 나가 설교했다. '자선은 사람을 죽음에서 구원하되 뜻하지 않은 죽음으로부터가 아니라 죽음 그 자체로부터 구원한다.'(12:156b)'

의인 벤쟈민은 자선 기금을 관리하도록 임명받았다. 한 번은 가뭄이 들어 어려운 사람이 많이 나왔는데 한 여인이 와서 구걸했다.

"선생님 도와주십시오."

"성전 예배 때문에 기금 중 남아 있는 것이 없습니다."

"선생님, 당신이 도와주지 않으면 한 어미와 일곱 자식이 죽습니다."

그는 즉시 그녀에게 자신의 돈을 주었다. 그 후 그가 병들어 사경을 헤매고 있었다. 이때 구원의 천사들이 하나님 앞에 아뢰었다.

"당신은 한 생명을 구원한 자는 누구나 온 세상을 구한 것과 같다고 하셨습니다. 지금 한 여인과 그녀의 일곱 자녀의 생명을 구한 의인 벤쟈민이 죽어 가고 있습니다. 젊은 나이에 죽어야 하겠습니까?"

그의 죽을 운명은 즉시 취소되고 그의 생명은 20년이나 더 연장되었다.'(33:2a)

'R·메이어는 마므라라는 도시를 방문하던 중 모든 주민들이 머리색이 검다는 것을 알았다.17) 그는 그들에게 물었다.

"씌어진 바 '네 집의 후손들이 모두 젊어서 죽으리라'(사 2:33) 한 주인공 엘리 가문의 후손들입니까?" 그들이 대답했다.

"선생님, 우리를 위해 기도해 주십시오."

그는 그들에게 말했다.

"가서 자선을 베푸시오. 그리하면 당신들은 모두가 오래도록 살 것입니다."(창 R.50:1)

흔히 자선 행위로부터는 다른 여러 가지 물질적인 이득이 발생하게 마련이다. '자식들을 보호하기 위하여 사람은 무엇을 해야 하는가? 가난한 사람들에게 그의 돈을 관대하게 쓰게 하라.'(33:10b) '자선하기를 좋아하는 사람은 누구나 축복받을진저, 하나님께서는 그것을 할 수 있는 재력(財力)을 주신다.'(33:9b) 즉 자선은 번영을 가져다 준다. '재산이 점점 줄어드는 사람이 있으면 그로 하여금 재산의 일부를 자선 기금으로 헌금토록 하라. 재산이 풍부하다면

---

17) 그곳에서는 사람들이 오래 살지 못하고 젊어서 죽었기 때문에 여자건 남자건 흰머리가 없었다.

더욱더 많은 돈을 헌금하게 하라. 누구든지 소유물을 떼어내어 자선기금으로 헌금하면 게힌놈의 처벌로부터 구원받는다. 털을 깎은 양과 털이 깎이지 않은 양이 물을 건너는 두 양에 관한 우화가 있다 - 남에게 주기 위해 털이 깎인 양은 무사히 건넜으나 아까워서 털을 내주지 않은 털이 안 깎인 양은 건너지 못했다.'(29:7a)18)

어떤 랍비가 자기 부인에게 충고했다.

"거지가 오면 빵을 주구려."

"자식들에게 저주하고 있군요!"19)

그가 대답하기를

"세상에는 회전하는 수레바퀴가 하나 있소.20)"(12:15b)

그녀는 자식들이 궁핍한 상황에 처해 남에게 구걸했을 때 빈 손으로 돌려보내져서는 안 되라라고 생각하니 그 간청을 외면할 수 없었다. 자선은 다른 면에서 보상과 안전을 제공한다. '신전이 있을 때 사람들은 그의 세켈21)을 헌금하고 그것으로 속죄받았다. 그러나 신전이 더 이상 존재하지 않는 지금 그들이 자선을 행한다면 아주 좋은 일이지만 자선을 행하지 않는다면 이교도들이 와서 무력으로 그들의 재산을 몰수해 간다.'(33:9a)

어떤 속담이 이렇게 단언했다.

'자선을 향해 열려 있지 않은 문은 의사에게 열릴 것이다.'(can. R. to;6:2)

그러나 전술한 바로부터 자선 행위는 이해관계에 의해서만 유발된다고 생각하는 것은 옳지 않다. 자선은 그 자체로 최상의 미

---

18) 몸에 붙어 있는 털이 물에 젖어 무게가 늘어나 그 양은 죽었다. 이것은 부자가 하늘나라에 들어가는 어려움에 대한 가르침과 다소 비슷하다.
19) 자식들이 거지로 몰락할 수 있다는 가능성을 암시함으로써.
20) 다시 말해서 부자들이 가난해지고 가난한 사람들이 부자가 되는 운명의 수레바퀴.
21) 히브리 화폐와 무게의 단위로, 여기서는 한 세켈짜리 주화를 의미함.

덕으로 보상받는다는 것을 나타내는 수많은 구절이 있다. 예를 들면 '자선의 힘은 다른 모든 훈계를 합한 힘과 필적한다.'(33:9a)

'누구나 자선을 행하면 그가 온 세상을 신의 자애로 채운 것과 같다.'(17:49b)

'위대한 사람은 모든 희생보다도 자선을 행하는 사람이다.'(17:49b)

'위대하도다 자선이여, 메시야의 구원을 가까이 가져오니.'(33:10a)

'돈의 가치란 줄여 나가는 데 있다.22)'(25:66b)

'거지가 당신 문 앞에 설 때 축복받을진저 하나님께서 그의 오른편에 서신다.'(레 R.34:9)

'자선을 외면하는 사람은 누구나 우상을 섬기는 것과 같다.'(33:10a)

무분별한 자선이 주는 해악은 인정하나 무시되었다. 어떤 랍비가 합당치 않은 사람이 도움을 받을 가능성에 대해 침착하게 말했다.

"우리는 가난한 사람들 가운데 존재하는 사기꾼들을 믿어야 합니다. 그들이 없다면 자선을 요청받았을 때 즉시 주지 않을 경우 처벌을 불러일으킬 것이기 때문입니다."(P.2:21b)

이 랍비의 이름은 엘리자·페다스인데 찢어지게 가난해서 어떤 때는 먹을 것이 아무것도 없었다.(20:25a) 그런데도 기록된 바에 의하면 그는 기도를 드리기 전에 항상 푼돈이라도 자선금으로 주었다고 한다.(33:10a)

아무리 적은 것이라도 모두 도움이 된다는 생각은 이렇게 가르치고 있다. "썩어진 바 '몸을 감싼 갑옷에선 정의가 뻗어나고'(사 59:17)가 의미하는 것은 무엇인가? 그것은 갑옷이 고리와 고리의 연결로 이루어진 것처럼 자선도 한푼 한푼이 모여 큰 금액이 된다

---

22) 자선으로 재산의 일부를 떼어 줌으로써 주는 자가 즐기는 향기가 향긋해진다. '축소'의 다른 말은 '자아'이다.

는 것을 알려주기 위함이다."(33:9b)

구제의 정도가 탈무드에 나타나 있다. '방랑하는 거지에게는 밀가루 값이 한 sela에 4seah일 때 두포디움 한 덩어리는 주어야 한다. 그가 하룻밤을 지내야 할 경우 잠자리를 제공해 주어야 한다. 안식일까지 묵을 경우 세 끼 식사를 주어야 한다.'(12:2:89a) 이러한 것들이 안식에 해야 할 의무이기 때문이다.

자선은 돈(의연금)을 단지 건네주는 것이 되어서는 안된다. 탄원자의 환경과 그가 익혀 온 생활 양식을 고려해야 한다. '손을 펴서 그가 필요한 만큼 넉넉하게 꾸어 주어라' 그를 부유하게 해 주라고 너희에게 요구하는 것이 아니라 그에게 필요한 것, 한 마리 말이나 한 사람 종이라도 주라는 것이다. 힐렐은 어느 유복한 가문 출신의 한 가난한 사람에게 그가 늘 일할 때 쓰던 말 한 필과 그의 시중들던 종 한 명을 주었다고 한다.'(Sifre 신 116:98b)

다른 해석판에는 추가로 힐렐이 한 번은 말 앞에 달릴 종 한 명을 그에게 제공할 수 없었을 때 그가 몸소 종이 됐다라고 기재되어 있다.(25:67b)

탄원자에게 한 푼 주었다고 의무를 다했다고 생각해서도 안 된다. '복되어라, 딱하고 가난한 사람 알아주는 이여'(시 4:1)

'복되어라, 가난한 사람에게 주는 이여'라고 씌어져 있지 않다. 그것은 어떻게 하면 이 훌륭한 일을 가장 잘 수행할 수 있을까 하고 생각하는 사람을 가리킨다. 같은 취지로 가난한 사람들에게 '자선금을 주는 사람보다 돈을 빌려 주는 사람이 더 낫다.(P. 2:21b) 그리고 가장 좋은 사람은 가난한 사람과 동업으로 돈을 투자하는 사람이다'(12:63a) 라는 말이 있다. 가난한 사람에게 다른 의미에서 존중을 표해야 한다.

'한 사람이 그의 친구에게 이 세상의 모든 좋은 선물을 주었다

하더라도 그의 얼굴이 씰쭉했다면 그는 친구에게 아무것도 안 준 것이나 같다. 그러나 친구를 즐거운 얼굴로 맞아들인다면 친구에게 아무것도 주지 않았다 하더라도 그는 그 친구에게 이 세상의 모든 좋은 선물을 다 준 것이나 다름없다.'(65:13)

'네가 먹을 것을 굶주린 자에게 나누어 주고'(사 58:10) 그에게 줄 것이 아무것도 없으면 그를 말로 위로하라. 그에게 말하라. "나는 당신에게 줄 것이 아무것도 없기 때문에 나의 마음이 당신에게 가 있소"(레 R.34:15)

가장 중요한 것은 참된 자선은 비밀리에 행한다는 것이다. 가장 좋은 형태의 자선은 '주는 자가 받는 자를 모르고 기부하고 받는 자는 주는 자를 모르고 받는 것'(33:10b) 이다. 기록된 바에 의하면 '신전에 비밀 자선실이 있었는데 하나님을 경외하는 사람들이 그 속에 은밀히 헌금을 하면 유복한 가문의 대를 이은 가난한 사람들이 그곳으로부터 은밀히 부양을 받았다'(15:5:6) 고 한다. 이와 비슷한 기관이 팔레스티나의 모든 도시에 세워졌었다.(Tosifta 15:2:16) '어떤 사람이 거지에게 대중 앞에서 1주스를 주는 것을 한 랍비가 보고 그에게 말했다.

"그에게 적선하고 수치를 안겨 주는 것보다 아무것도 안 주는 것이 낫다."(53:2a)

§ 5. 사 랑

지금까지 자비의 첫번째 면인 자선을 다루어 왔다. 두 번째의 게밀트 카사딤(Gemiluth Chasadim) '사랑을 주는 것'은 윤리적인 면에서 수준이 높고 인간에게 더 큰 가치가 있다. 그것은 이 세상, 즉 사회질서를 유지할 수 있는 세 기둥 가운데 하나이

다.(39:I 21) 그래서 자비의 두 면은 이렇게 대조된다. '세 가지 점
에서 박애는 자선보다 위대하다— 자선은 돈으로 행해지고 박애
는 인격적인 봉사로 행해진다. 자선은 가난한 사람들에게 제한되
지만 박애는 가난한 사람이나 부자나 공통적으로 베풀 수 있다.
자선은 오직 산 자에게만 행할 수 있으나 박애는 산 자나 죽은 자
모두에게 행할 수 있다.'(17:49b)

'모세 오경(五經)은 박애주의 행동으로 시작해서 박애주의 행동
으로 끝난다. 첫머리에 씌어 있기를, '야훼 하나님께서는 가죽옷
을 만들어 아담과 그의 아내에게 입혀 주셨다.'(창 3:21) 그리고 끝
머리에 '모세는 골짜기에 묻혔는데'(신 34:16)라고 씌어 있
다.(34:14a)

따라서 게밀트 카사딤은 괴로운 사람들의 짐을 덜어 주고 인간
관계를 감미롭게 해 주는 친절한 행위 모두를 내포한다. 그러나
이러한 관계에서 어떤 행동이 특별히 언급되었는데, 그 가운데 하
나가 여행자들을 대접하는 것이다. 그것은 병든 사람을 방문하는
것과 함께 하나의 미덕으로 규정되는데 미덕을 가진 사람은 이 세
상에서 그 이자를 먹고 살고 내세에서는 자본금(원금)으로 남아
있다.(12:127a)

가난한 이방인의 환대에 대해 '쉐키나를 영접함보다 여행자를
영접하는 것이 더 위대하다.'(12:127a)라고 씌어 있다. 권고하기를
'대문을 활짝 열어 놓고 가난한 사람들이 너희 식구의 일원이 되게
하라'(39:1:5) 했다. 이러한 미덕으로 칭송된 성경의 두 주인공이
욥과 아브라함이다. 전자에 대하여 이야기되기로는 그가 '가난한
사람들이 입구를 찾기 위해 돌아다니는데 불편을 주지 않기 위하
여 집에 문을 4개 만들었다 한다'(65:7) 그리고 성경은 그 족장에
대해 '아브라함은 브엘세바에 에셀나무를 심고'(창 21:33)라고 말한

다. 이것은 다음과 같이 설명된다. '에셀은 아브라함이 통행인들을 영접했고 그들이 먹고 마신 후에 '밤을 지내시고 하나님을 축복하라'고 했던 숙박소를 의미한다.(창 R. 44:6) 그의 집 또한 여행자를 위해 늘 열려 있었다고 한다.(12:127a)

R·후나에 대한 이야기로, '그는 식사하기 위해 앉을 때 문을 열고 배고픈 사람은 누구나 들어와 먹도록 하라고 소리치곤 했다 한다.'(20:20b)

고아들을 돌보는 일이 찬양할 만하다는 사실은 이미 언급되었었다. 그의 높이 칭송됐던 또 하나의 박애 행위는 가난한 신부에게 의상과 지참금을 제공해 줌으로써 결혼하도록 도와주는 것이었다. 그러한 친절한 행위는 미가가 신의 뜻을 밝히는 데서 읽을 수 있다. '야훼께서 그대에게 원하시는 일은 정의를 실천하는 일, 기꺼이 은덕을 사랑하는 일, 조심스레 하나님과 함께 걸어가는 일밖에 무엇이 있겠느냐?'(미 6:8) '정의를 실천하는 일', 즉 정의, '동정을 사랑하는 일', 즉 박애, '조심스레 걷는 것,' 즉 시체를 화장터에 운반하는 것과 신부를 돌보는 것23)

병든 사람을 방문하는 것은 칭찬 받을 박애의 또 하나의 특징이다. 그것은 인간이 모방해야 할 하나님의 행동 가운데 하나이다. '병든 사람을 방문하는 사람은 누구나 자신의 병의 60분의 1을 줄이는 것이다. 그러므로 60명이 그를 방문케 하여 그를 다시 걷게 하라! 그 의미는 각자가 다른 사람들이 남겨 놓은 것의 60분의 1의 몫을 가져가는 것(26:39b)'이다. 'R. 아키바의 사도 중 한 명이 병들었을 때 사도들은 아무도 그를 방문하러 가지 않았다. 그러나 아키바는 그를 방문해서 방을 소제하고 방바닥에 물을 뿌렸다. 그

23) '조심스레'라는 단어는 '겸손한' 이라는 의미도 갖고 있다는 사실 속에서 관계를 찾은 것, 즉 시체가 사람들의 눈에 띄지 않고 경건하게 매장되는 것을 보는 것과 가난한 소녀가 결혼하도록 돕는 것은 도덕성에 도움이 된다.

랬더니 그 사도가 그에게 말했다.

"선생님께서 나를 소생시켜 주셨습니다."

아키바는 나가서 설교했다.

"병든 사람들을 방문하지 않는 사람은 누구나 피를 흘리는 것과 같다"(26:9a). 다른 권위자는 단언하기를

"병든 사람을 방문하는 사람은 누구든지 그를 회복시키고 병든 사람을 방문하지 않는 사람은 그를 죽게 한다.《상동》

가장 고귀한 것은 죽은 사람에게 베푸는 박애심인데, 그것은 순수한 동기로부터 행해지기 때문이다. 야곱이 요셉에게 말했다.

"네 신의를 성실하게24) 지켜 나를 이집트에 묻지 않겠다고 맹세해 다오"(창 47:29) 랍비들이 묻기를, "그렇다면 친절에도 가식이 있는가? 그의 말이 의미하는 바는 내가 죽은 후 나에게 친절한 행동을 한다면 그것은 진실한 친절일 것이라는 것이다."(창 R. 96:5)

돌보는 사람이 없는 시체는 히브리어로 메트 미스바(meth mitzvah)라고 불리는데 '종교적으로 책임이 있는 시체'란 뜻이다. 그리고 그러한 중요성 때문에 어느 자격으로 보더라도 그가 죽은 사람과 접촉함으로써 자신을 더럽히는 것이 금지되어 있지만, 그곳에 아무도 없다면 그 장례식에서는 나사렛인 대제사장이 몸소 그의 매장을 해야 한다.(sifre 민 26:9a) 장례식에서 거드는 일은 신성하고도 중요한 의무이다. '토라의 연구도 시체를 메고 나가는 일이나 신부의 결혼을 돕는 일로 중단될 수 있다.'(21:3b) '누구든지 시체가 장례식장으로 운반되고 있는 것을 보고 따라가지 않으면 '가난한 사람25)을 조롱함이 되어 그를 지으신 이를 모욕함이라'(잠 17:5)는 금지 명령 때문에 죄를 저지르는 것이다. 그가 그것을 따

---

24) 히브리어는 문자 그대로 '친절' '진실'인데 관용적 용법으로 '진실한 친절'을 나타낸다.
25) 죽은 사람만큼 불쌍한 사람은 없다.

라가면 그의 보상은 무엇인가? 그에 대해 성서는 기술하기를, '없는 사람에게 적선하는 것은 야훼께 빚을 주는 것'(잠 17:5)이라 했고 '선한 사람을 돕는 것은 그를 지으신 이를 높임이라'(잠 14:31)고 했다.' 그리고 마지막으로 인간이 하나님을 닮아야 하는 행동 가운데 역시 하나인 것으로 애통하는 자를 위로할 의무가 있다.

그러나 '죽은 사람이 그의 앞에 있는 동안은 친구를 위로하지 말라'(39:4:2)라고 권고한다. 그는 위로의 말을 들을 만한 마음의 여유가 없는 게 상례이기 때문이다. 장례식 뒤에는 7일 동안 기중(忌中)기간이 따르는데 그 동안 그를 방문하고 격려해야 한다.

§6. 정 직

도덕적인 생활의 특징이 되는 한 미덕은 사업거래에 있어서의 정직인데, 탈무드는 그것을 매우 중요시했다. 그러한 뜻의 말로 '사람이 죽어서 심판대 앞에 서게 되었을 때 가장 처음으로 받는 질문은 너는 거래에 있어서 정직했느냐 하는 것이다'(12:31a)가 있다. 다음 말도 마찬가지로 분명하다. '그가 보기에 바르게 살면'(출 15:26) 이것은 상업거래를 언급하는 것인데, 정직하게 행동하는 자는 동포들에게 호평을 듣게 되고, 그가 토라 전체를 실천한 것처럼 그것이 그의 탓으로 돌려진다.'(Mech. ad. loc;46)

사회생활에 있어서 사업세계의 규제를 위한 엄격한 율법이 규정되어 있다. 다음이 그 예들이다. '상점 주인은 되(斗)를 일주일에 두 번씩 닦아야 하고 추는 일주일에 한 번 저울은 매번 쓰고 난 뒤에 닦아 두어야 한다.'(33:5:10) '너희는 재판할 때나 물건을 재고 달고 되고 할 때에 부정하게 하지 말라'(레 19:35) '잴 때'란 토지 측량을 언급하는 것인데 한쪽 땅은 여름에 재고 다른 한쪽 땅은 겨울에 재서는 안 된다.26) '달 때는' 추를 소금이 묻은 채 두지 말

아야 한다.27) '될 때에는' 액체에 거품이 생기지 않도록 해야 한다'(32:61b)

실제로는 되(斗)를 수북하게 주어야 할 곳에서 우리가 정확하게 되서는 안 되는 까닭은 무엇이고, 되(斗)를 정확하게 주어야 할 곳에서 수북하게 되서는 안 되는 까닭은 무엇인가? 본문은 틀림없는 되(斗)(신 25:15)를 선언하고 있다. 그런데 만일 파는 사람이 실제로는 초과해서 달아야 할 곳에서 '내가 정확히 달고 값을 깎아 주겠소'라고 하거나, 실제로는 정확히 달아야 할 곳에서 '내가 초과해서 달고 값을 올려 받겠소'라고 하는 것은 왜 허용되지 않는 것인가? 원문은 '틀림없는 되'를 선언하고 있다. 실제로는 근(斤)을 넉넉하게 달아야 할 곳에서 정확한 근을 달아 주어서는 안 되고 거꾸로 정확한 근을 달아야 할 곳에서 넉넉하게 달면 안 되는 까닭은 무엇인가? 본문에 '틀림없는 무게'를 선언하고 있다. 실제로는 근을 넉넉하게 달아야 할 곳에서 '내가 정확히 달고 값을 깎아 주겠소'라고 하거나 실제로는 근을 정확하게 달아야 할 곳에서 '내가 근을 넉넉히 달아 주고 값을 올리겠소'라고 하는 것은 왜 허용되지 않는가? 본문에 '틀림없는 무게'를 선언하고 있기 때문이다.'(33:89a)

그곳의 관습으로 채택된 것으로부터 벗어나는 것은 사기의 가능성이 있기 때문에 그런 탈선이 허용되지 않는 것이다. 지금은 적당하게 여겨지는 관례까지도 탈무드는 경계하고 있다.

"값을 올리기 위해서 생산물을 비축해 둔 자나, 고리대금을 하는 자나 되(斗)를 속여 되는 자나 시장을 어지럽히는28) 자에 대

---

26) 논밭이나 들판 등 땅을 둘로 나눌 때 그 측량은 동시에 해야 한다. 왜냐하면 여름에는 측량에 쓰는 끈이 말라서 짧아지기 때문이다.
27) 그렇게 하면 추가 더 무거워진다.
28) 자기들의 상품 가치를 높이기 위해서 거짓된 풍문으로써.

해서 성서는 '야훼께서는 야곱이 자랑으로 여기는 당신의 이름을 걸고 맹세하신다. 나는 이 백성이 한 일을 결코 잊지 않으리라'(암 8:7) 라고 선언한다."(33:90b) 랍비들이 거래에 있어서 얼마나 양심적이었는가를 보여주는 일화가 있다.

'피니스 제이어는 남쪽 나라의 어떤 시(市)에 살고 있었는데, 그곳을 찾아왔던 몇 사람들이 가지고 있던 보리 두 되를 놓아 두었다가 떠날 때 그만 잊고 떠나 버렸다. 그는 그 보리씨를 뿌려서 매년 수확을 쌓아 두었다. 7년이 흐른 뒤 그 사람들이 그 시로 돌아왔을 때 그는 그들을 알아보고 그들에게 당신들의 것을 돌려주겠다고 말했다.'

시몬 세타시라는 사람은 어떤 아랍인에게서 당나귀 한 마리를 사게 되었다. 그의 제자들이 모가지에 매달려 있는 보석을 발견하고는 "선생님, 야훼께 복을 받아야 부자가 된다'(잠 10:22)는 말은 선생님께 해당되는 말입니다"라고 했다. 그러나 그는 제자들에게 대답하기를 "나는 당나귀를 산 것이지 보석을 산 것이 아니니라. 가져가, 그것을 임자에게 돌려보내거라." 그 아랍인은 '시몬 세타시의 하나님을 축복할 지어다'라고 영탄했다'(신 R.3:3)

사실상의 사기뿐만 아니라 어떤 형태의 속임수도 금지되어 있다. '도둑에는 일곱 가지 부류가 있는데 그 중의 우두머리는 자기 동료를 속이는 놈이다.'(Tosifta 31:7:8)

'비록 이방인일지라도 동포를 속이는 것은 금지되어 있다'(43:94a)

'정직한 사람에게 있어서는 그러면 그렇고 아니면 아니다'(룻 R. 3:18)

'축복 받을진저 하나님께서는 입으로 하는 말과 속마음이 다른 자를 미워하신다.'(14:113b)

§7. 용 서

공동사회 속에 군림해야 하는 조화가 때때로 개인간의 의견차로 어지럽혀지는 일이 불가피할 것이다. 따라서 선량한 시민은 그런 싸움이 속히 끝나고 화평한 관계를 되찾는 것을 보기 원할 것이다. 이런 성과를 얻기 위해서는 두 가지 조건이 필수적이다. 첫째는 잘못한 사람 쪽이 자기의 과오를 진심으로 인정하고 자기가 죄를 범한 사람에게 용서를 빌어야 한다는 것이다.

탈무드는 이 점에서는 매우 강경해서 뒤에 보이는 절차까지도 기술하고 있다. 자기 친구에게 죄를 지은 사람은 그에게 "내가 너에게 나쁜 짓을 했다"라고 말해야만 한다. 만일 그가 용서를 받아들인다면 아주 좋은 일이지만 만일 그렇게 하지 않는다면 그는 사람들을 데리고 가서 그들 앞에서 그와 화해하되 이렇게 말해야만 한다. "나는 죄를 지었다. 나는 부정을 저질렀다. 그런데 그는 나의 죄를 벌하지 않았다."(욥 33:27) 만일 그가 그렇게 한다면 성경은 그에 대해서 '무덤 어귀에서 나의 목숨을 살려 내시어 나의 생명이 다시 빛을 보게 되었다'《상동 28절》고 할 것이다. 자기가 죄를 범했던 사람이 죽었다면 그는 그의 무덤에 엎드려 "내가 너에게 몹쓸 짓을 하였다"고 말하며 달래야 한다.(P. 16:45c)

또 다른 선생은 말하기를 "만일 누가 잘못해서 다른 사람을 의심하게 되면 그는 그를 달래야 한다. 아니 그보다도 그를 찬양해야 한다"(1:31b) 그러나 회유를 시도해야 하는 횟수에는 한도가 정해져야 한다. 어떤 견해에 따르면 세 번 이상은 하지 말라고 한다.(16:87a)

어떤 랍비가 자기 자신에 대해서 '잠자리에 들어서는 절대로 나의 친구를 저주하지 않는다'(21:28a)라고 썼는데, 그렇게 함으로써 쉬려고 자리에 들기 전에 그날 자기가 잘못을 범했던 모든 사람들을 회유하기에 항상 성공한다는 것을 의미한다.

두 번째로 괴롭힘을 당한 쪽의 의무는 그가 사과할 때 그것을 받아들이고 불만을 품지 말아야 한다는 것이다. 이런 충고가 있다.

'사람은 삼목처럼 단단하지 말고 갈대처럼 부드러워야 한다'(20:20b)

'네가 받은 모욕을 용서하라'(65:41)

어떤 랍비는 잠자리에 들면서 '나를 곤경에 처하게 한 어느 누구라도 용서해 주옵소서'(21:28a)라고 기도 드리곤 했다.

말다툼을 줄이고 말다툼이 일어났을 경우 빨리 화해시키는 데에 잘 듣는 현명한 충고가 있다. '만일 네가 친구에게 작은 잘못을 했다면 그것을 마음으로 크게 판단하고, 만일 네가 친구에게 크게 좋은 일을 했다면 그것을 마음으로 작게 판단하며, 만일 그가 네게 작게라도 좋은 일을 했다면 그것을 마음으로 크게 판단하고, 만일 그가 네게 큰 잘못을 했다면 그것을 마음으로 작게 판단하라.'(65:41)

레위기 19장 18절의 '동족에게 앙심을 품어 원수를 갚지 말라'는 명령은 이런 정의로 받아들여진다. '원수란 무엇을 뜻하며 앙심이란 무엇을 뜻하는가? 원수란 어떤 사람이 친구에게 '낫 좀 빌려줘'라고 말했다가 거절당한 상황에서 그 다음에 거절했던 그 친구가 '도끼 좀 빌려줘' 하고 찾아왔을 때 '네가 내게 거절한 것처럼 나도 네게 아무것도 빌려주지 않겠다'라고 대답하는 것에 있다. 앙심이란 어떤 사람이 친구에게 '도끼 좀 빌려 줘'라고 말했다가 거절당한 후 그 다음날 그 거절했던 친구가 '외투 좀 빌려 줘' 하며 찾아왔을 때 '옛다! 나는 너처럼 남이 원하는 것을 빌려주기를 거절하는 사람이 아니야'라고 대답하는 것에 있다. 모욕을 당하고도 그것을 앙갚음하지 않는 자들과, 자기를 비난하는 것을 듣고도 응수하지 않는 자들과, 사랑으로(하나님의 뜻을) 행하는 자들과, 역경에서도 기뻐하는 자들에 대해서 성서는 '하나님을 사랑하는 이들은 해처럼 힘차게 떠오르게 하소서'(삿 5:31)라고 기원하고 있다. 보복하지 않는 자는 그의 죄를 용서받을 것이다. 그가 용서를 빌면 허락될 것이다.(16:23a)

'파괴한 것을 보상하기를 거부하거나 요청 받았을 때 거절하는 것은 책망 받을 태도이다. 자기의 동포에게 자비로운 사람은 누구에게나 하늘에서 그에게 자비를 보여 줄 것이다. 또한 자기 동포에게 자비롭지 못한 사람은 누구에게나 하늘에서 자비를 보여 주지 않을 것이다.'(12:151b)

1세기의 어떤 랍비가 즐겨 인용하는 문구가 있다. '원수가 넘어졌다고 좋아하지 말고 그가 망했다고 기뻐하지 말아라. 야훼께서 그것을 못마땅하게 보시고 네 원수에게서 노여움을 돌이키신다.'(잠 24:17f) 그것은 용서하지 않고 적의를 품어 간직하는 사람이나 남에게 재난이 닥쳤을 때 기뻐하는 사람은 그로 인해서 죄인이 되어 신의 노여움이 남으로부터 방향을 바꾸어 곧장 자기에게로 오게 될 것이라는 뜻이다.

§8. 절 제

삶의 즐거움에 대하여 탈무드가 취하는 태도는 특이하다. 신이 인간의 향락을 위해서 창조한 것은 본디 선한 것임에 틀림없다는 것을 인식하고 인간에게 마음껏 그것을 누릴 것을 권고할 뿐만 아니라 그것을 억제하는 사람을 꾸짖기조차 한다. 랍비들은 신은 자신의 창조물들이 행복하기를 바랄 것이기 때문에 육체적인 쾌락이나 세속적인 행복을 일부러 회피하는 것은 죄악일 수밖에 없다

는 입장을 취한다. 신이 계시는 곳에 자신이 있다고 생각하는 것
그 자체가 즐거움과 기쁨의 근원이다. '당신 계시는 곳에 당신의
힘이 떨치시니'(대상 16:27)라는 말처럼 '축복받을진저 하나님이 계
시는 곳에서는 슬픔이 없다'(43:5b) '쉐키나는 나태함이나 슬픔,
경박함, 경솔함 또는 게으른 잡담 가운데서 내리 비치는 것이 아
니라 예배의 기쁨 가운데 비친 것이다.'(14:17a)

랍비의 가르침을 통해서 볼 때 현명한 절제가 옹호되고 양 극단
─검소와 쾌락주의가 해로운 것으로 책망 받고 있는 것을 알 수
있다. 빈곤은 아무런 미덕이 되지 못했다. 오히려 그 반대이다.

'먹을 것이 없는 곳에는 토라도 없다'(39:3:21.)

라는 말은 적절한 호구지책이 없으면 신의 뜻을 성취하는 데 꼭
필요한 지식을 얻을 수가 없다는 의도로 씌어졌다.

'가난은 집안에 50가지 재앙이 있는 것보다 나쁘다'(33:116a)

랍비들은 '사람을 즐겁게 해 줄 수 있는 수단으로써의 좋은 집과
좋은 아내 그리고 좋은 세간'(1:59b)과 같은 쾌적한 것들의 가치를
자각하고 있었다. 그들은 '내세(來世)에는 사람들이 그들의 눈으
로 보았으나 먹지 않았던 모든 것을 심판하고 세어야만 할 것이
다.'(p.30:66a) 라고까지 말하고 있다. 또 그들은 부자를 '자기의 부
(富)로부터 즐거움을 찾는 사람'이라고 정의하고 있다.(12:25b)

로마 행정에 비판을 가했기 때문에 R·시몬 요카이는 자기의
목숨을 건지기 위해 은신해야만 했다. 그와 그의 아들은 12년간
동굴에 숨어 있었다. 왕이 죽고 법령이 폐지되었음을 듣고서야 그
는 자기의 은신처에서 나왔다. 그는 밭을 갈고 씨를 뿌리는 사람
들을 보고는 '저들은 영원한 삶을 저버리고 덧없는 삶으로 분주하
구나'하고 탄식했다. 그와 그의 아들이 눈을 돌리는 곳마다 땅은 그
와 동시에 불에 타 버렸다. 어떤 배드 콜(Bath KoL)이 앞으로 나서

며 그들에게 말했다.

"너희들은 나의 세계를 파괴하려고 동굴에서 나왔느냐? 그리로 다시 돌아가라."(12:33b)

사회 질서를 유지하는 것은 신이 허락하신 것이다. 그러므로 사람은 그의 노동의 결실을 즐길 권리가 있는 것이다.

그러나 그 반대의 극단도 마찬가지로 피해야 한다. 사치를 마음껏 누리기 위해서 부(富)를 축적하는 것은 신의 뜻에 따르지 않는 것이 된다. 솔로몬이 그 성전을 세웠을 때 그는 축복 받을진저 하나님께 기도드렸다. '우주의 군왕이시여! 사람의 마음을 아시는 하나님이여 사람의 행실에 따라 갚아 주십시오'(대하 6:30) 라는 말처럼 '만일 누가 당신께 자기를 부자가 되게 해 달라고 기도를 할 때 그가 그것을 남용하리라는 것을 당신이 아신다면 그에게 그것을 허용하지 마시고, 그가 그것을 선하게 쓰리라는 것을 당신이 아신다면 그의 요청을 들어 주십시오.'(출 R. 31:5)

이 설명에는 풍부한 뜻이 있다. 부자는 누구인가? 자기의 부유함 안에서 기뻐하는 사람이다. '네 손으로 일하여 그것을 먹으니 그것이 네 복이며 너의 행복이다'(시 128:2) '너의 행복이다'라는 말 속에는 앞으로 올 세상에서는 '그것이 네게 복이 될 것이다'라고 쓰인 것처럼'(39:4:1) 그것은 랍비들의 물질세계에 대한 견해를 구체화한다.

사람은 최선을 다하기 위해서는 좋은 영양 상태를 유지해야 하므로 자기의 몸에 좋은 영양이 섭취되도록 주의하는 것은 그의 의무이다. '이(齒)로 씹으면 발뒤꿈치에서 발견될 것이다'(12:152a) 즉 음식을 많이 섭취하는 것은 몸을 튼튼하게 한다. 또 '위(胃)는 발(足)을 지탱한다'(창 R. 70:8)라는 격언도 있다.

힐렐에 관한 다음 이야기도 같은 교훈을 지적한다. 그는 제자들에게 가르침을 끝내면 그는 제자들과 헤어졌다. 하루는 그들이 "선생님 어디 가십니까" 하고 묻자 그는 "내 집에 있는 손님에게 친절한 일을 해 주러 간다"29)고 대답했다. "그렇다면 선생님께서는 늘 손님이 한 분 계십니까?" "오늘은 여기 있다가 내일이면 벌써 가 버리는 몸 안에 있는 손님은 불행한 영혼이 아니냐!"(레 R.34:3)

마시는 것도 음식의 경우와 마찬가지다. 절대금주는 미덕으로 여겨지지 않았다.

'술이 없다면 아무런 기쁨도 없다.'(14:109a)

'술은 모든 약(藥)의 정상에 있다'(33:58b)

와 같은 말들도 있다. '그가 영혼을 모독하는 죄에 대해서 그 나실인에게 서약을 하고'30)라고 말하는가? 어느 영혼을 그가 모독했는가? 그러나 그는 자신에게 술을 허락하지 않았다. 그래서 우리는 fortiori argument를 적용할 수 있다. 만일 술로부터 자신을 멀리한 사람을 죄인이라고 한다면 모든 향락으로부터 자신을 멀리한 죄인은 얼마나 많을 것인가?'(20:11a) 그러한 모든 것에도 불구하고 랍비들은 무절제의 해악을 충분히 알고 있어서 그에 대한 경고를 한다.

이 전설은 조금 기묘하다. 노아는 포도원을 가꾸는 첫 농군이 되었는데(창 9:20) 그의 앞에 사탄이 나타나 그에게 물었다.

"네가 가꾸는 것이 무엇이냐?" 대답하여 가로되 "포도원이다." "그게 무엇이냐?"

"싱싱한 그대로건 말린 것이건 그 열매는 달며 그것으로 만든 술은 마음을 즐겁게 한다."

---

29) 그는 식욕을 만족시키려고 했다는 뜻으로 썼다.
30) 이것은 히브리어를 문자 그대로 번역한 것이다.

"자, 오너라. 이 포도원에서 우리 둘이 짝을 맺자."

"좋다"라고 노아가 대답했다. 사탄은 무엇을 했는가? 그는 양 한 마리를 끌고 와서 덩굴 아래서 그것을 죽였다. 그리고는 사자 한 마리와 돼지 한 마리와 원숭이 한 마리를 차례로 끌고 와 죽이고 그 피를 포도원에 뿌려서 흙을 흠뻑 적셨다. 그로써 그는 사람이 술을 마시기 전에는 양과 같고 털 깎는 사람 앞에 선 새끼 양처럼 얌전하다는 것을 암시했다. 그가 적당히 마셨을 때는 사자같이 강해져서 이 세상에 자기와 필적할 사람은 아무도 없다고 장담한다. 그가 좀 지나치게 마셨을 때는 오물 속에서 뒹구는 돼지와 같이 된다. 그가 술에 취해 버리면 원숭이처럼 춤을 추고 돌아다니며 만인 앞에서 음탕한 말을 내뱉으면서도 자기가 하는 일을 알지 못하게 된다.'(Tanchuma Noach;13)

이 주제에 대한 다른 이야기들도 있다.

'술이 들어가면 판단력은 나간다.'

'술이 들어가면 비밀이 나온다31)'(Tanchuma Noach;13 민 R.10:8)

'아담이 먹은 나무 열매도 포도였는데, 사람에게 술(포도주)만큼 비탄을 가져다주는 것은 없기 때문이다.'(34;70a,b)

'나실인의 항(項)은 왜 간통한 혐의를 받은 여인의 항(項)과 접해 있는가?(민 5f) 누구든 그런 불명예스러운 짓을 한 여자를 보면 술을 끊어야 한다는 것을 우리에게 깨우쳐 주기 위해서이다.'(1;63a) 왜냐하면, '술은 남자와 여자를 모두 부정하게 하기'(민 R.10:4) 때문이다. '취하지 말라. 그리하면 너는 죄를 짓지 않을 것이다.'(1;29b) '한잔 술은 여자에게 좋고 두 잔의 술은 타락시키며, 세 잔의 술은 그녀를 부도덕한 여자처럼 행동하게 하고 네 잔의 술은 그녀가 모든 자존심과 수치심을 잃게 만든다.'(25;65a) '술은

---

31) "yayin(포도주)"을 형성하는 글자의 수치는 70츠로서 "sod(비밀)"의 수치와 같다.

결국 피로 끝난다'(34:70a) '대낮에 마시는 술'은 '사람을 세상으로 몰아내는 일'(39:3:14) 중의 하나이다. 그것은 체질 형성에도 마찬가지로 나쁜 영향을 미친다. 압바 사울은 말한다. "한때는 내 직업이 장사 지내는 일이었는데 그들의 뼈를 관찰하는 습관이 있었다. 그로 인해서 나는 독한 술을 즐긴 사람들은 뼈가 말라 있다는 것을 알았다. 지나치게 마신 자는 골수가 없고 적당하게 마셨을 때는 골수가 가득 차 있었다.'(58:24b)

'절대 단식을 하는 사람은 죄인이다'(20:11a)라는 가르침에도 불구하고 우리는 금욕 생활을 하는 랍비들의 이야기를 듣는다. 그들은 금식이 허용되지 않은 몇몇 날을 제외하고는 일년 내내 단식을 하곤 했다는 이야기도 있다.(14:68b) 기록된 바 그는 '안식일 전날 저녁부터 다음 안식일 전날 저녁까지의 음식을 메뚜기 한 되로 때웠다'는 이야기도 있다. 국가적인 재해로 많은 사람들이 단식생활을 하게 되었지만, 어떤 랍비는 그것이 얼마나 불합리한가를 보여줌으로써 그들을 제지하려고 노력했다. '두 번째 성전이 멸망되었을 때 이스라엘의 많은 사람들이 고기와 술을 먹지 않았다. R·요수아가 물어 가로되

"아들들아, 너희는 왜 고기를 먹지 않고 술도 마시지 않느냐?" 그들이 대답하기를 "우리가 예전엔 제단에 놓아 드리다가 지금은 못하게 된 그 고기를 먹을까요? 우리가 예전엔 제단에 뿌려 헌주하다가 지금은 못하게 된 그 술을 먹을까요?" 그가 대답하되 "그렇다면 이제는 음식을 올리는 일도 할 수 없게 되었으니 빵도 먹지 말자." "맞습니다. 우리는 과실로 연명하겠습니다." "그러나 이제는 첫 과일을 드리는 것도 할 수 없게 되었으니 과일도 먹을 수가 없다!" "맞습니다. 우리는 올리지 않았던 다른 종류의 과일로 연명하겠습니다." "그렇다면 우리는 헌수도 할 수 없게 되었으니 물도

먹지 말아야 되겠구나!" 그들은 잠잠하였다.(33:60b)

우리는 단식 뒤에 숨어 있는 동기가 승인될 수 있는 것이기 때문에 단식 생활을 지키겠다고 맹세하는 것을 가끔 듣는다. 어떤 랍비가 말한 한 사례가 있다.

전에 남부로부터 자칭 나실이라는 한 사람이 있었는데,32) 나는 그가 아름다운 눈과 좋은 혈색을 가졌으며 머리칼은 정연한 고수머리로 잘 정돈되어 있는 것을 알았다. 내가 그에게 "아들아, 무슨 목적으로 너는 고운 머리를 망가뜨려 버렸느냐?"라고 물었다. 그는 "나는 내가 사는 시에서 아버지를 도와 목자로 있었는데 물을 길러 우물에 갔다가 물 속에 비친 내 모습을 보았을 때 열정이 솟아올라 세상에서 나를 몰아 내려고 했습니다. 그래서 나는 자책했습니다. '너 사악한 인간아, 네 것도 아닌 이 세상과 지렁이와 구더기밖에 안될 너의 운명이 뭐가 그리 자랑스러우냐? 성전 예배 때까지는 결단코 머리를 깎으리라!'(랍비가 계속하여), 나는 즉시 일어나 그의 머리에 입맞추며 말했다. "내 아들아, 너와 같은 나실인이 이 이스라엘에 늘어날지어다. 너와 같은 사람에 대해 성경은 선언한다. '남자나 여자나 야훼께 헌신하기로 하고 나실인 서약을 했을 경우에'(민 6:2)라고."(26:9a)

랍비들은 번영으로부터 오는 마음 속의 자기 과신에 대해서도 경고를 하고 있다. "너희는 배불리 먹으며 잘 살게 될 것이다. 마음이 변하여 다른 신들에게 끌려 그 앞에 엎드려 섬기는 일이 없도록 정신을 차려라."(신 11:15) 모세가 그들에게 이르기를 '너희는 축복받을진저 하나님을 배반하지 않도록 주의하라. 왜냐하면 사람은 풍족함 가운데서 그를 모반하게 되기 때문이다.'(Sifre 신 43:80b)

---

32) 제물을 바치려고 머리를 삭발하려고 예루살렘으로 간 사람

'디사합'이란 무엇을 뜻하는가? 모세가 축복 받을진저 하나님 앞에서 한 말 중에 있다. '만물의 야훼시여! 그들이 유혹되어 송아지를 만들었던 것은 당신이 아끼지 않고 주셨던 금과 은 때문입니다.'

R. 쟈나이 학파는 사자는 고기가 가득한 우리 안에서 울지 않고 밀짚으로 가득한 우리 안에서 으르렁거린다고 한다. R. 오샤이는 이런 우화를 말한다. 그것은 몸집은 크지만 여윈 암소를 가지고 있는 사람에게 비유될 수 있을 것이다. 그가 암소에게 누에 콩을 먹였더니 암소는 그를 걷어찼다. 그는 소에게 '내가 네게 누에 콩을 먹였더니 네 놈이 나를 걷어찼구나!'라고 말했다. R. 아키는 그것을 '배(胃)가 부른 사람은 사악한 짓을 많이 저지른다'라는 격언이 주장하는 바라고 했다.'(1:32a)

같은 이유로 지나친 유혹을 비난하고 있는데 그것은 음탕한 행위로 유도되기 때문이다. '경건되이 야훼께 예배드리고 두려워 떨며33) 그 발 아래 꿇어 엎드려라.'(시 2:11) 그 의미는 기쁨이 있는 곳에 떨림이 있게 하신다는 것이다. 마르·b·라비나는 그의 아들의 혼인잔치를 벌였는데 랍비들이 매우 즐거워하는 것을 알았다. 그는 400주즈(화폐단위)나 되는 값비싼 술잔을 집어 그들 앞에서 깨뜨렸다. 그랬더니 그들은 숙연해졌다. R. 아세는 그 아들의 혼인잔치를 벌였는데 랍비들이 매우 즐거워하는 것을 알았다. 그는 하얀 수정으로 만든 잔을 집어 그들 앞에서 깨뜨렸다. 그랬더니 그들은 숙연해졌다.'(1:30b et. seq)

그런 것은 삶의 유혹에 관한 탈무드의 관(視)이다. 그것은 부당한 금욕뿐만 아니라 부절제도 삼가한다. 그것은 인간에게 그가 육체적 감각으로 이 세상에 존재해 있음을 즐기고 신이 그에게 부여

---

33) 원문 해석은 "경외로 야훼께 예배드리고 전율로써 기뻐하라"이다.

한 재능과 그의 행복을 위해 신이 제공한 쾌락을 현명하게 쓰라고
명한다. 그의 율법은 지나친 방종의 동기가 되는 욕망을 저지한
다. 그가 규정한 한계를 넘어선다는 것은 죄를 범하는 것이며 이
런 관점은 이 발췌문에서 훌륭하게 표현된다. 자신에게 금욕의 맹
세를 강요하는 자는 그의 목에 쇠줄을 맨 것과 같다. 그는 금지된
제단을 쌓는 사람과 같다. 그는 칼을 들어 그것으로 자기의 가슴
을 찌르는 사람과 같다. 토라가 금하는 것으로 충분하니 너희는
더 이상 제한을 추가하려 하지 말라.'(P. 26:41b)

§8. 짐승에 대해 할 일

도덕적인 삶의 다른 한 면은 인간과 동료 인간과의 관계가 아니
라 인간과 동물과의 관계에 관련된다. 십계명도 말 못하는 짐승들
에게 동정을 보여 주어서 그것들도 안식일에 쉬게 하라고 명했고
성서의 몇몇 다른 구절도 짐승들에게 친절을 보여 줘야 한다는 견
해를 같이했기 때문에 탈무드에서도 그러한 교훈을 가르치고 있
으리라고 기대된다.

실로, 사람이 짐승을 다루는 것을 보면 그의 성격을 알 수 있다.
'모세가 양떼를 칠 때 그는 어린 것들 때문에 늙은 양을 뒤에 두어
서 어린 양들이 부드러운 풀을 먼저 자유롭게 먹게 하고 그 다음
에는 다른 양들에게 보통 풀을 자유롭게 먹이고 마지막으로는 힘
센 것들에게 질긴 풀을 놓아 먹였다. 축복받을진저 하나님께서 '각
양을 힘세기에 따라 칠 줄 아는 자가 와서 내 백성들을 이끌게 하리
라.'고 말씀하셨다. 한번은 새끼 염소 한 마리가 도망을 가서 모세
가 그 뒤를 쫓아가던 중 우연히도 물 웅덩이가 있는 나무 곁까지
가게 되었다. 그 새끼 염소가 물을 먹으려고 거기까지 달려왔다는
것을 안 모세는 '나는 네가 목이 말라 달아나는 줄은 몰랐구나. 너

도 지쳤겠지'라고 말했다. 그리고 그는 새끼 염소를 어깨에 걸머메고 집으로 갔다. 축복 받을진저 하나님께서 말씀하시기를 '너는 인간의 무리들에게도 자비로우니 내 무리 이스라엘 사람들의 목자가 될 것이다."(출 R.2:2)

짐승에게 비정(非情)을 과시하는 것은 다음 이야기가 보여 주는 것처럼 신의 눈밖에 나는 일이다. '송아지 한 마리가 도살당하게 되자 R. 유다의 옷 속으로 머리를 숨기고 울었다. 그가 가로되, 너는 그런 목적으로 창조되었으니 가라.' 하고 내몰아 죽게 하였다. 동정심이 없는 그에게 하늘에서는 고통을 내려줄 것을 포고하였다. 그러나 그의 고통은 다음 사건으로 그쳤다. 하루는 하녀가 집을 청소하고 있는데, 여기저기를 치우는 중에 어린 족제비들을 발견하고 잡아 없애려 하였다. 그가 그녀에게 이르기를 "그것들이 가지고 있는 애틋한 사랑은 모든 피조물에 미친다."(시 145:9)라고 기록되었으니 그것들을 그대로 두어라.' 했다. 그가 동정심을 보였으니 우리도 그에게 동정을 베풀 것이라고 하늘에서 포고되었다.'(32:85a) 탈무드는 위험에 빠진 짐승을 구하려는 목적으로 안식의 율법을 어느 정도까지 어겨도 좋은가를 토론하고 있다.

'만일 어떤 짐승이 물웅덩이에 빠지면 우리는 베개나 방석들을 가져다 웅덩이 밑으로 놓을 수 있는데 그럼으로써 그 짐승이 뭍으로 기어올라오면 좋은 일이다.'

율법을 이렇게 해설하는데 반해서 다음과 같은 예도 인용된다. '만일 짐승이 물웅덩이에 빠지면 우리는 그것이 죽지 않도록 그 속에 마초꼴을 넣어 준다'34) 그것으로 보아 우리는 그 짐승에게 베개와 방석이 아니라 마초꼴을 넣어 줄 수도 있는 것 같다. 거기에 모순은 없다. 후자는 먹이로 짐승을 살아 있게 할 수 있으면 우리는 그렇게 해야 하지만 그렇지 않은 경우에는 베개와 방석들을 갖

---

34) 굶어 죽지 않도록 했다가 안식이 끝나면 꺼내 주어야 한다.

다 주어야 한다. 그러나 그렇게 함으로써 그 상황에 쓰이지 못할
도구를 가지고서라면, 어떠한 일을 해도 금지된 규칙을 어기는 것
이 된다. 짐승에게 고통을 주는 것을 금하는 것이 토라의 계명임
에 반해서 그 규칙은 랍비들이 제정한 것이며, 토라가 제정한 것
은 랍비들이 제정한 것을 옆으로 젖히고 우위를 점한다.'(12:128b)
　짐승의 적절한 보호에 관하여 이런 규칙들이 있다. '동물이 적
절히 먹고 자라도록 마련해 주지 않는 사람에게는 가축 한 마리나
맹수 한 마리나 새 한 마리조차도 소유하는 것이 허용되지 않는
다.'(P. 24:14d) '사람은 그의 가축에게 먹이를 주기 전에는 음식을
먹어서는 안 된다. 기록된 바 '들에는 너희 가축이 뜯어먹을 풀이
자라나게 해 주실 것이다. 그리하여 너희는 배불리 먹으며 잘 살
게 될 것이다.'(신 11:15 1:40a) 이 이야기에서도 같은 도덕을 가르치
고 있다. 아브라함은 멜기세덱35)에게 "너희가 안전하게 방주에서
나온 것은 어찌된 일이냐?"고 물었다. "우리가 거기서 베푼 자비
때문입니다." "그러나 네가 행한 자비가 무엇이 있었느냐? 방주
안에 불쌍한 자라도 있었느냐? 노아와 그의 아들들만이 거기 있
었는데 너희는 누구에게 자비로울 수 있었느냐?" "짐승과 야수와
새들에게입니다. 우리는 밤을 새며 그것들의 모이를 주느라고 잠
도 자지 않았습니다."(Midrash to 시 37. 1:126b)
　어떤 짐승은 인간이 모방해야 할 모범이라고 이야기되는 습성
때문에 찬양 받는다. '토라가 우리에게 길잡이가 되지 않았더라면
우리는 고양이에게서 겸손을, 개미에게서 정직을, 비둘기에게서
자비를 그리고 닭에게서 예절을 배웠어야 했을 것이다.'(13:100b)
　살아 있는 짐승의 수족을 찢는 일을 금하는 것은 모든 인류에게
해당되는 율법으로서 노아의 아들들에게 내려진 일곱 가지 계명

---

35) 유대의 어느 전설에는 그를 노아의 맏아들인 셈이라고 밝히고 있다. 예루살렘
　　타아검 창세기; 14 : 18을 보라.

중의 하나이다. 이 율법의 기반 위에서 살아 있는 짐승을 병신을 만드는 따위의 어떠한 오락도 강력하게 금지되어 있다. 그런 이유로 투기장들은 경건한 사람들에 의해서 외면 당했다.

'경기장에 참석하는 사람은 조소하는 자들과 어울려'(시 1:1, 38:18b) 앉아 있는 것이다.'36)(시 1:1, 38:18b)

탈무드는 식용 짐승들을 어떻게 도살해야 하는가를 자상하고 주의 깊게 기술하고 있는데 이 규칙들은 짐승을 가능한 한 고통 없이 죽이려는 데 그 동기가 있다. 첫째로 세 계층의 사람들에게는 도살이 허용되지 않는데 그것은 농아와 천치와 미성년자로서 (43:1:1) 농아는 그가 필요한 기도문을 소리낼 수 없기 때문이고, 나머지 둘은 그렇게 까다로운 일을 맡을 만큼 충분한 책임감이 없기 때문이다. 두 번째로 베는 데 사용되는 칼은 반드시 날카롭고 유연하며 벤 자리를 조금도 알아차릴 수 없도록 만들어져야 한다. '그 칼은 그것을 손가락과 손톱에 대고 3면을 시험해 보아야 한다.'37) 《상동 176》

---

36) 유대인들이 이런 성질의 난폭한 경기를 혐오했다는 것은 요세푸스가 증명한다. '헤롯은 상당히 많은 수의 금수와 사자와 비범하게 힘이 세거나 여간해서는 보기 어려운 다른 많은 짐승들을 갖고 있었다. 이것들은 다른 놈과 서로 싸우는 훈련을 받았고 또한 사형선고를 받은 사람들은 그들과 싸워야 했다. 그리고 사실 외국인들은 무진장한 경비를 들인 이 쇼에서 펼쳐지는 장관(壯觀)의 아슬아슬한 위험에 놀라기도 하고 즐거워하기도 했다. 그러나 유대인들에게는 그것은 분명히 그들이 그렇게도 숭배해 온 관습을 파괴하는 것이었다.

37) 즉 칼의 끝과 양면, 만일 어떤 위치에서라도 잘랐다는 것을 느낄 수 있으면 그 칼은 그 결점이 없어질 때까지 다시 갈아야만 한다. 마지막으로 실격의 다섯 가지 원인이 열거되어 있다. 《상동 9a》
Shehiyah '지체— 칼의 움직임은 중단됨이 없이 앞뒤로 연속적이어야 한다. Derasah '누름— 힘이 가해지는 일이 없이 부드럽게 잘라야 한다. Chaladah '찌름— 목을 가로질러서 베지 않고 살 속으로 칼을 집어넣어서는 안 된다. Hagramah '미끄러짐— 목의 규정된 부위를 통하지 않고 잘라내서는 안 된다. Ikkur '찢음— 숨통이나 식도를 뒤죽박죽 함이 없도록 잘라야 한다. 이 중의 어느 행위도 시체를 식용으로 소비하는 데 부적당하게 만들기에 충분하다. 왜냐하면 그것은 짐승에게 고통을 주게 될 것이기 때문이다.

IV

건 강 생 활

§ 1. 육체 관리

랍비 쥬다와 그의 친구 안토니누스가 대화를 하는 중에 한 번은 인간 생활에 있어서의 육체와 영혼의 상대적 책임이란 문제로 논란이 벌어졌다. 안토니누스가 랍비 유다에게 말했다.

'육체와 영혼이 다 심판(내세에)에 대해서는 걱정할 필요가 없을 걸세.'

'그건 어째서?'

'육체는 이렇게 말할 거야. 죄를 지은 것은 영혼이라고. 왜냐하면 영혼이 나를 떠난 순간부터 나는 마치 돌이나 다름없이 무덤 속에 누워 있었기 때문이라고.'

'그러나 영혼은 이렇게 반박할 거야. 죄를 지은 것은 육체라고. 왜냐하면 내가 육체로부터 떠난 날부터 나는 마치 새나 다름없이 공간을 날아다니고 있기 때문이라고.'

이때 랍비가 말했다.

'내가 비유를 들어서 이 문제에 대하여 말하지. 이것이 무엇과 같다고 하겠나? 맛좋은 열매가 열린 아름다운 과수원을 가진 한 왕이 있었다. 그 왕은 과수원지기 두 사람을 두었는데 한 사람은 절름발이였고, 또 한 사람은 소경이었다. 절름발이가 소경에게 말하기를 "나는 과수원에 열린 맛있는 첫 열매를 볼 수 있네. 자네가 와서 나를 그대의 등에 들어올린다면 우리는 그 열매를 따먹을 수 있을 걸세." 이렇게 되어 절름발이는 소경의 등에 업히게 되었고 그들은 그 열매를 따먹었다. 얼마 후 과수원 주인이 "맛있는 첫 열매를 어떻게 했느냐."고 물었다. 절름발이가 주인에게 "제게 다리가 있다면 열매가 있는 곳으로 갈 수 있었을 것입니다만" 하고 말하자 소경은 주인에게 이렇게 말했다. "제게 눈이 있었더라면 열매를 볼 수가 있었을 텐데요." 하고 자신들의 죄를 숨기려 하였다. 과수원 주인인 왕이 어떻게 했는지 아는가? 주인은 절름발이를 소경의 등에 업히도록 한 다음 그 두 사람을 함께 심판했다. 이와 같이 하나님께서는 '내세'에 영혼을 육체로 몰아 넣으시고 하나로서 심판하실 것이다.(34:91a,b)

이 비유의 결론적인 의의와 이것을 어디에 적용하느냐는 별문제로 치더라도 범죄자들에게 내려질 형벌의 형태에 대한 당시의 개념을 암시해 주고 또한 인간이 일생 동안에 행한 일에 있어서 육체는 그 영혼과 똑같이 책임이 있다는 교훈을 보여 준다. 육체와 영혼은 상호 작용(相互作用)한다. 타락한 영혼은 육체를 부패시키고 병든 육체는 순결한 영혼이 기능을 발휘할 수 있는 효과적인 기관이 될 수 없다. 한 랍비가 '육체적인 정결은 겉모양이 아니라 그 속을 말하는 것이며 일상적 정화(日常的淨化)를 뜻하는 것이다.(38:20b)

육체 보호

우리는 다음 사실에서 일상적인 행동이 보건법(保健法)에 얼마나 중요한 것인가를 알 수 있는데 행동과 건강은 개연적인 상호반응이 있기 때문이다. 그리하여 랍비서에 '자연의 부름에 대답을 늦게 하는 것은 명령을 범하는 죄'라 하였고 '너희에게 부정하다고 내가 구별해 준 것으로 부정을 타는 일이 있어서는 안 된다.' 또한 '현인(賢人)의 제자는 변소가 없는 도시에서는 살지 말아야 한다.' 라고 기록되어 있는 것이다.(레20:25,35:16b,34:17b)

이러한 정화(淨化)가 없으면 정신이 아침에 하나님께 드려야 할 기도에 집중될 수 없다. 그러므로 '누구든지 하늘 나라와의 인연을 완전히 맺으려면 첫째로 배설(排泄)하고, 다음에 손을 씻고, 성물함(聖物函)에 손을 얹고 기도를 드리라.'고 가르쳤다.(1:15a)

육체를 보호해야 될 또 한 가지 이유는 힐렐에 대한 이야기에서 그 유례를 찾을 수 있다.

'힐렐이 그의 제자들에게 가르침을 마치고 나서 제자들과 얼마 동안 길을 걸었다. 제자들이 스승에게 묻기를 "선생님 어디로 가시렵니까?"하자 "종교적 의무를 수행하려고 한다." 하였다. "종교적 의무라니요?" "목욕탕에 가서 목욕하는 것이다." "그것이 종교적 의무입니까?" 힐렐이 제자들에게 대답하기를 "만일 어떤 사람이 극장과 경기장 안에 세워져 있는 왕의 동상을 닦고 씻는 일에 임명되었다면 그 일에 보람을 갖게 될 것이고 나아가서는 자존심마저 느끼게 될 것이다. 그런데 나는 하나님의 형상으로 또한 그와 같게 지음을 받았으니 나의 육체를 잘 관리해야 한다는 것이 당연하고 필요한 일이 아니겠는가!"(레R34:3)

이 일화에서는 육체를 정결한 상태로 보전하는 일이 한 종교적 의무로 여겨졌다. 왜냐하면 육체는 하나님이 친히 손으로 지으신 것이므로 그만큼 공손한 태도로 다루어야 하기 때문이다. 이러한 관념은 율법이 사체(死體)를 모독하는 주 원인이 되는 것으로서

다음과 같은 논의에서 이를 알 수 있다. 사두개인들이 말하기를
"우리는 당신네 바리새인들이 성서는 손으로 모독을 당하지만 호
머의 서적들은 그렇지 않다고 말하는 것을 비판한다."고 하였다.
랍비 요하난 B. 자카이가 사두개인들에게 답변하기를 "이것만이
바리새인들을 비판할 유일한 조건은 아니다. 그들은 또한 당나귀
의 뼈는 모독되는 것이 아니지만 대제사장 요하난의 뼈는 모독을
당하고 있다. 얼마나 존경하느냐에 따라서 사람은 그 대상물을 모
독하지 말아야 할 의무가 있는 것이다. 그러므로 누구나 자기 아
버지나 어머니의 뼈를 함부로 다루어서는 안 되는 것이다." 이와
마찬가지로 성서 또한 함부로 다루어서는 안 된다.'(62:4:6)

물과 의리

　이 주장은 다음과 같은 말과 일치된다. '사람은 마땅히 자기의
창조주를 존경하는 뜻에서 자기 얼굴과 손과 발을 날마다 씻어야
한다.'(12:50b) 이 규율을 얼마나 엄격하게 지켰는지는 랍비 아키
바가 로마인들에게 잡혀 감옥에 들어 있을 때의 이야기로 잘 알
수 있다. 거칠게 탄 곡식 장수를 하는 랍비 요수아가 날마다 아키
바를 찾아가서 물을 공급해 주었다.
　어느 날 감옥의 간수가 요수가에게 말하기를 당신은 '물을 너무
많이 들여왔소. 혹 물로 감옥에 구멍을 낼 생각은 아니오(탈옥하기
위하여).' 하였다. 간수는 물을 반쯤 쏟아 버리고 그 나머지를 요수
아에게 주었다. 랍비 요수아가 랍비 아키바에게 왔을 때에 아키바
가 말하기를 '내가 늙어서 나의 생명이 당신이 내게 가져오는 것에
의존하고 있다는 걸 모르시오?' 하였다. 요수아는 종전에 있었던
일을 아키바에게 말했다. 그러자 아키바가 '그 물을 내게 주시오.

손을 씻어야겠소.' 하고 말하자 요수아는 '당신이 마실 물이 부족
합니다!' 하고 말했다. 아키바가 말하기를 '그렇다면(손을 씻지 않는
자라면) 내가 죽은들 어떻겠소? 차라리 나 자신의 궁핍(목마름 때문
에)으로 죽는 것이 낫지 내 동료들의 기대를 배반하지는 않겠소.'
하였다. 기록에 의하면 그는 손을 씻지 않고서는 한 방울의 물도
마시지 않았다고 한다.(13:21b)

따라서 인간의 궁극적인 목표는 이중적(二重的)인 완성, 곧 영적
과 아울러 육체적으로도 완성을 성취함에 있다. 훌륭한 체격은 높
이 평가받았으며 하나님의 축복을 받은 사람이라고까지 했다.

'하나님께서는 키가 큰 사람을 자랑거리로 삼으신다.'(44:45b) 사
람을 돋보이게 하는 쉐키나(shechinah)를 위하여 필요한 조건
중의 하나는 체격이 좋아 늠름하게 보이는 것이다.(12:92a) 이와
반대로 육체적으로 결함이 있는 사람은 특히 불행한 사람으로 여
겼었다. 탈무드는 규정하기를 흑인, 붉은 반점이나 흰 반점이 있
는 사람, 곱사등이, 난쟁이, 또는 수종(水腫)에 걸린 사람을 보는
사람은 "딱도 하구나. 하나님의 피조물의 형상이 어쩌면 저렇게
가지각색일까!" 하고 말할 것이며 또 손이나 발이 하나나 둘이 다
없는 사람, 소경, 평편족(平扁足)을 가진 사람, 절름발이, 부스럼
이 많은 사람 또는 문둥병자를 볼 때에는 "심판장은 공정도 하시
지!" 하고 말한다.(1:58b) 바로 이 말은 좋지 못한 소식을 들었을
때에 하는 축도이다.(1:9:2) 이 말은 이상에 말한 불구자들은 불행
하다는 것을 나타낸다.

하나님께서는 좋은 체격을 가진 사람을 좋아하시므로 이러한
조건은 또한 단체나 사회에서 지도자의 지위에 앉힐 사람을 지명
하는데 중요시되었다. 그 규칙은 '우리는 키 큰 사람만 산헤드린으
로 뽑는다.'고 되어 있었다.(34:17a) 위풍이 당당한 모습은 자연 존

경하는 마음을 갖게 한다.

약이 안 되는 의사

건강에 중점을 둔다는 관점에서 의사는 공공생활에 있어서 없어서는 안 될 사람이다. 이런 말이 있다. '현인의 제자는 의사가 없는 도시에서는 살지 말아야 한다.'는 것이다.(34:17b) 왜냐하면 병이 났을 때에는 그의 기분이 언짢아져서 오랫동안 불안해하고 병으로 인하여 필요한 시간을 헛되이 보내기 때문에 학문을 닦는데 지장을 받는 것이다. 우리는 이보다 일반적인 형식으로도 이러한 규칙을 보게 된다.

'의사가 없는 도시에 사는 것이 금지되어 있다.'(p.30:66d)

는 사실이다. 보건사업은 중하게 여겨졌지만 그에 종사하는 사람들이 언제나 존경받은 것은 아니었다. 실제에 있어서는 아주 심한 정죄를 받은 일도 있다. '가장 훌륭한 의사 한 사람이 고통의 땅 '지옥'으로 운명 지워진 것이다.'(30:82a) 그 이유는 다음의 기사에서 아마 찾아낼 수 있을 것이다. '아무 것도 하지 않는 의사는 아무 가치도 없다. 그리고 멀리 떨어져 있는(이용하기에 안 맞는) 의사는 소경과 같다.'(31:85a)

의사는 자기의 직무에 충실하게 종사하여야 했었던 것은 다음과 같은 말에서 분명히 암시된다.

'요직에 있는 사람이 의사인 동네에는 살지 말라.'(14:113a)

그 이유는 그가 많은 환자들을 갖고 있기 때문에 자기의 의무를 충실히 감당할 수 없을 것이라 여겨졌기 때문이다.

§ 2. 건강의 규칙

육체를 잘 보전하기 위한 가장 중요한 것은 정결이다. 육체는 단지 신성한 영혼에 다음 가는 것일 뿐만이 아니라 신성한 것의 가장 중요한 부분이기도 하다. 음식을 먹기 전에 손을 씻는 일은 엄격하게 명해졌었다. '너희는 거룩한 사람이 되어야 한다.(레 11:44) 다시 말하면 식사를 하기 전에 손을 씻어라. '그러면 너희는 거룩하게 되리라.'(레11:44) 곧 식사 후에는 손을 씻어라.'(1:53b)[1] '누구든지 손을 씻지 않고 떡을 먹는 사람은 간음한 죄와 같다. 누구든지 손 씻는 일을 가볍게 생각하는 사람은 세상에서 몰아낼 것이다. 누구든지 손에 더러운 것이 묻은 채로 떡을 먹는 사람은 더러운 떡을 먹는 것과 다름없다.'(28:4b)

몇 사람이 둘러앉아 탈무드를 우습게 여기며 한 이야기가 암 하아레츠란 책의 '땅 위의 사람들'이란 제목 아래 기록되어 있다. 그리고 여기에서 말하기를 '누구든지 종교적 의식의 순결의 조건으로 거룩하지 않은 음식[2]을 먹지 않는 사람이라'고 했다.(1:47b) '식사하기 전에 손 씻는 것을 대수롭지 않게 여기는 사람은 파문될 것이다.'(1:19a) 이를 위하여 감사 기도까지도 정해져 있는데 곧 '우주의 왕이신 우리 주 하나님 당신의 계명에 의하여 우리를 거룩하게 해주시옵고 우리에게 손을 씻는 것을 명하시오니 감사합니다.'고 하는 것이다.(1:60b) 정결함은 또한 식사하는 중에 쓰이는 그릇에도 적용된다. '물을 마시기 전과 마신 뒤에 물잔을 씻어

---

1) 음식을 접시에서 떠서 손가락으로 입에 넣으므로 식사함으로써 손가락이 더럽혀진다. 그러므로 두 번째는 손을 씻을 필요가 있다.
2) 곧 그의 보통 매일 먹는 식사.

라.(49:27b) 누구나 물잔에 담긴 채로 물을 마시지 말 것이며 그 잔을 자기 친구에게 주어서는 안 된다. 왜냐하면 생명에 위험하기 때문이다.'(Der:9)

손은 잠을 자고 일어나서도 역시 곧 씻어야 하며 그렇게 하지 않는 것은 건강에 해로운 것이라고 주장했었다. '육체의 어느 부분에든지 닿는 손은(아침에 일어나서 우선 손을 씻지 않고) 잘라 버려야 한다. 이런 씻지 않은 손은 눈을 멀게 하고 귀를 먹게 하며 코를 헐게 한다. 사람이 손을 세 번 씻기까지 손은 위험한 상태에 있는 것이다.'(12:108b et seq)

정결에 대한 다음과 같은 교훈이 있다. 세 가지 일이 육체에 들어가지 않는다. 그러나 육체는 이것들로부터 이익을 받는데 곧 씻기, 기름 바르기 및 규칙적인 운동이다.(1:57b) 씻는 일의 중요성은 다음의 선언에서 알 수 있다. '목욕탕이 없는 도시에서 사는 것을 금한다.'(p 30:66d) 이 선언이 얼마나 중요하게 지켜졌었는지는 다음 몇 마디 말에서 추측할 수 있다. '나는 선한 일을 잊었다.'(애 3:17) 어떤 학자의 의견에 따르면 이것은 목욕탕을 뜻한다고 한다. 또 다른 학자의 의견에 따르면 손과 발을 데운물로 씻음을 뜻한다고 하였다.(12:25b) 목욕탕이나 데운물로 손과 발을 씻는 것은 '선한 일'이며, 이것을 하지 않는 것은 큰 손실이다. 이와 비슷한 말이 또 있다. '사람의 아들들의 즐거움'(전2:8)은 '물웅덩이와 목욕통'이라 하였다.(29:68a)

목욕탕에는 증기탕이 준비되어 있었으며 거기에 들어가서 땀을 내는 것은 건강에 가장 좋은 일로 여기었다. '몸에 유익하도록 땀을 내게 하는 데 세 가지 방법이 있다.

곧 발병(發病), 목욕, 노력(努力)에 의하여 땀을 내는 것이다. 발병에 의해 땀이 나게 하는 것은 치료하는데 효과가 있고, 목욕을 하여 땀이 나게 하는 것 외에 그 이상 좋은 것은 없다.(65:41) 데운물을 이용하여 가장 좋은 결과를 얻으려면 데운물로 씻은 다음에 찬물로 씻어내는 것이 좋다. '사람이 데운물로 목욕하고 찬물로 씻지 않으면 그것은 쇠를 용광로 속에 넣었다가 뒤에 찬 물 속에 집어넣지 않음과 같다.'(12:41a) 쇠를 적당히 달구지 않으면 좋은 쇠가 될 수 없는 것과 같이 몸도 데운물로 씻은 뒤에 찬물로 씻지 않으면 충분한 효과를 거둘 수 없다.

정결은 질병의 가장 좋은 예방책으로 주장되었다. '아침에(눈에)찬물 한 방울과 저녁에 손과 발을 씻는 것은 세계에 있는 어떤 안약보다도 좋은 것이다.'(12:108b) '머리의 불결은 눈을 멀게 하며 의복의 불결은 정신 이상이 생기게 하고, 신체의 불결은 종기가 나게 하고 몸을 짓무르게 한다. 그러므로 불결하지 않도록 조심하라.'

특히 갓난아이에게는 이 규칙을 잘 지켜야 한다. 어떤 랍비가 갓난아이의 어머니에게 다음과 같이 권장했다.

'아기를 잘 기르는 것은 데운 물로 목욕시키고 기름으로 몸을 문질러 주는 것이다.'(16:78b) 이것이 하나의 유효한 방법임이 랍비 카나나의 사건에 의해 증명되었다. 그는 8세 때에 한 발로 서서 신발을 벗고 또 다시 신을 수 있었다고 전한다. 그는 말하기를 '나의 유아 시절에 나의 어머니가 나를 데운물로 목욕시키고 기름을 바르고 문질러 주셨기 때문에 나는 늙어서도 서 있는 데 큰 도움이 되었다.'(43:24b) 또 다른 권장하는 말은 '사람은 그 자녀에게 헤엄치기를 가르쳐야 한다.'(30:29a)고 하였는데 그 까닭은 이것은 유용한 소양(素養)이며 또한 물에 대한 애호심이 생기게 하기 때문이다.

목욕의 효과를 충분히 누리려면 몸을 씻은 뒤에 반드시 기름칠을 해야 한다. '사람이 목욕하고 나서 기름칠을 하지 않는 것은 지붕 위에 빗물이 떨어지는 것과 같다.'(12:41a) 말하자면 씻는 것은 표면적인 것으로써 살 속까지 뚫고 들어가는 것은 아니다.

변비(便秘)의 해로움과 규칙적인 정화(淨化:下劑를 써서 변이 잘 통하게 하는 것)의 필요성에 대해서는 이미 말한 바이다. 탈무드는 다음과 같이 경계한다. '배설물을 그대로 두면 수종(水腫)이 생기게 되고 오줌을 오줌통에 그대로 둔 채로 있으면 황달병이 생긴다.'(1:25a) 또한 탈무드가 가르치는 바에 의하면 '변소 안에서 오래 머물러 있으면 수명이 연장된다.' 하였다. (1:55a)

이것의 유효함은 다음과 같은 일화로 알 수 있다. '어떤 여자3)가 랍비에게 말하기를 "당신의 얼굴은 돼지 기르는 사람과 고리대금업자 같습니다."4) 랍비가 대답하기를 "나의 신앙상 그 두 가지 직업은 나에게 금지되어 있소. 그러나 내가 머물러 있는 곳에서 학문을 닦는 집까지에는 24곳의 변소가 있소. 그래서 나는 그곳을 다닐 때마다 그 변소들을 다 이용하오."(1:55a)

대소변이 마려워서 변소에 갔다 온 뒤에 드리는 기도식문(祈禱式文)에 다음과 같은 감사기도가 들어 있다. '찬양할지어다, 우주의 왕이신 우리 주 하나님, 지혜로 사람을 만드시고 그에게 여러 가지 기관(器官)을 마련해 주셨음을 감사하나이다. 이것이 당신의 영광의 보좌에 게시되고 알려졌사오매 만일 이 중의 하나가 열렸거나 이 중의 하나가 닫혀 있었더라면 어찌 보존될 수 있사오며 주님 앞에 설 수 있사오리까. 주 하나님 모든 육체를 고쳐 주시고 놀라운 일을 행하시니 감사하옵니다.'(1:60b)

당시에는 '혈액이 많아지면 피부병이 많아진다.'고 믿고 있었으므로(44:44b)피를 빨아내기와 사혈(瀉血)이 권장되었다. '사혈하기

---

3) 옆에 있는 구절26;49b)의 대화는 부인과의 대화가 아니고 민(Min) 곧 그리스도인과의 대화이다.
4) 그는 그처럼 매우 건강하게 보였었다.

에 적당한 시간은 30일마다 한 번씩 하는 것이다. 40세 이후에는 좀더 오래 있다 하고, 60세 후에는 더 더디게 할 것이다. 사혈하기에 적당한 날은 주일의 첫째, 넷째, 여섯째 날이 좋고, 둘째 날과 다섯째 날에 해서는 안 된다.'(12:129b)

수술(手術)하기 전후에는 기도를 드리도록 되어 있었다. 수술하기 전에 수술 받는 사람이 할 기도는 '나의 주 하나님, 이 수술로 나의 병을 낫게 해주옵시고 나의 병을 치료해 주시옵소서. 당신은 신실하신 의원이시오니 주님의 치료는 확실하옵니다. 이는 인간의 방법으로 치료하는 것이 아니옵고 인간의 솜씨로 하는 것이 아니옵기 때문입니다.'5) 수술이 끝난 뒤에 할 기도는 '값없이 치료하여 주시는 하나님께 감사드리옵니다.'(1:60a)이다.

수술의 잔존효과(殘存效果)는 완쾌될 때까지 원기를 내리게 하므로 수술 받은 사람은 조심해서 행동해야 한다. 첫째로 할 일은 원기를 소생시키기 위하여 영양이 있는 음식을 취하는 것이다. '사람이 사혈(瀉血)을 하고 아무것도 먹지 않으면 그의 발에 신은 샌들을 팔아서 충분한 식사를 하도록 할 것이다.' 이것은 무엇을 뜻하는 것일까? 어떤 랍비가 말하기를 '고기이다. 왜냐하면 고기는 고기 속에 있는 살이기 때문이다.' 라고 하였고,6) 다른 랍비는 말하기를 '술이다. 왜냐하면 술은 붉은 피 속에 있는 붉은 용약이기 때문이다.'라고 하였다. (12:129a) 그러나 어떠한 식품은 해로우므로 피해야 한다. '사혈을 하고 나서는 우유, 치즈, 후춧가루, 새고기, 또는 절인 고기를 먹어서는 안 된다.'(26:54b)

건강에 대한 다른 규칙은 다음의 경계에 들어 있다. '사혈을 한 사람이 얼마 안 있다가 성교를 하면 그의 생명과 그의 피에 나쁜

---

5) 다시 말하면 빨아내기(吸甬法) 수술을 하는 것.
6) 사혈(瀉血)과정 중에 줄어든 환자의 살.

응보(應報)가 내일 것이다.'(58:17a)

정결과 아울러 음식물의 적절한 절제가 건강한 체질을 위한 필수조건으로 되어 있다. 랍비 가말리엘이 말하기를 나는 세 가지 일로 파사인(波斯人)들에게서 감동을 받았다. 그들은 음식을 절제하며, 변소 안에서 정숙하고 부부간의 관계에서 절제한다고 했다.(1:8b) 이에 대해 일반적으로 규칙이 정해져 있다. 배의 용량의 3분의 1을 먹고, 3분의 1을 마시고, 3분의 1은 비게 하라.(29:70a) 많은 사람들 중에서 가장 검약하는 식사가 보통으로 보였는데 빈곤해서 그런지 검약하게 생활하느라고 그런지는 모른다. 탈무드에는 저녁식사에 대하여 말하기를 '가난한 사람'은 일을 마치고 집으로 돌아와서 '떡과 소금'을 먹었고(1:2b) 그보다는 더 정성을 들여서 식사를 준비할 수 있는 사람들까지도 기록된 바에 의하면 '아침에는 떡과 소금을 먹고 물 한 주전자를 마심으로써 모든 질병을 몰아냈다.'고 하였다.(31:92b) 칼라7)로부터 가장 적은 분량을 먹는 사람은 건강과 복을 받을 것이고 그보다 더 먹는 사람은 대식가(大食家)이고, 그보다 적게 먹는 사람은 장병(腸病)으로 고통을 당한다.(13:83b) '변통(便通)이 순조롭지 못한 사람은 떡을 초나 술에 담갔다가 먹는 버릇을 들일 것이다.'

식사할 때에는 좀더 먹을까8) 하는 때에 음식에서 손을 떼고 변기(便氣)가 있을 때에 지체하지 말라.(29:70a) '40세가 되기까지는 먹는 것이 이롭고, 40세 이후에는 마시는 것이 이롭다.'(12:152a)

음식을 먹기에 적당한 때는 배고픔을 느낄 때이다. '배고플 때에 먹고 목마를 때에 마셔라.'(1:62b) 대체로 대부분의 사람들은 매일 두 번 식사를 하는데 안식일에는 예외로 한 끼를 더 먹는다. 저

---

7) 암시해 주는 분량은 밀가루 한 로그의 7쿼터이다. 로그는 액체의 분량을 측정하는 단위로 달걀 7개가 들어갈 만한 용량이다.

8) 다시 말하면 그 음식을 좋아한다고 해서 과식해서는 안 된다는 것이다.

녁 식사는 그 날의 일이 끝난 뒤에 가정에서 취하고 아침 식사는 노동자의 경우 일터에서 먹는다.

탈무드에는 사람들의 계급에 따른 식사 시간표가 기재되어 있다. '검사(劍士)들의 아침식사 시간은 제 1시9), 도둑은 제2시, 지주(地主)10)는 제3시, 노동자는 제4시 그리고 일반 백성은 제5시이다.' 다른 의견도 있다. 제4시가 일반 백성을 위한 식사 시간이고 노동자는 제5시, 현인의 제자들을 위해서는 제6시라는 것이다. 이 정해진 시간보다 늦게 아침식사를 하면 술부대 속에 돌을 던져 넣는 것과 같다.11)

그러나 어떤 사람이 아침에 일부러 아무 것도 먹지 않았으면 시간이 늦었더라도 관계없다.(12:10a) 랍비 아키바는 그의 아들에게 이르기를 여름에는 더운 까닭에 일찍 일어나서 일찍 먹고, 또 겨울에는 추운 까닭에 일찍 일어나서 일찍 먹어야 한다고 했다. 격언에 말하기를 '60명의 경주자가 뛰더라도 아침 식사를 일찍 하는 사람을 뒤따르지 못한다.' 하였다.(31:92b)

식사는 반드시 앉아서 해야 한다. 왜냐하면 '선 채로 먹거나 마시면 사람의 신체를 못 쓰게 만든다.'(29:70a) 여행을 할 때에는 음식의 양을 줄여야만 한다. '여행을 하고 있는 사람은 기근이 일어난 해에 통례적으로 먹는 양보다 더 먹어서는 안 된다. 왜냐하면 변통(便通)이 고르지 못하기 때문이다.'(20:10b)

모든 일에 있어서 절제는 지혜로운 규칙이다. '너무 오랫동안 앉아 있지 말라, 치질에 좋지 않기 때문이다. 너무 오랫동안 서 있지 말라, 심장에 좋지 않기 때문이다. 너무 오랫동안 걷지 말라,

---

9) 시간은 오전 6시에서 시작하여 계산했다. 제1시는 결국 오전 7시가 된다.
10) 계급은 생활방도를 위해 하는 근육노동에 따라서 정해지지 않음을 뜻한다.
11) 다시 말하면 무용하다. 신체가 음식으로부터 정당한 이익을 얻지 못한다. 그것은 신체의 활력이 정당한 소화력을 지탱하느라고 너무도 많이 저하되었기 때문이다.

눈에 좋지 않다. 앉는 데 시간의 3분의 1을 보내고, 서 있는 데 3분의 1, 그리고 걷는데 3분의 1의 시간을 보내라.'(25;111a) '다음의 8가지는 지나치면 해롭고 절제하면 이롭다. 여행·성교·부(富)·일·술·잠·더운 물(마시는 것과 씻는 것)·사혈(瀉血).'(29;70a)

수면(睡眠)에 의한 휴식의 필요성을 인정한다. '밤은 잠자기 위하여 창조된 것이다.'(13;65a) 한 랍비는 말하기를 '새벽녘에 잠자는 것은 단단한 강철 끝과 같다.' 하였고(1;62b) 다른 랍비는 말하기를 '잠을 자는 것은 건강에 이롭고 원기를 돋군다.'고 했다.

그와 반면에 '아침잠은 그 자는 사람을 세상에서 내쫓아 버린다.'(39;3;14) 그리고 '사람은 낮잠을 밤잠보다 더 오래 자서는 안 된다. 그것이 얼마 동안일까? 호흡을 60번 하는 동안이다.'(17;26b)이런 말도 있다. '음식은 잠을 오게 한다.'(16;1;4) 랍비들은 인간이 연속해서 3일 동안 자지 못하면 살 수 없다고 믿었다. 이것은 다음과 같은 말에 암시되어 있다. 사람이 '나는 3일 동안 자지 않겠다.'고 말하면 그는 징계를 당할 것이며, 즉시 자야 한다.'(p26;37b) 왜냐하면 치명적인 결과를 가져오기 전에는 이룰 수 없는 첫 맹세를 했기 때문이다. 탈무드에 복부수술(腹部手術)을 할 때 그 방법의 하나로 수면제를 쓴 기록이 있는 것은 주목할 만한 일이다.(32;83b)

마음이 육체에 영향을 미치고, 행복을 느끼고 만족할 줄 아는 마음을 길러야 한다는 것은 인정하는 사실이다. 예를 들면 이런 말이 있다. '한 번의 한숨은 사람의 육체의 반을 부숴 버린다.'(1;58b)는 것이다. '악의 눈(질투), 악의 성벽(性癖), 자기와 같은 인간을 미워함은 인간을 세상 밖으로 쫓아내는 것이다.'(39;2;16) '세 가지 일이 사람의 힘을 약화시키는데 그것은 곧 공포, 여행,

그리고 죄이다.'(29:70a)

끝으로 사람은 깨끗한 환경 속에서 살아야 한다. 또한 동네의 위생에 좋지 못 한 일은 무엇이든지 하지 못하도록 법으로 금지되어 있다. 한 대표적인 규정은 '항구적인 타작마당은 도시에서 50큐빗 이내에 설치해서는 안 된다. 시체 안치소(屍體安置所), 공동묘지, 제혁업소(製革業所)의 위치는 도시에서 50큐빗 이내에 있어서는 안 된다. 그리고 제혁업소는 도시의 동쪽에만 세울 수 있다. 랍비 아키바는 이 위치를 서쪽을 빼놓고는 어느 방향이든지 용납했다.'(33:2:8f) 이렇게 하는 목적은 주민을 쓰레기와 불쾌한 냄새로부터 보호하기 위함이다.

§ 3. 식사요법(食事療法)

건강관리에 있어서 음식물의 중요성은 랍비들이 인정한 바이며 탈무드에는 건강에 좋거나 또는 다른 유익한 음식물에 관한 문제를 취급한 곳이 여러 군데 있다. 빵은 사실상 생명을 지탱하는 것이다. '13가지 일이 아침에 먹는 빵에 관하여 기재되어 있다. 빵은 열, 냉함, 유해한 독주, 귀신으로부터 보호해 주며, 단순한 방법을 생각나게 하고, 소송을 이기는 데 도움이 되고, 토라를 배우고 가르치는 데 도움을 주고 발언하는 바를 경청하게 하고, 공부한 것을 기억할 수 있게 하고, 살에서 나쁜 냄새가 나지 않게 하고, 자기 아내를 사랑하는 마음을 갖게 하여 다른 여자에게 나쁜 마음을 품지 않게 하고, 촌충(寸蟲)을 죽이고, 어떤 것은 더 늘게 하며, 질투심을 몰아 내고 사랑하는 마음이 생기게 한다.'(32:107b)

이것이 뜻하는 바는 사람이 음식을 잘 먹고 그 날의 일을 시작하면 무슨 일이나 더 잘 생각할 수 있고, 일을 보다 능률적으로 할 수 있으며, 또한 마음도 즐겁고 유쾌하게 된다는 것이다. 이와 같은 견해는 다음 말에도 나타나 있다. '사람이 먹고 마시기 전에는 두 마음을 갖게 되고, 먹고 마신 뒤에는 한 마음만 갖게 된다.'(33:12b) 히브리 계통의 심리학에 있어서는 '마음'이란 지능(知能)의 중심지이다. 그런데 위의 말은 사람이 뱃속이 비어 있으면 마음에 혼란이 일어나서 정신을 집중시키는 데 방해가 된다는 것을 뜻한다.

빵은 반드시 고운 밀가루로 만들어야 한다. '보릿가루는 촌충이 생기게 하므로 해롭다.'(1:36a) 빵은 또한 차게 해서 먹어야 한다. '바벨론에서는 더운 빵은 그 곁에 열(熱)이 있다.'고 한다.(p 12:4b)

빵을 먹음으로써 충분한 효과를 얻으려면 빵에 소금을 쳐서 먹고, 먹은 뒤에는 물을 마셔야 한다고 강조하여 충고하고 있다. 소금과 물은 생명에 없어서는 안 될 것들이다. '세상에는 술이 없을 수는 있지만 물이 없어서는 안 된다. 소금은 값이 싸고 고추는 값이 비싸다. 세상에서 고추는 없을 수 있지만 소금이 없을 수는 없다.'(p40:48c)

'소금은 고기를 맛있게 한다.'(1:5a) 그러나 소금은 정액(精液)을 감소시킨다.' 소금을 너무 많이 먹어서는 안 된다. 물건 중에 너무 많으면 나쁘고 적을수록 좋은 것은 누룩과 소금이다.(1;34a)

이를 변호하는 규칙이 있다. '무슨 음식이나 먹은 뒤에는 소금을 먹고, 무슨 음료든 마신 뒤에는 물을 마시어라. 그리하면 해를 받지 않게 되리라. 어떤 음식이든지 소금이 없이 먹었거나 무슨 음료거나 물을 마시지 않고 마시면 낮에는 입안에서 나쁜 냄새가 나서 괴로움을 받고 밤에는 위막성후두염(僞膜性喉頭炎)으로 괴로움을 받게 될 것이다.'(1:40a) 어느 랍비는 이런 말을 했다. '음식을 물12)에 띄워서(말아서)먹으면 소화불량으로 괴로움을 당하지 않으리라. 물은 얼마나 마시면 될까? 빵 한 개에 물 한 잔이면 좋다.'(1:40a) 다른 랍비는 이런 말도 했다. '담즙(膽汁)에 관련된 83가지의 병이 있는데 이 병들은 아침에 빵을 소금과 함께 먹고 물한 잔을 마심으로써 막을 수 있다.'(31:92b)

식사에 관련된 경계에 다음과 같은 말이 있다. '만일 사람이 음식을 먹고 물을 마시지 않으면 그의 먹은 음식은 유혈제(流血劑)가 되고 소화불량의 원인이 될 것이다. 만일 음식을 먹고 그 뒤에 적어도 4 큐빗을 걷지 않으면 그가 먹은 음식은 섞여서(뱃속에서) 숨쉬기 어려운 병의 원인이 된다. 만일 이제는 그만 먹어야겠다고 스스로 느끼면서도 계속하여 음식을 먹으면 이것은 마치 재 위에다 불을 붙인 것과 같아서 몸에서 불쾌한 냄새가 나게 하는 원인이 될 것이다.'(12:41a)

위에서는 보통 가난한 사람의 식사는 아침과 저녁 식사가 다 빵과 소금으로 이루어진다는 사실을 말했다. 음식을 더 살 수 있는 돈이 있다면 권장하고 싶은 음식은 다음과 같다. '너희는 고기가 먹고 싶으면 언제든지 고기를 먹을 수 있다.(신12:20)' 토라는 여기에 있어서 한 행동 규칙을 가르쳐 주고 있다. 다시 말하면 사람은 자기의 식욕을 만족시키기 위해서만 고기를 먹을 것이다. 마나(mana)[13]를 가지고 있는 사람은 술을 마시기 위하여 채소 한 단을 살 것이며, 10마나를 가지고 있으면 술안주로 물고기를 많이 살 것이며, 만일 100마나를 가지고 있으면 날마다 고기를 먹을 수 있다. 100마나 이하의 돈을 가지고 있는 사람들을 위해서는 언제 채소나 생선 접시가 식탁에 오를 수 있을까? 금요일마다이다(안식일을 위하여).(43:84a)

---

12) 음식과 함께 물을 많이 마심으로써.
13) 100세겔

고기는 사치품으로 여겨져 빈곤한 사람들은 별로 먹어 보지 못했다. 고기를 먹는 데 관해서 널리 알려진 미신이 있었다. '누구든지 살찐 소고기를 순무 뿌리와 함께 14일이나 15일14) 밤에 먹고 달빛 아래서 자게 하면 하지(夏至)일지라도 사람을 죽인 책임을 져야 한다(칼라).' 같은 페이지에 그 까닭이 기록되어 있는데 '그는 학질에 걸리리라.'는 것이다.(29:70a)

그래서 대부분의 백성들은 주로 채식(菜食)하며 살아야 했으며, 또한 채소가 건강에 좋음이 상세히 설명되었었다. 이런 구절이 있다. '아! 슬프다. 몸에 언제나 채소가 지나가고 있구나!15)' 이 견해와는 반대로 어떤 랍비는 그의 수행자에게 다음과 같이 말했다. '만일 그대가 시장에서 채소를 보거든 무엇을 가지고 당신의 빵을 사시렵니까? 하고 나에게 묻지 말아라.' 이 두 의견은 채소는 고기가 없이는 해롭다는 제의로 이해가 된다. 둘째 의견은 술 없이 식사하는 것이며, 셋째 견해는 장작불에 충분히 요리함이 없이16) 식사하는 것이다.(1:44b)

맨 끝에 말한 의견은 채소는 조리하지 않은 채로 먹으면 해롭다는 것인데 다음과 같은 다른 구절이 이를 뒷받침해 준다. '현인의 제자는 채소를 구할 수 없는 도시에서 자는 것을 용납하지 않는다. 이로써 채소가 건강에 좋다는 것을 알게 된다. 그러나 이와 다른 교훈이 있다. 세 가지 음식이 배설물을 많게 하고, 키가 줄어들게 하며 사람의 눈빛의 100분의 5를 감소시키는데 그것들은 곧 거친 가루로 만든 빵, 새로 만든 취하게 하는 술과 채소이다.'(13:55bet seq)

위와 같은 종류의 책(14:42a)에 '생채소'에 관한 말이 있고, 그 다

---

14) 태음월(太陰月), 곧 만월인 때.
15) 채소가 그 주요 식품으로 인정받음을 뜻한다.
16) 다시 말하면 장작불에 충분히 조리하지 않은 것.

음에 계속해서 '3가지 음식이 배설물을 줄게 하고 키를 자라게 하며, 눈을 밝게 하는데 그것들은 곧 체질을 조절하는 고운 밀가루로 만든 빵, 살찐 고기, 오래된 술이다.' 또한 다음과 같은 말도 있다. '모든 생채소는 안색을 창백하게 만든다.'(1:44b) 요리한 채소의 좋은 점에 대해 말하기를 '비어트(사탕무 따위)의 수프는 심장에 좋고 눈에 유익하다. 변통(便通)에 좋은 것은 말할 것도 없다.' 그러나 그렇게 좋은 효과를 내는 것은 이것을 불에 올려놓아 보글보글 끓였을 때뿐이다.17)(1:39a)

몇 가지 채소는 다른 채소보다도 더 몸에 유익하다고 권장되고 있다. '30일 만에 한 번씩 편두(偏豆)를 먹는 습관을 들이면 가정에서 위막성후두염(僞膜性喉頭炎)이 없어진다. 그러나 날마다 먹는 것은 좋지 않다. 그 이유는 무엇인가? 입으로 숨쉬는 데 좋지 않다.'(1:40a) '잠두(蠶豆)18)는 치아(齒牙)에는 좋지 않지만 변통에는 좋다.'(1:44b) '양배추는 영양에 좋고 비이트는 치료제가 된다.'(1:44b) 마늘이 좋은 점에 대해 다섯 가지가 언급되어 있는데 식욕을 돋구고 몸을 덥게 하며 얼굴에 윤기를 돌게 하고 정액(精液)이 많게 하며 촌충을 죽인다. 어떤 사람은 이 외에도 이것이 사랑의 마음을 품게 하고 증오심을 몰아낸다고 한다.(31:82a) 그것은 마늘을 먹으면 유쾌한 감정이 일어나기 때문이다. '무는 불로장생 약이다.(13:56a) 그러나 파는 먹지 말아야 한다. 왜냐하면 여기에는 자극성 액체가 들어 있기 때문이다.'(13:29b)

흑색 쿠민(미나리의 일종)의 씨는 동양에서 흔히 썼는데 이 쿠민에 관해서는 다음과 같은 기록이 있다. '누구든지 한 데나리의 쿠

---

17) 수프가 끓을 때 나는 소리를 나타낸다. 그 소리가 나면 완전히 조리가 된 것이다.

18) 이에 미치는 해로운 영향을 없애기 위해 탈무드는 요리를 잘 해야 하며 씹지 않고 삼켜야 함을 표시.

민을 먹으면 심장이 터질 것이다'(칼라). 이것을 어떻게 먹으면 이
롭다는 기록이 있다. '흑색 쿠민을 먹는 버릇을 들이면 심장의 고
통을 당하지 않을 것이다. 그러나 이것을 먹는 것은 좋지 않다는
기록도 있다. 흑색 쿠민은 60종의 치명적인 독약의 하나로서 쿠
민이 있는 곳의 동쪽에서 자는 사람은 그의 머리로 피가 모인
다.19) 이것을 반박한 말은 없다. 뒤에 말한 것은 쿠민의 냄새 때
문이고 앞에 말한 것은 그 맛 때문이다. 랍비 예레미야의 어머니
는 아들의 빵을 구울 때에 흔히 빵 위에 흑색 쿠민을 뿌리고 다음
에 그것을 긁어냈다.'20)

생선은 건강에 매우 좋다고 생각했다. '작은 생선을 먹는 습관
을 들인 사람은 소화불량으로 괴로움을 당하지 않을 것이고 또한
몸 전체를 튼튼하게 한다.'(1:40a) 그러나 소금에 저장했던 생선은
좋다고 하지는 않았다. 이에 대한 기록에 '소금에 절인 생선은 때
로는 이것을 먹는 그 달의 7분의 1, 17분의 1, 또는 27분의 1을
죽여버리고, 어떤 사람의 말로는 23분의 1을 죽여버린다 한다.
이 말은 오직 굽되 충분히 굽지 않은 경우에만 해당되고 완전히
구워진 경우에는 상관없다. 그리고 잘 구워졌어도 이것을 먹은 뒤
에 맥주를 마시지 않으면 좋지 않고 먹은 뒤에 맥주를 마시면 해
롭지 않다.'(1:44b)

모든 식품 중에 영양분이 가장 많기로는 고기를 빼놓고는 달걀
이다. '무슨 식품이든지 그 함유한 영양분의 측정은 달걀 한 개의
영양분에 준한다. 달걀은 영양분에 있어서 우수한 것이다. 약간
지진 달걀은 고운 밀가루 6되보다 낫고 많이 지진 것은 4되보다
낫다. 익힌 달걀에 대해 말하기를 '무슨 식품이든지 그 영양분의

---

19) 서풍은 냄새를 실어다 치명적 결과를 준다.
20) 그 쿠민의 냄새를 그 빵속에 스며들게 하지마는 그 냄새가 해롭기 때문에 냄
    새가 남아서는 안 된다.

표준은 달걀 한 개의 영양분에 준할 만큼 달걀은 고기를 빼놓은 다음으로 영양분이 가장 우수하다.'고 하였다.(1;44b) 그러나 아주 해로울 수도 있는데, 기록에 의하면 '누구든지 40개의 달걀이나 40개의 호도 또는 꿀 한 쿼터를 먹으면 심장이 터질 것이다.'라고 했다.

어떤 채소를 먹은 결과 일어난 해독을 제거하는 방법으로 다음과 같은 일을 권장하고 있다. 상추로 인하여 생긴 독을 제거하려면 무를 먹고, 무로 인하여 생긴 독은 부추를 먹어서 제거하고, 부추를 먹어서 생긴 해독은 더운물을 마시고, 모든 채소로 인한 독은 더운물을 마심으로써 제거할 수 있다.'(14;116a)

식품을 온 밤을 덮지 않은 채로 내버려두는 것은 위험한 일이다. '온 밤을 덮지 않은 채로 두었던 껍질을 벗긴 마늘, 껍질을 벗긴 양파 또는 껍질을 벗긴 달걀을 먹거나 묽게 한 술을 마시면 생명을 잃고 남을 죽게 한 책임이 있다.'(58;17a)

과일 중에서 가장 좋은 것은 대추야자이다. '대추야자는 몸을 덥게 하고 식욕을 돋구어 주며 완하제(緩下劑)가 되며 원기를 일게 하고 심장을 약화시키지 않는다. 아침 저녁으로 이것을 먹으면 이롭고, 오후에 먹는 것은 해롭다. 오전에 먹는 것은 별로 좋지 않다. 그리고 이것을 먹으면 우울증·소화불량·치질을 없앤다.' '꿀과 모든 단것들은 상처(傷處)에 해롭다.'(31;85a)

§ 4. 질병 치료

탈무드의 고본(稿本)을 보면 질병 치료법을 볼 수 있다. 그 중의 몇 구절은 순수한 의학적인 처방에 관한 것이지만 다른 것들은 미신적인 관념의 흔적을 보여 준다. 고대 사람들은 모두 의료법적(醫

療法的)인 마술의 원리를 고통에서 해방되는 목적으로 흔히 이용했으며 아래에 기록된 치료법은 귀중한 황금지(The Golden Bough 黃金枝)와 같은 책에도 이와 비슷한 치료법이 나와 있다.

병을 치료하는 데 주문을 외는 것도 그리 드물지 않은 일이었는데 어떤 때는 주문에 성경 구절도 들어 있었다. 이러한 일은 랍비 권위자들이 엄격히 금지하는 일이었다. '병을 고치는 데 성경을 인용하는 방법은 엄금한다.'(36:15b)고 랍비들은 주장했다. 아픈 사람을 고치기 위하여 성경 구절을 인용하여 주문을 외는 사람은 내세에 참례하지 못할 사람들이다. '이집트인들에게 내렸던 어떤 병도 너희에게는 내리지 아니하리라.'(출15:26, 34:10:1) 그러나 이런 강력한 만류도 별효과가 없음이 증명되었으므로 주문을 외는 일이 널리 퍼졌던 것같이 생각된다.

첫째로 병을 치료하는 데 대한 일반 규칙이 다음과 같이 기록되어 있다. '만일 병자가 무엇을 원한다고 말하면 의사는 그것을 가져서는 안 된다고 말하고, 병자는 그 말을 듣는다. 무슨 까닭일까? '제 설움 저밖에 모른다.'(잠1:10, 16:83a)

전하는 바에 의하면 '염색공(染色工)의 꼭두서니 물감의 3개의 화관(花冠:병자에게 씌움)은 병의 악화를 막고, 5개의 화관은 병을 고치며, 7개의 화관은 마력(魔力)보다도 이롭다. 이렇게 하려면 환자가 해·달·비를 보지 않고, 쇠의 쨍그랑 소리, 닭이 우는소리, 발자국 소리를 듣지 않는 것을 조건으로 한다.'(12:66b) 그러나 어느 랍비는 '이 치료법은 구덩이에 빠지고 말았다.'고 하였다. 다시 말하면 그 후로는 이용되지 않았다.

다음 여섯 가지는 허약자에게 좋은 영약이다. 재채기, 땀내기, 복식운동(複式運動), 정액사출(精液射出), 수면, 꿈꾸기 등 이 여섯 가지는 식품으로 인해 허약해진 사람을 치료한다. 그리고 이것들로 치료하는 것이 유효한 치료법이다. 양배추, 비이트, 마른 폴레이(Poley)를 달인 즙, 새의 멀떠구니, 자궁(子宮), 간엽(肝葉), 이것들 외에 약간을 가한 것, 그리고 작은 생선 등이다.

다음의 10가지는 몸을 허약하게 만들며 지병을 악화시킨다. 소고기와 기름기가 많은 고기, 태운 고기와 닭고기, 삶은 달걀, 면도하고 후추를 먹는 것, 우유와 치즈, 그리고 목욕, 이외에 다른 기록에는 호두와 오이를 먹는 것도 좋지 않다고 한다.'(1:57b) 여기에서 알게 된 사실은 잘못 섭취하는 식품이 허약자의 건강에 중요한 영향을 미친다는 사실이다.

* 열병은 혼히 있는 병이었다고 생각되는데 이 병에 대해서는 여러 가지 처방이 있다. 매일 열이 날 때에는 새로 만든 주즈(Zus)를 가지고 소금 저장소로 가서 소금 속에 넣고 그 무게를 달아 이것을 흰 실로 꼰 끈으로 셔츠의 목에 달게 한다. 또한 환자를 십자가로 앉게 하고, 짐을 싣고 가는 큰 개미를 보면 그 개미를 잡아서 구리로 만든 관속에 넣은 다음 납으로 그 뚜껑을 막고 거기에 60개의 도장을 찍는다. 다음에 그것을 흔들며 왔다갔다 하면서 '네 짐은 나에게 지우고, 나의 짐(곧 열병)은 네가 져라' 하고 소리지르게 한다.

어느 랍비는 이에 반대하며 "환자가 빨리 그와 같은 개미를 발견하지 못하면 이 방법21)으로는 병을 고칠 수 없으니 환자는 차라리 '나의 짐과 너의 짐을 네가 져라'고 말할 것이라" 하였다. 또는 환자로 하여금 새 주전자를 가지고 강으로 가서 강을 향해 '강아, 강아! 내가 해야 할 여행을 위해 쓸 물을 주전자에 가득히 다오'라고 말한 다음 물주전자를 자기의 머리 둘레로 일곱 번 흔들고 그 물을 뒤로 버리면서 '강아, 강아! 네가 나에게 준 물을 가져가

---

21) 이 경우에 개미는 이미 첫째 사람의 열병의 짐을 지고 있었으므로 둘째 환자는 그 짐이 자기에게 떨어지기를 구하고 있었을 것이다.

거라. 왜냐하면 내가 해야 할 여행은 이미 하고 그 날로 돌아왔기 때문이다'라고 하는 것이다.(12:66b)

3일마다 열이 나는 환자일 경우에는 7개의 종려나무에서 7개의 가시를 따고 7개의 기둥에서 7개의 나무부스러기를 떼내고, 7개의 다리(橋)에서 7개의 못을 빼고 7개의 솥에서 7개의 잿덩이를, 7개의 문 소킷에서 7개의 티끌을, 7개의 배에서 7개의 송진 덩어리를, 쿠민 7움큼을 또한 늙은 개의 턱수염 7개를 취하여 셔츠의 목에 흰 실로 꼰 끈으로 맨다.(12:67a)

 * 염증성(炎症性) 열병을 위해서는 철로만 만든 칼을 들고 들장미 덩굴이 있는 곳으로 가서 그 덩굴에 흰 실로 꼰 끈을 맨 첫날에는 그 덩굴에 상처를 하나 내면서 '야훼의 천사가 불꽃으로 그에게 나타났다'(출3:2)[22]고 말한다. 다음 날에는 환자가 덩굴에 다른 상처를 또 내면서 '모세가 말하기를 내가 돌아가서 이 큰 광경을 보리라'(출3:3)고 말한다. 다음 날에는 또 다른 상처를 내면서 '야훼께서 그가[23] 보려고 돌아오는 것을 보신지라'(출3:4)하고 말한다. 한 랍비는 말하기를 환자가 해야 할 말은 '야훼께서 말씀하시기를 이리로 가까이하지 말라'(출3:5)[24]고 말해야 된다고 하였다. 결국 첫날에는 '야훼의 천사가 그에게 나타나고…… 그리고 모세가 말하기를' 하고, 둘째 날에는 '야훼께서 보실 때에' 셋째 날에는 '야훼께서 말씀하시기를 이리로 가까이하지 말라' 하고 말해야 하는 것이다. 그렇게 말한 뒤에는 환자는 허리를 굽혀서 절하고 덩굴을 끊어 버리면서 '오, 떨기나무야, 오, 떨기나무야! 네가 모든 다른 나무보다 더 고상해서 거룩하신 야훼께서 당신의 쉐키나를 시키셔서 너에게 불을 붙이도록 하신 것이 아니다. 네가 다른 어느 나무

---

22)불꽃은 환자에게서 불타고 있는 열병을 상징한다.
23) 주문에 있어서 '그것이(열병 돌이켰다)' 없다는 뜻은 떠났음을 뜻한다.
24) 다시 말하면 환자에게 열병이 더 이상은.

보다도 낫기 때문이다. 네가 하나니아 · 미사엘 · 아자리아의 불을 보고 그것에서 도망친 것처럼 B의 A아들의 열병이 그것에서 도망치는 것을 보리라'(12:67a) 하고 말해야 한다.'

주의해서 지켜야 할 두 가지 규칙이 있다. 병약한 환자를 주문으로 고치려는 모든 경우에 있어서 환자는 그의 어머니의 아들로서 기록해야지 그의 아버지의 이름으로 기록해서는 안 되며 '주문을 반복해서 외워야 할 경우에는 분명한 말로 반복해야지, 그렇지 않으면 41번을 반복해야 한다.'(12:66b)

이 병을 치료하는 다른 방법은 다음과 같다. 3일마다 열이 나는 환자에게는 사혈(瀉血)을 한다. '4일마다 열이 나는 병에는 숯불에 구운 붉은 고기(소고기, 양고기 등)를 먹고, 묽은 술을 마신다. 만성 열병에는 검은 닭을 잡아서 열 십자로 가르고 환자의 머리를 깎고 닭을 환자의 머리 위에 올려놓고 그대로 붙어 있을 때까지 둔다. 그 다음에 환자는 목까지 차는 물 속에 담그고 있다가 물에서 나와 휴식을 취한다. 또는 환자로 하여금 부추를 먹게 하고 어지러움을 느낄 때마다 목까지 차는 물 속에 선다. 그 뒤에 온 몸을 물 속에 담그고 있다가 물에서 나와 휴식을 취하게 한다.'(29:67b)

다른 형태의 열병에 대해서도 또한 기록되어 있다. '기라(Gira)라는 열병에는 릴리드(Lilith)[25]로 만든 화살을 가지고 그 뾰쪽한 끝을 아래쪽으로 돌리고 그 위에 물을 뿌려서 그 물을 마신다. 또는 밤에 개가 먹던 물을 뜨되, 그 물은 덮어두었던 것이라야 한다.[26] 덮어놓지 않았던 물을 마시는 것은 진한 술을 한 통의 4분의 1을 마시는 것과 다름이 없다.'(29:69b) '발진(發疹)을 치료하려

---

25) 쐐기 모양의 운석(隕石)이다. 기라는 '화살'이란 말이다. 그러므로 동종마법(同種魔法)을 사용하였음이 분명하다.
26) 덮지 않고 온 밤을 두었던 물은 아주 위험한 것으로 생각했었다. 아래에 기록된 것을 참조하라.

면 대추야자 3되, 삼목(杉木) 잎 3되를 각기 따로 볶아서 놓고 그
사이에 앉는다. 다음에 이것들을 두 개의 물 대야에 넣고 섞어 두
대야를 테이블 삼아 그 사이에 눕는다. 다음에는 두 발을 한 대야
속에 넣고, 다음에는 다른 대야 속에 넣기를 반복하되 땀이 날 때
까지 계속한다. 그 뒤에는 물을 쏟아 낸다. 환자가 물을 마실 때에
는 삼목잎을 담갔던 물을 마시고 대추야자를 담갔던 물을 마셔서
는 안 된다. 왜냐하면 불임증(不姙症)이 생기기 때문이다.'(29:69b)
'내열(內熱)의 경우에는 비이트 7움큼을 7개의 모판에서 모아 그
껍데기와 함께 볶아서 이것을 먹고 삼목잎을 맥주에 넣어 마시거
나 어린 종려나무 씨를 물에 넣어 마시거나 한다.'(29:69bet seq)

    * 안질에는 보통 침27)을 쓰지만 다음과 같은 기록도 있다. '아
버지의 첫 번째에 낳은 아들의 침은 병을 고치는 능력이 있다는 전설
이 있다. 그러나 어머니가 첫 번째에 낳은 아들의 침은 그렇지 않
다.'(33:126b)

    * 백내장(白內障) 환자를 위해서는 7색(色)의 전갈을 잡아 이것
을 그늘진 곳에서 말려 그 말린 것 하나에 안티몬 둘의 비율로 합
하여 갈아서 그 가루를 눈솔에 묻혀서 양쪽 눈에 세 번씩 넣는다.
만약 세 번 이상 넣으면 눈이 찢어질 염려가 있다.'(29:69a) 백내장
은 눈에 피를 칠해서도 고칠 수 있다.(12:78a) '야맹증(夜盲症)에 대
해서는 머리털로 꼰 끈을 취하여 한 끝에 환자의 다리에 매고 다
른 끝은 개의 다리에 맨다. 그 다음에 질그릇 조각을 두드리고 어
린이의 소리로 '늙은 개야! 어리석은 개야!'라고 소리치게 한다.
그 뒤에 집에서 고기 7조각을 모아 문 소킷에 놓았다가 그것을 동
네의 잿더미 위에서 먹는다. 그 다음에는 끈을 풀고 말하기를 'B
의 아들 A의 맹목(盲目), B의 아들 A를 떠나라'고 한다. 그 다음

---

27) 막 8:23을 참조하라.

개의 눈동자를 뚫는다.'

 * 주맹증(晝盲症)에 대해서는 동물들에게서 비장(脾臟) 7개를 취하여 흡각(吸角;염증이나 농양 등의 치료에 쓰이는 종(鍾) 모양의 유리그릇)을 쓴 사람이 그것을 잿더미 속에 넣고 환자는 방안에, 다른 한 사람은 방 밖에 앉아 있게 한다. 그리고 밖에 앉은 사람이 '눈먼 사람아, 내게 먹을 것을 다오' 하고 말하면 환자가 '문이 어디 있니? 집어서 먹어라' 하고 대답할 때 눈이 성한 사람이 고기를 먹고 잿더미를 헤쳐야 한다. 그렇지 않으면 병이 그 사람에게로 옮겨 간다.

 * 코피가 날 때는 레위라는 이름을 가진 코헨(Kohen)[28]을 데려다가 그로 하여금 등뒤에 '나는 숨키의 아들 파피실라'[29]라고 쓰게 하든지 '타암 델리 베메 케셉 타암 델리 폐감'이라고 쓰게 한다. 혹은 풀뿌리, 헌 침대에서 떼어 낸 실 하나, 종이 한 조각, 크로커스(붓꽃과의 한해살이풀로서 약용으로 쓰임), 종려가지의 붉은 부분들을 모아서 함께 태운다. 다음에 두 가닥으로 짠 털실 토막으로 만든 공을 취하여 초속에 넣었다가 잿속에서 굴린 다음 콧구멍에 끼운다. 또는 환자를 동쪽에서 서쪽으로 흐르는 도랑물로 데리고 가서 발 하나는 한쪽 둑에, 다른 발은 다른 쪽 둑에 놓고 서서 그의 왼쪽 발 밑에서 오른 손으로 진흙을 쥐게 하고 오른 쪽 발 밑에서는 왼손으로 흙을 좀 쥐게 한다. 다음에 털 두 가닥으로 끈을 꼬아 진흙 속에 넣었다가 그것을 콧구멍에 넣게 한다. 또는 환자를 분수(分數) 밑에 앉히고 사람들이 물을 가져다가 분수관에 물을 부으며 '이 물이 다 흘렀다. 그러니 B의 아들 A의 피도 그쳐라' 하고 말하게 한다.

---

28) 대사제 아론의 혈통을 이은 후손.
29) 이런 문구의 대부분은 난해하여 번역하거나 설명할 수 없다.

  * 입에서 출혈되는 환자에 대해서는 밀짚으로 조사한다. 만일 피가 밀짚에 묻으면 그 피는 허파에서 나오는 것이므로 치료할 수 있다. 그러나 피가 밀짚에 묻지 않으면 그 피는 간에서 나오는 것이므로 치료할 도리가 없다. 그러면 피가 허파에서 나올 때는 어떻게 고칠 수 있을까? 얇게 자른 비이트를 3움큼, 얇게 자른 부추 3움큼, 대추 5움큼, 편두 3움큼, 쿠민 1움큼, 향료 1움큼 음료 그리고 처음 낳은 짐승의 창자 1움큼을 모두 함께 섞어서 끓인다. 환자는 이것을 먹은 다음 테벳월에 양조한 강한 맥주를 마신다.30)(29:69a)

  * 상처에서 출혈하는 것을 막게 하는 방법은 초에 담근 익지 않은 대추야자를 쓰고 시노돈(cynodon)의 뿌리를 긁어 낸 것, 가시나무의 껍질을 벗긴 것, 또는 거름더미에서 나온 벌레로 그 상처를 치료한다.'(38:28a)

  * 치통(齒痛)에는 대가리가 하나만 있는 마늘(잎과 뿌리)을 기름과 소금에 짓이겨서 치통이 나는 쪽의 엄지손톱 위에 놓고 떡반죽의 테두리 모양으로 두른다. 이때 주의할 것은 마늘이 살에 닿지 않도록 할 것이다. 잘못하면 문둥병에 걸린다.'(29:69a)

  랍비 요카난은 잇몸이31) 성치 않아서 치료를 받으러 간호원에게 갔다. 간호원은 목요일과 금요일에 병을 치료했다. 그러면 간호원이 요카난을 어떻게 치료했을까? 어떤 랍비는 말하기를 '누룩물, 감람유 및 소금'으로 고쳤다 했으며 다른 랍비는 '누룩물이 아니라 누룩 그대로와 감람유 및 소금'으로 치료했다고 말했다. 또 다른 랍비는 거위의 날개에서 나온 지방으로 고쳤다고 했다. 그러나 압바이는 말하기를 '나는 위의 세 가지 치료법을 다 써보았지만

---

30) 열째 달로서 12~1월에 상당한다.
31) 이 말의 뜻은 불확실하다. 어떤 권위자는 괴혈병이라고 말하지만 치아의 불건전을 뜻함은 분명하다.

낫지 않았다. 그런데 아랍이 내게 말하기를 세 번째로 자라난 것
이 아닌 감람씨를 취하여 세괭이 위에서 불에 구워 이에 대라고
하기에 그대로 했더니 치료되었다'고 하였다. 그러면 잇몸이 나빠
지는 원인은 무엇일까? 더운 밀빵이나 생선 해시(hash;아주 작게 썬
고기 요리)로 만든 파이의 남은 것(殘存物)을 먹으면 그렇게 된다.
병의 증상은 어떠한가? 어떤 음식이든지 이 사이에 끼면 피가 흐
른다.(16:84a)

* 턱이 아플 때에는 펠리토리 잎이 맘루32)보다 낫고 펠리토리
뿌리는 더욱 좋다. 이것을 입 속에 넣으면 병이 낫는다.

* 편도선염에는 체로 걸렀을 때 그 위에 남은 거친 밀기울, 그
껍데기에 들어 있는 그대로의 편두, 호로파(콩과식물) 쿠스쿠타
(cuscuta)의 싹 등을 취하여 호도알 만큼의 분량을 입안에 넣는
다. 편도선이 터지게 하려면 사람을 시켜서 흰 후씨를 밀짚대에
넣어 목구멍으로 불어 넣게 한다.

* 찢어진 상처를 고치려면 변소의 그늘진 곳에서 흙을 취하여
꿀에 반죽하여 먹으면 낫는다.(29:69a)

* 코감기에는 암모니아 고무를 피스타치오 열매만큼의 크기로
단 캘버넘을 보통 호두의 크기로 흰 꿀 한 움큼, 마초자(동네에서 쓰
는 되로 흰 술 한 통의 4분의 1) 등을 완전히 섞어 가지고 볶는다. 암모
니아 고무가 볶아지면 전체가 볶아진다. 이것을 쓰면 코감기가 낫
는다. 또는 흰 염소로부터 젖을 4분의 1통을 짜 가지고 세 개의
양배추 줄기에 방울방울 떨어뜨리고 그릇에 넣은 다음 마요타나
(박하 종류)줄기로 젓는다. 마요타나가 볶아지면 전체가 볶아진다.

혹은 흰 개의 배설물을 취하여 이것을 향유로 반죽하여 쓰되,
배설물을 먹지 않도록 주의해야 한다. 이것을 먹으면 몸에 두드러

32) 꼭 무엇이라고 밝힐 수 없는 식물의 이름이다.

기가 생기기 쉽다.(29:69b)

  * 종기에는 자줏빛 용설란을 4분의 1통의 술과 함께 섞어서 먹
는다.'(29:69b) 종기의 치료법에 다른 방법도 있다. 종기는 열병의
전조(前兆)이다. 그 치료법은 종기 난 곳을 엄지와 가운뎃손가락으
로 붙잡고 60번을 재빨리 흔들고 부드럽게 하기 위하여 다음에
열 십자로 절개한다. 종기 꼭지가 희게 되기 전에 하기를 주의할
것이다. 희게 된 뒤에는 효력이 없다.(38:28a)

  종기에는 다음과 같은 주문을 왼다. '바즈바지아 · 마스마시아 ·
카스카시아 · 살라이 및 아말라이' 이것들은 고통스러운 종기를 고
치기 위하여 소돔 땅에서 보낸 천사들이다. '바작 바직 바즈바직
마스 마식 카몬 카믹, 너의 겉모양은 너에게 남아 있고, 너의 처소
는 너에게 남아 있고(퍼지지 않는다), 너의 씨는 트기과 같고, 자식
을 못 낳는 노새와 같다. 그러므로 너도 또한 B의 아들 A의 몸에
서 자식을 못 낳을 것이다.(12:67a)

  * 심계항진(心悸亢進)에는 보리떡 3개를 40일을 지나지 않은 엉
겨 있는 우유에 담가서 먹고 다음에 묽은 술을 마신다.'(29:69b) '심
장이 약한 사람은 수양의 오른쪽 옆구리 고기와 니산월[33] 중에
눈 쇠똥을 취하고 그것이 안 되면 버드나무의 가는 가지를 이것을
땔감으로 삼아서 그 불 위에서 고기를 굽는다. 환자는 이 고기를
먹고 묽은 술을 마신다.'(13:29b)

  * 천식에 대해서는— 다른 사람들은 심계항진에 대해서 말했
다.—3개의 보리떡을 취하여 꿀에 담가서 먹고 다음에 진한 술을
마신다.

  * 협심증(狹心症)에는 박하를 달걀 3개의 양만큼 먹고, 쿠민 한
개, 참깨 한 홉을 먹는다.

---

33) 첫째 달, 3~4월에 해당한다.

* 소화불량에는 긴 후추 300알을 취하여 날마다 100알씩을 술에 넣어 먹는다.

* 촌충에는 월계수 잎 하나를 4분의 1통의 술에 넣어 마신다. 백충(白忠)에는 에투카 씨 하나를 의복에 매고 이것을 물에 담가서 마신다. 그러나 주의할 것은 그 씨를 삼키지 말아야 한다. 만일 먹었다가는 창자가 찢어지게 될 것이다.'(29:69b)

* 창자에 벌레가 있을 때에는 은행을 먹되 7개의 대추야자와 함께 먹는다. 이러한 병의 원인은 무엇일까? 배가 비어 있는데 구운 고기를 먹고 물을 마셨을 때— 기름기 있는 고기, 소고기, 호도, 호로파의 새싹을 먹은 뒤에 물을 마셨을 때에 생긴다. 또 다른 치료법으로는 반쯤 익은 흰 대추야자를 먹을 것, 절식(絶食)을 할 것, 기름기 있는 고기를 숯불에 구워 먹고, 뼈의 골수를 빼내어 식초와 함께 삼킨다. 어떤 사람은 초는 시지 말아야 한다고 한다. 왜냐하면 이것은 간에 나쁘기 때문이라고 한다. 또는 들장미 껍질을 밑으로부터 위로 벗긴다(반대 방향으로 벗겨서는 안 된다). 그렇지 않으면 벌레가 입으로 들어간다. 이 껍질을 벗긴 뒤에 맥주에 넣어서 끓인다. 다음 날 코를 막고(냄새를 맡지 않도록) 마신다. 또 배설할 때에 벗긴 대추야자 열매 부분을 그렇게 한다.'(12:109b)

* 설사병에는 신선한 폴레이를 물에 넣어 먹고, 변비에는 마른 폴레이를 물에 넣어 먹는다. 비장(脾臟)이 고통을 느낄 때에는 7마리의 얇은 생선을 그늘진 곳에서 말려서 날마다 두세 마리씩 술에 넣어 마신다. 혹은 새끼를 낳은 적이 없는 염소의 비장을 솥 틈에 끼우고 반대쪽에 서서 '이리(脾臟)가 마르는 것처럼 B의 아들 A의 이리도 말리라' 한다. 만일 솥이 없으면 새로 지은 집 벽돌 사이에 끼우고 위와 같은 주문을 왼다. 혹은 안식일에 죽은 사람의 시체를 찾아서 그의 손을 이리 위에 놓고 말하기를 '이 손이 마른 것처

럼 B의 아들 A의 손도 말라라'고 한다. 혹은 얇은 물고기를 대장
간에서 구워 대장간에서 쓰는 물에 넣어 먹고 대장간에서 가져온
물을 마신다. 대장간에서 가져온 물을 마신 염소를 해부해 보았더
니 비장이 없는 것(말라 버렸기 때문에)을 알았다. 혹은 술을 많이 마
시게도 한다.

　* 항문에 벌레가 있는 경우에는 아카시아, 용설란, 백연(白鉛),
일산화연(--酸化鉛) 향기로운 잎(말라바드림)이 들어 있는 부적, 비둘
기 똥 등을 여름에는 아마포 헝겊에 겨울에는 무명 헝겊에 싸서
사용하고, 혹은 묽은 맥주를 마신다.

　* 궁둥이병에는 물고기 눈물이 들어 있는 그릇을 한쪽 허리 위
로 60번 굴리고, 다른 쪽 허리 위로 60번 굴린다.

　* 방광에 결석(結石)이 있을 때에는 타르의 기름 3방울과 부추
의 즙 3방울, 백주(白酒) 3방울을 생식기 속에 넣는다. 혹은 주전
자의 손잡이를 남자인 경우는 음경에 여자인 경우는 가슴 위에 걸
어 놓는다.'(29:69b)

　* 귀병에는 머리가 벗어진 수사슴의 신장(腎臟)을 취하여 이것
을 열 십자로 베어 타다가 남은 불 위에 놓고, 귀에서 나온 진물을
넣는다. 진물이 미적지근해야지 덥든지 차서는 안 된다. 또는 큰
풍뎅이의 지방(脂肪)을 귀에 넣는다. 또는 귀에 지방을 넣고, 풀로
7가닥의 끈을 만들고, 마늘대를 하나 준비한 다음 한 가닥의 끈의
한 끝을 둥글게 놓고 그 끝에 불을 붙인다. 그리고 다른 끝은 귀에
끼우고, 귀를 불꽃이 있는 쪽으로 가까이 가져간다. 이때 주의할
것은 바람이 불지 않는 곳에서 해야 되는 것이다. 이렇게 하여 끈
하나가 다 타면 다른 끈을 차례로 하여 끈을 다 같은 방법으로 해
나간다. 또 혹은 무엇으로 두들긴 일이 없는 자색으로 물감 칠한
양털을 귓속에 끼우고 귀를 불꽃으로 가까이 가져간다. 이때도 역

시 주의할 것은 바람기가 없는 곳에서 해야 된다. 혹은 100년 묵은 속이 빈 갈대에 암염(岩鹽)을 넣고 그것을 불에 태워서 귀에 넣는다.'(38:28b)

　* 만일 금식하다가 현기증을 일으킨 사람이 있으면 꿀을 먹이고 또는 다른 단 것을 먹인다. 왜냐하면 단 것은 시력을 회복시키기 때문이다.'(16:83b)

　* 황달로 괴로움을 당하는 사람이 있으면 당나귀 고기를 먹인다.

　* 미친개에게 물린 사람에게는 개의 간엽(肝葉)을 먹인다.

　* 불에 덴 데 초가 효능이 있다.(12:113b)

　* 전갈에게 물린 경우(유대인이 사는 동방에는 많음)의 대책도 기록되어 있다. 여섯 살 된 아이가 만 여섯 살이 되는 그 날에 전갈에게 쏘이면 살아나지 못한다.34) 이런 아이는 대추야자 나무의 가시를 물에 넣어서 비벼주고 그것을 마시게 한다.(25:50a)

　사람이 밤새도록35) 덮지 않은 채로 두었던 물을 마셨으면 목자의 플루트(유파토리움)라는 물약을 마시게 한다. 혹은 5개의 장미와 5잔의 맥주를 함께 끓이되 4분의 1통이 될 때까지 끓여서 마신다. 어떤 랍비의 어머니는(그런 물을 마신) 사람에게 다음과 같이 했다. 장미 한 개와 맥주 한 잔을 함께 끓여서 마시게 하고 난로불을 피운 다음 불에 타다 남은 것을 긁어내어 벽돌 한 개를 안쪽으로 놓고 그 위36)에 앉게 하였더니 마치 푸른 종려잎처럼 그에게서 독이 나왔다. 다른 치료법도 있다. 흰 염소의 젖 4분의 1통을 마시게 하는 것이다. 단 수박의 속을 긁어내고 그 안에 꿀을 채우고 불이 타는 장작개비 위에 올려놓고 그 꿀을 먹는다. 난 지 40일 된

---

34) 규정된 치료법을 곧 실시하지 않으면.
35) 그 속으로 뱀이 독을 뿜어 넣을 수 있다.
36) 완전히 땀을 낼 수 있도록.

아기의 오줌도 약이 된다— 말벌에게 쏘였을 때에는 3분의 2통, 전갈에 물렸을 때에는 4분의 1통, 한데 놓아두었던 물을 마셨을 경우에는 8분의 1통을 먹는다.

* 뱀을 삼켜 버린 사람은 커스쿠타를 소금과 함께 먹고 3마일 (mill)의 거리를 뛸 것이다. 뱀에게 물렸으면 흰 암나귀의 태아를 쪼개서 상처에 펴놓는다.(12:109b) 또 다른 처방은 사람이 뱀에게 물리면 닭을 잡아서 펴서(상처 위에 놓고) 거기서 나온 물을 먹는 다.(16:83b)

* 만일 사람이 뱀에 휘감겨 있으면 물 속으로 들어가서 바구니 를 머리 위에 놓고 그것이 차츰차츰 아래로 내려오게 하여(뱀이 그 속으로 들어가게 한다) 뱀이 완전히 바구니 속으로 들어가면 바구니를 물에 버리고 밖으로 나와서 다른 데로 가서 뱀이 따라오지 못하도 록 한다. 뱀이 성이 나서 사람에게 덤벼들려고 할 때에 그와 함께 있는 사람이 있을 때에는 그 사람의 등에 업혀서 4쿠빗의 거리로 달아난다(뱀이 그 간 길을 잃게 하기 위하여). 그렇지 않으면 도랑을 뛰 어넘든지 강을 건너간다. 밤에 그런 일을 당하면 4개의 통으로 침 상을 만들고 그 위에서 잔다. 또한 4마리의 고양이를 잡아서 침상 의 네 귀퉁이에 이것들을 매놓고 그 주위에 나뭇조각들을 펴놓아 (뱀이 그리로 올라오려고 하면) 고양이가 그 소리를 듣고 뱀을 잡아먹 게 한다. 만일 뱀이 사람을 뒤쫓아오면 모래 속으로 달아난다(뱀이 빨리 따라오지 못 하도록).(12:110a)

* 술을 너무 많이 마셨을 때에는 다음과 같은 방법을 취한다. 기름과 소금을 손바닥과 발바닥 밑에 놓고 비비면서 '이 기름이 B 의 아들 A의 술임이 분명한 것처럼 분명하다'[37]고 말한다. 또는 술병을 봉하는 진흙을 취하여 물에 넣으면서 말하기를 '이 진흙이

---

37) 머리를 혼란케 하지 말라.

B의 아들 A의 술이 분명한 것처럼 분명하다'고 말한다. (12:66b)

　*목구멍에 생선 가시나 뼈가 걸렸으면 그와 비슷한 뼈를 구하여 그의 머리 위에 놓고 말하기를 '하나, 하나, 내려갔다 삼켰다, 삼켰다, 내려갔다, 하나, 하나' 한다. 이것은 '아모리 사람들의 방법'이므로 반대는 없다. 생선뼈가 목구멍에 걸렸을 때에는 '너는 바늘과 같이 찌르고 방패와 같이 폐쇄했다. 잠겨 내려가거라, 잠겨 내려가거라' 하고 말한다.' (12:67a)

　일반적인 충고는 다음과 같다.

　'약을 마시는 버릇을 들이지 말라, 이를 뽑지 말라.' (14:113a)

V

민속(民俗)

§ 1. 귀신론

교육을 받았다고 하는 지식층이나 그렇지 못한 일반층이나 악령에 대한 믿음은 같은 듯하다. 이에 대하여 탈무드는 몇 가지 법률을 제정하고 있다.

우선 랍비들은 법률적으로 귀신들의 실재를 전제로 하는 조항들을 제정했다. 예를 들면 안식일에 지켜야 할 것과 해서는 안 되는 것을 규정한 율법과 관련해서 '이방인이나 강도에 대한 두려움, 또는 악령에 대한 두려움 때문에 등불을 끈 자는 무죄하다'(12:2:5)라든가 '이방인이나 악령에 의해 안식일에 걸어도 좋도록 허락된 거리 이상을 강제로 끌려간 자는 오직 4큐빗(1큐빗은 45~46cm)만 움직일 수 있다.'(13:4:1) '죄를 짓는 주원인은 어떤 불운한 사람이 영에 의해 자기의 통제력뿐만 아니라 분별력을 빼앗기기 때문이다.' '어떤 사람도 미친 영이 그에게 들어가지 않고서는 죄를 범하지 않는다.'(28:3a) 이 문제에 대해서 다른 구절은 '자기의 양심과 조물주의 뜻을 거역하게 하는 것이 세 가지가 있으니 그것은 이방인과 악령과 가난 때문에 생기는 유혹이다'(13:41b)라고 했다.

　이러한 악령의 기원(起源)에 대한 견해가 다양하며 그 견해들 가
운데 하나는 그 자체도 하나님의 창조의 일부분이라는 것이다. 첫
번 안식일 저녁에 창조된 열 개의 피조물 중에는 마지킨
(mazzikin) 또는 악령들도 끼여 있었다.(39:5:9)
　'하나님께서 땅은 온갖 동물을 내어라! 온갖 집짐승과 길짐승과
들짐승을 내어라!' 하시자 그대로 되었다(창1:24)는 구절에 대해서
다음과 같이 말하고 있다. '귀신은 거룩하신 분 —그분은 영광받을지
어다— 께서 그 영혼을 창조하셨으나 그들의 몸을 창조하시려 할
때 안식일이 되었으므로 그 몸을 창조치 않으셨다.'(창R7:5) 그러므
로 그들은 몸이 없는 영이 되고 말았다고 한다. 또 한편으로는 그
들이 하나님의 징벌로 인해 사악한 인간들의 영혼이 악한 형태로
바뀌어졌다는 설도 있다.

바 벨 탑

　평온한 나날들을 보내던 인간들은 나태와 오만이 움트기 시작
했다. 어느 날 하나님과 대항하기로 한 인간들은 하늘이 맞닿는
곳까지 바벨탑을 쌓기로 마음먹었다. 그들은 세 무리로 나뉘어졌
는데 무리마다 각기 다른 욕심이 있었다.
　한 무리는 말하기를 '우리가 하늘에 오르자. 그래서 그곳에 새
로운 천국을 꾸미자.' 또 다른 무리는 말하기를 '우리가 하늘에 오
르자. 그래서 우상숭배를 행하자.' 세 번째 무리는 말하기를 '우리
가 하늘에 오르자. 그래서 전쟁을 하자' 했다.
　하나님께서는 첫번째 무리들은 흩어 버리셨고 세 번째 무리들
은 원숭이·정령·밤귀신이 되게 하셨으며 두 번째 무리들은 그
들의 언어를 혼란시키셨다.(34:109)

죄와 인간의 최초 접합

또 다른 형태에서 하나님이 그들의 최초의 창조주이심을 증명한다.

영들의 번식은 그들이 처음 두 인간과의 교접의 결과로 시작되었다.(에덴에서 쫓겨난 후) 아담이 이브와 별거했던 시기인 130년 동안 숫정령들은 이브로 인하여 자기들의 욕구대로 활동하게 되었다. 그 결과 이브는 정령들로부터 악을 잉태케 되었고, 또 암정령들은 아담으로 인하여 그들의 욕구를 채울 수 있게 되어 아담은 그로부터 악을 잉태케 되었다.'(창R20:2) 이같은 논리의 근거는 성경 본문에도 있다. '아담이 추방되어 있는 동안 그는 정령들과 귀신들, 밤귀신들을 낳았으니 성경에 말씀하기를 '아담은 130세에 자기 모습을 닮은 아들을 낳고 이름을 셋이라 하였다.'(창5:3) 이렇게 말한 것을 보면 아담은 그전까지는 그와 닮은 자식을 낳지 못했다는 것을 추측해 낼 수 있다.'(13:18b)

그들의 존재를 설명하기 위한 —진화론적 가설— 전혀 다른 이론이 나타났는데 그것은 다음과 같은 것이다. '숫 하이에나(死肉을 먹는 동물로, 짖는 소리는 악마의 웃음소리에 비유됨:역주)는 7년 후에 박쥐가 되고, 박쥐는 7년 후에 흡혈귀가 되고, 흡혈귀는 7년 후에 쐐기풀이 되고, 쐐기풀은 7년 후에 가시38)가 되고, 가시는 7년 후에 귀신이 된다.'(31:16a)

악령의 정체

그들의 특성은 '세 가지 점에서 구원의 천사들과 비슷하고 세 가

---

1) '뱀'의 다른 의미.

지 점에서 인간과 비슷하다. 구원의 천사처럼 그들은 날개를 가졌
고 세상의 이 끝에서 저 끝까지 날며, 미래를 내다보지만 또 그들
은 인간처럼 먹고 마시며, 번식하고 죽는다'(23:16a)고 했다. 또 어
떤 데는 '그들은 자기들의 모양을 변화시키는 능력을 갖고 있으며,
볼 수 있지만 모습을 잘 드러내지 않는다'(65:37)고 되어 있다.

그들이 인간들에게 보이지 않는다는 것은 하나의 축복이다. '만
약 인간의 눈에 그것들을 볼 수 있는 능력이 주어졌더라면 그 악
령들 때문에 아무도 견딜 수 없었을 것이다. 한 랍비가 말하기를
그들은 우리보다 수가 많고, 들판을 둘러싼 산등성이처럼 우리를
둘러싸고 있다고 하자, 다른 랍비가 말하기를 인간은 누구나 자기
의 왼편에 천 명을 갖고 있고 오른편에 일만 명을 갖고 있다고 했
다. 세 번째 랍비가 말하기를 대중 강연이 시끄러운 것은 그들 탓
이고,39) 그들 때문에 무릎에 피로가 쌓이고, 랍비들의 옷이 닳아
떨어지는 것은 그들과의 마찰 때문이며, 그들에 의해서 다리에 멍
이 든다 했다.'(1:6a)

그들의 수가 많다는 것은 그밖에 다른 곳에도 강조되어 있다.
'한 랍비가 온 세상은 악령들과 해로운 귀신들로 가득차 있다 하니
다른 랍비는 귀신들의 9Kabs가 없는 우주 공간에 한 kab의 1/4
정도밖에 없다 했다.'(Tan19) R. 요하난은 'Sichnin40)에 300종
의 수귀신이 있다. 그러나 암귀신에 관한 한 그 수가 얼마나 되는
지 모른다 했다.'(29:68a)41)

---

39) 토라의 해설은 안식일에 회당과 학교에서 행했다. 강당이 꽉 차지 않았어도 시
   끄러웠다. 그것은 사람들을 흐트러뜨리려는 악령들의 짓이었다.
40) 유대 갈릴리의 한 마을.
41) 귀신의 굉장한 수에 관해서는 막5:9을 보라. '그가 악령에게 묻되 네 이름이
   무엇이냐? 그가 그에게 대답하기를 내 이름은 군대입니다. 왜냐하면 우리가
   많기 때문입니다. Gilbert Murray를 작자 미상의 희랍 시 한 편을 인용한다. 묻
   공기가 그들로 꽉 차서 옥수수 잎 끝이 비집고 들어갈 빈틈조차도 없구
   나.<Five Stages of Greek Religion p.50>

그것들을 볼 수 없는 것이 정상이지만 그들의 실체를 알아 볼 수 있는 방법이 있다. '그들의 발자국을 보고자 하는 경우는 재를 체로 곱게 쳐서 침상 주위에 뿌려 둔다. 그러면 아침에 수탉 발자국 비슷한 것을 볼 수 있을 것이다.42) 그들을 보기 원하는 자는 검정 암코양이의 새끼로 첫 배의 첫 새끼인 검정 암코양이의 태43)를 불에 태우고 그것을 가루로 빻아 눈에 바르면 그들을 보게 될 것이다. 그리고 그 가루는 철관 속에 넣어 철인으로 인봉해야 한다. 그렇지 않으면 해를 입게 된다. 어떤 랍비는 그렇게 해서 악령을 보았으나 해를 입었다. 그러나 그의 동료가 그를 위해 기도했더니 그가 나았다.'(1:6a)

그들은 어느 곳에서나 만날 수 있으나 특히 자주 나타나는 곳이 있다. 그 가운데 두드러진 곳은 어두운 곳, 불결한 곳, 위험한 곳, 그리고 물이다.44) 악령들은 실로 위험의 인격화(人格化)인 듯하다.

악령들이 즐겨 모이는 곳은 폐허가 된 건물들이다. 이 문제에 대해 탈무드 속에 언급된 것을 찾아보면 다음과 같다. '세 가지 이유로 폐허에 들어가서는 안 된다. 수상쩍기45) 때문이고, 낙석 때

---

42) 동양에서는 수탉이 어둠 속에서 울기 때문에 이를 어둠의 세력으로 간주한다. 탈무드(Sanh 63b)에서 암탉과 'Succoth Benoth'(왕F.17:30)이 일치하고 수탉과 'Nergal'(등본)이 일치한다.

43) R.C.Thompson의 Semitic Magic p. 61;검정 고양이의 재는 현대 아랍 마술책에서 마술사의 필수적 도구들 가운데서 가장 통속적인 것이다.

44) 똑같은 믿음이 회교도(마호멧)들 가운데도 흐르고 있다. 그들은(the jinn;회교의 신령:역주)강과 폐허가 된 집, 샘물·목욕탕·솥·Letrina에 산다고 믿어 왔다. 그렇기 때문에 사람들은 그런 장소에 들어갈 때, 또는 두레박을 우물 속에 내릴 때, 또는 불을 켤 때, 그밖에 다른 경우에 '허락하소서', 또는 '당신의 은혜로 허락하소서'라고 말한다. 이 말은 Latrina에 들어갈 때도 종종 모든 악령에 대해 신의 보호를 비는 기도로 시작한다.(E.W.Lane, mordern Egyptians, Everyman ed, p. 229) 이런 습관과 비슷한 것들이 탈무드 자료 속에서도 발견된다.

45) 부도덕한 목적으로 가는 것.

문이고, 악령 때문이다. 낙석의 위험 때문이라는 것으로 충분한데
어찌하여 수상쩍기 때문이라는 것을 언급할까? 그것은 갓 폐허가
된46) 것인지도 모른다. 그렇다면 악령의 위험이라는 데서 그 이유
를 대면 충분하지 않을까. 그러나 이것도 두 사람이 함께 폐허로
들어갔을 때는 해당되지 않는다.47) 그러나 이것도 두 사람이 함
께 있어야 하고 또한 의심스러울 아무 근거가 없어야 한다.48) 왜
냐하면 나쁜 평을 듣는 두 사람이 있을 경우도 있기 때문이다. 수
상쩍다는 것과 악령 때문이라는 것으로 충분한데 어찌하여 낙석
에 대해서 언급할까? 좋은 평판을 듣는 두 사람이 있는 경우도 있
기 때문이다. 낙석과 수상쩍다는 것으로 충분한데 어찌하여 악령
에 대해서 언급할까? 새로 만들어진 폐허와 좋은 평을 듣는 두 사
람의 경우가 있기 때문이다.

　두 사람이 함께 있을 때 역시 악령에 대한 두려움이 없는가? 악
령들이 머무르는 곳에서는 공포심이 일어난다. 혹시 당신은 사람
이 혼자 있는 경우와 광야에 새로 생긴 폐허에서는 수상스러운 아
무 근거도 없지 않느냐고 말할 수 있다. 왜냐하면 여자는 그와 같
은 곳에 자주 가지 않기 때문이다. 그러나 악령에 대한 두려움은
남아 있다.'(1 ; 3a,b) 이 논법은 결과적으로 폐허는 귀신들이 머
무는 곳이니 우선적으로 피해야 한다는 것이다.

　악령들이 즐겨 모이는 다른 곳은 변소이다. '변소 안에서 조심
성 있는 사람은 누구든지 뱀·전갈·악령들에게 해방된다. 두 사
람이 함께 들어간 티베리아스(Tiberias)에 한 변소가 있었는데
그날로 그들은 해를 당했다. 두 사람의 랍비는 그들이 따로따로

---

46) 이 경우는 낙석의 위험이 없을 때.
47) 두 번째 사람에 의해서 동행했을 때 악령으로부터의 위험이 제일 적다는 것을
　　다음 번에 보게 될 것이다.
48) 유대 율법은 한 여자가 두 남자에 의해 동반되는 것을 허용하기 때문이다.

들어갔더니 그들에게 아무 해가 없었다고 말했다. 그들의 동료가 물었다. '무섭지 않던가?' 그들이 대답했다. '우리는 마력을 배웠는데 변소에서의 마력은 얌전함과 조용함이다.' 다른 랍비는 변소에 등불을 가지고 갔다고 했다.49) 학원의 원장으로 지명되기 전인 한 랍비 앞에서 그의 아내는 병 속에 개암열매를 넣고 흔들어 소리를 내곤 했다.50) 그러나 나중에 그가 학원 원장이 됐을 때 그 아내는 벽에다 그를 위해 구멍을 뚫고 그녀의 손을 그 남편의 머리 위에 얹었다.'(1:62a)51)

변소 귀신

변소 귀신을 쫓아내기 위해 탈무드는 다음과 같은 주문을 썼다. '사자의 머리 위, 암사자의 콧잔등에서 귀신 바쉬리카 판다(Bar Shirika Panda)를 나는 찾았도다. 부추가 자라는 계곡에서 나는 그들을 두들겨 주었고 나귀의 턱뼈로 나는 그를 쳐부수었도다.'(12:67a)

악령이 특히 자주 나타나는 곳이 물이라는 것은 거의 보편화된 믿음이다. '해로운 영들이 들판에서와 같이 우물 속에서 발견된다.'(p.24:15d)

한 랍비의 말이다. '이것은 우리 동네에서 일어난 일인데 제타(TZaytor)의 아바 조스(Abba Jose)가 샘가에 앉아서 공부를 하고 있었는데 그때 그곳에 사는 정령이 그에게 나타나서 '나는 오랜 세월을 여기서 살았다. 너와 네 아내와 식구들은 저녁 초승달이 뜰 때마다 이곳에 나오면 해를 끼치지 않으리라. 그러나 인간

---

49) 악령에 대한 예방.

50) 귀신을 쫓아 버리기 위한 것. Frazer의 Folk-lore in the Old TestamentmⅢ.pp.446f를 보라.

51) 더 강력한 예방, 그가 보다 높은 지위를 얻었기 때문에 공격받기 쉽기 때문이다.

에게 해를 끼치려는 어떤 악령이 여기에 살고 싶어하니 미리 알라'
고 말했다네. 그러자 아바 조스가 '우리가 무엇을 해야 하는지 방
도를 가르쳐 달라'고 하자 '가라. 그리고 이 지역에 사는 거주자들
에게 괭이나 가래나 삽을 가진 자는 모두 이곳에 나오라고 하라.
그래서 수면에 파문이 일거든 농기구를 내리치면서 「승리는 우
리 것이다.」 하고 외쳐 대기를 수면 위에 핏덩어리 같은 것이 보
일 때까지 계속하라'고 하더라네. 해서 랍비는 서둘러 동네 사람들
에게 가서 정령이 말한 것을 전했다네. 다음 날 새벽에 정령의 충
고대로 모든 동네 사람들이 모여 수면에 파문이 일기를 기다렸다
가 농기구를 내리치면서 '승리는 우리의 것이다. 승리는 우리 것이
다'라고 외쳐대면서 핏덩이 같은 것을 볼 때까지 그곳을 떠나지 않
아 해를 면했다.'(레R24:3)

　귀신들은 물을 좋아하기 때문에 물을 취급할 때는 특히 주의해
야 하는데 그것이 밖으로 드러나 보일 때는 더욱 주의해야 한다.
'한 악령이 쇠그릇으로 덮어놓았는 데도 침상 밑에 둔 음식과 음료
위에 내려앉았다.'(14:112a) '밤새도록 그대로 있던 큰길 옆의 물
속에 뛰어들어서도 안 되고 그 물을 집의 마룻바닥에 뿌려서도 안
된다. 그리고 이것을 회반죽에 사용하거나 자기가 이웃의 가축에
게 마시게 해서도 안 되며 자기의 손과 발을 이것으로 씻어도 안
된다.(38:30b)' 사람은 수요일 밤이나 토요일 밤에 물을 마셔서는
안 된다. 만약에 물을 마신다면 위험하다. 어떤 위험인가? 악령에
대한 위험이다. 그러나 목마르면 어떻게 할 것인가? 시편 29편의
'일곱 목소리'를 암송하거나 다음 주문을 외어라. 'Lul,
Shaphan, Anigron, Anirdaphon,[52] 나는 성좌 가운데 앉았
다. 나는 야위고 뚱뚱한 사람들 속을 걷는다.' 다른 방법은 그가

---

52) 귀신들의 이름.

거기에 있는 다른 사람을 일어나게 해서 '아무개의 아들아, 내가 목마르다'고 말하라. 그러면 마실 수 있다. 또는 물주전자 뚜껑을 흔들고 마시라. 또는 물주전자 속에 어떤 것을 던져 넣고 마시라. 사람은 밤에 강이나 물웅덩이에서 물을 마실 수 없다. 만약에 물을 마신다면 위험하다. 어떤 위험인가? Shabriri[53]에 대한 위험이다. 그러나 목마르면 어떻게 할 것인가? 거기에 있는 다른 사람에게 '아무개의 아들아, 내가 목마르다'고 하라. 다른 방법은 그 스스로 '나의 어머니께서 내게 Shabriri, Briri, Iri, Ri[54]를 주의하라고 말씀하셨다. 나는 흰 잔 속에서 목마르다'고 말하는 것이다.(14:112a) 수요일 밤과 토요일 밤에 혼자 밖에 못 나오는 이유는 다음과 같은 믿음 때문이다. '밤에는, 특히 수요일과 토요일 밤에는 혼자 밖에 나가서는 안 된다. 왜냐하면 마쉬라트(Machlath)의 딸 아그라트(Agrath)가 해로운 것을 하도록 허락 받은 180,000명의 파멸의 천사들과 함께 외출을 하기 때문이다.(14:112b)

암 귀 신

악령은 빛을 피하고 어둠을 좋아하기 때문에 밤은 위험스러운 때이다. '밤에는 그것이 귀신일지도 모르기 때문에 아무에게도 인사해서는 안 된다.'(34:44a) 다른 구절에는 '횃불을 비추며 걸어가는 것은 둘이 가는 것[55]과 같고, 달빛에 걷는 것은 셋이 가는 것과 같다. 혼자인 사람에게는 악령이 나타나서 해를 입히고 둘인 경우에는 나타나기는 하되 해를 입히지는 못하고 셋인 경우에는 전혀 나타나지 않는다'(1:43b) 했다. 그러므로 동반자 없이 어둠 속

<hr/>

53) 장님귀신.
54) 음절을 줄임으로써 귀신이 점점 사라지고, 위험이 지나간다.
55) 횃불은 악령에 대한 예방으로써 다른 한 사람과 같게 여긴다.

에 외출해서는 안 될 것이다.

태양빛을 피하기 위해서 정령들은 그늘진 곳에 모여든다. 이런 이유 때문에 그늘 속에는 위험이 도사려 있다. '(악령들로 인해서 위험스러운) 그늘이 다섯 있다. 혼자 서 있는 종려나무 그늘, 연(蓮)나무 그늘, 백화채나무(지중해 연안에 나는 나무:역주) 그늘, 덤불그늘, 무화과 나무그늘,56) 어떤 이는 배(船)의 그늘과 버드나무 그늘을 첨가하기도 한다. 이에 대한 일반적 법칙은 가지가 많은 나무일수록 그 그늘은 더 위험하며 가시가 있을 때는 그 만큼 더 위험하다는 것이다. 여기에서 마가목은 제외되는데 이 나무는 가시가 있지만 위험하지 않다. 한 암퀴신이 그녀의 아들에게 말했다. '그 마가목에서 날아가거라. 이 나무가 네 아비를 죽였고, 너 역시 죽일 것이기 때문이다.' 백화채나무 그늘은 정령들이 묵는 곳이고, 덤불 그늘은 귀신이 묵는 곳이고 지붕은 리시페(Rishpé)57)가 묵는 곳이다. 무슨 목적으로 이것을 언급하는가? 부적58)과 연관되기 때문이다. 백화채나무 정령들은 눈이 없다. 무슨 목적으로 이것을 언급하는가? 그들로부터 도망가기 위해서이다.59) 어떤 한 랍비 학자가 백화채나무 곁으로 쉬러 갔다. 그런데 그는 암퀴신이 그를 향해 달려드는 소리를 들었다. 그래서 그는 도망쳤는데 그 암퀴신이 따라오다가 종려나무에 걸려 그 나무는 말라죽고 귀신은 파열하고 말았다. 덤불 그늘은 귀신들이 묵는 곳이다. 마을 근처에 있는 덤불 나무에는 적어도 60명 이상의 귀신이 산다. 무슨 목적으로 이것을 언급하는가? 부적을 쓰는 것 때문이다. 한 번은 마을

---

56) 무화과나무 그늘은 탈무드의 인쇄된 부분에는 없으나 Munich MS에 나타나 있다. 이로서 다섯 수가 완전하게 갖추어진다.

57) 욥기 7장에서 인용한 말.

58) 부적 속에는 적당한 호칭이 적혀 있어야 한다. 백화채나무 정령에 대한 부적은 덤불 귀신이나 지붕의 리시페에게는 효력이 없다.

59) 볼 수 없는 존재는 따라올 수 없기 때문에 도망하는 것이 안전하다.

파수꾼이 마을 근처에 있는 덤불나무 근처에 서 있었는데 60명의 귀신들이 자주 묵는다는 것을 모르는 사람이었다. 그 랍비가 그에게 한 귀신에 대한 부적을 써 주었다. 그때 그는 자기의 둘레에서 귀신들이 춤추며 노래하는 것을 들었다. '이 사람의 터번은 랍비 학자의 것과 같구나. 그러나 우리는 알았도다. 그가 어떻게 축복하는 줄을 모른다는 것을.' 그런데 덤불 나무가 60명의 귀신들의 소굴이라는 것을 알고 있는 한 랍비가 왔다. 그는 60명의 귀신들에 대해 부적을 썼다. 그때 그는 귀신들이 서로 말하는 것을 들었다. '여기를 깨끗이 비우자.'(14:111b)

귀신의 밥

악령들은 인간들에게 덤벼들 뿐 아니라 동물들에게도 덤벼든다. 그래서 동물들은 미치게 되고 위험하게 된다. 특별히 개는 귀신들의 밥이 되기 쉽다. '미친개를 표시하는 것이 다섯 개 있다. 즉 그 입이 벌어져 있고, 침을 질질 흘리고, 귀가 늘어지고, 꼬리를 두 다리 사이에 집어넣고 거리의 변두리를 슬금슬금 기어다닌다. 어떤 이는 미친개는 이상하게 짖는다고 주장하기도 한다. 개가 미치는 원인은 무엇일까? 한 랍비는 그 원인이 마녀가 개와 함께 노는데 있다고 보았고, 다른 이는 악령이 그 속에 머물러 있기 때문이라고 주장했다. 이 두 사람의 논쟁의 요점은 그 원인이 어느 쪽에 있건 미친개는 돌로 쳐서 죽여야 한다는 것이다.60) 왜냐하면 누구든지 그 개에게 접근하면 위험에 빠질 것이고 그 개에게 물리면 죽기 때문이다. 만약 이 개에게 접근했다면 그는 어떻게 해야 할 것인가? 그는 그가 입고 있는 옷을 벗어 던지고 달아나야

---

60) 만약 악령에 의해서 미치는 것이라면 그 개와 접촉을 피해야 할 것이고 그 개를 쳐서 죽여야 할 것이다.

할 것이다. 만약 물었을 땐 어떻게 할 것인가? 그는 숫 하이에나의 가죽을 얻어서 거기다 다음과 같이 쓸 것이다. '나 아무개의 아들 아무개는 그대와 관계된 숫 하이에나 가죽 위에 쓰노라. Kanti, Kanti, Kleros,─다른 번역판에는 Kanti, Kanti Kloros로 되어 있다─Jah, Jah, 만주의 주, 아멘, 아멘, 쎌라.'그는 그의 옷을 벗어서 12개월 동안 무덤 속에 묻었다가 꺼내어 아궁이 속에서 그것을 태워서 네거리에 그 재를 뿌리라. 그 12개월 동안 그가 물을 마실 때에는 꼭 구리관을 통해서 마셔야만 한다. 그렇지 않을 때는 그는(물 속에 있는) 귀신의 그림자를 보게 되고 위험하게 될 것이다.'(16:83b)

어떤 사람들은 특히 악령이 덤벼들기 쉬워서 특별한 보호가 필요하다.'(귀신으로부터) 보호받아야 할 세 부류는 환자·신랑·신부이다. 다른 책에는 환자, 임신한 여자, 신랑과 신부로 되어 있다. 어떤 이는 문상객을 더 넣기도 하고 다른 이는 밤중의 현인의 제자61)를 더하기도 한다.'(1:54b)

제일 암퀴신은 릴리드(Lilith)인데 그녀는 긴 머리를 한 것으로 여겨졌다.(13:100b) 그 암퀴신에 관해서 이렇게 말한다.

'남자가 집에서 혼자 자는 것을 금한다. 그것은 누구든지 집에서 혼자 자면 릴리드에게 강탈당할 것이다.'(12:151b) 탈무드는 그녀에 대해 거의 말이 없다. 그러나 후기 유대 민간 전승에서 보면 그녀의 모습은 우락부락하며 특별히 임신한 여자에게 해롭고 어린이를 강탈해 간다.62)

---

61) 이들은 타락하도록 악령에게 유혹받는다. Folk-love in the old Testament Ⅲ pp. 472ff; 신랑 신부에 대한 것은 Ⅰ pp. 520ff.문상객에 대한 것은 Ⅲ.pp.236,298ff 를 보라.

62) Lioith라는 이름은 밤정령의 의미인 Laylah(밤)에서 왔다. 그러나 현대 학자들은 이것을 수메리아 사람의 LuLu(바람둥이)에서 왔다고 한다. 그리고 그녀를 색욕을 일으키는 암퀴신으로 설명한다. R..C.Thompson의 Semitic Magic,p.66 을 보라.

인간들은 악령들의 해로운 짓을 어떻게 할 수 없기 때문에 그것들을 해결하기 위한 많은 방법들이 강구되어야 했다. 그것들 중 주문과 부적은 이미 말했다. 특별한 환경에서 귀신들을 쫓아 낼 수 있는 부적으로 고정된 문구들이 사용되고 있다. '귀신을 쫓아내기 위해서 다음과 같은 말을 한다. 「쪼개져라, 저주를 받아라, 부서져라, 나가 버려라, 진흙탕의 자식, 더러운 놈의 자식, 흙의 자식, Shamgaz, Merigaz, lstemaah'」[63]

주문(呪文)

다음 장에서 우리가 보게 될 것이지만, 숫자들도 어떤 것은 악령들의 불쾌한 주의를 끌어들이기 때문에 재수가 없게 여기는 것이 있다. 그래서 이것을 해결하기 위해 홀수가 포함된 것을 믿도록 만들 필요가 있었다. 한 랍비가 말했다. '귀신 요세프(Joseph가 내게 알려 주었다. 만약 누가(어떤 음료를) 두 잔 마신다면 우리는 그를 죽인다. 네 잔 마시면 죽이지는 않지만 해를 입힌다. 두 잔을 마신 경우 실수였건 고의였건간에 죽이지만, 네 잔을 마신 경우 우리는 그가 의식적으로 했다면 해를 입히고 실수로 했다면 해를 입히지 않는다. 어떤 사람이 두 잔을 마신 후 자기도 모르게 밖으로 나온 경우는 어떻게 할 것인가? 그는 그의 바른쪽 엄지를 왼손에 쥐고 왼쪽 엄지를 바른손에 쥔 후 말한다. '너와 나는 셋이다' 그러나 만약 누군가가 '너와 나는 넷이다' 하는 말을 들으면 그는 '너와 나는 다섯이다'고 해야 한다. 만약 '너와 나는 여섯이다'는 말을 들으면 그는 '너와 나는 일곱이다'고 해야 한다. 그것이 일단 시작되면 그 사람은 101까지 해야 한다. 그러면 귀신은 파멸해 버릴 것이

---

63) 본문이 불확실하다. 다만 'Moriphath와 그의 도장인, Morigo의 이름 속에서 '흙의 자식'이 고쳐진 듯 보인다.

다.'(14:110a)

솔로몬 왕의 주문

　귀신을 쫓는 예외적인 주문이 솔로몬 왕에게 있었다. '솔로몬이 죄를 범할 때까지 그는 귀신을 다스렸다'(14:45b)고 했기 때문에 후에 그 능력이 그에게서 떠나갔음에도 불구하고 '솔로몬이 많은 정령들과 귀신들을 물리쳤다'(출R30:16)고 했다. 이 문제에 대한 흥미 있는 참고 자료가 요세퍼스에게서 발견된다.

　'하나님이 그에게 귀신 쫓는 능력을 가르쳤는데 그것은 아주 유용했고 인간들을 고치는데 많은 공헌을 했다. 그는 병의 고통을 완화시키는 주문을 만들었고 귀신을 쫓아내는 주문을 남겨 놓았는데 이것으로 사람들은 귀신을 쫓아내고 다시 돌아오지 못하게 했다. 그리고 이 치료법은 오늘날에도 대단한 가치가 있다. 우리 나라에 엘리제라는 사람이 있는데 나는 그가 베스파시안과 그의 아들, 그리고 장교들과 전 병졸들 중에 귀신들에 의해 병든 자들을 고치는 것을 본 적이 있다. 그 치료법은 다음과 같았다. 그는 솔로몬에 의해 씌어진 원칙들 중에서 인장이 새겨진 반지를 귀신 들린 사람의 콧구멍에 댄다. 그리고는 그가 이것을 냄새 맡을 때 그의 콧구멍을 통해서 귀신을 내쫓는다. 그래서 그 사람이 즉각 나가떨어졌을 때 그는 솔로몬이 만들어 놓은 주문으로 그 귀신이 다시는 그에게 들어가지 못하도록 엄명한다. 그 후에 자기가 작성한 주문을 왼다.'(Ant 8:2:5)

　인장이 새겨진 반지 안쪽을 부적으로 사용하는 것은 랍비 자료에도 언급되어 있다. '사람은 그가 차고 있는 부적이 전문가가 쓴 것이 아니라면 안식일에 부적을 차고 외출할 수 없다.'(12:6:2) '어떤 것이 전문가의 부적인가? 그것이 기록된 부적이든지 아니면 그것을 만든 반지64)이든지간에 두 번이나 세 번 고쳤던 영향력 있는 부적을 말한다. 그런 부적을 갖고서는 안식일에 나가도 좋다. 분명히 그는 귀신이 이미 덤벼들고 있지만 공격당하지 않을 것이고, 위험이 도사린 환경 속에 들어가도 괜찮을 것이다. 이 부적이 목걸이나 반지 속에 끼도록 되어 있지 않거나, 갖고 다니도록 되어 있지 않은 것은 안식일에 매고 다녀도 좋고 안 매고 다녀도 좋다.'(Tosifta12:4:9)

부 적

부적에 대한 율법에서 '그것이 신성한 이름을 포함했어도 안식일에 불 피우는 일(출35:3, 안식일에는 불을 못 피우게 되어 있다:역주)에서 면제받지 못하며 허락을 받아야 피울 수 있다.'(12:115b) 따라서 부적을 신성시하는 사상은 없다. 서기관 라쉬는 부적들 속에 보통 포함되어 있는 구절들을 말해 주는데 그것은 다음과 같은 것들이다. '내가 이집트인들에게 내렸던 어떤 병도 너희에게는 내리지 아니하리라. 나는 야훼 너희를 치료하는 의사이다'(출15:26) 그리고 '너는 밤에 덮치는 무서운 손, 낮에 날아드는 화살을 두려워 말아라'(시91:5) 부적은 동물들에게도 해당되는데 그렇게 하지 않으면 공격받을 위험이 있기 때문이다. 율법은 이에 대해 '동물은 전문가에 의해서 씌어진 부적을 찼더라도 안식일에 밖에 나올 수 없다. 그리고 이 점에서 율법은 인간에게 보다 동물에게 더 엄격하다'고 말하고 있다.(Tosifta12:4:5)

부적 외에도 성서 본문을 암송하는 것이 귀신들을 예방할 수 있는 것으로 되어 있다. '누구든지 그의 침상에서 쉐마65)를 읽는 사

---

64) 부적에 씌어진 특별한 반지는 요세퍼스에 의해 상세하게 기록되어 있다.(War. VII.VI.3)

람은(악령을 격퇴하기 위해서) 그의 손에 양날 선 검을 쥐고 있는 것과
같다. 이것은 성경에 '목청 높여 하나님을 찬양하여라. 손에는 쌍
날칼을 드시고'(시149:6)함과 같다.'(1:5a) 참으로 그것이 세마
(Shema)가 제정된 목적이었다. '어떤 이유에서 세마가 저녁 때
집에서 암송하게 되었는가? 해로운 영들을 쫓아내기 위해서이
다'(p.1:2b)고 되어 있다. 다른 구절이 씌어진 경우는 다음에 나타
나 있다. '예루살렘에서 그들은 병에 걸린 사람을 구하기 위해서
안식일에 '악령들의 노래' 시편91편 1~9를 암송하곤 했
다'(p.12:8b) 이것은 '모세가 악령들에 대한 두려움 때문에 시내산
에 올라갈 때 만든 것이다'고 전해지고 있다.(민R12:3)

그러나 가장 안전한 것은 신성예방이다. '이는 인간을 보호하시
는 거룩하신 분 ―그는 영광받으실지어다― 그분의 그늘 때문이 아닌
가! 그가 해로운 영들을 죽이실 것이라. 성경에 '그들을 덮어 주던
그들은 이미 지나가 버렸소. 야훼께서 우리 편이시니 두려워하지
맙시다'(민14:9)했다. 다른 번역에는 '이는 인간을 보호하시는 거룩
하신 분 ―그는 영광받으실지어다 ― 그분의 말씀 때문이 아닌가! 그가
해로운 영들을 죽이실 것이라. 성경에 '슬피 울던 입술에서 이런
찬미가 터져 나오리라. '태평천하일세, 태평천하일세, 멀리도 가
까이도 태평천하일세, 야훼께서 약속해 주셨다. '내가 너를 고쳐
주마'(사57:19Midrash to 시29:224a) 했고 '너희가 야훼의 이름을 받은
백성이라는 것을 알고 땅 위에 사는 모든 백성이 너희를 두려워하
게 되리라'(신28:10)는 구절에서 '모든'이라는 단어는 정령들과 귀신
들을 다 포함하는 것이다'(p.1:9a)고 설명한다. 이와 비슷하게 축복기
도 중 '야훼께서 너희에게 복을 내리시며 너희를 지켜 주시고'(민
6:24)는 '해로운 영들로부터'라는 말을 덧붙여서 해석했다.(sifre

---

65) 쉐마는 성서 구절들의 모음집이다.(신6:4~9. 11:13~21. 민15:37~41)이 쉐마
   는 아침과 밤의 기도문으로 만들어져 있다.

adloc;12a)

이들 심술궂은 존재들에 대한 신의 보호는 신의 계명들을 복종함으로써 보장된다. 만약 어떤 사람이 하나의 종교적 계율을 행한다면 한 천사가 그에게 배당된다. 그가 모든 계율을 행한다면 많은 천사가 그에게 배당된다. 성경에 '주께서 너를 두고 천사들을 명하여 너 가는 길마다 지키게 하셨으니'(시91:11) 한 것과 같다. 이 천사들이 누구인가? 그들은 해로운 영들로부터 계율을 지키는 자를 지키는 보호자들이다. 또 '네 왼쪽에서 천 명이 쓰러지고 네 오른쪽에서 만 명이 쓰러져도 너는 조금도 다치지 아니하리라' 하였다.

§ 2. 재앙의 눈

재앙의 눈에 대한 공포는 과거에는 보편적이었으나 현재는 다소 달라졌다. 그렇지만 지금도 교육받지 못한 사람들 중에 그것을 굳게 믿고 있는 사람들이 있다. 탈무드의 민속 속에 그 흔적이 분명하다 해서 놀랄 일은 못된다. '재앙의 눈'이라는 용어는 두 개의 독특한 관념 속에서 얻어진 것이다. 하나는 다른 것보다 더 오래된 개념인데 이 둘의 비교는 이 미신 이해에 도움이 된다.

첫째는 '질투' 또는 '인색한 성품' 이라는 뜻으로 기근 현상을 기술하는 성서 속에 이 설명이 나타난다. '너희 가운데 유순하고 연약한 사람들까지도 그 형제와 그 품의 아내와 그 남은 자녀를 질시하여 자기가 먹는 그 자녀의 고기를 누구에게도 주지 않을 것이다.'(신28:54) 여기서 그 의미는 '욕심쟁이(개역 성경에는 '악한 눈이 있는 자'로 되어 있다: 역주)는 언제 가난이 들이닥칠지도 모르고 재산 모으기에만 급급해 있다'(잠28:22)에서처럼 '욕심'이다.

이것은 다음 시구 속에서 아량의 부족을 나타낸다. '인색한 사람(개역성경에는 악한 눈이 있는 자; 역주)과는 한 식탁에 앉지도 말고'(잠23:6) 그리고 이것은 다음 시구에서와 같이 선한 눈의 반대이다. '남을 보살펴 주는 사람(개역 성경에는 '선한 눈을 가진 자'; 역주)은 복을 받을지니'(잠22:9)

같은 용법이 탈무드 문서에서도 발견된다. 알 요하난펜 자카이(R. Jochanan b. Zakkai)는 가장 특출한 다섯 생도들에게 말했다. '앞으로 나아가라, 그리고 인간이 가야 할 선한 길이 어떤 것인가 찾아보아라. 알 엘리제(R. Eliezer)가 말했다. '선한 눈입니다. 알 요수아(R.Joshua);선한 친구입니다. R. 요세;선한 이웃입니다. 시메온;행위의 결과를 내다볼 줄 아는 사람입니다.' R. 엘리제의 말에 동의한다. 왜냐하면 그의 말속에는 너희들의 말들이 포함되어 있기 때문이다. 그는 그들에게 말했다. 앞으로 나아가라. 그리고 인간이 피해야 할 악한 길이 어떤 것인가 찾아 보라. R. 엘리제가 말했다. '악한 눈입니다. R. 엘리제;악한 마음입니다. 그는 그들에게 말했다. 나는 너희들의 말보다 R.엘리제의 말에 동의한다. 그의 말속에 너희들의 말들이 포함되어 있기 때문이다.'(39:2:13f) 분명히 어떤 미신적 개념도 이 '선한 눈' '악한 눈'이라는 구절 속에 접촉되어 있지 않다. 그 말들은 다만 '관용'과 그 반대의 뜻일 뿐이다.

논문 아보트(Aboth)에서는 같은 말을 다른 사건에 적용하고 있는데 그것은 '악한 눈(즉 질투), 악한 성품, 그리고 추방당한 사람이 갖는 동족에 대한 증오'(2:16)이다. '자선에는 4종류가 있는데 자기는 베풀기를 원하지만 다른 사람들이 베풀기를 바라지 않을 때 그의 눈은 다른 사람 것에 대해서 악해진다.66) 다른 사람은 베

---

66) 자선은 베푸는 자에게 축복을 가져다주기 때문에 그는 질투하는 것이다.

풀기를 바라면서 자기는 베풀지 않을 때 그의 눈은 자기 자신의 것에 대해서 악해진다. 자기도 베풀고 다른 사람도 베풀기를 원하는 사람은 성자이다. 자기도 베풀지 않고 남도 베풀기를 바라지 않는 자는 악한이다.'(5:16) '선한 눈, 겸손한 마음, 그리고 겸손한 영혼은 우리 아버지 아브라함의 제자된 표이다.'(5:22)

다른 탈무드 구절 중에 같은 함축된 뜻을 갖고 있는 말들이 있다. '성직자들에게 헌납하는 비율에 대한 것으로 관용적인 사람(선한 눈을 가진 자)은 1/40을 하고—샤마이 학파는 1/30이라고 주장한다—평균적인 사람은 1/50을 하고 인색한 사람(악한 눈을 가진 자)는 1/60을 한다.'(Ter 4:3) '이것은 선한 성품(선한 눈)으로 헌납하게 하려는 헌납자의 방법이므로 성전에 재산을 헌납하는 사람은 그렇게 선한 성품으로 해야만 한다.'(p.33:14d)

질투의 영으로서 '악한 눈'을 사용한 실례는 다윗과 사울이 처음 만나 나눈 얘기 가운데 있다. 왕이 그에게 말했다. '네가 나가 저 블레셋 놈과 싸우다니 어림도 없는 일이다. 그는 어렸을 때부터 싸움으로 몸을 단련해 온 자인데 너는 아직 나이 어린 소년이 아니냐?'(삼상17:33) 그러나 다윗은 굽히지 않았다. '소인은 아버지의 양을 쳐 왔습니다. 사자나 곰이 나타나 양 새끼를 한 마리라도 물어 가면 소인은 한사코 뒤를 쫓아가서 그놈을 쳐 그 아가리에서 양새끼를 빼내곤 하였습니다……저 블레셋의 오랑캐놈도 그렇게 해치우겠습니다.'(삼상17:34ff) 사울이 '네가 그를 죽일 수 있다고 누가 네게 말하더냐?'고 그에게 물었을 때 그는 대답했다. '사자와 곰으로부터 소인을 살려 내신 야훼께서 저 블레셋 놈에게서도 소인을 살려 낼 것입니다.'(삼상17:37) 거기서 곧 사울은 다윗에게 그의 갑옷을 입혔다.'(삼상17:38) 그러나 사울에 대해서 이렇게 씌어 있다. '누구든지 그의 옆에 서면 어깨 아래에 닿았다.'(9:2) 그런데 다윗에게 그의 갑옷을 입히고 보니 이것이 잘 맞았다. 단번에 악한 눈이 사울에게 들어갔다. 다윗은 사울의 얼굴이 창백해지는 것을 알아차리고는 그에게 말했다. "이런 것을 입어 본 적이 없습니다. 이래 가지고는 몸을 제대로 움직일 수가 없습니다." 하고 다윗은 그것을 모두 벗어 버렸다.'(삼상17:39, 레R26:9)

질투와 탐욕은 감정을 악하게 만들고 정욕을 가진 사람이 불행에 휘감기도록 만든다. 이런 욕망은 증오의 번뜩임 속에 있다. 그렇기 때문에 '악한 눈'이다. 이것에 대한 불안은 불길한 눈초리가 피해자를 만든다는 믿음 때문이다.

눈으로 힐끗 보는 것이 해로운 영향을 줄 수 있다는 것이 탈무드에 분명하게 밝혀져 있다. 그런 능력은 특별히 랍비들에게 있었다. '누구든지 현인들이 직접 쏘아보면 죽든지 아니면 어떤 재난이 일어난다.' 알시메온벤조차이(R.Simeon b. Jochai)의 눈이 머물렀던 곳은 모두 그슬려 버렸다는 말들이 이야기에 나타나고 있다. 알 엘리제(R. Eliezer)에 대해서도 같은 이야기가 전해지고 있다.(32:59b) 몇몇 랍비들 가운데 그들을 화나게 한 사람을 노려보다 '뼈다귀 더미'가 되어 버렸다는 이야기가 있다.(12:34a,33:75a.) R. 쉬쉬트는 이 능력을 시험하다가 눈까지 멀었다.(1:58a) 같은 타입의 다른 이야기는 R. 유다에 대한 것인데 '그는 서로 빵조각을 던지고 있는 두 사람을 보고 소리를 질렀다. '누가 보면 여기가 세상에서 가장 풍족한 곳으로 알겠다!' 그는 그들을 쏘아보았다. 그랬더니 거기에 기근이 왔다.'(20:24b)

선생들에 대해·떠도는 그 같은 기담에서 인간의 고통스러운 해가 재앙의 눈에 의해서라는 것을 많은 사람들이 굳게 믿는다는 것은 놀라운 것이 아니다. 이 재앙의 눈에 대한 두려움이 얼마나 널리 퍼져 있는지는 다음 진술에서 알 수 있다. '자연적으로 죽은 것이 하나라면 재앙의 눈으로 죽은 것은 99이다.'(32:107b) 성경에 '주께서 모든 질병을 물리쳐 주실 것이다'(신:7:15)는 말씀에 대해 서도 다음과 같은 해석이 있다. '그 질병은 재앙의 눈이다.' (신:7:15) 랍비들은 그들의 법률제정에 이를 인정하는 법률을 만들 기까지 했다. '재앙의 눈이나 뱀·전갈의 마력에 대해 말하는 것, 그리고 안식일에 재앙의 눈을 피하는 것을 허용한다'고 했다 (Tosifta(12:7:23)

인간만이 아니고 가축과 다른 소유물들도 역시 그 마력에 의해 서 해를 입을 수 있다. '말은 여우의 꼬리나 주홍색 띠로 고삐를 매고 나가서는 안 된다.67) 이는 재앙의 눈에 대한 예방 때문이 다.'(Tosifta12:4:5) '사람은 곡식 이삭이 다 익었을 때에 그의 이웃 의 밭에 서 있는 것을 금한다.'(32:107a) 서기관 랍비에 의하면 그 렇게 하지 않는 경우 재앙의 눈이 그를 해칠 것이라는 것이다.

이 위험에 대한 최고의 보호 장치는 질투를 피하는 것이다. 너 의 소유물을 자랑하지 말라. 그렇지 않으면 너의 이웃이 질투하여 재앙의 눈을 가지고 그 재물을 쏘아볼 것이다. '축복은 눈(이웃의) 에 비밀로 하지 않는다면 경험할 수 없다. 성경에 '야훼께서 명령 을 내리시면 너희 창고와 너희가 손을 대는 모든 일에 복이 넘치 리라'(신28:8)68) 했다. R. 이스마엘의 학교에서는 축복은 눈(이웃의) 에 띄지 않는 것에만 일어난다고 가르친다.'(20:8b)

'만약 첫번째 태어난 아이가 딸이면 이것은 다음에 태어날 남자 를 위해서 좋은 징조이다. 어떤 이는 그녀가 그녀의 동생들을 키 우기 때문이라고 이 격언은 설명하지만 다른 사람들은 이들에 대

---

67) 안식일에 그렇다는 것이다. 주간 중의 다른 날들은 관습적으로 그것을 사용한 것으로 추측된다.

68) 히브리 말의 '창고'는 아람말의 '비밀'과 비슷하다. 그렇기 때문에 이 구절은 다음과 같은 의미가 된다. "야훼께서 명령을 내리시면, 너희 감추어진 재물들 과 너희가 손을 대는 모든 일에 복이 넘치리라."

해서 재앙의 눈이 무력해진다는 뜻이라고 한다.'(33:141a) 라쉬 (Rashi)는 자기에게 있어서 그 의미가 분명치 않지만 이것은 다음과 같은 의미로 보인다고 설명한다. 동양에서는 아들이 딸보다 더 높은 대우를 받기 때문에 만약 첫번 태어난 것이 아들이면 아기가 없는·여인이나 딸만 둔 어머니들이 질투하게 되어 '재앙의 눈'을 부르게 될 것이기 때문이라는 것이다. 처음 태어난 아이가 딸인 경우는 아들인 경우보다 질투를 덜 받을 것이다.

사람들은 세상에 알려지는 것을 피함으로써 '재앙의 눈'을 피할 수 있다. '하나니아, 미쉬엘, 아자리쉬(Hananiah, Mishael, Azariah)는 불타는 용광로로부터 도망했음에도 불구하고 그들은 '재앙의 눈'으로 죽었다.'(34:93a) 그들의 명성이 그들을 두드러지게 했고 그것으로 그들은 몰락했다. 야곱의 아들들이 곡식을 사러 이집트에 갔을 때 야곱은 아들들에게 충고했다. '너희들은 힘이 세고 잘 생겼다. 그러니 한 문으로 들어가지도 말고 한 장소에 함께 모여 있지도 마라. 그래서 '재앙의 눈'이 너희들에게 덮치지 않도록 하라'(창R91:6)

좋은 충고의 예는 사람은 '재앙의 눈'으로부터 자기 스스로 보호해야만 한다는 여호수아의 말에 있다. 여호수아가 요셉의 가문인 에브라임과 므낫세 지파에게 일렀다. '너희는 사람도 많고 또 힘도 세다. 비록 한 몫밖에 돌아가지 않는다 하더라도 그곳은 숲이 있는 산악지대이니 개간하여 가져라.'(수17:17)

그가 또 그들에게 말했다. '가라, 그리고 그 숲속에 너희들은 숨어라. 그리하면 '재앙의 눈'이 너희를 지배하지 못할 것이다.'(33:118a)

종종 탈무드에서는 '재앙의 눈'이 색정을 자극하는 힘을 의미한다. R. 요세안은 목욕탕 문에 가서 앉아 있는 습관이 있었다. 그

는 거기서 말하기를 "이스라엘의 딸들이 떠날 때 나를 깊이 쳐다
보게 하라. 그러면 그들은 나만큼 아름다운 아이들을 갖게 될 것
이다."69) 그의 친구가 그에게 말했다. "너는 '재앙의 눈'이 두렵지
않으냐?" 그는 대답했다. "나는 요셉의 씨에서 나왔다. '재앙의 눈'
은 그에게 무력하다. 왜냐하면 성경에 쓰이기를 '요셉은 열매가 주
렁주렁한 가지, 샘가에 늘어진 열매가 주렁주렁한 가지'(창49:22)라
고 했는데 R. 아바후가 말하기를 '이것은(샘가의) 주렁주렁한 가지
로 읽지 말고,('재앙의 눈'을 이긴) 주렁주렁한 가지로 읽으라'고 했다.
R. 요세 벤 차니나는 R. 요세안이 그 이유를 다음 구절에서 들고
있다고 했다. '이 세상 한복판에서 왕성하게 불어나기를 빕니다.'
(창48:16) '바닷속의 물고기들이 물로 싸여져 있듯이, 그리고 '재앙
의 눈'이 그들에게 못 미치듯이 '재앙의 눈'은 요셉의 씨에게 무력
하다. 만약 네가 말하고 싶으면 자기가 속하지 않은 것70)에 함께
하고 싶지 않은 사람은 '재앙의 눈'에 영향받을 수 없다는 것을 말
하라'(1:20a)

이런 관점에서 '재앙의 눈'을 피하는 방법이 제시되었다. '한 마
을에 들어가 '재앙의 눈'이 두렵거든 그는 그의 오른쪽 엄지를 왼
손에 쥐고 그의 왼쪽 엄지를 오른손에 쥔 다음, "나 아무개의 아들
아무개는 요셉의 씨에서 낳았다. 그에 대해서는 '재앙의 눈'이 무
력하다"고 말하라. 그러나 그 자신의 '재앙의 눈'71)에 대한 두려움
이 있다면 자기의 왼쪽 콧잔등을 노려보라'(1:55b)

---

69) 그의 잘생긴 용모는 종종 탈무드에서 언급된다.
70) 요셉은 보디발의 아내의 유혹을 물리쳤다.
71) 그의 색욕.

§ 3. 마법과 점(占)

탈무드는 성서의 순수하고 합리적인 교리들과 유대인들이 살고 있는 세계에 널리 퍼져 있는 저속한 신앙과 미신들과의 사이에 존재하는 충돌을 분명하게 보여 준다. 성서는 모든 종류의 마술적 행위와 점으로 인간 세계에서 감추어진 미래의 베일을 꿰뚫어 보려는 모든 시도들을 격렬하게 비난한다. 우리는 특별히 선사시대에 그들의 공동체를 위협하는 마술적 흐름을 막기 위해 용감한 싸움을 수행했으나 결국 헛수고한 몇몇 랍비들을 안다. 후대에 와서 랍비들조차도 굴복하고 말았고, 쉽게 믿어 버리는 저속한 믿음이 참신앙을 압도해 버리고 말았다.

신명기 18:10에는 이방 나라에서 행하고 있지만 이스라엘 자녀들은 금해야 할 마술적 행위들의 리스트가 있다. 다음 것들은 그 시대에 그들이 추측한 마술적 용어의 정의로서 랍비 문헌 속에 있다.

점쟁이 : (지팡이를 짚고) 점치러 온 자가 묻는다. '내가 갈까요 말까요?' 그러면 그가 그것을 판단해 준다.

복술가 : 이들은 요술을 부리는 자들이다. 알 아키바(R. Akiba)가 말했다. 그들은 때를 결정하는 사람들이다. 여행이나 장사를 할 때 길조인가 흉조인가를 알아본다.

마법사(enchanter) : 예를 들면 이들은 다음과 같이 말한다. '빵 한 조각이 내 입에서 떨어졌고 내 지팡이는 내 손에서 떨어졌는데 내 오른쪽에는 뱀이 있고 왼쪽에는 여우가 있어 꼬리가 내 길을 막는도다.' 또는 '초

승달이 있을 때나 안식일 전야와 안식일 끝에는(여행
이나 상거래를) 시작하지 말라'고 한다.'

마술사(Sorcerer) : 요술을 부리는 것이 아니고 실제로 마술을
하는 자. 요술쟁이는 그렇지 않은데 비해 이는 토라
를 위반하는 죄가 있다.'

술객(Charmer) : 뱀을 길들여 부리는 자.

영매 : 자기 겨드랑이에서 소리를 내는 복화술사(sifre 신
171f107a,b)

마술사(WiJard) : 이 사람은 동물의 뼈를 입속에 넣고 그것이
저절로 말하게 하는 자이다.

점쟁이(Necromancer) : 이 사람은 스스로 굶으면서 무덤에서
밤을 지새는 자로 잡귀가 그에게 임한다.(34:65b)

우리는 우선 점치는 것을 막기 위한 노력에 대해 고찰해야 한
다. 어찌하여 우리는 점성가들에게 의논해서는 안 된다고 하는
가? 성경에 '너희는 한 마음으로 너희 하나님 야훼만 섬겨라'(신18:13)
했기 때문이다.(14:113b) 이런 입장(점치는 것)을 지지하기 위해서
첫 족장의 예를 인용하였다. '우리의 조상 아브라함은 그의 가슴
위에 점성판을 붙이고 있었다. 그리고 동서방의 모든 왕들이 이것
을 의논하려고 그의 집에 모여들었다.'(33:16b) 이에 대한 강한 반
대가 나왔다. '한 랍비는 아브라함이 점성가가 아니고 예언자라고
주장했다.'(창R44:12) 비슷한 설명으로 '예레미야 시대에 이스라엘
사람들은 점성을 하고 싶어했다. 그러나 거룩하신 분 —그는 영광 받
으실 지어다— 이 그것을 허락지 않으셨다. 성경에 '나 야훼가 말한
다. 다른 민족의 생활 태도를 배우지 말라. 다른 민족들이 보고 떠
는 하늘의 조짐을 보고 떨지 말라.(렘10:2) 옛날에 너희 조상 아브
라함이 점성을 하기를 원했으나 내가 허락지 않았노라'(창Rloc. cit)

부수적으로 마지막 문장 속에 다음과 같이 기술되어 있다. 씌어지기를 '그를 밖으로 데리고 나가시어 말씀하셨다. 하늘을 쳐다보아라'(창15:5) 아브라함은 거룩하신 분 —그는 영광 받으실지어다— 앞에서 말씀드렸다. "온 우주의 주님! 내 대를 이을 사람이라고는 내 집의 이 종밖에 없지 않습니까?"(창15:3) 하나님께서 대답하셨다. "아니다. 네 대를 이을 사람은 그가 아니다. 장차 네 몸에서 날 네 친아들이 네 대를 이을 것이다."(창15:4) 아브라함이 말씀드렸다. "온 우주의 주님! 나는 점성을 했습니다. 그런데 그 점성에서 나는 아들을 낳을 수 없는 운이었습니다." 하나님께서 대답하셨다. "네 점성술을 버려라! 유성들이 이스라엘을 지배치 못하리라"(12:156a)

이 점성에 대한 강력한 경고로서 탈무드는 다음을 가르친다. '점치는 것을 멀리하는 사람은 구원의 천사들까지도 들어가지 못하는 하늘 자리를 차지할 것이다.'(26:32a)

이와 관련하여 솔로몬 왕에 대한 구절이 있다. 성경 구절을 예로 들어 설명하면 '솔로몬의 지혜는 동방의 어떤 사람도 따를 수 없었고 지혜 있다는 이집트의 누구도 따를 수 없었다.(왕상4:30) '이 이야기는 솔로몬이 성전을 짓고자 했을 때에 그는 파라오네코에게 편지를 썼다.

〈내가 지금 성전을 짓고자 하니 이리로 일꾼을 보내라〉

그 이집트 왕이 어떻게 했겠는가? 그는 모든 자기 나라의 점성가를 모아서 그들에게 말했다.

"올해 죽을 운명을 타고난 사람이 누군지 예견해서 뽑아라. 내가 그들을 솔로몬에게 보내리라"

이들 일꾼들이 솔로몬에게 왔을 때 그는 성령의 힘으로 그들이 그 해 중에 죽을 것이라는 것을 예견했다. 그래서 그는 그들에게 수의를 한 벌씩 지참시키고 다음과 같은 편지와 함께 되돌려 보냈다.

〈그대는 백성의 시체들에게 입힐 수의가 없는 듯하기에 내가 이를 공급해 주노라〉(14:34a)

이 대조는 점성에 의존한 이집트 왕과 성령으로부터 자기의 지식을 얻어 낸 히브리 사람과를 강하게 보여 준다.

다음 기담에서 가르치고 있는 것은, 미신을 믿는 자는 이스라엘 백성의 자격이 없음을 나타내는 것이다. 유대교로 개종한 어떤 점성가가 있었다. 어느 날 그는 여행을 나서려고 했다. 그런데 '그는 이런 환경 속에 나설 수 있는 건가?'[72]라고 자문했다. 더 숙고해 본 후에 그는 말했다.

"나는 이들 미신들로부터 결별하기 위해 이 거룩한 백성에게 나 스스로를 소속시킨 것이 아닌가? 나는 창조주의 이름으로 모험을 하겠다."

가는 도중 그는 세리에게 붙들렸다. 그래서 그에게 당나귀를 주고 풀려 나왔다. 무엇이 그가 곤경을 당하게 한 원인인가?(첫번에 그의 징조를) 그는 생각했다는 사실이다. 무엇이 그를 구하게 했는가? 그가 그의 창조주를 믿었다는 사실이다. 누구든지 자기의 징조를 미신하는 사람은 결국 그것이 그에게 닥칠 것이다.'(p.12:8d)

다른 이야기들은 타락한 자료에서 얻은 예지가 어떻게 잘못 이끌어 주는가를 입증하기 위한 것들이다. 이것은 요셉을 유혹한 보디발의 아내에서 비롯된다. '점성술의 방법으로 그녀는 요셉에 의해서 한 아들을 갖게 될 것을 예견했다. 그러나 그녀는 그 아이가 자기에게서 태어날 것인지 아니면 그녀의 딸에게서 태어날 것인지를 알지 못했다.'(창R85:2)

실제로 요셉은 그녀의 딸과 결혼했다.(창41:45)

다음은 비극적 결과를 낳은 것이다. '유대교로 개종한 사람이

---

72) 징조가 불길했다.

있었는데 그는 이발사이면서 점성가였다. 그가 그의 점을 통해서 유대인들이 그의 피를 흘리게 할 것이라는 것을 알았다. 그러나 그는 그것이 그가 회심했으므로 받아야 할 할례를 의미하는 줄을 알지 못했다. 그래서 한 유대인이 이발을 하려고 왔을 때 그는 그를 죽여버렸다. 이런 방법으로 그는 굉장히 많은 유대인들을 죽였는데 어떤 이는 80명이라고 하고 어떤 이는 300명이라고도 한다. 유대인들이 탄원서를 내었고 그는 다시 이교로 추방되었다.'(p.38;41a)

탈무드가 점과 이방인들의 마술에 대해서 끊임없이 언급한다는 사실은 그것에서 유대 공동체의 자유를 지키려는 의지의 또 다른 표현이다. 이집트는 이 마술의 본거지로 알려져 있다. '마술하는 10개 방법이 세상에 퍼져 있는데 이집트에는 그 중 9개가 있어 세상에 있는 것은 1개뿐이다.'(30;49b) 모세의 장인 이드로가 모세에게 그의 보좌관들을 구성하라고 제안했을 때 그는 충고하기를 '자네는 유능한 사람을 찾아내어 백성을 다스리게 세워 주는 것이 좋겠네.'(출18:21) '그리고 그들의 재판관들을 뽑기 위해 왕들이 쓰는 거울로 뽑도록 하게'(Mech.ad 10c:60a) 했다. 모압의 왕 메사는 그가 이스라엘을 제외한 모든 나라들을 점령할 것이라는 것을 그에게 말해 준 점성가들은 그가 전쟁에서 승리할 수 있는 전쟁개시의 때를 그에게 충고해 주었다.(34;95a)

그러나 이것을 억제하는 모든 노력에도 불구하고 마술적 수단들이 유대 백성의 생활 속에 스며들어갔고 모든 계층의 사람들을 지배하게 되었다. 초자연적인 힘들이 몇 랍비들에게 있는 것으로 전해지는 놀랄 만한 이야기들이 있다. 그중 몇 가지 예를 여기 든다.

코니(Choni)라는 사람이 비가 오기를 빌었으나 비가 내리지 않았다. 그는 한 개의 원을 그리고 그 가운데 서서 부르짖었다. "온 우주의 주님! 내가 당신 전의 아들과 같아서 당신의 자녀들이 내게 그들의 소원을 말합니다. 나는 당신의 크신 이름으로 맹세합니다. 당신의 자녀들 위에 당신의 자비를 베풀어주실 때까지 나는 여기서 한 걸음도 움직이지 않겠습니다."

가느다란 빗방울이 떨어지기 시작했다. 그는 말했다.

"이것은 내가 구한 비가 아닙니다. 내가 구한 것은 저수지와 도랑과 동굴을 채울 만한 비입니다."

그러자 비가 억수같이 쏟아졌다. 그는 말했다.

"이것도 내가 구한 비가 아닙니다. 내가 구한 비는 당신의 사랑스러운 비, 그리고 축복과 은총의 비입니다."

그러자 곧 비는 적당한 양으로 내렸다.(20:3:8)

핀차스벤 제이어가 어떤 곳에 갔더니 그곳에 사는 사람들이 '쥐들이 우리가 먹을 양식을 갉아먹고 있다'고 말했다. 그러자 그는 쥐들에게 모이라고 명했다. 모여든 쥐들이 찍찍거리기 시작했다. 그는 주민들에게 "쥐들이 뭐라고 하는지 아시오?" 하고 물었다. "모르겠습니다." "당신들의 곡식은 정당한 십일조를 드리지 않은 것이라고 하오. 그래서 곡식을 갉아먹고 있다는 것이오." 그들이 그에게 말했다. "이제부터는 정당한 십일조를 드릴 테니 더는 걱정하지 않고 살 수 있도록 우리를 안심시켜 주십시오."

그는 그들을 안심시켰고 그들은 더 이상 고통받지 않았다.(p.3:22a)

자나이(Jannai)가 여인숙에 가서 물을 청했다. 그들은 물을 가져다주고 무언가를 속살거렸다. 그는 여인들이 하는 것을 보고 그 물을 던져 버렸다. 그랬더니 그것이 뱀이 되었다. 그는 그들에게 말했다.

"나는 너희들의 물을 마셨다. 너희들도 내 물을 마시게 될 것이다."

그는 그 여인들 중 하나에게 물을 마시게 했다. 그랬더니 그 여자는 당나귀가 되어 버렸다. 그는 그 위에 올라타고 시장으로 몰았다. 그러자 여자의 동료들이 와서 그 마술에서 풀어 주었다. 그래서 그는 여자를 탄 사람으로 알려졌다.(34:67b)

덕망이 있는 사람이 원하면 무엇이든 창조할 수 있다. 라바(Raba)는 사람 하나를 창조해서 알 지라(R. Zira)에게 보냈는데 지라는 그에게 말을 걸었지만 대답하지 못하는 것을 보고 외쳤다.

"너는 마술로 창조됐구나. 티끌로 다시 돌아가라"

알 차니나(R. Channina)와 알 오새야(R.Oshaya)는 매 금요일마다 함께 앉아서 Sefer Jetzirah[73]에 몰두하곤 했는데 그들은 세 살 짜리 암소를 만들어서 먹어치웠다.(34:65b)

다음 이야기에서 한 랍비와 미신을 믿는 그의 친구의 상식을 알 수 있다. 랍은 R. 치야에게 말했다. "나는 한 아랍인이 칼로 그의 낙타를 해부하는 것을 보았는데 그가 탬버린을 찰랑찰랑 흔들자 그것이 벌떡 일어나더라" R.치야가 말했다. "그러고 난 후에 거기에 피나 똥이 있었나? 만약 없었다면 그것은 다만 환상일 뿐이다."(34:67b) 랍비들에게 속해 있는 다른 능력은 이런 식으로 표현되어 있다. '현인의 저주는 저주받을 아무 이유가 없어도 그대로 된다는 전통이 있다.'(1:56a)

어떤 이는 한 걸음 더 나아가 주장한다.

"보통 사람의 저주까지도 가볍게 취급될 수 없다(31:93a)

마술이 진짜라는 것을 전제한 이야기들이 탈무드 속에 있다.

---

73) '구조의 책' ; 현재는 없어진 신비스런 지식에 대한 연구서이다. 이런 책은 캅바리오틱(Kabbalistic) 문서의 초대 자료로 전통적으로 알 아키바(R.Akiba)의 것이었는데 거기에 이 책과 비슷한 이름의 책은 없다.

'한 점성가가 알 나쉬맨벤 이삭(R. Nachman b. Isaac)의 어머니에게 그녀의 아들이 도둑이 될 것이라고 예언했다. 그녀는 아들에게 모자 벗는 것을 허락지 않고 "모자를 쓰고 있거라. 그것 때문에 하늘의 고통이 네게 있을 것이다. 그리고 너는 자비를 빌어라." 했다. 아들은 왜 그녀가 자기에게 그렇게 시키는지 알지 못했다. 어느 날 그가 대추야자나무 아래 앉아서 공부를 하고 있는데 그때 그의 머리장식이 떨어졌다. 그는 대추야자 열매를 쳐다보았다. 그래서 그는 기어올라가 한 송이를 따서 깨물었다.(12:156b) 그 나무가 그의 것이 아니기 때문에 그는 그 열매를 훔친 죄를 범했고 그 예언은 맞은 것이 되었다.

요셉은 안식일을 지키는 그 자세에 있어 명성이 대단한 사람이었다. 한데 그 이웃에는 대단한 부자 이방인이 살고 있었다. 그런데 한 점성가가 그 부자에게 그의 재산은 장차 요셉의 것이 될 것이라고 예언했다. 그 말을 믿은 부자는 전 재산을 팔아 그 돈으로 진주를 사 가지고 그의 모자 속에 넣어 두었다. 하루는 나룻배로 강을 건너는데 바람이 불어 그 모자를 날려 버렸다. 그러자 진주가 물 속에 빠져 버리고 말았다. 그것을 지나가던 물고기가 삼켜 버렸다. 그 후 물고기는 잡혀 금요일날 장에 나왔다. 어부들은 누구에게 이 고기를 팔 것인가 의논한 후 안식일 성자인 요셉에게 팔기로 했다. 그는 물고기 사기를 좋아하는 습관이 있기 때문이었다. 그들은 고기를 그에게 가져갔고 그는 이것을 샀다. 그가 고기를 잡아 배를 갈라 헤쳤을 때 그 속에서 진주가 나왔다. 그는 이것을 팔아 막대한 돈을 챙기게 되었다.(12:119a)

알 요셉(R.Joseph)은 학술원 원장으로 선출되었을 때 점성가들이 그가 취임하면 2년 동안 재임하고 죽을 것이라고 말해 주었다. 그래서 그는 그 자리를 수락하지 않았다.(1:64a)

다음 이야기는 점쟁이의 예언이 맞다 해도 그것이 불운한 것이면 자선을 함으로써 피할 수 있다는 교훈을 주고 있다.74)

알 차니나(R. Channina)의 두 제자가 나무를 하기 위해 나갔다. 한 점성가가 그들을 보면서 말했다.

"두 사람은 가 버리면 다시는 돌아오지 못할 것이다."

그러나 가는 도중에 그들은 한 노인을 만났다. 그 노인은 "자선하시오. 나는 3일 동안이나 굶었소이다" 했다. 그들은 빵 한 덩어리를 갖고 있었는데 그것을 둘로 잘라서 한쪽을 그 노인에게 주었다. 그 노인은 그것을 먹고 대신에 복을 빌어 주었다.

"내 생명을 오늘 당신들이 구해 주었듯이 당신들의 생명도 오늘 구해지기를 비오." 그들은 평화롭게 나갔다가 평화롭게 돌아왔다. 거기에 점성가의 예언을 들은 사람들이 있었는데 그들이 점성가에게 물었다.

"당신은 이 두 사람이 나가면 돌아오지 못할 것이라고 하지 않았소?"

그는 대답했다. "여기 거짓말쟁이가 있군.75) 왜냐하면 그 예언이 틀렸으니까 말이야."

이상히 여긴 그들은 가서 이 일을 조사했다. 그리고 그들은 그 제자들의 나뭇짐 속에서 두 동강난 뱀을 발견했다. 사람들은 제자들에게 물었다. "오늘 너희들에게 무슨 일이 있었는가?" 그들은 자기들이 겪은 일에 대해서 말했다. 그러자 그 점성가는 외쳤다. "유대인의 하나님께서 빵덩어리 반쪽으로 그 노여움을 푸신 것을 내가 어쩌겠는가?"(p.12:8b)

이런 이야기들은 별문제로 하고라도 탈무드 속에는 많은 종류

---

74) 이 이야기를 알 아키바(R. Akiba)의 말에 대한 이야기와 비교하라.
75) 자기 자신을 의미한다.

의 미신에 관한 기록이 있다고 보여진다. 국가 운명의 쇠퇴와 관
련해서 다음과 같은 이야기들이 있다.

'부도덕과 마술은 국가를 모두 망친다.'(28:9:13)

'하나님의 심판에 대항하여 주문을 사용해 예언하는 자들이 많
아졌을 때 세상에 신의 진노가 왔고, 쉐키나가 이스라엘에서
떨어져 나갔다.'(Tosifta 28:14:3)

마법이 이스라엘 여인들 속에 널리 퍼져 있다는 것은 이미 언급
한 바다. 시메온 벤 쉬타취(Simeon b. Shetach)는 현 시대 한
세기 앞에 살았던 사람이었는데 그는 하루에 아즈카론(Ascalon)
에 있는 80마녀를 목매어 단 기록이 있다.(34:6:4) 이 마술에 대한
지식은 법정에서 그들에게 인도한 법을 피하기 위해 자기들의 마
술을 쓰는 마술사들을 처벌하기 위해서 필요하고, 또 역시 그들이
속임수로 심판관을 속이려고 할 때 그것을 폭로하기 위해 필요하
다고 서기관 라쉬(Rashi)는 설명한다.

사람들은 족제비와 새들과 물고기로 점을 친다.(34:66a) 그 예가
리쉬라는 랍비와 관련되어 전해지고 있다. 그는 노예로 붙잡혀 있
었다. 그런데 한번은 그가 새의 말을 알아듣는 어떤 사람 옆에 앉
아 있었는데 까마귀 한 마리가 날아와서는 까악까악 울어댔다. 그
가 물었다. "그 새가 뭐라고 합니까?" 그 사람이 대답했다. "리쉬,
도망쳐라. 리쉬, 도망쳐라" 그가 말했다. "그 까마귀는 거짓말쟁이
입니다. 나는 그것을 믿지 않습니다." 한참 후에 비둘기가 날아와
서는 구구구구 울었다. "그 새가 뭐라고 합니까?" "리쉬, 도망쳐
라. 리쉬 도망쳐라, 하네" 그는 외쳤다. "비둘기는 이스라엘에 비
유되는 새인데, 그렇다면 기적이 나에게 일어나고 있구
나!"(29:45a)

인간의 삶에 대한 유성들의 영향을 믿는 믿음이 사람들을 아주

확고하게 붙잡고 있었다. 그러나 동물들에게는 해당되지 않는 것으로 전해진다.(12:53b) 그러나 모든 풀과 열매들은 이 유성들의 지배 아래 있다.(창R.10:6) 인간들에 관한 한 이스라엘 사람들이 그 일반적 규칙에서 제외되는지 아닌지에 대한 의견이 서로 엇갈린다. 한 랍비는 주장했다. '유성 아래서 인간은 그가 현명하거나 부자이거나 아니거나가 결정되어 태어난다. 그리고 유성들은 이스라엘인들에게도 영향을 미친다. 그러나 다른 랍비는 유성은 이스라엘인들의 삶에는 영향을 미치지 못한다고 주장했다.'(12:156a)

두 탁월한 랍비들이 말하는 것을 종합해 보면 나타나듯이 첫번째 언급된 의견이 일반적으로 우세했다. '장수(長壽) 자손, 생계는 공적에 의한 것이 아니고 유성들에 의해서 된다. 그 예로서 둘 다 의로운 사람들인 랍바와 R. 키스다를 생각하라. 둘 중 하나는 기도하여 비를 내렸지만 다른 하나는 할 수 없었고, R. 키스다는 92세를 살았는데 랍바는 40세의 나이로 죽었다. 전자의 집에서는 60번76)의 혼례식이 베풀어졌는데 후자의 집에서는 60번의 장례식이 있었다. R. 키스다의 집에서는 가장 최고급 빵을 개들이 먹어도 아무도 이 일에 신경을 쓰지 않는 반면 랍바의 집에서는 거기 사는 사람들이 간신히 먹을 빵조차도 없었다.'(22:28)

태어날 때의 시각이 개인의 성격과 운명에 주는 영향이 자세하게 씌어져 있다. '일요일에 태어난 사람은 아주 좋게 되든지 아주 나쁘게 되든지 할 것이다. 그 날에 빛과 어둠이 창조되었기 때문이다. 월요일에 태어난 사람은 기질이 나쁘게 될 것이다. 왜냐하면 그날에 물들이 나뉘었기 때문이다. 화요일에 태어난 사람은 부자가 되고 호색가가 될 것이다. 그 날에 초목이 창조되었기 때문이다. 수요일에 태어난 사람은 현명하고 좋은 기억력을 갖게 될

---

76) 탈무드에서 60은 확실치 않은 수를 표현하는 데 종종 사용된다.

것이다. 그 날에 발광체들이 창공에 매달리게 되었기 때문이다. 목요일에 태어난 사람은 인정이 많은 사람이 될 것이다. 그 날에 고기와 새가 창조되었기 때문이다. 금요일에 태어난 사람은 활동 적이 될 것이다. 또는 다른 번역판에 따르면 계율을 행하는데 열 성적인 사람이 될 것이다. 안식일에 태어난 사람은 안식일에 죽을 것이다. 왜냐하면 그가 태어남으로 안식일이 더럽혀졌기 때문이다.'77)

  '다른 랍비는 그 태어난 날의 유성이 한 사람의 운명을 결정하는 것이 아니라 그 시간의 유성이 그것을 결정하는 것이라고 주장했다. 태양의 영향 아래 태어난 사람은 특출한 사람이 될 것이다. 그는 자기 자신의 것만으로도 풍족한 사람이 될 것이다. 그는 자기 자신의 것만으로도 풍족히 먹고 마실 것이며 그의 비밀은 폭로되고 만약 그가 훔치는 모험을 하려고 한다면 실패할 것이다.78) 금성의 영향 아래 태어난 사람은 부자가 되고 호색가가 될 것이다. 왜냐하면 불이 그 성좌를 통해서 나왔기 때문이다. 수성의 영향 아래서 태어난 사람은 뛰어난 기억력을 갖고 현명하게 될 것이다. 왜냐하면 이 별은 태양의 비서격이기 때문이다(즉, 태양을 따라다니는 별). 달의 영향 아래 태어난 사람은 병을 앓게 될 것이고 짓고 파괴하고 다시 짓고 파괴하는 사람이 될 것이고 그 자신의 것이 아닌 것으로 먹고 마시며 그의 비밀은 감추어질 것이며 만약 그가 훔치는 모험을 하려고 한다면 성공할 것이다.79) 토성의 영향 아

---

77) 출산하는 동안 그 어머니를 시중들어야 하므로.
78) 그의 삶에 대한 모든 것은 태양 빛과 같이 개방되고 깨끗할 것이며 태양이 다른 유성으로부터 빛을 받지 않듯이 그 사람은 독립적이 될 것이다.
79) 그는 달의 창백성 때문에 앓게 될 것이다. 달이 주기적으로 커졌다 작아졌다 하듯이 그의 일들은 안정감이 없을 것이며 달이 해로부터 빛을 받듯이 그는 독립적이 되지 못할 것이다. 그리고 그의 삶은 달이 오직 밤에만 빛나듯이 비밀스러울 것이다.

래 태어난 사람은 근심이 없는 사람이 될 것이다.80) 다른 사람은
'그 사람을 반대하는 모든 계획들이 실패할 것이다'고 주장하기도
한다. 목성의 영향 아래 태어난 사람은 의로운 사람이 될 것이
다.81) 화성의 영향 아래 태어난 사람은 피를 흘리는 사람이 될 것
이다.82) 다른 랍비는 '그는 피 빼는 사람이나 백정이나 할례하는
사람이 될 것이라고 주장한다.'(12:156a)

　사람의 운명과 자기의 성좌와 그렇게 밀접한 관계가 있기 때문
에 '그가 어떤 공포를 느끼면 그 원인을 스스로도 모름에도 불구하
고 그의 성좌는 이것을 알아차린다. 그는 어떻게 할 것인가? 쉐마
를 암송하라. 그리고 그가 만약 불결한 곳에 서 있다면83) 4큐빗
떨어진 곳으로 옮기게 하라. 또는 '도살장에 있는 염소는 나보다
더 살쪘다'고 말하라'(21:3a) 또 '사람의 이름이 그 사람 생애에 영
향을 미친다.'(1:7b)고 믿는 것도 있다.

　고대의 이방 사람들과 같이 유대인들도 해와 달의 식(蝕)을 신
의 노여움이 나타나는 것으로 해석했다. '랍비는 가르치기를 일식
(日蝕)은 제세계에 대해 나쁜 징조이다. 비유를 들면 이 일이 무
엇과 같은가? 자기의 신하들을 위해 왕이 잔치를 베풀었는데 그
들 앞에서 램프 하나가 놓여 있었다. 그 왕이 그들에게 노했을 때
그는 한 종에게 그 램프를 치우라고 명했다. 그래서 그들은 어둠
속에 남아 있게 되었다는 것과 같다. 유성들이 식(蝕)하고 있는
한 이스라엘의 적들에게 불길한 징조이다.84) 왜냐하면 그들은 재

---

80) 토성의 히브리 명칭은 '그치다'는 의미의 어근과 비슷하다.
81) 목성의 히브리 명칭은 '의로움'을 의미한다.
82) 화성의 히브리 명칭은 '붉게 보인다'는 의미이고, 그래서 이것은 피를 암시한
다.
83) 불결한 곳:쉐마를 암송할 수 없는 곳.
84) 이 말은 문맥에서 어떤 불길한 것을 다룰 때 흔히 쓰는 이스라엘 자신에 대한
　완곡어법이다.(즉 이 말은 이스라엘에 불길한 징조라는 뜻이다:역주)

난에 익숙해 있기 때문이다. 비유 : 선생님이 가죽끈을 들고 교실
에 들어갔을 때 누가 당황하게 될 것인가? 매일 매를 맞았던 생도
가 아니겠는가! 일식은 이방(異邦) 백성들에게 불길한 징조이다.
월식은 이스라엘의 적들에게 나쁜 징조이다. 왜냐하면 이스라엘
은 달을 중심으로 달력을 만들었고 이방인들은 해를 중심으로 달
력을 만들었기 때문이다. 식(蝕)이 동쪽에서 일어나면 동쪽에 거
주하는 사람들에게 불길한 징조이고 서쪽에 일어나면 서쪽에 거
주하는 사람들에게 불길한 징조이다. 만약 이것이 하늘 중앙에서
일어나면 전세계가 불길한 징조이다. 만약 그 표면이 핏빛이 되면
세상에 전쟁이 일어날 것이고 잿빛이 되면 세상에 기근이 올 것이
다.85) 만약 위의 두 빛깔이 동시에 일어나면 전쟁과 기근이 동시
에 올 것이다. 만약 식(蝕)이 태양이 지는 곳에 일어나면 재앙은
한참 후에 오고 뜨는 곳에서 일어나면 재앙은 속히 온다. 그러나
어떤 사람들은 반대로 해석하기도 한다. 어떤 나라도 그 나라에
있는 신이 강타 당하지 않고는 망하는 법이 없다. 성경에 '이집트
의 신들도 모조리 심판하리라'(출12:12) 했다. 그러나 이스라엘 '전
지자'의 뜻을 행할 때 그는 이같은 일들을 두려워할 아무 근거도
없다. 성경 말씀에 '나 야훼가 말한다. 다른 민족들의 생활 태도를
배우지 말라. 다른 민족들이 보고 떠는 하늘의 조짐을 보고 떨지
말라'.(렘10:2) 이스라엘이 아니라 다른 나라들이 조짐을 보고 떤
다. 일식의 원인에 대해 4가지가 있다. 죽은 사제에 대한 조사(弔
詞)가 알맞지 못하기 때문에, 살고 있는 곳에서 강간당하고 있는
처녀를 아무도 구하러 오지 않기 때문에, 남색 때문에, 그리고 두
형제가 동시에 피를 흘리기 때문에 일식이 생긴다. 네 가지 원인
으로 유성들에 식(蝕)이 생긴다. 문서 위조자들, 위증자들, 이스

---

85) 굶주림으로 사람들의 얼굴이 회색 빛이 될 것이다.

라엘 땅에서 동물들을 사육하는 자들,86) 그리고 좋은 나무를 잘라 내는 자들 때문이다.'(17:29a)

랍비들 중 어떤 이들은 유성들의 영향과 점성술에 대한 믿음이 윤리에 바탕을 둔 자유의지의 교리와 모순된다는 사실을 올바르게 인식했다. 따라서 그들은 암시적으로 마음 내키지 않는 타협을 하고 있다. '점에는 어떤 실재가 없다. 그러나 징조 속에는 있다.'(p.12:8c) '징조는 참다운 것이다.'(47:6a) 이 말들이 무엇을 의미하는지는 다음 예들을 통해서 이해될 수 있을 것이다. '기도하는 동안 재채기를 한 사람은 이것을 불길한 징조로 생각해야 한다.'(1:24b) '만약 어떤 사람이 그의 기도를 올리는 중에 틀렸다면 이것은 그에게 불길한 징조이다. 만약 그가 다른 사람을 위해 대리 기도를 하다가 그랬다면 이것은 그에게 그 기도를 위임한 사람에게 불길한 징조이다. 왜냐하면 한 사람의 대리자는 그 본인과 같기 때문이다. 이것은 다음 사실에서 나타난다. 알 차니나벤도사(R.Channina b.Dosa)가 병자를 대신해 기도하고 나서 그가 '이 사람은 살 것이고 저 사람은 죽일 것이다'고 말했다. 사람들은 그에게 물었다. "어떻게 아십니까?" "만약에 내 기도가 내 입에서 유창하게 되면 나는 그가 받아들여진 것을 알고 그렇지 못하면 나는 그가 거절된 것을 안다'고 대답했다.'(1:5:5)

이런 방향에서 그의 능력을 말해 주는 한 예가 있다. R. 가말리엘의 아들이 아팠을 때 일어난 일이었다. 그는 자기의 두 제자를 R. 차니나 벤 도사에게 보내어 그의 아들에 대한 기도를 부탁했다. R. 차니나 벤 도사는 다락방으로 올라갔다. 그리고 대리 기도를 드렸다. 내려와서 그는 그 보내온 제자들에게 말했다. "가라, 열병이 그에게서 떠나갔다." 그들이 물었다. "당신은 예언자입니

---

86) 예를 들면 이웃의 땅에 침범해서 풀을 뜯는 것은 막기 어려운 양을 뜻한다.

까?" 그는 "나는 본시 예언자가 아니다. 예언자의 무리에 어울려 본 적도 없는 사람이다.(암7:14) 그러나 내 전통은 이것이다. 만약 내 기도가 내 입에서 유창하게 되면 나는 그가 받아들여진 것을 알고 그렇지 못하면 나는 그가 거절된 것을 안다"고 대답했다. 그 들은 앉아서 그것을 기록하고 그 시간을 적어 두었다. 그들이 R. 가말리엘에게 돌아왔을 때 그는 그들에게 말했다.

"맹세코 너희들은 바로 시간을 맞추었다. 그 시간에 내 아들에 게서 열병이 떠나가고 그가 우리에게 마실 물을 달라고 했 다."(1:34b)

징조에 대한 것은 보통 랍비들에게 도움을 청하고 그밖에는 성 경점(占)에 의존한다. 그들은 한 교실에 들어가서 한 소인에게 그 가 지금 바로 배운 성경 구절이 무엇이냐고 묻는다. 그래서 그 말 속에 있는 징조를 찾는다. 이에 대한 많은 예가 탈무드에 있다. 알 메이어(R.Meir)가 이교도인 에리사 b. 아부야에게 개종하도록 설득 했을 때 그는 그를 데리고 학교로 갔다. 그리고 에리사는 한 아이 에게 말했다. "네가 지금 배운 구절을 내게 반복해 보아라." 그 소 년이 읽었다. '야훼께서 불의한 자에게 이르신다. 잘 되려니 생각 마라'(사48:22) 그는 다른 학교에 갔다. 같은 질문을 받은 소년이 읽었다. '비누로 몸을 씻어 보아라, 잿물로 몸을 씻어 보아라, 너 희 죄가 내 앞에서 사라질 것 같으냐?'(렘2:22) 다른 곳에서도 계속 마찬가지였는데 그 모든 구절은 그에게 아무 희망이 없다는 것을 나타내고 있었다.(23:15a) 징조의 다른 형태는 '만약 아침에 일어 나서(저절로) 그의 입에서 성경 구절이 튀어나오면 이것은 작은 예 언으로 간주해야 한다(1:55b)[87]

점치는 매개로써 또 하나가 더 기록되어 있다. 그것은 요술(마

[87) 유대인들이 예지하고 믿는 다른 징조들은 미신을 다루는 장에서 다루어질 것 이다.

술)이다. 죽은 자와 직접적인 대화 —이것은 토라에 명백히 금지되어 있
다— 는 아주 드문 경우를 제외하고는 자주 있지 않음에도 불구하
고 공동묘지에서 밤을 지새우면 그 해의 어떤 특별한 일이 이루어
질 수 있다고 믿는 경향이 있었다.

죽은 자가 지상에서 일어나는 일을 알 것인가 모를 것인가에 대
한 논쟁 중에서 이 문제에 대해 알려 주는 것이 있다. 죽은 자들이
세상일을 알고 있다는 것을 입증하기 위해 다음 이야기가 전해지
고 있다. 한 신앙심 깊은 사람이 가뭄이 들어 있는 새해 이브에 거
지에게 1데나리온(고대 로마 은화)을 준 일이 있었다. 그의 아내와
싸우고 그는 공동묘지에 가서 밤을 새우게 되었다. 그는 거기서
두 영들이 얘기하는 것을 들었다. 하나가 다른 것에게 말했다. '친
구야, 오라. 우리 세상을 돌아다녀 보자. 그리고 어떤 재앙이 세상
에 일어나나 커튼88) 뒤에서 들어보자.' 다른 영이 대답했다. '나는
갈대거적89) 속에 묻혀 있어서 갈 수가 없어. 그러니 네가 가서 들
은 것을 내게 얘기해 주렴.' 그녀(영)는 갔다. 그리고 주변을 배회
하고 돌아왔다. 다른 영이 물었다. '커튼 뒤에서 무엇을 들었니.
친구야?' 그녀가 대답했다. '첫번 비90)가 내릴 때 씨를 뿌리는 소
리를 들었다. 우박이 두드려 부술 텐데.' 이 사람은 즉시 가서 두
번째 비가 내릴 때 씨를 심었다. 우박이 다른 사람들의 곡식을 망
쳐 놓았으나 그의 것은 괜찮았다.

다음 해 그는 다시 새해 밤을 공동묘지에서 보냈다. 그는 같은
두 영들의 얘기 소리를 들었다. 하나가 다른 것에게 말했다. '오
라, 우리 세상을 돌아다녀 보자. 그리고 어떤 재앙이 세상에서 일

---

88) 하늘 정의의 법정에 있는 커튼.
89) 매장하기 전 베 수의 대신 이것으로 시체를 묻기 때문.
90) 8번째 달의 17일에 23일 사이, 두 번째 강우는 그 달의 23일에서 끝날까지이
다.

어나나 커튼 뒤에서 들어보자.' 다른 영이 대답했다. '친구야, 나는
갈대거적 속에 묻혀 있기 때문에 갈 수 없다고 말하지 않았니? 그
러니 네가 갔다 와서 들은 것을 내게 얘기해 주렴.' 그녀는 갔다.
그리고 배회하고 돌아왔다. 다른 영이 물었다. '커튼 뒤에서 무엇
을 들었니?' 그녀가 대답했다. '두 번째 비에 씨를 뿌리는 소리를
들었다. 돌풍으로 다 부수어질 텐데.' 이 사람은 가서 첫번째 비에
씨를 뿌렸다. 다른 사람들이 뿌린 씨는 돌풍에 다 부수어졌으나
그의 것은 무사했다. 그의 아내가 물었다. '작년에는 모두 우박으
로 곡식을 망쳤는데 당신은 괜찮았고 올해는 당신을 빼고는 모두
돌풍으로 곡식을 망쳤으니 이게 어찌된 일이오?' 그는 그녀에게
모든 이야기를 들려주었다.

그 후에 곧바로 그 신앙심 깊은 사람의 아내와(거적 속에 묻혀 있
는) 소녀의 어머니와 말다툼이 일어났다. 그 아내가 그 어미에게
말했다. "갑시다. 내가 당신의 딸이 갈대거적 속에 묻혀 있는 것을
보여 주겠소." 다음 해에 같은 그 사람이 새해 밤을 공동묘지에서
보냈는데 그 영들이 얘기하는 것을 들었다. 하나가 말했다. '친구
야, 오라. 우리 세상을 돌아다녀 보자. 그리고 어떤 재앙이 세상에
서 일어나나 커튼 뒤에서 들어보자.' 다른 영이 대답했다. '친구야.
날 혼자 내버려둬. 너와 내가 한 말들을 살아 있는 사람이 엿들었
다!'(1:18b)

다른 이야기가 이어진다. '제리(Zeri)는 자기 여주인에게 자기
돈을 모두 맡기고 떠났다. 그가 주인의 학교에 갔다가 돌아오니
그녀는 죽어 있었다. 그는 그녀를 따라 공동묘지로 갔다. 그리고
물었다. "돈이 어디 있습니까?" 그녀가 대답했다. "가서 이러저러
한 곳에 있는 문구멍 아래에서 그것을 찾아라. 그리고 내 어머니
에게 말해서 내일 여기에 올 아무개 편에 내 머리빗과 눈화장 물

감을 보내라고 해라."(1:18b)

이런 이야기들 중 가장 잘 다듬어진 세 번째 이야기는 '사무엘91)의 아버지는 고아들의 돈을 얼마간 맡아 갖고 있었다. 그가 죽을 때 사무엘은 그와 함께 있지 않았다. 사람들은 후에 그를 '고아의 돈을 횡령한 자의 아들'이라고 불렀다. 그는 아버지를 따라 공동묘지에 갔다. 그리고 그들에게92) 말했다. '나는 아바를 만나고 싶소.' 그들이 대답했다. '그런 이름이 여기는 많이 있다네.' '나는 사무엘의 아버지, 아바의 아들 아바를 만나고 싶소. 그분이 어디에 있소?' 그들이 대답했다. '그분은 토라를 배우는 곳인 하늘 학교에 올라갔네.' 그러는 동안 그는 이전의 동료인 레리가 거기 따로 떨어져 있는 것을 보고 물었다. '왜 너는 따로 앉아 있니? 왜 너는 하늘 학교에 올라가지 않았니?' 그가 대답했다. 나에게 말하기를 '너는 수년 동안 R. 아페스의 학교에 출석지 않았고, 그리고 그런 행동이 그를 슬프게 했다. 그러므로 우리는 너를 하늘 학교에 올려보낼 수 없다고 했기 때문이다' 그러는 동안 그의 아버지가 도착했다. 사무엘은 그가 눈물을 흘리며 웃는 것을 보았다. 그가 말했다. '왜 우십니까?' '네가 곧 여기에 올 것이기 때문이다.' '그런데 왜 웃으십니까?' '네가 세상에서 대단히 높이 존경받기 때문이다.' 사무엘이 그에게 말했다. '만약 내가 그렇게 존경받는다면 그들이 레빈(Levin) 하늘 학교에 들어가는 것을 허락하게 해 주십시오.' 그래서 그들은 그에게 들어가는 것을 허락했다. '그 아들의 돈은 어디 있습니까?' '방앗간 울타리에 가서 그것을 찾아보아라. 위에 있는 것과 맨 아래 있는 돈 뭉치는 우리 것이고 중간 뭉치가 그 아들의 것이다.' 그는 아버지에게 물었다. '왜 이런 방법으

---

91) 3세기 초에 바벨론에서 가장 유명한 선생.
92) 영들이 모여 비밀회의를 하고 있었다.

로 하셨습니까?' 만약 도둑들이 훔치려고 오면 우리 것을 훔쳐가
게 하고 흙으로 인해 녹이 슬면93) 우리 것이 녹이 슬게 하려고 했
다'는 것이다'.(1:18b)

§ 4. 꿈

성서에서 말하는 중요한 인물들이 꿈들과 연관됐다는 점을 보
더라도 유대인들이 밤에 그들에게 오는 환상들을 의미 있게 생각
하고 있는 것은 당연한 일이다. 이것을 그들은 하나님과 대화하는
매개로 생각했고 탈무드도 이것을 그분께 속한 것으로 본다.

'내가 이스라엘에서 내 얼굴을 감추었음에도 불구하고 그분과
대화할 것이다.'(23:5b) 꿈은 '예언의 60번째 부분'으로 주장되었
다.(1:57b)

하나님뿐만 아니라 죽은 자도 역시 산 자에게 메시지를 전달하
는 방법으로 꿈은 사용된다. 그리고 이런 종류의 이야기들의 일부
가 탈무드에 실려 있다.

R. 유다의 이웃에 사는 한 사람이 그의 죽음을 슬퍼해 줄 아무
도 남겨 놓지 않고 죽었다. 상(喪)중에도 내내 R. 유다는 몇 사람
을 불러서 그 죽은 사람의 집에 있도록 했다. 그리고 그를 애도했
다. 7일이 지나간 후에 그 죽은 사람이 꿈에 그에게 나타났다. 그
리고 말했다. '내 마음속에 당신이 쉼을 주었듯이 당신의 마음속에
쉼이 있기를 빕니다.'(12:152a,b)라바가 한 번은 비를 내려 주기를
하나님께 기도했다. '그의 아버지가 꿈에 나타나서 말했다. '하늘
에 이렇게 많이 문제를 일으킨 사람이 있었느냐?94) 네가 위험 속

---

93) 마태5:19와 비교하라.
94) 그의 잦은 청원 때문에.

에 있으니 네 잠자는 장소를 바꾸어라.'

그 이튿날 아침 그는 첫 번 침상에서 칼자국들을 발견했
다.'(20:24b)

논문 브라호트 속의 몇 페이지가 꿈에 관한 것으로 할당되어 있
다. 그리고 해몽 방법에 대해 많은 자료를 제공하고 있다. 다음은
그 발췌이다. '해석되지 않은 꿈은 읽지 않은 편지와 같다.95) 좋
은 것도 나쁜 것도 아닌 꿈은 모든 세세한 부분까지 다 실현된다.
나쁜 꿈은 좋은 꿈보다 오히려 낫다.96) 꿈이 나쁠 때는 그것으로
인한 고통이 그 실현을 예방하기에 충분하다. 그리고 꿈이 좋을
땐 그 꿈이 가져다 준 기쁨으로 충분하다. 밀짚 없는 밀이 없듯이
공한 것 없는 꿈도 없다. 꿈은 부분적으로는 이루어지지만 완전하
게 이루어질 수는 없다. 이것은 요셉에게서 배운 것이다. 성경에
'글쎄, 내가 꿈을 또 꾸었는데 해와 달과 별 열 하나가 내게 절을
하더군요' 했다. 그러나 그 때에 그의 어머니97)는 살고 있지 않았
다.'(1:55a)

좋은 사람은 좋은 꿈을 꾸지 못하고 나쁜 사람은 나쁜 꿈을 꾸
지 못한다.98) 누구든지 7일간 계속 꿈꾸지 않고 지내면 상서롭지
못하다고 한다. 좋은 사람은 꿈을 꾸지만 이튿날 아침이면 그가
무엇을 꾸었는지 알지 못한다.99) 꿈을 꾸었는데 그 꿈이 나빠서
기분이 위축된 사람 중 세 사람을 모아서 그들에게 다음과 같이

---

95) 이것은 앞으로 설명하게 될 것으로써 꿈은 해석에 따라서 되는 것이므로 해석
하지 않은 꿈은 선악의 아무 영향이 없다. 이 말은 틀림없이 꿈 해석을 그만
두게 하려는 데 그 의도가 있다.
96) 이것은 양심의 괴로움과 뉘우침으로 이끌어 주기 때문.
97) '달'로 표현되었다.
98) 좋은 사람은 그가 죄를 지을지도 모른다는 생각의 반작용으로 나쁜 꿈을 꾼다.
그러나 나쁜 사람은 오는 세상에 대한 희망이 없으므로 이 세상에서 쾌락을
누리려 하기 때문에 좋은 꿈을 꾼다.
99) 해석하지 않으면 꿈은 아무 영향력을 갖지 못한다.

이야기함으로써 좋게 바꾸어야 할 것이다. '나는 좋은 꿈을 꾸었
다' 그렇게 그들은 말해야 한다. '좋은 꿈은 좋게 되고, 자비로우신
분께서 좋도록 하실 것이다. 하늘에 관련된 우리 세 사람에게 이
것은 좋게 될 것이라고 일곱 번 하시오. 그러면 좋게 될 것이다.'

꿈을 꾸었는데 무슨 꿈이었는지 모르는 사람은 회당 예배에서
축도를 하기 위해서 그들이 손을 들 때에 그 사제들 앞에 나가라.
그리고 다음 말을 하여라. '온 우주의 주님! 나는 당신의 것입니
다. 그리고 나의 꿈도 당신의 것입니다. 한 꿈을 내가 꾸었는데 나
는 그것이 무엇인지 알지 못합니다. 내가 나 자신과 관련된 꿈을
꾸었던지, 내 친구가 나와 관련된 꿈을 꾸었던지, 내가 다른 사람
과 관련된 꿈을 꾸었던지간에 만약 그것이 좋은 꿈이면 요셉의 꿈
과 같이 더욱 강하고 확실하게 하십시오. 그리고 그것이 이루어지
게 하십시오. 그러나 만약 그 꿈이 고쳐져야 하는 것이라면 우리
의 선생이신 모세의 손에 의해 달게 만든 마라의 물처럼 고쳐 주
시고, 미리암이 문둥병에서 나아진 것처럼 낫게 하시고, 죽을 병
에서 낫게 하신 히스기아처럼 엘리사의 손으로 달게 된 여리고의
물처럼 낫게 하소서. 그리고 당신께서 악한 발람의 저주를 축복으
로 바꾸신 것같이 당신께서 나의 모든 꿈을 좋은 것으로 바꾸소
서.' 그는 회중들이 '아멘'으로 응답할 수 있도록 사제의 축도와 동
시에 끝맺어야 한다. 그러나 만약 그가 그들의 기도와 동시에 끝
맺을 수 없을 때는 '높으신 것 중에 가장 높으신 분, 크신 중에 가
장 크신 세력을 가지신 분, 당신은 평화이시며, 당신의 이름은 평
화이시로다. 당신의 뜻 안에서 우리에게 평화가 있을지어다.'고
하라.

한 랍비가 예루살렘에는 해몽가가 24명 있다고 주장했다. 내가
한 번은 꿈을 꾸었는데 그들 모두에게 상의하러 갔었다. 그러나

내게 해준 그들의 해몽은 각기 달랐다. 그럼에도 불구하고 그들의
모든 해석들은 다 내게 이루어졌다. 왜냐하면 모든 꿈들은 해몽가
의 입을 따라서 이루어지기 때문이다. 성경에 '그가 우리에게 해몽
해 준대로 소신은 복직이 되었고 나머지 한 사람은 매달려 죽었습
니다.'(창41:13)함과 같다.

'세 종류의 꿈, 즉 새벽에 꾸는 꿈, 자기 친구 수중에 자기가 있
는 꿈, 꿈속에서 해몽한 꿈은 이루어진다. 어떤 이는 여기에 반복
하여 꾸는 꿈을 덧붙이기도 한다. 사람은 그의 마음속에 품은 생
각들로부터 투사된 것을 꿈에 볼 뿐이다. 당신은 이것을 사람이
결코 금대추 야자나무나, 코끼리가 바늘귀로 들어가는 것을 꿈속
에서 볼 수 없는 사실에서 추론할 수 있을 것이다.'(1:55b)100)

로마 황제가 한 랍비에게 "너는 네가 현명하다고 주장하는데 오
늘 내 꿈속에서 내가 볼 것을 말해 보라." 그는 "폐하는 페르샤
인101)들이 폐하를 노예로 만들고 약탈하고, 그리고 폐하에게 금
지팡이로 더러운 동물들을 치게 하는 꿈을 꾸실 겁니다"고 대답했
다. 그 황제는 하루 종일 이것에 대해 생각했다. 그리고 그는 그날
밤에 그것을 꿈꾸었다. 사폴왕은 한 랍비에게 "너는 네가 제일 현
명하다고 주장하는데 오늘 내 꿈속에서 내가 볼 것을 말해 보라"
그는 "전하는 로마 사람들이 와서 전하를 포로로 잡아다가 금방앗
간에서 사료를 위해 맷돌을 갈게 하는 꿈을 꾸실 것입니다" 라고
대답했다. 그 왕은 온종일 그것을 생각했다. 그리고 그날 밤 그는
그 꿈을 꾸었다.(1:56a)

성서의 본문들이 해몽을 위한 수단으로 씌어졌다. 우물에 대한
꿈을 꾼 사람은 평화스러울 것이다. 성경에 '이삭의 종들이 그 골

---

100) 그와 같은 불가능한 것을 결코 생각지 않기 때문이다.
101) persians 대신에 우리는 아마도 parthians라고 읽어야 할 것이다. 그리고 우리
는 여기서 A.D 116년에 Trajan의 패배를 회상해도 좋을 것이다.

짜기에 우물을 파다가 물이 콸콸 솟는 샘줄기102)를 찾았다'고 했
다. 토라를 보면 '나를 얻으면 생명을 얻고'(잠8:35) 했으니 한 랍비
는 말하기를 우물 꿈, 그것은 생명을 의미한다고 주장했다. 평화
를 표시하는 꿈이 셋 있다. 강·새·냄비이다.

* 강 —성경에 '나 이제 평화를 강물처럼 예루살렘에 끌어들이
    리라'(사66:12) 했기 때문이다.
* 새— 성경에 '만군의 야훼가 수리처럼 예루살렘 위를 날며 지
    켜 주리라'(사31:5) 했기 때문이다.
* 냄비—성경에 '야훼여! 당신께서는 우리를 잘 살게 해 주십니
    다.'
    (사26:12)103) 했기 때문이다.

알 차니나(R. Channina)는 '그러나 그 속에 고기가 없는 냄비
어야만 한다'고 했다. 성경에 '고기를 저미어 냄비에 끓이고 살점
은 가마솥에 삶아 먹는구나(미3:3)' 했기 때문이다.'(1:56b)

'꿈의 영향은 그 해몽에 있기 때문에 마음에 떠오르는 나쁜 의미
의 구절보다 경사스러운 성경 구절을 생각하는 것이 중요하다. 강
에 대한 꿈을 꾼 사람은 일어나서 '밀어닥치는 강물처럼 오신다'
이는 구절이 떠오르기 전에 '나 이제 평화를 강물처럼 예루살렘에
끌어들이리라'(사56:19)고 말해야 한다. 새에 대한 꿈을 꾼 사람은
일어나서 '고향을 잃은 사람은 보금자리 잃은 새와 같다'(잠27:8)는
구절이 떠오르기 전에 '만군의 야훼가 수리처럼 예루살렘 위를 날
며 지켜 주리라'(사26:12)고 말해야 한다. 냄비에 대한 꿈을 꾼 사
람은 일어나서 '솥을 걸어놓고 물을 부은 다음 고기를 썰어 넣어
라'(겔24:3)는 구절이 떠오르기 전에 '야훼여. 당신께서는 우리를

---

102) '콸콸 솟는 샘줄기'는 평화의 상징이다.
103) 여기 원문에 사용된 말 Shaphath는 보통 불 위에 냄비를 올려놓는다는 의미
    로 사용된다.

잘 살게 해 주십니다'(사26:12)고 말해야 한다. 포도나무에 대한 꿈을 꾼 사람은 일어나서 '그들의 포도는 소돔의 포도나무에서 잘라온 것'(호9:10)이라는 구절이 떠오르기 전에 '이스라엘은 내가 처음 만났을 때 사막에 열린 포도송이 같더라'(신32:32)라고 말해야 한다.'(1:56b) 다른 많은 예들이 이런 관계로 되어 있다.

꿈에 동물을 보면 이것은 특별한 의미를 갖는다. '황소와 관련된 것이 다섯 있다. 황소 고기를 먹는 꿈을 꾼 사람은 점점 부해질 것이다. 황소가 자기를 받는 꿈을 꾼 사람은 서로 경쟁하는 아들들을 갖게 될 것이다. 꿈속에서 황소가 물면 고통이 찾아올 것이며, 황소가 그를 찼으면 긴 여행을 해야만 하게 될 것이고, 그가 황소를 탔으면 위대하게 될 것이다. 당나귀에 대한 꿈을 꾼 사람은 구원받을 희망이 있고(cf. 슥9:9) 고양이를 슈나라(Shunnara)라고 부르는 곳에서 고양이에 대한 꿈을 꾼 사람은 그의 이름 때문에 아름다운 노래(Shirah naah)가 작곡될 것이다. 그러나 Shinnara로 불리는 곳에서는 더욱 더 나쁜 변화(Shinnuira)가 그에게 닥쳐오고 있다. 백마에 대한 꿈을 꾼 사람은 조용히 서 있는 말이든지 달리는 말이든지 그에게 좋은 징조이다. 만약에 밤색 말이면 조용히 서 있었다면 좋은 징조이고 달리고 있었다면 나쁜 징조이다. 코끼리(Pil)에 대한 꿈을 꾼 사람은 기적(pelaoth)이 그에게 일어날 것이다.'(1:56b)

마찬가지로 밀, 보리 그리고 과일들에 대한 꿈은 특별한 의미를 갖는다. '밀에 대한 꿈을 꾼 사람은 평화스러울 것이다. 성경에 '네 강토를 평화로 지켜 주시고, 밀곡식 그 진미로 너를 배불리신다(시147:14)했다. 보리(seorim)에 대한 꿈을 꾼 사람은 그의 나쁜 습관에서 벗어날 것이다. 포도송이가 많이 달린 꿈을 꾼 사람은 그의 아내가 유산하지 않을 것이다. 성경에 '너희 집 안방의 네 아내는 포도알이 푸짐한 나무 같다'(시128:3) 했기 때문이다. 무화과 나무에 대한 꿈을 꾼 사람은 토라에 대한 그의 지식이 그대로 보존될 것이다. 말씀하기를 '무화과 나무104)를 지키는 자는 그 열매를 먹을 것이다'(잠27:18)했다. 석류 열매에 대한 꿈을 꾼 사람은 만약 그것이 작으면 그의 사업은 그 석류 열매 같은 결실을 얻을 것이고, 만약 그것이 크면 그의 사업은 그 석류 열매처럼 커질 것이다. 만약 터져서 벌어졌으면 그가 토라를 배우고 싶어하는 경우 현인의 제자가 될 것이다. 성경에 '향긋한 술, 석류즙을 대접해 드리련만' 올리브열매에 대한 꿈을 꾼 사람은 그것이 작으면, 그의 사업은 풍성하고 번창하고, 올리브 열매처럼 지속될 것이다. 그러나 이것은 다만 올리브 열매처럼 지속될 것이다. 그러나 이것은 다만 올리브 열매에만 해당된다. 만약 그가 올리브 나무에 대해 꿈을 꾸었다면 많은 자식을 갖게 될 것이다. 성경에 '밥상에 둘러앉은 네 자식들은 올리브 나무의 햇순 같구나'(시128:3) 했다. 어떤 사람은 말하기를 '올리브 나무 꿈을 꾼 사람은 그로부터 좋은 인재가 나올 것이라'고 한다. 성경에 '주께서 너를 푸르고 싱싱한 올리브 나무라고 불렀다'(렘11:16)고 했기 때문이다. 올리브 기름에 대한 꿈을 꾼 사람은 토라의 말씀대로 희망을 가져도 좋다. 올리브를 찧어서 짜낸 깨끗한 기름을 가져다가 그 기름으로 등잔불을 켜서 꺼지는 일이 없도록 하라'(출27:20) 했기 때문이다.(1:57a)

마지막으로 우리는 잡다한 꿈들과 그 의미들에 대한 목록을 갖고 있다. 염소에 대해 꿈꾼 사람은 그 해(年)는 그에게 복되다. 도금양(나무이름:역주) 꿈을 꾼 사람은 그의 사업이 번창할 것이다. 만약 그가 사업을 하는 것이 없다면 유산이 다른 곳에서부터 그에게 물려질 것이다. 구연 열매를 꿈꾼 사람은 그의 조물주 앞에서 이

---

104) 토라는 랍비들에 의해서 무화과나무로 비교된다.(13;54a)

름을 얻을 것이다. 종려가지 꿈을 꾼 사람은 그의 하늘 아버지를
위해 오직 한 마음만 갖는다. 거위105) 꿈을 꾼 사람은 지혜를 얻
을 희망이 있고, 암탉 꿈을 꾼 사람은 그의 자녀들을 훌륭하게 교
육시킬 희망이 있고 기쁨에 대한 희망이 있다. 계란 꿈을 꾼 사람
은 그의 청원이 미결로 남는다. 만약 깨어 나오면 그의 청원은 허
가를 얻는다. 개암과 오이 그리고 모든 유리그릇 등 깨지는 물품
들은 이와 비슷하다. 마을로 들어가는 꿈을 꾼 사람은 그의 소원
이 이루어질 것이다. 자기의 머리를 깎는 꿈을 꾼 사람은 그에게
좋은 징조이다.106) 머리와 수염을 깎는 꿈은 그와 그의 가족에게
좋은 징조다. 작은 보트에 탄 꿈을 꾼 사람은 좋은 인재가 그에게
서 나올 것이다. 그것이 만약 큰 보트이면 그와 그의 모든 가족으
로부터 그렇게 된다. 그러나 이것은 보트가 풍랑이는 바다에 떠
있을 때만 적용된다. 지붕으로 올라가는 꿈을 꾼 사람은 높아질
것이고 내려가는 꿈을 꾼 사람은 낮아질 것이다.

피를 흘리는 꿈을 꾼 사람은 그의 죄를 용서받을 것이다.107)
뱀 꿈을 꾼 사람은 그의 생계가 해결될 것이다. 만약 뱀에게 물렸
으면 그의 살림살이는 두 배가 될 것이고, 그가 뱀을 죽였다면 그
는 살림살이를 잃을 것이다. 포도주를 제외한 액체에 대한 어떤
꿈도 나쁜 징조이다.(1:57b)

코끼리와 원숭이, 그리고 긴 꼬리 원숭이를 제외한 어떤 특정
동물들 꿈을 꾸는 것은 좋은 징조이다. 그러나 한 선생이 말했다.
'코끼리 꿈을 꾼 사람은 기적이 그에게서 일어날 것이라고 하지 않
았는가?' 그러나 여기엔 아무 모순이 없다. 왜냐하면 후자의 코끼

---

105) 로마 사람들은 거위를 현명한 피조물로 생각한다.
106) 요셉이 감옥에서 구출되었을 때에 그에 대해 그렇게 언급되어 있기 때문이
다.(창41:14)
107) 죄는 진홍색으로 표시되었다.

리는 좋은 징조에서 제외된다는 굴레를 씌웠을 경우를 말하기 때
문이다. 괭이와 곡괭이 그리고 도끼를 제외한 쇠 연장류에 대한
꿈을 꾸면 좋은 징조이다. 그러나 이것은 그 연장에 손잡이가 달
려 있는 경우에만 적용된다. 설익은 대추 야자 열매를 제외하고
열매 종류에 대한 꿈을 꾸면 좋은 징조이다. 순무 대가리를 제외
한 야채 종류의 꿈을 꾸면 좋은 징조이다. 푸른색을 제외한 색깔
류에 대한 꿈을 꾸면 좋은 징조이다. 올빼미와 수리부엉이, 박쥐
를 제외한 새 종류에 대한 꿈을 꾸면 좋은 징조이다.

집안에 송장이 있는 꿈을 꾸면 그 집에 평화가 있을 것이다. 집
에서 먹고 마시는 꿈을 꾸면 그 집에 경사스러운 일이 생길 징조
이다. 집에서 그릇을 얻으면 상서롭지 못할 징조이다.(1:57b)

§ 5. 미 신

미신적 방법으로 여겨지는 많은 관습들이 랍비들에 의해 폐기
처분 당했다. 그것은 미신적 관습으로 유대인들이 받아들일 수 없
는 이교적 행위들이기 때문이다. 미신이 특별히 언급된 사실은 미
신에 관한 것이 유대 공동체 멤버들에 의해 흡수되었던 것이 분
명하다. 이 미신적 방법들 가운데는 다음과 같은 것들이 있다. '여
자가 자기의 아이를 데리고 죽은 자들 가운데108)를 느릿느릿 거
닌다. 남자는 그의 엉덩이에 패드(Pad)를 매거나 그의 손가락에
붉은 실을 맨다. 조약돌을 세어서 바다나 강에 던진다. 그의 엉덩
이를 두드리고 손뼉을 치며 연인 앞에서 춤을 춘다. 빵 한 조각을
들고 '내 행운이 바뀌지 않도록 이것을 뒤에서 주시오'하고 말한
다. '죽은 자가 불안해할지 모르니 그 등을 땅바닥에 놓아 두라'고

---

108) 공동묘지.

말한다. 등에서 불똥이 떨어지면 '우리는 오늘 승리할 것이다' 하고 작업을 시작할 즈음에 '손이 빠른 아무개를 데려오자. 그리고 이것을 시작하자' 또는 '아무개의 발이 우리들 앞으로 빨리 지나가게 하자' 한다. 큰 통의 마개를 딸 때 또는 가루를 반죽할 때 '축복받은 아무개의 손을 가져와서 일을 시작하자'고 말한다. 창문을 가시로 틀어막는다든지 임신중에 있는 여인의 침상 다리에 못들을 묶거나 그녀의 앞에 빵가루를 뿌린다.109) 그러나 모포나 밀짚단으로 창문을 틀어막는 것은 허용한다. 그리고 그녀 앞에 물그릇을 두는 것, 그녀와 사귀게 하려고 그녀에게 암탉을 붙들어 매두는 것 등은 허용한다.110) '저녁에 우는 수탉에게 돌을 던져라. 또는 수탉처럼 우는 암탉에게 돌을 던져라. 벼슬 있는 암탉을 잡아먹어라. 그것은 수탉처럼 울기 때문이다.' 까마귀가 깍깍 울면 '울라'고 하라. 또는 '맴돌아라'111)고 말하라. '나를 기억하기 위해 이 상추 줄기를 먹어라. 또는 백내장이 걸릴 것이니 이것을 먹지 말라. 네가 그를 볼 수 있도록 그 죽은 사람의 관에 입맞추라. 또는 밤에 그가 나타나지 않도록 그 관에 입맞추지 말라. 네가 꿈꿀 수 있도록 셔츠를 거꾸로 입어라. 또는 꿈꾸지 않도록 셔츠를 거꾸로 입지 말라. 일이 더 힘들게 되지 않도록 쟁기 위에 앉아라. 또는 후에 이것을 사용할 때 부서질지도 모르니 그 위에 앉지 마라.'

'네 손을 네 등뒤에서 비틀지 마라. 우리 일이 방해받을지도 모른다.' 벽 맞은편에서 장작불을 끄면서 불의 예방으로 하다(Hada)를 외친다. 그러나 만약 그가 사람들에게 불똥을 조심하도록 경고했다면 이것을 하는 것은 허용한다. 또 마을 길 위에 물

---

109) 이것이 그녀로부터 해로운 영들을 막아 준다.
110) 이것은 그녀의 마음속에 평안을 준다.
111) Shab. 67b에서 만약 암까마귀가 울면 "울어라. 그리고 좋은 징조로 나를 향해 네 꼬리를 돌려라."는 구절을 읽을 수 있다.

을 쏟아 붓고 하다를 외친다. 그러나 그들이 흠뻑 젖지 않도록 동
행인들에게 조심시키는 것이 좋다. 귀신들의 소굴인 묘지에서는
쇳조각을 던지라. 마술에 걸리지 않도록 이것은 허용할 수 있다.
땔나무 막대기나 쇠막대기를 잠자리에 들 때 그의 머리맡에 두라.
그러나 도둑 맞는 것을 방지하는 것이 목적이라면 이것을 해도 좋
다. 여인이 굽고 있는 빵을 떨어뜨리지 않으려고 솥을 향해 소리
를 친다. 또는 내용물이 끓어 넘치지 않도록 냄비 손잡이 안에 나
무토막을 넣는다. 그러나 더 빨리 끓이기 위해서 냄비 속에 뽕나
무의 나무토막이나 유리 조각을 넣는 것은 허락된다. 그러나 랍비
들은 생명이 위험하기 때문에 유리를 사용하는 것은 금하고 있다.
여인이 렌즈 콩이 빨리 요리되도록 방안에 있는 모든 사람들에게
조용하라고 한다. 또는 빨리 익어라, 쌀을 향해 소리를 친다. 또는
등이 밝게 타도록 손뼉을 친다.

　뱀이 침상 위에 떨어지면 사람들은 그 침상 주인이 가난하다 해
도 부자가 될 것이라고 말한다. 만약 그 주인이 임신한 여자이면
아들을 낳게 될 것이고 처녀이면 위대한 남자와 결혼하게 될 것이
다. 병아리를 깔 암탉을 구하는 여인은 '나는 달걀 위에 암탉을 올
려놓은 것을 처녀에게만 허락할 것이다' 또는 '나는 내가 발가벗을
때만 암탉을 올려놓을 것이다' '왼손으로 혹은 양손으로 할 것이다'
고 말한다. 거의 결혼하게 됐을 때 남자는 '한 쌍이 있어야만 하겠
다'고 말한다. 또는 '식탁에 다른 한 사람을 위해 음식을 더 준비하
라'112)고 한다. 병아리가 깨어 나온 후에 조개를 넣어 준다. 그리
고 벽 속에 풀잎을 넣어 주고 석고로 위를 덮어 준다. 그리고는 일
곱과 하나를 센다.113) 한 여인이 병아리를 체 속에 넣고 체를 친

---

112) 그 다른 한 사람은 꾸며 낸 것일 뿐이지만 행운을 위해서 그렇게 한다. 경우
　　에 따라 한 쌍은 한 사람보다 더 경사스럽다는 사상이 있다. 어떤 숫자는 불
　　운한 것으로 간주되었다는 것을 고찰하게 될 것이다.

다. 그리고 병아리들에게 쇳조각을 넣어 준다. 그러나 그 여인이 만약 이것을 천둥과 번개에 대한 예방으로서 했다면 그것은 허락한다.'(Tosifta12:6)

금지된 다른 미신적 방법들은 다음과 같다. '한 사람이 그의 동료에게 묻는다. '내가 갈까 말까?' 그가 외친다. '고쳐라.' 어떤 사람이 재채기할 때 어떤 사람들은 학교에서는 가르치는데 방해가 되기 때문에 그렇게 하는 것을 허락지 않는다. 자기의 소유물을 언급할 때 '풍부하고 남아서 넘친다.' 또는 '마시라 그리고 남겨라' 혹은 '로로(LoLo)'114) 혹은 '우리들 인연이 끊어지지 않도록 우리들 사이를 지나가지 말라'고 말한다.'(Tosifta12:7)

어떤 것을 해도 좋은지 아닌지를 결정하는 것은 행동 뒤에 있는 의도가 무엇이냐에 있다. 만약 어떤 미신적 동기에서 시작했다면 그것은 금지된다. 우리는 이 원칙이 고대 랍비 시대에도 적용되어 있는 것을 본다. 예를 들면 '안식일에 귓병 치료를 위해 메뚜기알을 갖고 나가도 좋다. 또 치료를 위해 여우의 이빨115)이나 사람이 매달렸던 십자가에서 뺀 못116)을 갖고 나가도 좋다. 다음은 R. 메이어의 말이다. 그러나 랍비들은 그것들이 미신의 방법들이므로 보통 날에도 금지시켰다.'(12:6:10) 한 당국자는 일반 법칙을 제안했다. '치료로써 사용하는 것은 무엇이나 미신의 방법에 속한

---

113) 다른 책에는 70과 하나이다. 병아리들이 잘 크고 죽지 않게 하려는 목적이다.
114) 이 말의 뜻은 "아니다, 아니다" 즉 재앙에 대한 생각이 떠오른 것에 대해서 '그것이 내게 일어나지 말지어다'의 뜻이다. 이 본문은 욥21;4와 연결된다. 그리고 Blau는 그의 책 Das altjudishe Zauberwesen, p.67.n에서 이 말의 번역을 제시했는데 "그들은 하나님께 말했다. "우리를 떠나소서. 우리는 당신의 말씀에 대한 지식, Lo를 바라기 때문입니다."했다. 만약 이것이 옳다면 '우리는 지식을 바라지 않습니다' 하지 않은 것을 보아 'Lo'는 어떤 미신적 숭배의 대상의 이름이다.
115) 살아 있는 여우의 이빨은 잠병을 고치고 죽은 여우의 이빨은 불면증을 고친다.
116) 이것은 아마 염증과 열병을 치료하기 위한 것인 듯하다.

다고 할 수 없다.

　그러나 이것이 치료를 위한 것이 아니라고 인정될 때 그것은 미신의 범주에 들어간다.'(12;67a)

　우리는 미신적 배경에서 짝수에 대한 뚜렷한 혐오감을 발견한다. '이것은 교훈이다. 인원이 짝수가 되는 곳에서 함께 먹고 마시지 말라. 또는 몸을 두 번 닦는다든지, 대변을 두 번 보지 말라'(14;109b)[117] '만약 포도주를 짝수 잔 마시면 그의 피가 자기의 머리 위에 있다. 머리에서 피를 흘릴지도 모른다. 즉(위험하다) 이것은 거리를 조사하지 않았을 때만 해당된다.[118] 만약 그가 거리를 조사했다면 짝수라도 괜찮다. 그리고 이것은 역시 짝수 잔을 마신 후에 밖에 나갔을 경우에만 해당된다. 만약 그가 그의 방에 남아 있는다면 거기에는 아무 지장이 없다. 다른 랍비들은 자는 것이나 변소에 가는 것은 이 점에 있어서 밖에 나가는 것과 동등한 것이라고 가르쳤다. 그리고 그들 중 한 랍비는 10은 거기에 해당되지 않는다고 덧붙였다.'(14;110a)

　한 랍비가 보고했다. '귀신 요셉이 내게 말하기를 귀신 왕인 아모다우스(Asmodeus)가 짝수에 관련된 모든 일을 위임받았는데 그 왕은 해를 끼치는 자는 아니라고 했다.'(14;11a) 그러므로 짝수의 문제에 대해서 걱정할 필요가 없다는 얘기이다. 그러나 이 견해는 다음과 같이 주장하는 동료들로부터 반대를 받았다. '위의 이야기와는 반대로 그 왕은 자기가 원하는 것을 한다. 그는 자기가 지나가려고 담을 부순다. 그리고 아무도 그를 막을 수 없다.'(14;110a) 그러나 우리는 '서쪽 즉 팔레스틴 사람들은 짝수에 대해 별로 신경 쓰지 않는다'(14;110b)는 것을 알게 된다. 보다 구체

---

117) 이것은 급히 잇따라 하는 것을 의미한다.
118) 술을 마시고 있는 사이 혹시 일어날지도 모르는 위험한 일을 미연에 방지하기 위한 하나의 제동장치를 하기 위해서.

적으로 말하면 '접시와 빵에는 짝수의 위험이 없다. 다음이 그 일
반적 규칙이다. 사람의 손으로 만들어진 물건에는 짝수가 되어도
아무 위험이 없다. 그러나 하늘의 손119)으로 만들어진 물건에는
식료품과 함께 위험이 있다.'(14;110b)

　두 사람 또는 두 물건 사이를 지나가는데 대한 미신이 있었다.
'두 사람 사이는 허락 받지 않고 지나가도 괜찮으나 세 사람 중 둘
사이에는 어떤 것도 지나나게 해서는 안 된다. 특히 개·종려나
무·여자, 어떤 이는 돼지와 뱀을 덧붙인다. 만약 지나갔다면 어
떻게 할 것인가? 그는 '하나님'으로 시작하고 '하나님'으로 마치며
'아님'으로 시작해서 '아님'으로 마치게 하라.120) 월경하는 여인이
두 사람 사이를 지나간 경우, 만약 그것이 월경을 시작할 때였으
면 그 여자는 그들 중 한 사람을 죽일 것이고, 월경이 끝날 때였으
면 그들을 싸우게 할 것이다. 무엇이 그 치료법인가? 그들에게 '하
나님'으로 시작하고 '하나님'으로 마치게 하라. 만약 두 여인이 네
거리에 길 양편에서 얼굴을 마주보고 앉아 있다면 그들은 마술에
걸린 것이 틀림없다. 무엇이 그 치료법인가? 만약 다른 방법이 있
다면 그렇게 하라. 그러나 다른 방법이 없고 그밖에 어떤 사람이
함께 있는 경우, 각기 서로의 손을 잡고 그 사이를 꿰뚫고 지나가
라. 그러나 거기에 아무도 없는 경우 그는 외쳐야 한다. 'Agrath,
Azlath, Usya, Belusua121)는 화살에 맞아 벌써 죽었도
다.'(14;111a)

　마법들을 예방하는 다른 주문은 다음과 같이 주장하는 랍비가
일러주었다. 마녀들의 우두머리가 내게 말했다. 만약 마녀를 만나

---

119) 예를 들면 과일이 익는 것.
120) 이것은 그 단어로 시작하고 그 단어로 끝나는 성경 구절을 인용해야 한다는
　　의미이다. 민수기 23:22에 '하나님'에 대한 구절이 있고, 23:19에 '아님'에 대
　　한 구절이 제시되어 있다.
121) 귀신들의 이름.

면 이렇게 말하라. '그대들 마법의 여인들이여! 너희 입을 위해 찌
그러진 깡통에 똥을 데워라. 너희들의 머리는 대머리가 되고, 너
희들의 빵 부스러기는 날아가 버려라. 너희들의 양념은 흩어지고,
한 줄기 돌풍에 너희들의 신선한 샤프론을 날려 버려라.122) 오,
마녀들이여, 그분께서 나를 도우시는 한 나는 안전했고, 나는 너
희들 속에 있지 않았다. 그러나 너희들 속에 있는 지금 나를 위해
대머리가 되라. 그러면 나는 안전하리라.(14:110a,b)

죽은 자와 가까이 지냈던 여인들을 만나는 것은 위험하다. 'R.
요수아 b. 레비는 말하기를, 죽음의 천사가 내게 세 가지 사실을
말해 주었다. 아침에 시종에게 옷을 받아 입지 마라. 자기 자신의
손을 씻지 않은 사람에게 네 손을 씻기지 마라. 여인들이 죽은 사
람과 함께 있다가 돌아왔을 때 그들 앞에 서 있지 마라. 왜냐하면
나는 내 손에 칼을 들고 그들 앞서 뛰어가고 파괴의 허락을 이미
받았기 때문이다. 그러나 누가 그런 여인들을 만났다면 그 처방은
무엇인가? 그가 있던 곳에서 4큐빗 옮기게 하라. 또는 만약 강이
있다면 그 강을 건너게 하고 다른 길이 있다면 그 길을 따라 나가
게 하라. 벽이 있다면 그 뒤에 가서 서 있고 없으면 얼굴을 돌리고
그들이 다 지나갈 때까지 이것을 외우라. '야훼의 천사가 사탄을
나무랐다. 사탄아, 너 야훼께 책망 받을 놈아!'(슥3:2, 1:51a)

사람의 운명에 대한 미신적 징조들은 공통이다. '만약 어떤 사
람이 그 해(年)를 다 살 수 있는지 아닌지를 알기 원한다면 새해와
속죄일 사이의 10일간 바람이 없는 방에 등불을 켜 놓으라. 등속
에 기름이 있는 한 불이 계속 켜 있으면 그는 그 해를 다 살 것이
다. 만약 사업을 막 시작하려고 하는 사람이 그것이 성공할 것인

---

122) 머리와 빵 부스러기 그리고 양념은 그것들의 마력 때문에 마녀들에 의해서
사용되곤 했다. 본문에 있는 그 다음의 것(샤프론:향미료의 일종)은 의미가
불확실하다.

지 아닌지를 알기 원한다면 수탉을 기르라. 그것이 살찌고 잘 생겼으면 그의 사업은 번창할 것이다. 여행을 하려고 하는 사람이 그가 무사히 집에 돌아올 것인지 아닌지를 알려면 어두운 방에 서라. 그가 그의 그림자를 보면 무사히 집에 돌아올 줄로 알아도 좋다. 그러나 이것은 전혀 오류가 없는 표는 아니다. 그림자를 보지 못했을 경우 아마도 그의 마음은 당황하게 되고 그래서 그의 운세는 더욱 나빠질 것이다. 그러므로 이런 시험은 하지 말아야 한다.(40:12a)

운명을 피하거나 달래기 위한 방법들이 있었다. 그 중 하나는 그 사람의 이름을 바꾸거나 사는 장소를 바꾸는 것이었다. 그렇게 함으로써 그에게 해를 끼치는 세력들이 지나쳐 간다고 한다. '이름을 바꾸고 장소를 바꾸는 것은 신율(神律)을 피하는 데 도움을 주는 방법 중 하나다.'(19:16b) '장소에 운세가 나쁜 사람은 다른 장소로 옮기지 않으면 부르짖어도 응답을 못 얻는다.'(32:55b) '병든 사람은 그 첫날 사람들에게 이 사실을 공개해서 불운을 자초하지 말아야 한다. 그러나 그 후에는 공개해도 좋다.'(1:55b) '징조라는 것이 실재한다는 주장이 있기 때문에 새해에 호박, 호로파(콩과에 속하는 약용 식물:역주), 사탕무 그리고 대추야자들을 먹어야만 한다.'(40:12a) 이것들은 빨리 자라는 식물들이다. 그래서 새해에 이것들을 먹으면 마술에 의해서 그 해가 다 가도록 그 사람의 재산이 불어날 것이다. 예감이 불길한 말을 해서 불운을 자초하지 않도록 조심해야 한다. 탈무드 말속에 '결코 사탄에게 그의 입을 열어서는 안 된다'(1:60a)고 되었다. '만약 개들이 청승맞게 울면 이것은 죽음의 천사가 그 도시에 들어왔다는 징조이다. 그들이 까불어대고 놀면 그것은 예언자 엘리야가 그 도시에 들어왔다는 징조이다. 다만 그들 가운데 하나도 짖지 않았을 경우에만 그렇다.'(31:60b)

사람들은 피해야 할 것들을 하기 때문에 가난을 스스로 불러들인다. 음식이 들어 있는 바구니를 매달아 두면 속담에 '음식 바구니를 매달은 자는 자기 살림살이를 매단다.' 한 것같이 가난의 원인이 된다. 그러나 이것은 빵에만 해당된다. 고기나 생선은 바구니에 넣어 달아 두는 것이 관습이기 때문에 아무 지장이 없다. 겨를 집안에 흐트러뜨리면 가난의 원인이 된다. 빵 조각을 집에 내버려두면 토요일과 수요일 밤에 해로운 영들이 그 위에 내려앉기 때문에 가난의 원인이 된다.(14:111b)

깎은 손톱을 버리는데 대한 두려움이 탈무드에서 발견된다. '공동묘지에서 밤을 지샌 사람이나 손톱을 깎아서 그것을 사람들이 다니는 길에 버린 사람은 생명을 잃고 그의 피가 그의 머리 위에 있다(위험하다)'(26:17a) 이것은 이 일에 조심성이 없는 사람은 위험하다는 뜻으로 여겨진다.123) 그러나 다른 이유가 이미 주어져 있다. '손톱에 대해서 말한 것이 세 가지 있다. 깎은 손톱을 묻는 사람은 의로운 사람이다. 그것을 태우는 사람은 신앙심이 깊은 사람이다. 그것을 길에 버리는 사람은 악한 사람이다. 임신한 여인이 그것을 밟고 유산할지 모르기 때문이다.'(22:18a)

유대 공동체에서 가장 존경받는 계층은 학자들이기 때문에 좋은 머리는 높이 존경받는다. 그러므로 이 문제에 대한 미신들이 많이 있었을 것으로 생각된다.

* **기억력을 나쁘게 하는 다섯 가지**가 있다. 쥐나 고양이가 뜯어 먹던 것을 먹는 것, 동물의 심장을 먹는 것, 규칙적으로 올리브를 먹는 것, 누군가가 몸을 씻은 물을 마시는 것, 발을 씻는 동안 한쪽 발을 다른 쪽 위에 올려놓는 것.
* **기억력을 회복시키는 다섯 가지**가 있다. 석탄에다 구운 빵,

---

123) 깎은 손톱들은 그에게 해를 끼치기 위해 마법사들에게 사용될지도 모르기 때문이다. Cf. Frazer. Folk-love in the old Testament. III.p.264

소금 넣지 않은 계란반숙, 자주 올리브 기름을 마시는 것, 향료 넣은 포도주 그리고 빵가루를 반죽하다 남은 물을 마시는 것, 어떤 이는 소금 속에 손가락을 집어넣는 것과 그것을 먹는 것을 첨가시킨다.

* **배운 것을 암기하는데 나쁜 열 가지**가 있다. 낙타굴레 아래로 지나가는 것, 그리고 더 나쁜 것은 낙타 그 자체 아래로 지나가는 것, 두 낙타나 두 여인 사이로 지나가는 것, 또는 두 여인 사이를 한 사람이 지나가는 것, 또는 두 사람 사이를 한 여인이 지나갔을 때 그 중 한 사람이 시체 썩는 악취 나는 곳을 지나가는 것, 40일 동안 물이 흐르지 않았던 다리 아래로 지나가는 것, 덜 구워진 빵을 먹는 것, 국자로 음식을 먹는 것, 공동묘지를 지나서 내려온 도랑물을 마시는 것, 송장의 얼굴을 응시하는 것, 어떤 사람은 묘비의 비문을 읽는 것을 첨가시키기도 한다.'(40:13b)

VI

신론(神論)

§ 1. 신의 존재

성서에서와 똑같이 랍비문학 전반에 걸쳐서 신의 존재는 자명한 진리로 알려져 있다. 틀림없이 신은 존재한다는 유대인들의 믿음에는 어떤 증명도 필요치 않다. 제3의 계명을 따라서, 거룩한 이름을 불경스럽게 사용하는 것을 피하려고 여러 가지 명칭을 고안하였는데, 그 중에서 '창조자'와 '말씀하시며 세상이 그로부터 생겨난 분'이 가장 보편화되었다. 그 명칭은 우주의 존재로부터 필연적으로 신의 존재를 추구할 수 있다는 견해를 보여준다.

이러한 사상은 바로와 모세와 아론 사이에 있었던 첫 번 면담을 기록한 미드라쉬 문서 가운데 잘 표현되어 있다. 애굽의 왕이 그들에게, '내가 그 목소리를 들어야 하는 너의 신은 누구시냐?' 하고 물었을 때 그들은 이렇게 대답하였다.

'우주는 우리 신의 능력과 권세로 가득차 있습니다. 그분은 이 세상이 창조되기 전에 존재하셨고, 이 세상이 끝날 때에도 존재하실 것입니다. 그분은 당신을 지으시고 당신에게 생명을 불어넣으셨습니다. 그분은 하늘을 펼치시고 땅의 기초를 놓으셨습니다. 그분의 목소리는 불꽃을 가르고 산들을 산산이 자르고 바위를 부숩니다. 그분의 활은 불이요, 그분의 화살은 불꽃입니다. 그분의 창은 횃불이요, 그분의 방패는 구름이며 그분의 검은 번개입니다. 그분은 산과 언덕을 지으시고 풀로 덮으셨습니다. 그분은 비와 이슬이 내리도록 지으시고 풀이 싹트는 근원이 되십니다. 그분은 또한 어머니의 자궁 속에 태아를 지으시고, 산 생명으로 세상에 나오도록 하셨습니다.'(출R5:14)

자연이 신을 계시한다는 사실은, 아브라함이 신을 제일 원인으로 역추론하여 신의 존재를 발견하였다는 구전에서 볼 수 있다. 아브라함의 발견에 대하여 두 가지 다른 예화가 전해진다.

그 중의 한 가지 이야기를 보면, 아브라함이 우상 숭배를 거절하자 그의 아버지가 그를 니므롯 왕 앞에 데리고 갔다. 왕은 아브라함이 우상에게 경배하지 않은 고로 불에 예배하라고 요구하였다. 아브라함이 왕에게 대답했다.

"우리는 차라리 불을 끄는 물에 예배해야 합니다."

니므롯이 그에게 말했다.

"그러면 물에 예배하여라."

아브라함이 응수하였다.

"만약 그렇다면, 우리는 물을·나르는 구름에 예배해야 합니다."

니므롯이 말했다.

"그러면 구름에 예배하여라."

"그렇다면, 우리는 구름을 나르는 바람에 예배해야 합니다."

"그러면 바람에 예배하여라."

아브라함이 대답하였다.

"우리는 바람을 몸에 담고 나르는 인간에게 예배해야 합니다."1)

---

1) 육신의 호흡 안에.

여기서 볼 수 있는 일련의 생각은 궁극적 창조자가 존재한다는 가설에 도달하게 된다.

또 다른 설화는 아브라함이 태어난 직후에 점성가들이 니므롯 왕에게 가서 그의 왕국을 쓰러뜨릴 아이가 태어났다고 경고하며 아직 아기일 때 죽이도록 하라는 진언을 하였으므로, 아브라함이 피신해야만 하였다는 이야기를 전해 준다. 그 아이는 보모와 함께 3년간을 동굴에서 살았다. 이야기는 이렇게 계속된다.

그가 동굴을 떠났을 때 그는 마음속으로 우주의 창조에 대하여 곰곰이 생각하게 되었다. 그리하여 그는 자기가 하나님을 발견하게 될 때까지 모든 빛나는 것에 대하여 예배하기로 결심했다.

그는 이 세상 끝에서 저 끝까지 밤의 어둠을 밝게 비추는 달빛이 무수한 별들을 거느린 것을 보았다.

'이것이 신이다.'

그는 감탄하였다. 그리고 밤새 그것에게 예배하였다. 아침이 되자 달이 어두워지고 권세가 쓰러지기도 전에 태양의 새벽이 오는 것을 보았을 때 그는 다시 외쳤다.

'달빛은 분명 햇빛으로부터 나오는 것이 틀림없다. 우주다. 오직 햇빛을 통하여 존재하는 것이다.'

그는 종일토록 태양에게 예배하였다. 저녁이 되어 태양이 지평선 너머로 사라지자 그 힘이 쇠잔해지고, 다시 달이 무수한 별들과 성운을 데리고 나타났다.

그는 크게 감탄했다.

'참으로 이 모든 것들은 한 분의 주인이신 하나님을 가지고 있구나!'2)

---

2) 이 구절은 Midrash Hagadol, ed. Schechter, I.189f에서 인용되었다. 이것은 후기 미드라쉬 문서 수집품 이야기가 탈무드나 표준미드라쉬 문서에서 볼 수 있거나 아브라함의 묵시 안에 일어난 사건이 아님에도 그것은 현 기원의 제1세기

또 다른 랍비의 예화는 영적 깨달음에서 신 인식에 이르는 방법이 가능함을 가르쳐 준다. 아브라함과 다른 사람들은 이런 방법으로 신의 존재를 발견하였다.

아브라함은 혼자서 거룩하신 분 은총의 신을 인식하였으며 아무도 이 지식을 가르쳐 주지 않았다. 아브라함은 이 일을 해낸 네 사람의 인물 중 한 사람이었다. 욥은 혼자서 거룩하신 분 은총의 신을 인식하였다.

'그의 입술에서 흘러나온 계명은 저버린 일이 없었으며 그의 입에서 나온 말은 마음 깊숙이 간직해 두었네.'3)라고 기록된 바와 같다.

유다와 히스기야는 이와 같은 방법으로 혼자서 거룩하신 분 은총의 신을 깨달았다. 이에 대하여 다음과 같이 기록되었다.

'그 아기가 나쁜 것을 버리고 좋은 것을 택할 줄 알게 될 때에는 양젖과 꿀을 먹게 될 것이오.'(사8:15) 또한 왕되신 메시야는 혼자서 거룩하신 분 은총의 신을 인식하였다.(민R14:2)

신은 우주의 창조자일 뿐만 아니라 우주의 질서가 그분의 뜻 가운데 속해 있다. 창조는 기계적으로 지속되는 과거의 행위가 아니다. 자연질서의 과정은 신의 창조적 권능이 지닌 끊임없는 기능을 말해 준다.4)

'신은 언제나 피조물이 필요로 하는 바에 따라 이 세상에 온 모든 것을 위해 준비해 주신다. 신은 은총 안에서 선하고 의로운 사람뿐 아니라 악인과 우상 숭배자들까지 모든 피조물을 만족케 하신다.'(Mec 12:59a)

중엽에 속하며 탈무드시대와 일치한다.
3) 미드라쉬는 '내 필요한 양식보다 더'라고 번역되는 mechukki대신에 공인된 테스트에서처럼 mecheki '내 가슴으로부터'라고 읽는다. 70인역과 불가타역에서도 '내 가슴 안에'라는 의미로 읽는 것은 주목할 만한 점이다.
4) 히브리 기도서는 신을 날마다 끊임없이 새로 창조하시는 분으로 설명한다.

'셋째날 신은 살아 있는 것 중 가장 강한 것으로부터 가장 미미한 것에 이르기까지 전체 세상을 만드시는 데 보내셨다.'(38:3b)

이방인과의 상호 교류를 가지면서 랍비는 때때로, 그들이 예배 드리는 신과, 보이지 않는 신성(神性)이 행위하신다는 사실을 보여 달라는 도전을 받게 되었다. 하드리안 황제가 요수아 가나냐(R. Joshua b. Channya)에게 말한 내용이 기록되어 있다.

'나는 너의 신을 보고 싶다.'

'불가능합니다.'

그가 대답하였다.

황제는 고집하였으며, 그래서 랍비는 하지가 되었을 때를 기다려 황제의 얼굴을 태양으로 향하게 하고 태양을 보라고 말했다.

황제가 대답하였다.

'나는 볼 수 없다.'

그때 랍비가 탄식하였다.

'당신은 태양을 바라볼 수 없다는 것을 인정하십니까? 그것은 거룩하신 분 은총의 신을 보좌하는 많은 사물들 중 하나에 지나지 않습니다. 신의 모습을 바라본다는 일이 당신의 능력으로는 얼마나 터무니없는 일입니까?'

성서 시대와 랍비 시대 일부 사람들에게 무신론이 신의 존재에 대한 부정의 의미로 받아들여졌는지 어쩐지는 의심스럽다. 성서와 탈무드는 행동을 하는데 아무런 제한을 받지 않는 사람처럼 살아가는 현실적인 무신론자들에게 관심을 두었다. 성서 문학의 기사 가운데, 나발(Nabal)은 신의 존재를 인식하고 있었으면서도 신이 없다고 주장하며, 신은 자기의 피조물들이 하는 행동에 모든 관심을 두신다고[5] 믿기를 거부하였던 도덕적으로 타락한 사람이

---

5) 시편 14:1과 53:1을 보라. 또한 시편10:13과 예레미아5:12을 보라.

었다. 탈무드 안에서 볼 수 있는 나발의 동조자는 아피코로스 (Apikoros) 혹은 쾌락주의자인데, 역시 혐오할 만한 행동을 함으로 '믿음의 기본 원리를 부정하였다.'(33:16b)

랍비는 신의 존재에 대한 불신앙 여부에는 상관없이 '우주 안에 재판관과 재판이 없다'(창R 26:6)고 주장하는 자를 무신론자로 정의하였다.6)

한 번은 르으벤(Reuben)이 디베랴에 머물렀을 때, 어떤 철학자가 그에게 물었다.

'이 세상에서 가장 가증한 인간이 누구입니까?'

'자기의 창조를 부인하는 자입니다.'

라는 말이 그 대답이었다. 철학자가 그 까닭을 묻자 랍비는 이렇게 대답했다.

'당신의 아버지와 어머니를 공경하시오. 당신은 살인하지 않고 간음하지도 않습니다. 당신은 도둑질하지 않고 이웃에게 거짓말로 증언하지도 않으며 이웃의 것을 탐내지도 않습니다. 보시오. 사람이 이 율법의 근원, 즉 그것을 명령하신 신을 부인하지 않는다면 이러한 율법중 한 가지라도 부인할 수 없습니다. 또한 죄를 금지하신 신을 먼저 부인하지 않고서는 계속해서 죄를 범할 수 없습니다.'(36:3:6)

탈무드는 지적인 확신만으로는 신의 존재를 알 수 없다고 가르쳤다. 신 존재의 인식은 도덕적 책임을 포함한다.

'너 이스라엘아 들어라. 우리의 하나님은 야훼시다. 야훼 한 분뿐이다. 야훼를 사랑하여라.'(신6:4)

---

6) 여기서 에피큐리안이라는 용어를 사용한 것은 요세푸스에서 볼 수 있는데 그는 인간의 생활 섭리를 제거하고, 신이 이 세상의 역사를 주관하신다는 것과, 우주는 은총이시며 불멸하는 속성에 의하여 그 존재가 다스려지고 지속된다는 사실을 믿지 않으며, 다만 이 세상은 주재자나 인도자가 없이 저 스스로를 따라서 운행되어 간다고 말하는 사람은 이러한 유형으로 간주하였다.

본문은 유대인들이 조석으로 암송하였던 기도의 한 구절인데 '하늘 나라의 멍에에 대한 승인'을 의미한다.(1:2:2)

§ 2. 신의 유일성

랍비가 생각하였던 신 개념은 가장 엄격할 정도로 유일신적이다. '주는 태초에 오직 한 사람을 창조하셨다. 그러므로 이단자들이 하늘에 여러 가지 권세가 있다고 말할 수 없다.'(34:38a)

태초에 더 많은 사람이 창조되었다면 어떤 사람은 유일신이 지으시고, 나머지는 다른 신들이 지었다고 주장할 수도 있을 것이다. '태초에 아무것도 창조되지 않았던 까닭에, 아무도 대천사 미가엘이 남쪽 창공의 끝에서 북쪽 끝의 가브리엘에게 뻗쳐 있다고 말할 수 없다'는 말은 누구나 알고 있다.

'나는 혼자서 하늘을 펼치고 땅을 밟아 늘였다.'(사44:24, 창R.1:3)

'너 이스라엘아 들어라. 우리의 하나님은 야훼시다. 야훼 한 분뿐이다'라는 구절에 대한 해석은 다음과 같다.

거룩하신 분 이스라엘의 신께서 이스라엘에게 말씀하셨다. '내 자녀들아, 우주 안에 내가 창조한 것은 모두 짝이 있다. 하늘과 땅, 해와 달, 아담과 이브, 이 세상과 오는 세상, 그러나 우주 안에서 나 홀로 한 분이며 혼자이다.'(신R2:31)

신의 유일성은 두 가지 사상에 대해 방어하기 위하여 강조하였다. 첫째는 우상 숭배였다. 랍비는 우상 숭배를 음란한 생활과 똑같은 것으로 인정하였으며, 그것은 로마와 그리스의 다신론의 영향을 받은 것이 틀림없다. 우상 숭배자는 '신의 율법의 멍에를 깨뜨리고 그것을 벗어 버리자'(신3:31)라고 말하며 도덕적인 절제 없이 살아갔다.

'우상 숭배를 고백하는 자는 십계명을 부인하는 자이다' 라는 구절은 똑같은 사상을 확실히 나타내 준다. 십계명 중에서 앞의 다섯 가지 계명을 거부하는 것은 후반의 다섯 계명을 위반하는 결과를 가져온다. '우상 숭배를 금지하는 것은 토라에 나오는 다른 모든 계명의 중요성과 맞먹는다.'(40:8a)

우상 숭배는 가장 중요한 문제이다. '우상 숭배를 거부하는 자는 누구든지 전체 토라를 알고 있는 것과 같다.'(43:5a) 랍비의 재판을 보면 이 개념에 도덕적 의미가 포함된 것을 알 수 있다.

'만약 어떤 사람이 죽인다고 협박하며 토라의 모든 계율을 범하라고 요구했을 때, 우상 숭배와 음란과 살인에 관련된 것을 빼고는 그렇게 하여도 된다.'(34:74a) 히브리 성서의 본문 안에서 삼위일체 교리의 근거를 찾았던 초대 기독교인들로부터의 공격을 막기 위하여 랍비는 유일신론을 강조하였다. 이러한 주제를 포함하고 있는 가장 중요한 예화를 볼 수 있다.

미님(Minim)[7]이 심라이(R. Simlai)에게 물었다.

"얼마나 많은 신이 우주를 창조하였습니까?"

그는 대답하였다.

"지나간 세대와 의논해 봅시다."

신[8])께서 땅 위에 사람을 내신 날부터 오늘에 이르기까지 지나간 어느 세대에게나 물어 보아라'(신4:32)라고 씌어 있고 여기서 '창조하다'는 복수 동사로가 아니라 단수로 씌었으므로 단수의 목적어임을 나타낸다. 같은 대답을 창세기 1장 1절에 적용할 수 있다. 심라이가 계속했다.

---

7) 이 말은 '여러 종파'를 의미하며 보통 기독교를 설명한다.(R.T. Herford)의 '탈무드와 미드라쉬 안에 있는 기독교'에서 볼 수 있는데 그 구절은 p.255에서 인용하였다.

8) 히브리 말로 하나님, 즉 엘로힘(Elohim)은 복수형이다.

"당신은 자기의 견해를 주장하려고 사용한 모든 본문에서 그 점에 대한 반박을 발견할 수 있을 것이오."

그는 다시 이렇게 물었다.

'우리 모습을 닮은 사람을 만들자'(창1:26)라고 기록된 것은 무슨 까닭입니까?'

그가 대답하였다.

"그 다음의 구절을 보라. '신들이 자기들의 모습대로 인간을 만들었다'라고 하지 않고 '당신의 모습대로 사람을 지어 내셨다'고 씌어 있다."

그들이 떠나간 후 그의 제자들이 그에게 물었다.

'선생님은 그들의 약점을 찌르셨습니다. 우리에게는 무슨 대답을 주시겠습니까?'

그는 제자들에게 말하였다.

'옛날에 아담은 진흙으로써 창조되었고 이브는 아담에게서 지음 받았다. 그러므로 앞에서 '우리의 형상을 따라 우리를 닮은'이라고 말한 뜻은 남자는 여자가 없이는 존재할 수 없으며, 여자는 남자 없이 존재할 수 없고 두 사람은 쉐키나(shechinah)9) 없이 존재할 수 없다는 것이다.'

사람들이 다시 돌아와서 그에게 물었다.

'가장 높으신 하나님 야훼10) 가장 높으신 하나님 야훼 주께서 아십니다'(수22:22)라고 기록된 것은 무슨 뜻입니까?'

그가 대답하였다.

---

9) 쉐키나의 42p에 랍비는 우리를 남자와 여자를 더하여 하나님을 의미한다고 설명하였다. 개인은 세 분의 부모에 의하여 지음 받았다. 인간이 세 분의 부모를 가졌다는 교리에 대해서는 p26를 보라.

10) 히브리 본문에는 하나님께 대하여 세 가지 명칭을 사용하였다. 엘, 엘로힘, 야훼(El, Elohim,YHWH). 초대 기독교인들은 이 말이 삼위일체를 나타내는 것으로 이해하였다.

"들이 안다라고 씌어 있지 않고 '주께서 아십니다'라고 씌어 있다."

그의 제자들이 그에게 물었다.

"선생님은 그들의 약점을 공격하셨습니다. 이제 무슨 답을 주시 겠습니까?"

그가 제자들에게 대답하였다.

"그 세 가지는 하나님의 이름이다. 단지 바실리우스, 카에자르, 그리고 아우구스투스라는 인간의 이름이 하나의 왕을 설명해 주 는 것과 같다."(창R8:9)

다음의 해석에 근거한 종교적 논쟁을 볼 수 있다. '거룩하신 분 은총의 신께서 '나는 처음이다'(사44:6)라고 말씀하신 것은 나는 아 버지가 없다는 뜻이며, '나는 마지막이다'라고 하였으므로 나는 형 제가 없고 '내 앞에 다른 신을 두지 말라' 하였으므로 나는 아들이 없다'(출R29:5)

그러므로 유일신론은 그 당시 다른 종교와 유대교를 구분할 수 있는 가장 중요하고 특징적인 교리였다.

우리는 이렇게 선언한다. '우상 숭배를 거부하는 사람은 누구든 지 유대인으로 생각한다.'(21:13a)

§ 3. 신의 무형성

신의 유일성의 교리와 밀접한 관계를 갖고 있는 것이 신은 모습 을 지니지 않았다는 가르침이다. 성서에서 신체적 조직을 신에게 적용한 여러 구절에 대하여 랍비는 이렇게 설명한다. '우리는 이해 하는 데 도움을 얻고자 피조물로부터 빌려온 용어를 신에게 사용 한다.'11)

인간의 몸 가운데 무형의 부분, 즉 영혼에서 얻어진 생각은 우주 안에 무형의 신이 존재하신다는 사실을 이해하는데 도움이 된다. '거룩하신 분, 은총의 신께서 이 세상에 충만하신 것같이 영혼도 몸 전체에 충만하다. 거룩하신 분 은총의 신께서 우리를 보고 계시지만 보이지는 않는 것같이 우리 영혼도 보고 있으나 보이지는 않는다.

거룩하신 분 은총의 신께서 이 세상을 풍성케 하심같이 영혼도 전체의 몸을 풍성케 한다. 거룩하신 분 은총의 신께서 순결하심같이 영혼도 순결하다. 거룩하신 분 은총의 신이 이 세상의 가장 깊은 곳에 계시는 것같이 영혼도 우리 몸의 가장 깊은 곳에 있다.'(1:10a)

아무도 영혼의 거처를 알 수 없는 것처럼 거룩하신 분 은총의 신이 계신 곳을 알 수 없다. 심지어 거룩한 보좌가 있는 카이요트(Chayyoth)12)조차도 신의 처소에 어디에 있는지 알지 못 한다. 그러므로 '야훼의 영광이 있던 그 자리에서 떠오르면서'13)라고 기록되었다.

어떤 사람이 가말리엘에게 거룩하신 분 은총의 신이 어디에 계신가 하고 물었을 때 그는 이렇게 대답하였다.

"나는 알지 못하오."

또 다른 사람이 그에게 말했다.

"어디에 있는지 알지도 못하는 분에게 날마다 기도 드리는 것이

---

11) 이 말의 뜻에 대하여 탈무드에 또 다른 격언이 있다. 토라는 인자의 말을 따라 말하였다. 또 이 구절은 성서의 신인동성 동형론을 설명하는 데 자주 인용되었다. 이것은 옳지 않다. 왜냐하면 그 말씀은 항상 영적 구절에 대한 관용적 구조에 적용하였기 때문이다.
12) 하늘의 '피조물들'은 에스겔의 환상에서 설명하였다.(1장 10장)pp.31,40을 보라.
13) 그들은 '주의 보좌로부터'라는 애매한 용어를 사용하였다. 왜냐하면 그들은 신이 계신 곳을 정확히 알지 못하였기 때문이다.

당신의 지혜입니까?"

가말리엘이 그에게 대답하였다.

"당신은 삼천 오백 년14)이나 걸려서 도달할 수 있을 만큼 멀리 떨어져 계신 그분에 관하여 내게 묻는 것이오? 그러면 나는 당신에게 밤낮으로 당신 곁에 서 있는 것에 관하여 묻고 싶소. 당신의 영혼은 어디 있소?'

그 사람이 말했다.

"나는 모릅니다."

그러자 랍비가 응수하였다.

"저주받을 일이지, 내게 당신과 함께 행동하는 영혼이 있는 곳도 말하지 못하면서 삼천 오백 년이나 걸려서 갈 수 있을 만큼 떨어진 곳에 계신 분에 대하여 묻고 있소?"

그러자 그 사람이 대답하였다.

"우리는 잘 살아 갑니다. 왜냐하면 우리는 손이 하는 것을 항상 볼 수 있기 때문에 믿거든요."

"좋소."

그는 대답하였다.

"당신은 손이 하는 일을 볼 수 있지만 손은 당신을 불 수 없소. 거룩하신 분 은총의 신은 그분의 손이 하는 일을 볼 수 있으나. 그들은 그분을 볼 수 없을 것이오."(시103:1)

신의 무형성을 주장하는데도 불구하고 랍비문학 안에는 신인동성 동형론을 강하게 찬미하여, 읽는 사람으로 하여금 깜짝 놀랄 구절이 수없이 많다. 신이 성물함을 걸치시고 탈리트(Tallit)나 기도 수건으로 자신을 감싸신 모습으로 표현하였다.(19:17b) 신은 자신에게 예배 드리시며 낮에는 세 시간 동안 토라를 배우신

---

14) 신은 가장 높은 곳에 거하신다고 생각하였다. 그곳은 제7천국이며 한 층의 천국 사이는 오백 년이 걸려야 도달할 수 있는 거리라고 생각하였다.

다.(38:3b) 신은 피조물의 타락을 슬퍼하신다.(23:5b)

이와 비슷한 구절은 대단히 많다.

신이 인간의 자비로움이라고 생각될 수 있는 행동을 하시는 것으로 묘사되어 있다. 신은 아담과 이브의 결혼에서, 아담이 신랑으로 행동하며, 이브가 남편을 위해 자기 머리를 땋아 장식하는 것에 흥미를 느끼신다.(1:61a)

이런 구절들을 쓴 저자들이 실제로 몸을 가진 신이 행동하신다고 믿었던 것으로 주장할 수는 없다.

어떤 학자는 이 구절을 '신성의 인간화'와 신이 인간에게 접근하려고15) 하는 경향을 가진 특성과 속성을 지니고 있다는 의미로 해석한다. 아마도 그러한 설명들 이면에 있는 사상은 모방(imitation)의 교리일 것이다. 후사에서 볼 수 있는 바와 같이 신을 모방하는 것은 랍비의 윤리가 말하는 인간 행동의 중요한 원리 중의 하나였고, 그것은 전체의 생활에도 적용할 수 있는데, 신앙의 확신에는 도덕적 행위가 뒤따라야 한다는 의미이다. 신을 이스라엘에게 가르쳐 주고자 하는 교훈을 스스로 지키는 분으로 설명한다.

이러한 가설은 다음의 주장에 의하여 뒷받침된다.

'거룩하신 분 은총의 신의 속성은 인간의 속성과 다르다. 인간은 남에게 행하라고 가르치지만 스스로는 행하지 않는다. 그러나 거룩하신 분 은총의 신은 신께서 이스라엘에게 지키도록 명령하신 것은 무엇이든지 행하신다.'(출R30:9)

§ 4. 신의 편재성

---

15) 슈케쳐, <랍비 신학의 조망>pp.36.

신의 무형성과 동반되는 것은 신의 편재성이다. 유한한 몸은 틀림없이 공간 안에 위치하고 있다. 그러나 무한한 영혼에게 공간이란 무의미하다. 지상의 왕은 그가 침실에 있을 때 접견실에 있을 수 없지만, 거룩하신 분 은총의 신은 높은 곳과 낮은 곳에 충만하신다. 땅과 하늘 위에 그 위엄을 떨치신다'(시148:13)라고 기록된 바와 같다. 랍비 문학에서 볼 수 있는 신성에 대한 일반적인 용어는 이러한 교리에서 생긴 '처소'라는 말이다. '거룩하신 분 은총의 신은 우주에 계시지만, 우주는 그분의 처소에 거할 수 없다.'(창 R68:9) 즉 신은 공간을 둘러쌀 수 있지만, 공간은 신을 둘러싸지 못한다. 다음의 예화를 보면 신의 편재성에 대하여 잘 알 수 있다.

이방인 소유의 배 한 척이 바다를 지나고 있었다. 승객 중의 한 사람은 유대인 소년이었다. 폭풍이 일어나자 뱃전에 있던 모든 이방인들이 자기 우상을 붙잡고 기도하였지만 소용이 없었다. 자기들의 기도가 소용이 없음을 알게 된 사람들은 소년에게 말하였다.

"너의 신을 불러다오. 우리는 그분이 네가 그분에게 소리칠 때 너의 간구에 응답하시는 전능하신 분이라고 들었다."

그 소년은 곧 일어나 온 마음을 다하여 신을 불렀다. 신은 그의 기도를 들으셨고 바다는 잠잠해졌다.

육지에 내리자 그들은 필수품을 사기 위해 상륙하며 소년에게 말하였다.

"너는 아무것도 사지 않으려느냐?"

소년이 대답하였다.

"당신들은 나처럼 가난한 이방인에게 뭘 원하십니까?"

그들이 소리쳤다.

"네가 가난한 이방인이라니? 우리가 바로 가난한 이방인들이다. 왜냐하면 우리가 여기 있을 때 우리의 신들은 바빌론에 있기 때문이다. 또 다른 사람들은 자기의 신이 로마에 있다. 다른 사람들도 자기들의 신을 가지고 있지만 그것이 우리에게는 아무런 도움이 되지 못한 까닭이다. 그러나 너는 네가 가는 곳이라면 어디든지 너의 신이 함께 계시지 않느냐."(1:13b)

또 다른 일화는 랍비에게 질문하였던 한 이방인에 관한 이야기이다.

"당신의 신이 가시덤불 사이에서 모세에게 말씀하신 목적이 무엇입니까?"

랍비가 대답하였다.

"가시덤불과 같이 가장 낮은 것일지라도 하나님의 현존이 거하시기를 피하지 않는다는 것을 가르쳐 주기 위함이오."(출R11:5)

다음 구절은 신이 주신 것이다.

'네가 인간의 발자국이 찍힌 것을 발견하는 곳에서는 어디든지 내가 있다.'(Mec17:6)

탈무드는 신의 편재성을 증명해 준다. '신의 사자는 인간의 사자와 같지 않다. 인간의 사자는 자기에게 사명의 목적을 맡겨서 파견한 사람에게 돌아가지 않으면 안 된다. 그러나 신의 사자는 자기가 보내심 받은 곳을 향하여 간다.

네가 '나가라'고 명령하면 '알았습니다' 하며 번갯불이 번쩍 퉁겨 나가느냐?(욥38:35)라고 기록된 바와 같다.

'그들이 돌아간다'라고 말한 것이 아니라 '네가 나가라고 명하면 알았습니다 하며'라고 기록되었다. 그러므로 그들이 가는 곳에는 어디든지 그들은 신의 현존이 함께 한다. 그러므로 쉐키나(Shechinah)는 모든 장소 안에 있다고 추론할 수 있다.'(Mec7:1)

어떻게 신은 동시에 모든 곳에 존재할 수 있는가 하는 의문에 대하여 여러 가지 대답이 있다. 다음의 비유를 보면 이 문제를 알

수 있다. '바닷가에 있는 동굴에 비유할 수 있을 것이다. 바다가
노하면 동굴은 물로 가득 차게 된다. 그러나 바닷물은 줄어들지
않는다. 이와 같이 신과의 만남의 장소가 쉐키나의 광채로 가득
차게 되지만, 신의 광채가 우주 안에서 감소하지는 않는다.

다음에 나오는 이야기는 다른 해답을 제시해 준다. 어떤 사마리
아인이 메이어에게 물었다.

"다음의 성경 구절을 어떻게 받아들일 수 있습니까? '하늘과 땅
어디를 가나 내가 없는 곳은 없다.'라는."(렘23:24)

"신은 언약궤 사이에서 모세와 대화하지 않으셨느냐?"

랍비는 그의 앞에 커다랗게 보이는 거울을 갖다 놓고 말했다.

"비친 네 모습을 바라보아라."

그는 자기의 모습이 크게 비친 것을 보았다. 랍비는 다시 작게
보이는 거울을 그에게 갖다 주고 그것을 들여다보라고 말했다. 그
는 자기의 모습이 줄어든 것을 보았다. 그때 메이어는 말했다.

"단지 죽을 수밖에 없는 네가 마음대로 모습을 바꿀 수 있는데
하물며 말씀이시며 이 세상이 그로 인하여 시작된 그분이 더 큰일
을 하실 수 없겠느냐?"(창R4:4)

다른 랍비는 선언하였다.

'때때로 우주와 그 충만함은 신의 거룩하신 영광을 말하기에는
충분하지 않다. 어떤 때에 신은 인간의 머리와 머리카락 사이에서
인간과 더불어 이야기하신다.'(창R4:4)

한 이교도가 가말리엘에게 말하였다.

"선생님 열 명의 사람16)이 모여서 예배하는 곳에는 어디든지
쉐키나가 그들과 함께 계시다고 단언하셨습니다. 그러면 쉐키나
는 몇 개나 있습니까?"

---

16) 공동 예배를 드리는데 필요한 정족수.

그는 이방인의 종을 불러 국자로 그를 때렸다.

"왜 그를 때리십니까?"

그는 물었고, 랍비는 이렇게 대답하였다.

"왜냐하면 태양이 이교도의 집에도 비치기 때문이오."

"그러나 태양은 이 세상 어디서든지 빛납니다."

이교도가 이렇게 말하자 랍비가 응수하기를,

"태양은 무수한 신의 수행원들 중의 하나에 지나지 않음에도 온 세상을 비추는데 하물며 쉐키나가 온 우주를 비추는 것보다 더 큰 일을 하지 못하겠는가?"

하였다. 왜 신의 편재성을 이렇게 강조하는가 하는 이유는 인간은 항상 신의 감독을 받고 있다는 의식을 강조하는 것이다. 미쉬나(Mishnah)의 편집자 유다는 세 가지를 깊이 숙고하라고 강조했다.

'네 위에 무엇이 있는가 알고 있을 때 너는 결코 죄에 빠지지 않을 것이다. 감시하는 눈과 듣는 귀와, 네 모든 행동을 기록한다는 세 가지 사실이다.'(38:2:1)

요하난 자카이(Jochanan b. Zakkai)가 임종의 자리에서 자기 제자들에게 남긴 훈계 가운데 이 사상이 확실히 나타나 있다. 그는 제자들에게 이렇게 말했다.

"살과 피를 두려워하는 것보다 더욱 네 위에 있는 하늘을 두려워하는 것이 신의 뜻이기를 바란다."

그들이 말했다.

"더욱 더 크게 두려워하다니요?"

그가 대답하였다.

"더욱 더 크게 두려워해야 한다. 인간이 죄를 범할 때는 아무도 나를 못 보았겠지 하고 혼잣말을 한다는 사실을 아는 까닭이

다."(1:28b)

인간이 항상 신의 감독을 받고 있다는 생각을 하면 범죄를 저지르는 데 대하여 강력한 장애를 받을 것이다. 신의 현존으로부터 도피할 수 없다는 진리를 요세(Jose)와 로마인 부인이 나눈 대화에서도 볼 수 있다.

부인이 요세에게 물었다.

"나의 신은 당신의 신보다 더 위대합니다. 왜냐하면 당신의 신이 불타는 가시덤불에서 모세에게 얘기할 때 그 얼굴을 감추었기 때문이지요. 그러나 모세가 나의 신인 뱀을 보았을 때 그 앞에서 물러났거든요."(출4:3)

랍비가 대답하였다.

"우리의 신이 가시덤불에서 모세에게 나타나셨을 때 모세는 도망칠 곳이 없었지요. 왜냐하면 신은 어디든지 계시기 때문이지요. 그러나 당신의 신이 되는 뱀을 보았을 때 사람이 그것을 피하기 위해서는 두서너 발자국만 물러서면 되지요."(출R3:12)

§ 5. 신의 전능성

신은 물론 전능하신 힘으로 생각되며, 종종 '권능'이라고 불렀다. 랍비는 유성·지진·천둥과 폭풍, 그리고 번개를 볼 때 '주는 복되시도다. 오, 우리 주 야훼 우주의 왕이신 그분의 힘과 권능이 온 세상에 가득 찼다 하고 노래해야 한다'고 명하였다.(1:9:2)

신의 권능에 대하여 일반적인 한계를 설정할 수는 없다. '인간의 속성은 신의 속성과 같지 않다. 인간은 동시에 두 가지를 말할 수 없다. 그러나 거룩하신 분, 은총의 신은 십계명을 한 번에 말씀하였다. 인간은 두 사람이 동시에 외치는 소리를 들을 수 없다. 그

러나 거룩하신 분 은총의 신은 이 세상에 있는 모든 사람들이 동
시에 부르짖을 때도 들으실 수 있다.'

여러 번 인용하였던 랍비의 '하늘의 두려움을 제외한 모든 것이
하늘의 권세 아래 있다'(1:33b)라는 교훈은 인간이 신을 두려워하
든지 안 하든지 신이 개개인의 운명을 결정하신다는 사실을 암시
해 준다.

신을 경외하는 것은 인간 자신의 선택으로 남아 있다. 신께서
이적을 행하신다는 사실은 결코 의심할 수 없다. 이적의 목적은
'이 세상에서 신의 위대하신 이름을 거룩하게 하려 하심이
라.'(sifre306)

그러나 불가사의한 일이 생겼을 때 해석하는 것을 피해야 할 필
요가 있었다. 왜냐하면 그렇게 해석할 때 창조의 불완전을 증명하
는 것으로 취급될 가능성이 있었기 때문이다. 그러므로 성서 안에
기록된 이적들이 태초부터 예정되었다고 가르쳤다. '태초에 신은
바다로 하여금 이스라엘의 자녀들이 자나가기 위해 갈라지도록
하시고, 해와 달에게 요수아의 명령을 따라 멈추도록 하시고, 갈
가마귀에게 엘리야를 먹이도록 하시며, 불이 하나니야와 마사엘
과 아자리아를 해치지 못 하게 하시고, 사자가 다니엘을 해치지
못 하도록 하시고, 물고기가 요나를 토해내도록 지으셨다.'(창R5:5)

이와 같은 사상은 다음 구절에 기초를 이루고 있다.

'다음의 열 가지는 안식일의 저녁 어스름빛17) 속에서 창조되었
다. 땅의 입(민16:32) 샘의 입(민21:6), 나귀의 입(민22:28), 무지개,
만나, 지팡이(민22:28) 샤미르(Shamir),18) 썩어진 글자의 모양,

---

17) 자연과 초자연적으로 일어나는 모든 현상은 창조의 작업이 끝나고 안식일이
　　시작되기 전 사이에 일어난 일로 생각하였다. 싱거의 기록. 매일기도서
　　p.200.Singer't note, Authorised Daily Prayer book.

18) 성전을 지을 때 쇠로 만든 기구를 사용하지 않았으므로 솔로몬이 샤미르라 부
　　르는 벌레로 만들었다는 구전과 관계되며, 샤미르가 돌을 기어 넘어가서 쓰

기록, 돌판.'(38:5:9)

로마인들이 성전과 나라를 파괴한 후에 유대인들이 당한 재난으로, 일부 사람들은 마음속으로 신의 전능을 의심하게 되었다. 다음과 같이 말한 것은 그런 생각을 하였던 동기 때문이다.

'만약 신께서 우리의 주재자가 되시는 것처럼 모든 사건을 주재하신다면 우리가 신을 예배할 것이다. 그렇지 않으면 우리는 신께 예배하지 않을 것이다. 만약 신께서 우리의 필수품을 공급해 주시지 않는다면 신에게 예배하지 않을 것이다.'(Mec 17:17)

다음의 발췌문을 보면 신의 전능하심에 대한 교리를 방해하려는 목적으로 제공한 변명임을 알 수 있다. 트라얀이 줄리안과 그의 형제 파포스를 죽였을 때의 사건에 관련된 이야기다. 트라얀이 그들에게 물었다.

'만약 너희가 하나니아와 미사엘, 아자리아의 자손이라면 느브갓네살의 손에서 그들을 구해 내신 너희의 신께서 같은 방법으로 내 손으로부터 너희를 구하게 하라.' 그들이 대답하였다.

'그 사람들은 완전한 의인들이었고 그들에게 이적이 일어날 수 있을 만큼 훌륭한 사람들이었습니다. 느브갓네살도 훌륭한 임금이었으며 그를 통하여 이적이 일어날 수 있을 만큼 훌륭한 사람이었습니다. 그러나 당신에게 이적이 일어나기에는 당신은 비천하고 부적당합니다. 마찬가지로 신께서, 우리들에게도 죽음을 당하도록 선고하셨습니다. 당신이 만약 우리를 박해하지 않았다 해도 신께서는 여러 가지 방법으로 우리를 죽일 수 있습니다. 신은 우리를 공격해서 죽일 수 있는 많은 곰과 표범, 사자를 가지고 계십니다. 그러나 신께서 우리를 당신의 손에 두신 까닭은 우리의 피를 당신에게 갚으려 하심입니다.'(20:18b)

러지게 하였다.

'당신은 태양에게 병이 나서 새벽이 오지 못하고, 제 기능을 다 하지 못하였다는 얘기를 들은 적이 있습니까? 신의 종들이 되는 우리가 허약한 원인을 병의 탓으로 돌릴 수 없습니다. 하물며 신의 탓으로 돌릴 수 있겠습니까?'

이 문제는 어떤 도시에 거주하고 있던 한 용사의 이야기와 비슷하다. 주민들은 그에게 의지하였고 이렇게 말하였다.

'그가 우리와 함께 있는 한 아무도 우리를 쳐들어올 수 없을 것이다.'

때때로 적군이 그 도시로 쳐들어 왔지만 그의 얼굴을 보자마자 급히 도망쳤다. 한번은 그 도시가 공격을 당했을 때 그가 말했다.

'내 오른손이 병이 나서 괴로움을 당하고 있습니다.'

거룩하신 분 은총의 신은 그렇지 않다.

'야훼의 손이 짧아서 구해 내지 못하겠느냐?'(1:60:1)

유대인의 장로들이 로마에 있을 때 이 같은 질문을 받았다.

"당신의 신이 우상 숭배를 기뻐하지 않는다면 왜 그것들을 부서 버리지 않습니까?"

장로들이 대답하였다.

"사람들이 이 세상에 필요 없는 것에다 예배한다면 신은 아마 그것을 없애셨을 것입니다. 그러나 사람들은 그들에게 꼭 필요한 태양과 달과 별들에게 경배합니다. 그러니 신께서 어리석은 자들의 유익을 위해 그분이 지으신 우주를 파괴하실 수 있겠습니까?"

그들이 장로들에게 말했다.

"만약 그렇다면 이 세상에서 절대 필요한 것만 남겨 두고, 필요 없는 것은 파괴하도록 신께 구하시지요."

장로들이 대답하였다.

"그렇게 한다면 이 세상에 필요한 것에게 예배드리는 사람들의 손을 강하게 해줄 뿐이오. 왜냐하면 그 사람들은 자기들의 우상이 파괴되지 않는 한 그것이 신이라고 주장할 수 있으니까."(38:4:7)

§ 6. 신의 전지성(全知性)

신의 전능과 함께 신의 지식은 무한한 것으로 선언하였다. 신이 전지하시다는 성서의 교리는 랍비의 가르침 중에 가장 최고의 단계에 이를 때까지 발전되어 왔다.

"인간을 보고 계신 분을 축복하라. 은밀한 중에 보고 계시는 신께 복이 있도다. 이 얼굴이 저 얼굴과 다른 것처럼 인간의 마음이 모두 다른데 신께서는 그 모든 마음을 모두 아신다."(1:13c)

모든 것은 신 앞에서 드러나 알려진다. '빛은 언제나 하나님과 함께 있어 어둠 속에 숨긴 것도 아시고'(단2:22)라고 기록된 구절은 신의 시야에서 아무것도 숨길 수 없다는 개념을 충분히 설명해 준다. 어떤 도시에 방과 지하의 수로와 동굴을 파고 도시를 건설한 건축가와 같다. 얼마 후 그는 세금 징수원으로 임명되었다. 시민들이 자기들의 재산을 은밀한 장소에 감추었을 때 그는 말했다.

"이 비밀 장소를 만든 것은 바로 나요. 그런데 당신들이 어떻게 나를 피해서 재산을 감출 수 있단 말이오?"

"아, 너희가 비참하게 되리라! 자기의 흉계를 야훼께 감쪽같이 숨기려는 자들아. 누가 우리를 보랴 누가 우리를 알아보랴! 중얼거리면서 어둠 속에 몸을 숨기고 못할 것이 없는 자들아!"(1:29:15, 창R24:1)

'비록 신께서 하늘에 계신다 하여도 신의 눈은 인간의 자손들을 보며 찾으신다. 과수원을 가지고 있는 어떤 왕에 비유할 수 있다. 그는 높은 망루를 짓고 과수원에 고용된 일꾼들에게 명령한다. 너희 중에 성실하게 일하는 자는 후한 삯을 받을 것이며, 게으름 피

우는 자는 벌을 받을 것이다.'(출R2:2)

　왕은 높은 탑에서 자기를 위해 일하는 사람들을 내려다보며 그들이 하는 일의 정도를 판단한다. 이와 같이 신은 높은 하늘에서 자기의 피조물들이 하는 행동을 내려다보신다. 신의 지식의 초자연적인 특성은 다음과 같은 격언에서 생생히 배울 수 있다.

　'한 사람이 모태에 생겨나기도 전에 그의 생각이 이미 신께 알려진다.'(창R9:3) '인간의 마음속에 하나의 생각이 생겨나기도 전에 이미 그것이 신께 알려진다.(창R9:3)

　'인간이 말하기도 전에 신은 그의 마음속에 있는 것을 알고 계신다.'(출R21:3) 신의 전지의 속성과 불가분의 관계를 지닌 것은 신의 예지이다. 신은 현재 존재하는 모든 일과 과거에 있었던 모든 일과 앞으로 일어날 모든 일을 알고 계신다. '모든 것은 미리 보여진다.'(39:3:19)는 아키바의 격언이며 탈무드의 교리에 나오는 한 부분이다. '모든 것은 거룩하신 분 은총의 신께 미리 드러난다.'

　'신은 미래에 일어날 일을 아신다.'(34:90b) 많은 구절을 보면 신은 어떤 일이 일어나기 훨씬 이전에 일어날 일을 미리 아신 것으로 묘사되어 있다. '만약 거룩하신 분 은총의 신께서 26세대를 지나서 이스라엘이 토라를 받아들일 것을 미리 아시지 않았다면(창조 때에), 토라 안에 '이스라엘의 자손들에게 명하노니' 혹은 '이스라엘의 자손들에게 말한다.'(창R 1:14)와 같은 구절을 기록하지19) 않으셨을 것이다.' '단지 한 개의 태양만이 이 세상을 비추도록 창조되었다. 만약 그렇다면 왜 달을 만들었을까? 그것은 거룩하신 분 은총의 신께서 우상 숭배자들이 해와 달을 신으로 받들 것을 미리 아심을 가르쳐 준다.' 그러므로 신께서는 이렇게 말씀하셨다.

　'해와 달이 두 개가 있음에도 서로가 다른 것을 부인한다. 우상

---

19) 이 구절은 이 세상이 창조되기 전에 토라가 존재하였다는 가설에 근거한다.

숭배자들은 그것을 신으로 섬기니, 만약 하나만 만들었다면 얼마
나 더한 짓을 하였겠느냐!'(창6:1)

'왜 미리안이 모세를 중상한 이야기 뒤에 열 두 명의 정탐꾼에
대한 이야기를 기록한 것일까?'(신12f)

'거룩하신 분 은총의 신께서는 정탐꾼들이 그 땅에 대하여 탐탁
지 않은 보고를 낼 것을 미리 아셨다. 그들이 모르고 하였다는 변
명을 피하기 위하여 신께서는 모든 사람들에게 비방에 대한 벌이
어떤 것인가 알리시려고 앞의 사건을 뒤의 사건에 연결시켰다.'

앞의 단원에서 나온 이적의 가설을 인용해 보면 랍비는 신께서
창조 때부터 이 세상의 역사를 미리 아셨던 것으로 믿었다는 것을
알 수 있다. '거룩하신 분 은총의 신께서는 태초부터 의인과 악인
의 행동을 미리 아셨다.'(창R 2:5)

이 교리가 어떻게 자유 의지의 개념을 내포하고 있는가. 이 책
의 뒷부분에서 설명하게 될 것이다. 다음에 나오는 랍비와 이교도
사이의 대화에서는 랍비가 때때로 적대자들의 비판에 대항하여
믿음을 방어하였다는 것을 알 수 있다.

"당신은 신께서 일어날 일을 미리 아신다고 확신합니까?"

"물론이지요."

"그렇다면 성경에 '왜 사람을 만드셨던가 싶으시어 마음이 아프
셨다.' 라고 씌어 있는 것은 무슨 까닭입니까?"(창6:6)

"당신은 아들이 있소?"

"그렇습니다."

"아이가 태어날 때 당신은 무엇을 하였소?"

"나는 기뻐하였고 다른 사람들도 그 일을 기뻐하였습니다."

"당신은 그때도 아들이 노후에 죽는다는 것을 알고 있었지요?"

"물론 그렇습니다. 그러나 기쁠 때는 기뻐하고 슬플 때는 슬퍼

해야지요."

"거룩하신 분 은총의 신도 마찬가지입니다. 신께서는 홍수가 나기 전에 그가 창조하신 우주의 운명에 대하여 칠일 동안[20] 슬퍼하셨습니다."(창R27:4)

§ 7. 신의 영원성

신에게 시간이란 아무런 의미가 없다. 우주의 창조자로서 신의 능력을 보면 그분이 필연적으로 처음이 되심에 틀림없다. 또한 신은 시간 중에서 최후에 계시며 다른 모든 것이 사라질 때도 계속하여 존재하실 것이다. '모든 것이 쇠퇴하여도 주는 쇠하지 않을 것입니다'(레19:2)라고 랍비가 선언하였다.

'당신의 곁에는 아무것도 없습니다'라는 뜻의(en)bilteka라는 말을 사용함으로써(en)balloteka 로서 읽을 수도 있다. 그 의미는 '당신보다도 오래 사는 것은 아무것도 없다'라고 볼 수 있으며, 덧붙여 '인간의 속성과 일치하지 않는 것이 신의 속성이다. 인간은 자기의 공적이 자기보다 오래 남아 있지만 거룩하신 분 은총의 신은 그분의 공적보다 오래 사신다.'(21:14a)

'신의 표징은 진리이다'라는 말은 랍비의 격언으로 통한다. 그것은 진리, 즉 AMT라는 말과 일치하는 것으로 각기 히브리 철자의 처음, 중간, 그리고 마지막 글자이다. 그것은 신께서 처음이요 중간이시며 나중이시라는 것을 설명해 준다.(창R81:2)

'오늘은 여기에 있으나 내일은 무덤에 있는 인간의 왕'과 '영원토록 살아 남아 계시는 왕중 왕' 사이에 자주 이런 비교를 한다.(1:28b)

---

20) 유대교에서 죽음을 슬퍼하는 기간으로 정해져 있다.

제2계명에서 '내 앞에'라는 단어를 첨가한 것은 다음과 같이 설명된다. '내가 영원히 살고 지속하는 것처럼, 너와 너의 자손이 모든 세대의 끝날까지 우상에게 예배하는 것이 금지되었다는 사실을 가르치려는 목적이다.'(Mec3;67b)

하나의 비유를 들어보자.

어떤 왕이 한 도시에 입성했을 때 모든 주민이 나와서 그를 **환영**하였다. 사람들의 환호가 왕을 기쁘게 하였으므로 그는 **시민들**에게 말하였다.

"내일 나는 여러분을 위하여 많은 목욕탕을 세우겠다. 그리고 내일 여러분에게 하수도도 설치해 주려 한다."

왕은 잠자리에 들었다. 그러나 다시는 일어나지 못하였다. 왕과 왕의 약속은 어디로 갔는가?

그러나 거룩하신 분 은총의 신께서는 그렇지 않다. 왜냐하면 '그분은 영원히 사시고 다스리시는 분이기 때문이다.'(레R36:1)

또 다른 예화는 '자기 아들을 잃고 무덤에서 아들을 찾던 사람'에 관한 이야기이다.

어떤 현자가 그를 보고 물었다.

"당신이 잃은 아들은 살았소, 죽었소?"

그가 대답하였다.

"그는 살아 있습니다."

그러자 현자가 말했다.

"어리석은 자 같으니, 산 자 가운데서 죽은 자를 찾는 것이요, 아니면 죽은 자 가운데서 산 자를 찾는 것이오? 항상 죽은 자의 필요에 산 자의 습관을 적용하는 것이오. 거꾸로 될 수는 없소."

영원히 사시고 지속하시는 우리의 신께서도 마찬가지이다.

'야훼만이 참신, 살아 계신 하나님, 영원하신 임금이시다.'(렘

10:10)

그러나 우상 숭배자들의 신은 생명이 없는 물건이다.

'그러면 우리가 영원히 살아 계신 신을 버리고 죽은 물건에 예배할 것인가?'(레R6:6)

'원수들은 영영 망해 흔적도 없고'(시9:6)라고 기록된 구절은 다음과 같이 설명된다. '원수들은 망했고, 그들의 건물21)은 영원하다. 예를 들면 콘스탄틴은 콘스탄티노플을 건설하였고 아폴로스는 아볼리아22)를, 로물루스는 로마를, 알렉산더는 알렉산드리아를, 셀레우코스는 사라큐사를 건설하였다. 그러나 신께서 멸망시킨 도시는 그들의 기념물조차 폐허가 되었다'라고 말할 수 있다.

이것을 예루살렘과 시온에게 인용하면 기록된 바와 같다. '당신의 거룩한 성읍은 폐허가 되었습니다. 시온은 무인지경이 되었고 예루살렘은 쑥밭이 되었습니다.'(사64:10)

'야훼께서 영원히 왕좌에 앉아 계시고(시9:7) 거룩하신 분 은총의 신께서는 그들(도시의 건설자들)과 건축물들을 부흥시키실 것이다. 멸망에 이르고 패망하는 것은 인간과 도시를 세운 자들이다. 이와 같이 그들이 세운 도시도 영원히 파괴될 것이다.

영원히 존재하시며 지극하신 신은 '영원히 재판하실 옥좌를 다 지셨으니' '야훼는 예루살렘과 시온과 유대의 도시들을 재건하실 것이다.'

'그때에는 그들이 예루살렘, 즉 주의 옥좌라고 불릴 것이다.'(렘3:17)

---

21) 미드라쉬에서 '황폐'하다고 표현하는 말로 이해하였다는 것이 확실하다. 구약의 choraboth는 '도시들과 궁전'들을 의미하며 '폐허'가 아니었다.
22) 그 정확한 발음은 아마도 '필립이 필리피를 건설하였다'일 것이다.

§ 8. 신의 공의와 자비

초대 히브리 족장은 신을 '세상을 다스리시는 이'(창18:25)로 칭하고, 탈무드도 신을 똑같은 관점에서 생각하였다.

세상과 온 인류의 창조자이신 신께서는 자기의 피조물들에게 각기 살아가는 태도에 따라서 대하신다. 신의 다스리심은 항상 공의롭다. '신께는 불의한 것이 없으며, 인간들에 대하여 부주의하거나, 뇌물을 받는 일이 없다.'(39:4:29) 요하난벤자카이(R.Jochanan b. Zakka*)는 임종의 자리에서 유일하신 분의 다스림에 대하여,

'신은 말로 회유하거나(지껄임으로)돈으로 매수할 수 있는 분이 아니다'(1:28b)라고 말하였다.

신의 결정에는 어떠한 독단적 요소도 개재될 수 없다.

한 로마인 부인이 랍비에게 말하였다.

'당신의 신은 공의를 생각지 않고 그분이 좋아하는 사람에게만 가까이 계시는군요.'

랍비는 그녀의 앞에 한 바구니의 무화과를 갖다 놓고 거기서 마음에 드는 것을 집어먹게 하였다. 랍비가 그녀에게 말하기를,

'당신은 어떻게 해야 가장 좋은 것을 선택할지 아시나요? 그러면 거룩하신 분 은총의 신께서 그렇게 하지 않으시리라고 확신하십니까? 신은 선한 자를 선택하시고 자기 가까이에 두십니다'(민R3:2) 라고 말하였다.

랍비 문학을 보면, 신의 공의와 자비 사이에는 영원한 갈등이 일어나는 것으로 묘사되어 있다. 신의 자비로운 속성을 내포하지 않고 심판자로서의 신의 권세를 설명하는 구절은 거의 없다. '하나님'이라고 번역되는 엘로힘(Elohim)이라는 신의 이름은 '주'라고 번

역되는 야훼(YHWH)와 심판하시는 신의 모습을 암시한다고 이해된다.

'하늘과 땅을 지어내신 순서는 위와 같았다. 야훼 하나님께서 땅과 하늘을 만드시던 때였다'(창2:4)라는 구절에서 야훼 하나님이라는 두 가지 이름을 함께 사용한 것을 다음과 같이 설명한다.

그것은 빈 병을 많이 가지고 있던 어떤 왕의 이야기에 비교할 수 있다. 왕이 말하기를,

'내가 여기다 만약 뜨거운 물을 붓는다면 깨질 것이다. 또 찬물을 부으면 그것이 줄어들 것이다.'

왕은 무엇을 하였던가? 그는 찬물과 더운물을 섞어서 병에 부었으며 그 병은 오래 보존되었다. 거룩하신 분 은총의 신께서도 이렇게 말씀하실 것이다.

'내가 만약 이 세상을 자비로운 속성으로만 창조한다면 모든 곳에 죄가 번성하게 될 것이다. 내가 만약 공의로운 속성만으로 창조한다면 이 세상이 어떻게 견딜 수 있겠는가? 보라, 나는 이 두 가지 속성을 함께 창조할 것이다. 그러면 끝까지 견디리라.'(창R 12:15)

인간이 이 세상에 존재하게 된 것은 창조 때에 자비로운 속성이 우세하였다는 단 한 가지 이유 때문이다.

'거룩하신 분 은총의 신께서 첫 번 인간을 만드실 때, 신은 그 인간에게서 의와 불의가 함께 나온다는 것을 미리 아셨다. 신께서 말씀하시기를 만약 내가 그를 만들면 악한 인간이 그에게서 나올 것이고, 그를 만들지 않는다면 어떻게 선한 인간이 나올 수 있겠는가? 신은 어떻게 하셨는가? 신은 그에게서 악한 방법을 제거하시고 자비의 속성과 함께 인간을 만드셨다.(창R8:4)

자비가 창조하는데 결정적 원인이 되었다면, 엄격한 정의에게

승리한 자비로움이 악한 자의 면전에서 이 세상이 지속되는 원인이 된다. 아담으로부터 노아에 이르기까지 열 세대가 지난 것은 신께서 인간에게 홍수를 내리시기까지 그 모든 세대가 신을 거역하는 것을 보시면서, 그분이 얼마나 오래 참으셨는가를 알게 하기 위함이었다. 아브라함이 신께 청원하였던,

'온 땅의 심판을 의롭게 행하시지 않으실 것입니까?'라는 말의 뜻은 이러하다.

'신께서 만약 이 세상을 그대로 두시려면 엄격한 공의를 행할 수 없습니다. 또한 당신께서 엄격한 심판을 주장하신다면 이 세상은 더 견디지 못할 것입니다.'(창R39:6)

신의 참으심에 대한 히브리어 표현은 에레크 아푸(erechaf)가 아니라 에레크 아파임(erech apayim)이며 후자는 두 가지 형을 갖고 있다.

이 말은 신께서 의로운 자들에게 오래 참는 것이 아니고, 악한 자들에게 오래 참는다는 것을 암시한다고 설명된다.(31:50b)

성서에서 보면 신께서 모세에게 신의 속성을 보여 주셨을 때, 모세가 서둘러 머리를 땅에 대고 엎드렸다는 사실과 관련이 있다.(출34:8)

무엇이 모세를 그렇게 압도하였는가? 하는 의문에 대한 대답은 신의 인내를 인식한 때문이다.(34;111a)

이 세상에서 선한 자에게 승리는 악의 모습이 신의 자비로움이 표현된 것으로 이해할 수 있다. 모세는 신을 '크고 힘이 있으시고 지엄하신 신'(신10:17)으로 묘사하였다.

예레미야는 신을 단지 '위대하시고 강하신 하나님'으로 설명하였는데, 그 까닭은 신의 성전에서 이방인들이 난무하는 것을 보고 신의 지엄하신 행위는 어디 있는가 하는 의문 때문이었다. 다니엘

은 신을 단지 '크고 두려우신 하나님'으로 묘사하였는데, 그것은 신의 백성이 이방인들의 노예가 된 것을 보고 신의 권능이 어디 있는가 의문을 가진 때문이다. Great Assembly[23])의 사람들이 와서 모든 속성을 다시 분류하였다.(느9:32)

그들이 말하기를,

'반면에 이것은 신께서 악한 자들을 향한 진노를 누르시고 오래 참으시는 신의 권능을 가장 위대하게 표현한 것이다. 또한 신의 지엄하신 행위를 표현한 것이다. 그것이 없다면 어떻게 나라의 존재가 지속될 수 있는가.'(16:69b)

'은혜의 속성'은 '백2배의 징벌'보다도 더 큰 것으로 가르쳤다. 이러한 결론은, 신께서는 스스로 징벌하실 때 조상의 죄를 3,4대 후손에게까지 갚는 분'(출20:5)으로 표현한 사실에서 얻을 수 있다.

그러나 자비에 대하여는 '수천 대에까지 갚아 주시는 분'으로 표현되어 있다.(출20:6)

히브리어로 마지막 문구 알라핌은 글자 그대로 수천이며, 적어도 천 이상을 뜻한다. 그러므로 징벌은 최대한으로 4대까지 가지만 자비는 적어도 2천대까지 이르게 되는 것이다.(Tos 4:1)

'신께서 노하셨을 때일지라도 자비를 기억하신다'라고 탈무드에서 선언하였다.(14:87b)신께서는 사실로 그분의 자비가 진노를 이겨내도록 스스로에게 기도하시는 분으로 표현되었다. 이런 사상은 다음 예화에서 볼 수 있는 바와 같이 대담한 상상으로 얻어진 것이다.

요하난이 요세의 이름으로 말하였다.

거룩하신 분 은총의 신께서 기도하신다는 것을 어떻게 알았는가?

---

23) 서문의 p.18f를 보라.

'나는 그들을 나의 거룩한 산에 불러다가 나의 기도처24)에서
기쁜 나날을 보내게 하리라'(사56:7)라고 기록되었다. 여기서 '그들
의 기도처'가 아니고 '나의 기도처'라고 하였으므로 우리는 거룩하
신 분 은총의 신께서 기도하시는 분이라고 주장한다. 신께서는 무
엇을 기도하시는가? 조타르 벤토비야(R. Zotra b. Tobiah)가
랍(Rab)의 이름으로 말하였다.

'나의 자비로움이 나의 진노를 누르는 것이 나의 뜻이기를, 또
한 나의 자비로움이 나의 공의로운 속성보다 우세하기를, 그렇게
함으로써 내가 자비로움으로 내 자녀들과 관계를 맺으며 엄격한
공의로움으로 그들의 행동에 관여할 것이다.'

하나의 교훈이 있다.   R.   이스마엘벤엘리사(R.   Ishmael
b.Elisha)가 말하기를,

'언젠가 나는 지성소에서 향을 드리기 위해서 성전에 갔다. 나
는 옥테리엘(Okteriel),25) 만주의 주께서 높고 귀한 보좌에 앉
아 계신 것을 보았다. 신께서 내게 말씀하시기를, '내 아들 이스라
엘아, 나를 찬양하여라.' 내가 대답하였다.

'신의 자비로움이 진노를 이기심이 당신의 뜻이기를 바라며, 당
신의 자비로움이 공의의 속성을 이기시기 바랍니다. 그러면 당신
은 자비로움으로 자녀들과 관계를 맺고 엄격한 공의로움으로 그
들의 행동에 관여하실 것입니다.'(1:7a)

똑같은 속성을 설명하였다.

'신은 매일 세 시간 동안 앉아서 온 세상을 심판하신다. 세상에
악이 충만한 것을 보시고 마땅히 멸망시켜야 할 것을 아셨을 때,

---

24) 히브리어로는 글자 그대로 '내 기도의 집'이다.
25) 신의 이름은 보통 보좌 Keter와 신의 el이 복합되어서 표현되었다. 전설에 따르
   면 이스마엘 엘리사는 이스마엘 파비와 동일 인물로 추정되는데, 두 번째 성
   전 파괴 이전 시대에 마지막 대제사장들 중의 한 사람이었다.

신께서는 공의의 보좌에서 일어나 자비의 보좌에 앉으신다.'(38:3b)

예언자들의 교훈에도 많이 인용되었다.

'죄인이라 해도 죽는 것을 나는 기뻐하지 않는다. 죄인이라도 마음을 바로잡아 악을 고치고 사는 것을 나는 기뻐한다.'(겔33:2)

이 구절은 랍비의 사상 안에 두드러지게 나타나는 회개의 사상에 근거를 두고 있다. 이 개념은 다음 구절에서 훌륭히 표현되어 있다.

'인간의 속성은 거룩하신 분 은총의 신의 속성과 같지 않다. 한 인간이 망했을 때 그는 슬퍼한다. 그러나 거룩하신 분 은총의 신이 지셨을 때 그분은 기뻐하신다. 왜냐하면 자기의 진노를 피하시고 자비를 보여 주신 까닭이다.'(14:119a)

신의 자비로움은 인간을 심판에서 구하시려는 강한 열망으로 표현된다.

비록 구백 구십 명의 천사가 한 사람의 유죄를 결정하였다 하더라도 단 한 명의 천사가 그의 무죄를 변호할 수 있다.

거룩하신 분 은총의 신께서 은총 쪽으로 저울을 기울이셨기 때문이다.(30:61d)

신의 공의로움으로 악인들에게 적합한 벌을 내리려고 결정하였을 때 신은 후회와 고통스러움을 가지시고 행하신다.

홍해에서 애굽인들을 멸망시킨 이야기 가운데 이러한 사상이 잘 나타나 있다. 구원의 천사들이 신께 승리의 노래를 드리기를 원하였다. 신은 그들을 저지하시고, '내가 손수 만든 작품이 바다에 빠졌다. 너희는 내게 한 노래를 바치라.'(34:39b)

그러므로 신께서 우주의 심판자이심을 믿는 반면에 랍비는 신을 라크마나(Rachmana, 자비로운 분)라고 즐겨 불렀는데 그 말은

'이 세상은 은혜로 다스려진다'는 것을 가르쳐 준다.(39:3:19)

§ 9. 신의 부권

탈무드 현인들의 이야기를 보면 도처에서 창조자와 피조물 사이의 관계가 아버지와 아들의 모습으로 이해되었다는 것을 알 수 있다. 신은 항상 '하늘에 계신 아버지'로 표현하고 또 그렇게 설명하였다. 예를 들면 한 랍비의 격언이 이렇게 훈계한다.

'표범처럼 강하고, 독수리처럼 가벼우며, 수사슴처럼 빨리 달리고, 사자처럼 강하게 하늘에 계신 너의 아버지의 뜻을 행하라.'(39:5:23)

인척 관계를 가지며 그것은 인간에게 보여 주신 신의 특별한 표적으로 생각되어졌다.

이스라엘은 사랑 받았다. 왜냐하면 그들을 영원하신 분의 자녀라고 부르기 때문이다. 그러나 영원하신 분의 자녀라고 부르는 사실을 이스라엘이 알게 한 것은 특별한 사랑 때문이다. '너희는 너의 하나님 야훼의 자녀이다.'(신14:1,39:3:18)

비록 이러한 말씀들은 이스라엘을 특별히 취급하였으나 이 구절에 기초한 부성의 교리는 한 민족에게만 국한될 것이 아니라 모든 인류에게 확대될 수 있다.

이 값진 은혜를 인간이 받은 것은 조건적인가 무조건적인가에 대하여 서로 다른 견해가 있다.

'너희는 너의 신 야훼의 자녀이다'라는 구절에 대하여 유다(R. Judah)는 이렇게 해석하였다 '당신이 스스로가 의무를 지닌 자녀로서 행동하는 그때부터 당신은 신의 자녀로 불린다. 그러나 당신 자신이 그렇게 행하지 못할 때는 신의 자녀로 불리지 못한다.'

반면에 메이어(R. Meir)는 '신의 자녀'를 다른 경우에 적용할
것을 주장하였다. '미련한 자식들'(렘4:22), '진실이란 털끝만큼도
없는 자들'(신32:20)이라고 기록된 구절을 자기 주장에 적용하여 설
명한다. 비록 그들이 자녀들이라고 부를 가치가 없는 자들인데도
불구하고, 아직도 자녀들이라고 부른 것을 지적하였다.(30:36a)

이스라엘 민족에게 주신 말씀을 보면 신이 이렇게 표현하였다.
'내가 너희를 위하여 행한 모든 이적과 권능은 너희가 나에게 보
답하게 함이 아니라, 너희가 신실한 자녀와 같이 나를 공경하며
너희의 아버지라 부르게 함이라.'(출R32:5)

특히 기도를 드릴 때, 한 인간이 아버지의 관계로서 자기 앞에
서 계신 신께 간구하는 것으로 생각하라고 권고하였다. 경건한 노
인들은 그들의 마음을 하늘에 계신 아버지께로 향하기 위하여 한
시간을 명상하며 기다린 후에 기도를 드렸다고 기록되어 있
다.(1;5:1)

히브리인의 예배26) 순서에서 가장 먼저 드리는 기도 중의 하나
는 이렇게 시작된다. '당신은 크신 사랑으로 우리를 사랑하십니다.
오, 주 우리 하나님, 당신은 크고 넘치는 자비와 긍휼로 우리를 불
쌍히 여기십니다. 우리 아버지, 우리의 임금, 인간의 법도를 가르
치시고, 은혜로우시며 우리를 인도하십니다.'

아키바(R. Akiba)가 가뭄 때 드린 기도가 보존되어 있는데,
그 내용은 이러하다. '우리 아버지 우리 임금이시여, 우리가 당신
앞에 범죄하였습니다. 우리 아버지 우리 임금이시여, 우리는 당신
곁에 다른 임금을 두지 않았습니다. 우리 아버지 우리의 임금이시
여, 우리를 긍휼히 여기소서.'(20:25b)

신의 부성에 대한 개념이 잘 알려져 있다는 사실을 랍비의 비유

26) 이름으로 시작하는데 그것이 첫 구절이다.(1;116)

나 직유에서 자주 볼 수 있는 것으로 특별히 알 수 있다. 아브라함에게 '내 앞을 걸어라'(창18:1)라고 하신 말씀과, 노아에 대하여 '신과 동행하는 자'라고 묘사한 말의 차이를 설명해 보자. 한 자녀는 나이가 들고 다른 하나는 아직 어린 두 자녀를 가진 왕의 이야기를 보자.

왕은 작은아이에게 '나와 함께 걷자'라고 말하고 큰아이에게는 '내 앞에서 걸어라'하고 말했다.(창R 30:10) '이스라엘을 앞서서 인도하던 하나님의 천사가 뒤로 돌아가 호위하자'(출14:19) 자기의 앞에 아이를 데리고 길을 따라 가던 한 사람의 이야기를 보자. 도둑이 아이를 납치하려고 다가왔다. 아버지는 앞에 가던 아이를 뒤로 세웠다. 늑대가 뒤에서 울부짖으며 다가왔다. 그러나 아버지는 뒤에 섰던 아이를 앞에 세웠다. 곧 도둑은 앞에서 다가오고 늑대가 뒤에서 다가왔다. 그는 아이를 들어서 팔로 안았다. 아이가 태양 빛이 뜨거워 괴로워하자 아버지는 아이의 위에 자기의 겉옷을 덮었다. 아이가 배고파하자 아버지는 먹을 것을 주었다. 그가 목말라 하자 아버지는 마실 것을 주었다. 이스라엘이 애굽에 탈출할 때 신께서는 이스라엘에게 이같이 행하셨다.(Mec ad loc:30a)

또 하나의 비유는 똑같은 교훈을 말해 준다. '어떤 왕의 아들이 방탕에 빠졌다. 왕은 내 아들아 돌아오라는 전달과 함께 선생을 아들에게 보냈다. 그러나 아들은 아버지에게,

'어떻게 제가 돌아갈 수 있겠습니까? 저는 아버지 앞에 가는 것이 부끄럽습니다.'

라는 답을 보냈다. 그러자 아버지가 이런 말을 보냈다.

'아들아, 아버지에게 돌아오는데 무엇이 부끄러우냐? 네가 돌아온다면 자기 아버지에게 돌아오는 것이 아니겠느냐?'(신R11:24)

신의 부성에 관한 교리는 신께서 인간을 창조하셨다는 사실을

가르치는데 궁극적인 목적이 있다. '인간을 지으실 때 거룩하신 분, 은총의 신, 자기의 부모, 이 세 가지의 동역자가 있었다. 아버지는 뼈 · 손톱 · 뇌, 그리고 눈의 흰자위를 만드는 하얀 물질을 준비한다. 어머니는 피부 · 근육 · 머리카락 · 눈의 검은 동자를 만드는 붉은 물질을 준비한다. 거룩하신 분 은총의 신은 사람에게 호흡 · 영혼 · 모습 · 시력 · 청력 · 행동하는 힘, 이해력과 지식을 불어넣어 주신다.'(58:31a)

이 말은, 육신의 부모는 오직 인간의 육체적인 부분을 만든다는 것을 의미하고, 다른 모든 기관과 인격을 구성하는 부분은 하늘에 계신 아버지로부터 받은 재능이다. 신의 부성은 인간의 가족을 위해 주시는 신의 사랑과 같은 말이다. 모든 피조물은 사물의 아버지가 사랑의 신이라는 사실을 증명하는 살아 있는 증거물이다. 아키바의 격언이 이 개념을 가장 훌륭하게 표현한 것을 볼 수 있다. '인간이 신의 형상으로 만들어졌다는 사실을 아는 것도 신의 특별한 사랑 때문이다. '왜냐하면 신께서 그분의 형상대로 인간을 지으셨기 때문이다."(39:3:18)

§ 10. 신의 거룩성과 완전성

랍비들에게는 신의 개념이 단순한 형이상학적인 추론이 아니었으며 인간의 생활에 직접적인 근거를 두고 있었다. 이미 언급한 대로 우상 숭배는 음란과 같은 말로 씌었으며 타락한 생활의 표본이었다. 반면에 신께 대한 신앙은 생각과 행동의 수준이 높음을 시사해 주었다. 신의 모방, 즉 Imitatio Dei라는 교리가 탈무드의 윤리에 근거를 두고 있다는 사실은 후에 설명할 것이다. 이러한 관점에서 신의 신성을 구별하는 독특한 용어는 거룩성이다. 그것은 모독하는 모든 것에서 행위의 완전성과 함께 신성을 구별하여 적용하였다. 유대인 랍비는 항상 신을 거룩하신 분 은총의 신으로 생각하였는데 그것은 모든 이름 가운데 가장 보편적인 것으로 신을 나타내는 것이다. 신의 거룩성이 인간에게 주는 의미는 다음의 구절에서 확실히 알 수 있다.

'거룩하신 분 은총의 신이 인간에게 말하노니 '보라, 나는 순결하고, 나의 처소도 순결하며, 내가 너희에게 준 영혼도 순결하다. 만약 너희가 너희에게 준 순결한 처소 안으로 내게 돌아온다면 잘 되고 좋은 일이며, 그렇지 아니하면 나는 너희 앞에서 그것을 멸할 것이라." (레R18:1)

그러나 '거룩성'이라는 용어가 신께 적용될 때는 독특한 함축성을 내포한다. 신의 거룩성은 인간이 도달할 수 있는 한계를 넘어선 완전성이다. 본문에 '그분은 거룩하신 하나님이신 까닭에'(수24:19)라는 구절 가운데 형용사 '거룩'이 복수형인 것은 '신은 모든 종류의 거룩성을 포함하여 거룩하시다'는 의미로 설명되며, 신은 거룩성의 완전성이다.(1:13a) '나 야훼 하나님이 거룩하니, 너희도 거룩한 사람이 되어라'(레19:22)라는 구절은 이렇게 해석된다. '인간이 신과 같이 거룩하다는 것은 상상할 수도 없다. 그러므로 성서에서 '나는 거룩하니'라고 표현한 나의 거룩성은 너희가 도달 할 수 있는 거룩의 단계보다도 더 높다.'(레R24:9)

랍비는 신의 완전한 거룩성을 믿었을 뿐만 아니라, 유대인들이 수치스러운 행동으로 신을 모독하는 일을 경계하는 것을 유대인이 가진 지상 최고의 의무라고 생각하였다. 유대인들은 훌륭한 행동으로 신께 신용을 지키고 '신의 이름을 거룩케' 하였다. 반면에 천한 행동은 칠룰 하켐(Chillul Hashem:이름의 모독)을 일으키는 결과가 되었다.

　신과 이스라엘 사이의 관계에 대한 교의는 성서에 근거를 두었으며 선지자 에스겔27)의 풍부한 표현에서 찾아볼 수 있다.

　그것을 이스라엘의 행동의 근본 지침으로 만들 때까지 랍비들이 잘 다듬고 손질한 것이다. 유대인에게 악한 행동은 개인의 범죄보다 더 큰 것을 의미하였다. 그것은 신 민족에 대한 배반이었으며, 그러므로 유대인은 이방인과 자기 동족에게 저지른 범죄 사이에 구별을 두었다. 신의 이름을 모독하는 것을 가장 큰 죄 가운데 하나로 간주하였다.(Tos10:15) 그런 죄에 대하여 얼마나 심각하게 다루었는가 다음의 구절에서 살펴볼 수 있다. '신의 이름을 모독하는 죄를 범한 사람은 회개해도 소용 없고, 속죄의 날 권능으로 용서받을 수도 없으며, 고행으로 죄를 씻을 수도 없다. 다만 죽음으로 죄를 씻을 수 있다'(16:86a) 다른 구절에서 우리는 좀더 엄격한 태도로 취급한 것을 알 수 있다. '신의 이름을 모독하는 자는 용서받을 수 없는 죄인 가운데 다섯 가지 유형으로 분류된다.'(39:39) 대부분의 경우에 유대의 율법은 의도적인 범죄와 우발적인 범죄간에 구별을 두고 있지만 신의 이름을 모독한 죄에 대하여서는 그러한 신축성을 두지 않았다. '은밀한 곳에 계시는 신의 이름을 모독한 자는 누구든지 여러 사람 앞에서 그 죄에 대하여 벌을 받고 고통 당하여야 한다. 신의 이름을 부주의로든 고의로든 모독하였을 경우에는 벌을 받아야 할 것이다.'(39:4:5)

　비록 인간의 행동이 신의 이름을 반영하는 것으로 엄격히 취급하였지만 신의 거룩성은 피조물들의 행위와는 별개의 것이다. 그러므로 우리는 다음과 같은 견해를 알 수 있다. "너희는 거룩하여라. 왜냐하면 나 주 너의 신이 거룩하기 때문이다.'이 말을 해석하면, 만약 너희가 너희 자신을 거룩히 한다면 나는 너희가 나를 거

---

27) 특히 36:22.33을 보라.

룩히 여긴 것으로 여길 것이다. 그러나 너희가 스스로를 거룩히 하지 않는다면, 나는 너희가 나를 거룩히 여기지 않는 것으로 돌릴 것이다. 아마도 이 말의 뜻은 만약 너희가 나를 거룩히 하면 내가 거룩하게 되지만, 만약 너희가 나를 거룩히 하지 않으면, 나는 거룩하게 되지 않을 것이다 라고 해석될 것이다 본문에서 '나는 거룩하니' 나는 너희가 나를 거룩히 하고 안 하고에 따라 거룩성의 조건 가운데 있다.'(sife20:2)

§ 11. 신성한 이름

동양에서는 이름이 단순한 호칭만은 아니었다. 이름이 그 사람의 품성을 나타내거나, 그 사람 자신을 위해 이름이 생겨났다고 생각하였다. 그런 까닭에 신께서 이스라엘 민족에게 보여 주신 '신의 구별되는 이름(Shem Hamephorash)' 즉 테트라그라마톤 YHWH라는 이름에 특별한 공경을 하였다. 성서 시대에는 일상적인 대화에서 그 이름을 사용하는 데 거리낌이 없었던 것으로 보인다. 게다가 바빌론 포로 시대 이후에는 유대인들간에 개인의 이름에 Jah혹은 Jahu라는 네 글자의 이름을 사용하는 데 아무런 금지가 없었다는 것을 나타내 준다.

그러나 초기 랍비의 시대에는 신의 이름을 발음하는 것은 성전의 예배로 국한하는 확실한 규칙이 서 있었다. 성소에서 신의 이름을 씌어진 대로 발음하였으나 그런 제한을 넘어서 대리 호칭을 사용하였다.(28:7:6)

테트라그라마톤(Tetragrammaton)은 날마다 성전에서 발음하였던 제사장들의 송영 중에 포함되어 있다.

그 이름은 대제사장이 속죄일에 사용하였는데 그때 대제사장은 자신과 다른 제사장들과 공중의 행동을 위하여 세 번 속죄제를 드려야 했다.

세 번째의 경우에 대하여 이렇게 묘사하였다. 대제사장은 이렇게 말한다. YHWH여, 당신의 백성, 이르사엘의 집이 당신 앞에 불의를 저지르고, 잘못을 행하고, 죄를 범하였습니다. 제가 야훼의 이름으로 당신께 간구하오니 당신의 백성, 이스라엘의 집이 당신 앞에 불의를 저지르고 잘못을 행하고 죄를 범한 가운데 그들의 부정과 불의와 죄를 보상하여 주시옵소서.

'그날은 너희의 죄를 벗겨 너희를 정하게 하는 날이므로 너희가 야훼 앞에 모든 잘못을 벗고 정하게 되리라.'(레16:30)

대제사장이 영광과 존귀하신 신의 이름을 거룩하고 순결하게 발음하는 것을 제사장들과 성전의 뜰에 서 있던 회중들이 들었을 때 그들은 무릎꿇고 엎드려 얼굴을 땅에 대고 '신의 영광스럽고 높으신 이름을 영원히 영원히 찬양하라.' 성전이 있었던 마지막 시대에, 테트라그라마톤을 선명히 발음을 하지 않았던 것 같다. 제사장의 가문에 속해 있던 타폰(Tarphon)이 그 예를 보여 주었다. 그는 자기의 어린 시절, 사무를 볼 수 있을 만큼 충분히 성장하기 이전에 일어났던 사건을 기록하였다. '한번은 내가 아저씨를 따라 단 위에 올라갈 수 있었다. 나는 대제사장이 말하는 것을 들으려고 귀를 기울였다. 나는 다른 동료 제사장들의 노랫소리 때문에 신의 이름의 약해진 소리를 들었다.'28)(30:7a)

신의 이름을 명확하게 발음하지 않는 이유의 이면에는 제사장들의 도덕적 기준이 낮아졌다는 원인을 알 수 있다. 탈무드는 '처

---

28) 제사장 가문에 속해 있던 요세푸스는 정확한 용어로 테트라그라마톤을 발음하기를 꺼렸다는 사실을 알려 주었다. 하나님께서 모세에게 하나님의 이름을 가르쳐 주셨을 때 그것이 이전에는 결코 인간에게 알려졌던 것이 아니었다. '내가 하나님의 이름을 말하는 것은 합법적이 아니다'.

음에는 대제사장이 신의 이름을 큰 소리로 발음하였으나 타락한 인간이 늘어남에 따라 낮은 소리로 말하게 되었다.'(16:40a)

반면에 평신도일지라도 신의 이름을 자유롭게 공개적으로 사용하자는 주장도 있었다. 미쉬나는 '사람이 신의 이름을 말하는 것으로 친구들에게 인사해야 하는 규정이 있다.'(1:9:5)라고 가르쳤다. 이러한 의견은 야훼가 아니라 '신의 이름'으로 인용하는 사마리아인과 이스라엘을 구별하고, 유대 기독교와 유대교를 구별하려는 의도에 근거하고 있다. 여하튼 그런 관습은 곧 중지되었다. 글자 그대로 신의 이름을 발음하는 자는 앞으로 올 세대에서 분깃을 제외받은 자들이다.(34:10:1) '신의 이름을 뚜렷하게 발음하는 자는 누구든지 가장 큰 죄를 범하는 자와 같다.'(14:148a) 회당의 예배에는 신의 이름 야훼 대신, 아도나이(Adonai.내 주)라고 말하였다. 그러나 본래의 발음을 정기적으로 매 7년마다 한두 번씩 현자가 제자에게 전하는 습관이 있었다.(30:71a)

그 관습조차도 얼마 후에는 그치게 되었고, 신의 이름을 발음하는 방법도 더 이상 확실하지 않게 되었다. 위에서 다루었던 바와 같이 탈무드 시대의 유대인들이 생각한 신성의 개념은 성서 시대의 조상들처럼 단순히 추상적인 제일 원인으로 생각하고 예배드린 것이 아니었음을 보여 준다. 그들이 생각한 신은, 신께서 스스로를 계시하신 사람들에게 하나의 실재가 되신다는 의미에서 본질적으로 인격적인 신이었다. 신의 접근하기 쉬움과 가까이 계심에 대해서는 다음 장에서 다룰 예정이다. 거룩하고 의로운 생활에 영감을 주려는 목적으로 신에 대한 사상을 충분히 입증하였다. 신성에 대한 확실한 개념은 일반적으로는 초월성에 강조를 두었으며 랍비들은 동시대 상황에 따라 신의 속성을 강조하였다. 유일성의 개념은 기독교라는 새로운 종교가 삼위일체 교리를 전파할 때 강조하였으며, 이웃의 민족들이 자기들의 신과 더불어 음란과 방종을 행할 때는 그에 대한 저항으로 신의 편재와 거룩성이 강조되었다.

랍비는 신의 교리를 순수하고 깨끗하게 지키고자 노력하였다. 그러므로 신을 찬양하는 사람들의 생활을 순화하며 고양시키는 힘을 줄 수 있을 것이다.

신은 인류와 더불어 교통하시며, 자비롭고 은혜로운 아버지이시며, 인류의 행복을 원하시는 친근한 분이었다.

신은 그분의 무한한 존귀와 절대적 완전성으로 인하여 피조물들과 필연적으로 떨어져 계심에도 불구하고 신과 인간 사이에는 확고하고 안전한 연결이 있는데, 인간은 신의 형상대로 지음 받았다는 사실이다. 이러한 최고의 중요한 교의는 다른 동물 왕국과 인류를 구별하고 인간성을 신성으로 지향하도록 고양시킨다. 그럼에도 불구하고 신과 인간 사이에 놓인 간격 위에 결코 다리를 놓을 수 없다.

VII

신과 우주

§ 1. 우주론

이스라엘의 랍비들은 그리스 로마 사상가들의 특징으로 볼 수 있는 형이상학적 사고에 대하여 넓은 범위의 관심을 가지지 않았다. 우주 구조에 관한 아리스토텔레스와 플라톤의 이론이 일부 랍비들에게는 거의 알려지지 않았으나, 아주 영향을 미치지 않은 것은 아니었다. 다만 팔레스타인과 바빌론에서 자연과학을 연구 주제로 육성하지 않았던 것이다. 다음의 경고에서 볼 수 있는 대로 오히려 강하게 저지하였다.

'누구든지 위에 무엇이 있는가. 밑에 무엇이 있는가. 이전엔 무엇이 있었는가, 이후에 무엇이 있을 것인가 하는 네 가지를 깊이 생각하는 사람은 차라리 이 세상에 오지 않았다면 더 나을 뻔하였다'(23:2:1) 탈무드는 벤 시라(Ben sira) (구약 외권 중의 한편 중에 나오는 한 구절)를 인용하여 그것을 증명하였다.

'네가 감당하기 어려운 것을 찾지 말며, 네가 조사할 수 없는 곳에 숨겨진 것을 찾지 말라. 네게 허용된 것만을 알려고 하라. 너는 은밀한 것에 아무 볼 일이 없다'(3.21f.23:13a)

이것은 전형적인 랍비 사상이다. 창조의 이야기가 왜 바스1)라는 글자로부터 시작되는가? 하는 질문에 대한 대답은 다음과 같다.

'바스라는 글자가 모든 방향에서 볼 때 닫혀 있고 앞으로만 열려 있는 것과 같이 너도 앞에는 무엇이 있는가. 이전에는 무엇이 있었는가를 물을 수 없고 실지로 창조의 역사가 일어난 시간만을 물어볼 수 있다.(p.23:77c)

두 가지 까닭으로 그러한 일련의 의문에 대하여 반대 의견을 제시하였다. 이 문제가 종교적 신앙2)을 위협하였으며 고명한 유대교 학자조차도 이 문제를 고민하였다. 이 주제와 관련이 있는 유명한 예화가 있다. 벤 아자이(Ben Azzai) 벤 조마(Ben Zoma) 아커(Acher) 그리고 아키바(R. Akiba) 네 사람이 천국에 올라갔다. 아키바가 사람들에게 말했다.

'여러분들이 맑은 대리석 앞에 갔을 때 '물이다 물' 하고 외치지 마시오. 벤쟈이는 그것을 뚫어져라 쳐다보다가 죽었다. 벤 조마는 응시하다가 미쳐 버렸다. 아커3)는 그 설비를 잘라 버렸다. 아키바는 조용히 떠나갔다.(23:14b)

위에 나온 신비로운 예화에 대한 해석은 확실치 않다. 다만 물을 언급한 것에 해결의 실마리를 찾을 수 있을 것이다. 희랍 사상가들과 후기 노스틱들은 물을 우주 창조의 근원 요소로 가르쳤고

---

1) 히브리 철자에서 첫 번째 글자가 아니라 두 번째 글자이다. Beth의 글자 모양은 왼쪽을 향한 네모꼴이다. 히브리 문자는 오른쪽에서 왼쪽으로 써 내려간다.
2) 전체적으로 보면 랍비는 합리적인 질문을 싫어한 것이 아니었고 이성에 근거를 둔 신앙을 옹호하였다. '무지한 인간은 경건하지 못하다'<Aboth 2:6>라는 힐렐의 말과 비교하라.
3) 아커는 '또 다른' 이라는 뜻이다. 그의 진짜 이름은 Elisha b. Abuyah이다. 그는 회의 주의자가 되어서 유대교를 떠났다. 이 일 때문에 이전의 동료들이 그에게 부끄러운 이름을 붙여서 부른 것이다. 그 설비를 잘랐다는 그가 배교한 사실에 대한 형이상학적 은유로 보인다.

탈무드는 그런 관점에서 이 문제를 언급한 것 같다.

그러므로 여기서 아키바가 신의 보좌의 궁극적인 실재를 설명하는 '맑은 대리석' 앞에서 물이 우주의 근원이라는 이론을 주장하지 말라는 뜻으로 볼 수 있다. 이 문제를 연구하는 것을 찬성하지 않았던 또 하나의 이유는 이 세상의 여러 가지 문제들을 해결하는데 마음을 빼앗기기에 충분하며 초월적인 이론에 대한 관심을 현실의 중요한 문제로 돌려야 한다고 느꼈던 사실 때문이었던 것으로 보인다.

'가장 중요한 일은 질문이 아니라 행동이다'(39:1,17)라는 말을 지침이 되는 원칙으로 삼았다. 그럼에도 불구하고 창세기 1장에 근거를 둔 Maas Pereshith(창조의 작업) 학파와 에스겔 1장에 근거를 둔 Maas Merkabah(마차의 작업)학파가 있었으며 몇몇 랍비가 그것을 계승하였다. 소수의 선택된 제자들에게 은밀히 가르쳤다. 탈무드와 미드라쉬가 그 일부분을 구체적으로 표현한 우주론적인 인용문을 제외하면 이 은밀한 교리가 가진 특징을 기록한 것은 하나도 남아 있지 않다. 이 인용문들은 수적으로 상당히 많지만 과학적인 가치는 거의 없다. 그것은 우주에 나타나는 현상을 합리적으로 캐어 나간 결과가 아니고 성경에서 가르치는 대로 이 세상의 기원과 구성에 관해 추론하려고 시도한 것이다. 랍비는 이 문제를 쉽게 이해시키려는 계몽의 수단으로 사용했던 것이다. 성서의 한 구절을 보자.

야훼께서 만물을 지으시려던 한 처음에 모든 것에 앞서 나를 지으셨다.(잠8:22) 세상이 창조되기 이전에 지혜가 이미 있었던 것으로 표현한 점은 당연히 토라와 일치한다고 생각된다. 신이 맨 처음 지혜를 만들 때 하나의 목적을 가지고 있었음에 틀림이 없다. 우주 창조의 계획에 대한 초안을 작성하려는 목적이었다. 토라가

말하기를 나는 거룩한 분 은총의 신께서 건축하는 데 쓰시는 도구
였다. 어떤 왕이 궁전을 지을 때 자기가 직접 구상하여 짓는 것이
아니라 건축가의 설계에 따라서 세우는 것이 관례이다. 마찬가지
로 건축가는 자기 마음대로 짓는 것이 아니고 방과 출입구를 배치
하는 방법을 기록한 설계도를 가지고 있다. 이와 같이 거룩한 분
은총의 신은 토라를 보고 우주를 그에 따라서 지으셨다.(창R.1:1)
이것은 필로(Philo)가 인용한 플라톤적 사상이다. 그는 이렇게 기
록하였다. '신이 강한 나라를 세우려고 결정하였다. 무엇보다 먼
저 마음속에 그 모습을 미리 생각하였는데 지혜로 인식할 수 있는
세상을 만들고 그 다음 외적인 지각능력으로 볼 수 있는 세상을
만드는 하나의 모형을 모델로4)사용하였다.

토라는 신의 마음을 반영하였다. 그러므로 랍비는 창조의 과정
과 우주의 구성에 관한 지식을 토라의 내용에서 찾으려고 하였다.
이러한 이론은 랍비 문학에서 볼 수 있는 대부분의 우주론을 증명
해 준다. 우리가 이미 아는 바와 같이 신이 만물보다 선재하였다
는 사실은 신의 속성 가운데 한 가지 특성이다. 이에 따라 우주 안
에 있는 만물은 지음 받았으며 신과 같이 시작 없이 존재할 수는
없다. 아리스토텔레스는 물질 불멸설을 가르쳤고 그의 이론은 랍
비의 이론과 반대가 된다. 가말리엘과 어떤 철학자가 나눈 토론의
주제를 보면 이 문제가 나타나 있다. 철학자가 말했다.

"당신의 신은 굉장한 기술자지만 창조할 때 그를 도와주었던 토
후, 보후(Tohu, Bohu) 어둠·영혼·불과 심연5)과 같은 여러
가지 좋은 재료를 찾아낸 데 지나지 않아요' 랍비가 대답했다.

'저주받을 사람아 성서는 그 모든 것이 창조되었다고 기록하였

---

4) On the Creation of the World.(IV.4)
5) 창세기가 이 용어로 시작된다. 토후나 보후는 '황폐와 공허'로 번역된다. 이에
   대한 랍비의 해석은 본문 이하에 잘 나타나 있다.

소'.

토후나 보후에 대해서는 '행복을 주는 것도 나요, 불행을 조장하는 것도 나다'(사45:7)라고 기록되었고 어둠에 대해서는,

'빛을 만든 것도 나요 어둠을 지은 것도 나다.'(45:7)라고 말하였소. 물에 관해서는,

'하늘 위의 하늘들, 하늘 위에 있는 물들아 찬양하여라(시148:4)라고 기록되었소. 왜 그들이 신을 찬양하는 것이오?

'야훼의 명령으로 생겨났으니, 그의 이름 찬양하여라.'(시148:5)

바람에 대해서는,

'천둥을 빚어내시고 바람을 불러일으키시며'(암4:13)라고 기록되었고 심연에 대해서는,

'깊은 바닷가 생기기 전에 나는 이미 태어났다'(잠8:24)라고 말하였소."(창R.1:9)

다음의 선언을 보면(無에서 창조함)Creatio ex nihilo에 똑같은 강조를 둔 것을 발견할 수 있다.

'첫날은 하늘과 땅 토후와 보후 빛과 어둠, 바람과 물, 낮과 밤, 이 열 가지를 만들었다'(23:12a)

위의 조목들이 우주를 구성한 제일의 요소인데 탈무드는 이 개념들을 설명하였다.

히브리말로 하늘은 샤마임(shamayim)인데 샴(sham)과 마임(mayim물이 있는 곳)을 합한 것이거나, 에쉬(esh)와 마임 'mayim(불과 물)'이 복합되었으며 그 두 가지 요소에서 하늘이 나왔다.(23:12a)

성서에는 하늘에 대해 일곱 가지 다른 이름이 나온다.

그러므로 틀림없이 일곱 개의 하늘이 있다.

'빌론(vilon) 라키아(Rakia) 세카킴(shechakim) 제분

(zebul) 마온(Maon) 마큰(Machon) 그리고 아라보트 (Araboth)라고 부르는 일곱 개의 하늘이 있다. 빌론은 아침이 물러가면 저녁이 오게 하며 날마다 새로이 창조의 작업을 하는 것 이외에는 맡은 일이 없다.

'그는 이 하늘을 엷은 포목6)인 양 펴시고 사람 사는 천막인 양 쳐 놓으셨다'라고 기록된 것과 같다.(사40:22)

'하나님께서는 이 빛나는 것들을 하늘 창공(Rakia)에 걸어놓고 땅을 비추게 하였다.(창1:17)라는 기록처럼 라키아에는 태양, 달, 별과 혹성이 붙어 있다.

세카림에서는 의인들에게 줄 만나(manna)를 갈고 있으며, 이 정표가 준비되어 있다.(시78:23f) 제블에는 하늘의 예루살렘이 있고 제단이 있는 성전이 있어서 대천사 미카엘이 거기서 제사를 드린다.

'영원히 여기에서 사십시오. 제가 주님을 위하여 이 전(zebul)을 세웠습니다.(왕상8:13) 왜 그것을 하늘이라 부르는지 아는가? 왜냐하면 '하늘 높은 곳에서 굽어보십시오. 당신께서 사시는 거룩하고 화려한 집(zebul)에서 굽어 보십시오'(사63:15)라고 기록한 까닭이다. 마온(Maon)은 구원의 천사가 음악을 연주한다. 그들은 이스라엘의 영광을7)위해 밤에 노래하고 낮에는 조용히 지낸다.

'야훼의 사랑8)낮에 내리시면 밤에는 이 입술로 찬양을 올리리이다'(시42:8)라고 기록된 바와 같다. 왜 그것을 하늘이라고 부르는

---

6) vilon은 라틴어로 velum즉 커튼이다. 그것은 방에 태양 빛을 가리려고 만들었으므로 새벽에 걷어들인다.

7) 낮에는 이스라엘 백성들이 부르는 노래를 들을 수 있게 하려는 것이다.

8) 천사들에게 잠잠히 있으라는 명령을 하신 것은 이스라엘이 노래할 수 있는 기회를 주시려는 자비로움을 보여준다. 본문은 '이스라엘의 노래가 신과 함께 있으리라'는 의미이며 시편 기자와 함께 계신 신의 노래를 의미하지 않는다.

지 아는가? 왜냐하면 '주께서 계시는 저 거룩한 곳(Maon)하늘에서 굽어보소서(신26:15)라고 기록된 까닭이다. 마콘(Machon)은 눈과 우박의 창고와 해로운 이슬이 있고(식물에 해로운) 큰 물방울이 있는 선반과 돌풍과 폭풍을 넣어두는 방과 해로운 연기를 넣어두는 동굴과 불로 만든 문이 있다. '야훼께서는 당신의 풍성한 보물 창고9)인 하늘을 여시어(신28:12)라고 기록된 바와 같다.

왜 그것을 하늘이라 부르는지 아는가? 왜냐하면 '당신께서 자리 잡으신 곳(Machon) 하늘에서 들으시고 용서해 주십시오'(왕상 8:39) 라고 기록된 까닭이다. 아라보트(Araboth)에는 의와 심판과 자비가 있으며 생명 · 평화 · 축복을 넣어 두는 창고가 있고 의인의 영혼과 아직 세상에 나와야 할 많은 영혼들과 거룩하신 분 은총의 신께서 죽은 자를 살리시는 이슬이 있다.

오파님 세라핌 거룩한 카이요트10) 구원의 천사, 거룩한 보좌, 만왕의 왕, 살아 계신 이가 구름 위에 살고 있다. 구름(Araboth) 타고 오시는 분께 길을 비켜 드려라. 야훼 그 이름을 찬양하고(시 68:4)라는 기록과 같다.(23:12b) 하늘을 만든 물질에 대하여 어떤 랍비는 이렇게 설명하였다.

'거룩하신 분 은총의 신이 '물의 한가운데에 창공이 있으라"라고 말하셨을 때 맨 가운데 있는 물방울이 얼어서 높고 낮은 하늘을 만들었다.'(창R.4:2)

또 다른 의견은 다음과 같다.

'불이 위로 솟아 올라와서 창공의 표면을 핥았다'(창R.4:2) 즉 불이 물의 표면을 건조시키고 딱딱하게 만들었다. '거룩하신 분 은총

---

9) '좋은 것을 두는 창고'를 강조한 까닭에 나쁜 것을 넣어두는 창고가 있어야 한다는 사실에 대한 추론이 빠져 있다.

10) Ophannim은 '바퀴'를 의미하여 chayyo**는 '살아있는 피조물'을 의미한다. 이 말은 에스겔의 환상(1장과 10장)에 근거를 두었으며 랍비들이 생각한 하늘의 영역 중에 뛰어난 부분이다.

의 신이 물과 불을 가지고 함께 섞어서 하늘을 만드셨다'(창R.4:7) 땅, 일곱 개의 하늘과 부합하여 땅이 일곱 개의 층으로 구성되어 있는 것으로 묘사하였다. 왜냐하면 성서에 일곱 개의 다른 말이 나오기 때문이다.(Est.R.1:12) 비록 땅과 하늘의 숫자에 대하여 서로 다른 견해가 있기는 하지만 하늘과 땅은 같은 재료로 만들었다.

'거룩하신 분 은총의 신께서 어떻게 우주를 지으셨는가? 요하난은 신이 불과 눈으로 만든 두 개의 소용돌이를 가지고 짜맞추었더니 거기서 우주가 만들어졌다'라고 말했다.

R. 카니나(Channina)는 '하늘에 있는 네 개의 바람을 일으키는 네 가지의 본질이 있다'라고 말하였다. R.쉐마벤 키니나는 '하늘에 있는 네 개의 바람에, 위에서 내려오는 바람, 아래에서 올라오는 바람을 합하여 여섯 가지의 본질이 있다'(창R.10:3)라고 말했다.

반대의 견해는 하늘과 땅이 서로 별개의 물질에서 시작되었는가 하는 문제를 다룬 것이다. '엘리제는 하늘에 있는 모든 것은 하늘에서 시작되었고 땅에 있는 모든 것은 땅에서 시작되었다.라고 말하였는데 그는 다음 구절에 근거하여 이런 생각을 추론하였다.

'하늘에서 야훼를 찬양하여라'(시118:1.7) 요수아는 하늘과 땅에 있는 모든 것은 하늘에서 시작되었다라고 말했는데 그는 다음 구절에 근거를 두고 이런 생각을 추론하였다. '하나님께서 눈이 땅에 내려라. 장마야 억수로 쏟아져라. 명령을 내리시고'(욥37:6) 눈이 땅 위에 있으나 하늘에서 온 것처럼 하늘과 땅에 있는 모든 만물은 하늘에서 시작되었다. 후나(R. Huna)가 요세의 이름으로 하늘과 땅에 있는 모든 것은 땅에서 나왔다고 선언하였다.

'하늘에서 쏟아지는 비 내리는 눈'이라고(사.10) 기록된 바와 같다. 비가 하늘에서 내려왔지만 그 근원은 땅에 있다. 이와 같이 하늘과 땅에 있는 모든 것은 그 근거가 땅에 있다.(창R12:11)

성전에는 에벤셰티야(Eben shetiyyah초석)라는 돌이 있는데 세상이 그 위에 서 있고 여기에서 땅의 중심이 만들어졌으므로 그렇게 이름지었다는 구전과 관계가 있다. 이 전설은 신이 거룩한 땅을 선택하신 까닭에 틀림없이 창조 때에 그 땅을 만들었을 것이라는 생각을 암시해 준다. 왜냐하면 성전이 있는 자리는 모든 장소보다 가장 거룩한 곳이므로 창조의 역사가 반드시 그곳에서 시작되었을 것이다.

랍비 문학이 확실하게 언급한 전설의 돌에 관한 이야기는 고대의 신앙이 넓게 퍼져 있었음을 알려준다.

'거룩한 분 은총의 신께서 세상을 만든 태고의 바다 속에 돌을 던져 넣었다'(16:54b) 랍비는 일반적으로 땅이 평평하며 비록 그 숫자에 있어서는 서로 일치치 않았지만 몇 개의 기둥이 땅을 떠받치고 있다고 믿고 있었다.

'무엇이 땅을 받치고 있는가?'

'기둥이 마구 흔들리도록 땅을 바닥째 흔드시는 이'(욥9:6)라고 기록된 것같이 기둥이 땅을 떠받치고 있음을 믿었다. 땅을 물 위에 펼치셨다. 이 기둥은 그 물 위에 서 있었다고 생각했다. 깊은 물로 땅을 입히셨더니 산꼭대기까지 덮은 물결은'(시편13 6:6)라는 기록처럼 물은 산 위에 서 있다.

'천둥을 빚어내시고 바람을 불러일으키시며'(암4:13) 이라는 기록처럼 산은 바람 위에 서 있다. '당신의 말씀대로 몰아치는 된바람도'(시148:8)라는 기록처럼 바람은 폭풍우 속에 서 있다. '당신의 영원한 팔을 안으로 뻗으시고'(신33:27)라는 기록처럼 그 폭풍은 거룩한 분 은총의 신의 팔에 매달려 있다. 야훼께서 이스라엘의 자손

(지파)의 숫자대로 인류를 갈라 놓으셨다'(신32:8)라는 기록처럼 어떤 현자는 그것이 열두 개의 기둥 위에 놓여 있다고 말했다. '지혜가 일곱 기둥을 세워 제 집을 짓고'(잠9:1)라는 기록처럼 다른 사람은 일곱 개가 있다고 주장하였는데 엘리저 사무아는 '의'라고 부르는 하나의 기둥 위에 있다고 말했는데 '착한 사람의 터전은 길이 서 있다'(잠10:25)라고 기록된 바와 같다.(23:12b) 우리는 다음 구절에서 땅의 넓이를 알 수 있다. '애굽은 400파라상 넓이의 사각형이다. 애굽은 에디오피아의 60분의 1이고 에디오피아는 세계의 60분의 1이다.'(20:10a) 이것을 계산하면 576,000,000파라상인데 랍비의 파라상은 28마일이 된다. 탈무드는 막연히 60분의 일이라는 숫자로 표현하였는데 정확한 비율을 표시할 수가 없었기 때문이다. 땅의 두께는 일 천 큐빗이 된다고 말했다.(17:53b) 토후와 보후 이것은 이렇게 정의하였다. '토후는 거기에서 어둠이 나오는 온 세상을 둘러싼 푸른 선이다'.

'몸을 어둠으로 감싸시고'(시18:11) 보후는 거기서 물이 나오는 심연에 가라앉은 끈적끈적한 돌로 표현하였다. '야훼께서 측량줄(Tohu)을 대고 허물으시며 다림줄(Bohu)을 드리우고 무너뜨리시라'(사34:1, 123:12a) 따라서 우주를 만든 원초적인 두 개의 물질은 어둠과 (단순히 빛이 결핍된 것이 아니라, 거기서 사물을 지어낸 것으로 생각하였다) 물이다.

빛 : 세상을 만들기 전에 왜 빛을 만들었는가 하는 문제를 논의하였다. '이삭은 제일 먼저 빛을 만들었다고 말하였다. 이것은 궁전을 지으려고 하는 왕에게 비유할 수 있다. 그곳은 어두웠다. 왕은 무엇을 하였는가? 그는 기초를 놓은 곳이 어디인가를 알기 위해 많은 횃불과 등불로 장식한 왕에게 비유할 수 있다'(창R.3:1) 넷째날이 될 때까지 해를 만들지 않았다면 빛이 어디에서 나왔는가?

이 질문에 대하여 두 가지 답이 있다. 한 랍비는 이렇게 단언하였다.

'거룩하신 분 은총의 신이 빛을 옷처럼 감싸시고 빛나는 광채가 우주의 이 끝에서 저 끝까지 비추신다'(창R.3:4) 두 랍비는 빛은 위에서 언급한 것처럼 땅을 창조할 때에 그 중심이 되었던 성전이 있는 자리에서 퍼져 나온다고 설명하였다. 두 가지 말은 꼭 같은 사상을 표현하여 주는데 즉, 신이 비추어 주시는 영적인 빛의 중심이 혼돈을 질서로 바꾸었다는 것이다.

어둠 : 어둠은 빛이 결핍된 상태가 아니라 창조적인 본질이라는 사실을 이미 언급하였다. 전설에 따르면 마케도니아의 알렉산더가 '남쪽의 장로들'에게 물었던 질문 중의 하나였다고 한다.

'빛과 어둠 중에 어느 것이 먼저 창조되었는가? 대부분이 어둠을 찬성하였다.(Tam:32a) 어둠은 북쪽으로부터 이 세상에 왔다.(민R.2:10) 창세기 1장 2절에 있는 ruach라는 히브리말은 '영' 혹은 '바람'이라고 해석될 수 있다. 탈무드는 뒤의 의미로 해석하고 태초에 세상을 만들 때 필요한 요소 중의 하나로 설명하였다. '날마다 네 가지 바람이 불고 북풍도 함께 불었다. 불지 않았다면 이 세상은 한 시도 존재할 수가 없다'(33:25a) 주석자 라쉬(Rashi)의 말대로 북풍은 다른 것들을 지나치게 덥거나 차지 않게 조절해 주며 견딜 만하게 만들어 준다. 다음의 민간설화는 여러 방향으로 부는 바람이 가져다주는 효과를 설명한다.

'초막절11)이 끝나는 날 모든 사람들이 제단에서 올라오는 연기를 바라본다.

연기가 북쪽12)으로 기울어지면 가난한 자들이 기뻐하고 땅을

---

11) 초막절은 팔월에 있다.
12) 남풍이 부는 것이다.

소유한 자들은 슬퍼한다. 왜냐하면 비가 풍부하게 내려서 과일이 썩기 때문이다.13) 연기가 남쪽으로 기울면 가난한 자들이 슬퍼하고 땅의 소유자들이 기뻐한다. 왜냐하면 비가 적게 내려서 과일을 저장해 둘 수 있기 때문이다.

연기가 동쪽으로 기울면 모두가 기뻐하고14) 연기가 서쪽으로 기울면 모두가 슬퍼한다.15) 이런 견해가 다른 주장과는 일치하지 않는다. 다른 곳에서는 동풍이 비를 가져오는 것으로 표현되어 있다.'

'동풍이 악마와 같이 온 세상에 가득 불고 있다.'(33:25a) '동풍이 창공을 염소처럼 검게 만든다'(sifre신306:132a) 반면에 북풍이 적은 강우량을 가져온다고 하였다. '북풍은 황금을 싸게 만든다'(33:loc.cit,sifre loc.cit,) '북풍은 창공을 황금같이 맑게 한다' 북풍은 구름 낀 하늘을 맑게 해주었으므로 가뭄을 가져왔다. 수확은 보잘 것 없었고 돈의 가치가 떨어졌다. 남풍도 비를 가져왔다. 남풍은 '소나기를 가져왔고 풀이 자라게 하였다'(33:25a)' 지라(R.zira)는 남풍이 부는 날은 종려나무 숲을 거닐지 않았다.'(12:32a) 왜냐하면 남풍이 너무 강하게 불어 나무의 뿌리가 뽑힐 위험이 있기 때문이었다. 바람의 특징에 대하여 또 다르게 설명한 것이 있다.

'여름에 부는 북풍은 유익하고 겨울에 부는 북풍은 해롭다. 여름에 부는 남풍은 해롭고 겨울에 부는 남풍은 유익하다. 동풍은 항상 이롭고 서풍은 항상 해롭다.'(sifre.10c;cit.)

물 : 1세기에 주류를 이루었던 두 개의 학파 즉, 힐렐학파와 샤마이학파 사이에 우주론을 포함한 여러 가지 문제에서 서로 상반

---

13) 소유주들은 과일을 저장해 둘 수 없으므로 싼값에 처분해야 한다.
14) 비는 풍부한 수확을 가져다주었을 것이다.
15) 동풍이 불면 가뭄이 들 염려가 있었기 때문이다.

되는 견해를 갖고 있었다. 다음에서는 땅과 하늘 중에 어는 것이 먼저 창조되었는가에 대한 의견의 차이를 볼 수 있다. 이 견해의 차이를 보면 물이 근원적 본질에 포함될 수 있는가 하는 문제를 다룬 것을 알 수 있다.

케파시혼(kefar sihon)의 느헤미야는 이렇게 설명하였다. "엿새 동안 하늘과 땅과 바다와 그 안에 있는 모든 것을 만드시고 이레째 되는 날 쉬셨기 때문이다.'(출20:11) 이 세 가지(즉 하늘·땅·물)은 우주를 창조한 원초적인 본질이다. 세 가지가 사흘을 기다렸으며 각각 거기서 세 가지 종류의 물질이 생겼다. 힐렐학파의 견해에 따르면 땅이 먼저 창조되었다.

땅은 첫째 둘째 셋째 날의 사흘을 기다려서 세 가지 종류, 즉 나무와 풀과 에덴동산을 만들었다. 하늘은 둘째날 창조되었고 둘째 셋째 넷째날 사흘을 기다려서 세 가지를 냈는데 즉 태양과 달과 별이었다. 물은 셋째날 창조되었고 셋째 넷째날 사흘을 기다려서 세 가지를 냈는데, 즉 새와 고기와 바다의 큰 동물들이었다. 아자리야는 이 견해에 동의하지 않았는데 그의 주장은 다음의 본문에 근거를 두고 있다.

'하늘과 땅을 지어내신 순서는 위와 같았다.'(창2:4) 땅과 하늘이 원초적인 본질인데 그것은 각각 삼일을 기다려서 넷째날에 사명을 완수하였다. 샤마이학파의 견해에 따르면 먼저 하늘이 창조되었고 하늘은 둘째 셋째 넷째날 삼일을 기다리고 넷째날에 그 사명을 완수하였다. 하늘이 완성한 것이 무엇인가? 하늘에서 빛나는 것들이었다. 땅은 제 삼일에 창조되었고 나흘 후에 원초적인 것들을 만들었다. 땅은 셋째 넷째 다섯째 날 삼일을 기다렸고 여섯째 날에 그 사명을 완수하였다. 땅이 완성한 것이 무엇인가? 인간이었다.(창R.7:5) 물에서 다른 모든 것을 만들었으므로 물이 가장 궁극적 근원이 되는 본질이라고 주장하는 극단적인 견해가 있다. '하나님의 영이 수면 위에 운행하였다'(창1:2)라고 기록한 것같이 '태초에 우주는 물 속에 있는 물로 구성되었다. 우박이 덩어리로 쏟아질 제'(시147:17)라고 기록한 것같이 신은 물을 얼음으로 바꾸었다.

'하나님께서 눈아 땅에 내려라. 장마야 억수로 쏟아져라. 명령을 내리시고(욥37:6)라고 기록한 것같이 신은 어둠을 땅으로 바꾸었다.'(p.23:77a) '온 세상은 대양으로 둘러싸여 있다.'(13:22b) 이것은 마케도니아의 알렉산더가 '세상이 공처럼 보이고 바닷가 접시처럼 보일 때까지' 땅과 높은 곳에 올라갔다는 전설에서 증명된다.(p.38:42c) 신은 태초의 물을 둘로 나누었는데 반은 창공에 두고 나머지 반은 바다를 만들었다.(창R.4:4) 비의 근원에 대하여도 논쟁하였다. '엘리저는 '마침 땅에서 물이 솟아 온 땅을 적시자'(창2:6)라고 기록한 것같이 온 우주가 대양의 물을 흡수하였다고 주장하였다. 요수아가 엘리저에게 물었다. '그러나 대양의 물은 짜지 않습니까?' 그가 대답하였다. '그것은 구름 속에서 단물로 바뀌지는 법이요' 요수아는 '하늘에서 내리는 빗물로 땅을 적신다'(신9:11)라고 기록한 것같이 온 우주가 창공의 물을 흡수하였다고 주장하였다. '땅에서 안개가 올라온다'는 구절을 어떻게 설명해야 할 것인가? '안개에서 다시 비를 방울방울 걸러내시어'(욥36:27)라고 기록한 것같이 구름이 부풀어 창공에까지 올라가 병처럼 입을 벌려 비가 될 물을 흡수한다고 설명하였다. 구름이 체처럼 구멍이 뚫어져 땅에 비를 뿜는다. 빗방울 사이에는 머리카락이 들어갈 만큼의 빈틈도 없는데 그것은 비오는 날이 거룩한 분 은총의 신 앞에서 하늘과 땅이 창조된 날과 같이 위대하다는 것을 가르쳐준다'(20:9b)

　그러므로 구름은 속이 빈 그릇과 같아서 하늘에서 물을 받아 땅에 쏟는다고 생각하였다. 이 이론에 따르면 번개는 '혼란된 구름'이나 '여기서 저기로 물을 옮기는 구름'으로 설명하였다. 또 다른 설명은 '강한 번갯불이 구름을 때리면 구름은 잘게 깨져 우박이 된다' '구름은 물로 가득찬 것이 아니며 돌풍은 구름의 입을 가로 건너서 분다. 구름은 항아리의 입구를 가로건너는 돌풍과 같다. 번개가 따르면 구름이 우르르 소리를 내면서 비가 내린다는 것이 가장 그럴 듯한 생각이다'(1:59a)

　낮과 밤 : 성서에서 해와 달을 만들기 전에 낮과 밤을 만들었다고 하는 까닭에 서로 다른 시간에 만들었다는 결론이 나온다. 신은 낮과 밤을 고정시키고 거기에 태양과 달의 모습을 연결시켰다. 이런 신앙의 이면에는 신이 관여하시는 한 시간이 아무런 의미가 없으며 신이 세상을 창조할 때까지는 아무 것도 존재할 수 없다는 생각을 발견하게 될 것이다.

　어떤 랍비는 다음의 구절에서 만물을 세 가지 기본요소로 축소하였다. '우주가 생성될 때 물 · 바람 · 불, 이 세 가지의 창조적인 물질이 있었다. 물은 어둠을 품고 있다가 내어 보냈고 바람은 지혜를 품고 있다가 내어 보냈다. 바람 · 지혜 · 불 · 빛 · 어둠 · 물, 이 여섯 가지 원리로 우주를 세웠다.'(출R.15:22) 모든 만물은 첫날 동시에 만들었으며 다만 겉모양만 서로 다른 시기에 만들었다는 재미있는 이론이 있다. '유다와 느헤미야가 창조의 과정에 관해 이야기를 나누고 있었다. 유다가 말하기를 '하늘과 땅이 이루어졌다'(창2:1)는 것도 때를 따라 한 것이고 그 가운데 있는 모든 것이 다 이루어졌다는 것도 때를 따라 일어난 일입니다. '즉 서로 다른 시간에 일어난 일이지요.'

　느헤미야가 그에게 말했다. '이렇게 하나님께서는 모든 것을 새로 지으시고 이렛날에는 쉬시고 이 날을 거룩한 날로 정하시어 복을 주셨다. 하늘과 땅을 지어내신 순서는 위와 같았다.'(창2:4)라는 기록을 보면 만물이 같은 날 지음 받았다는 것을 알 수 있소. 즉 같은 날 생기게 된 것이지요.' 유다가 반문하였다.

'그러나 성서를 보면 첫째 둘째 셋째 넷째 다섯째 여섯째 날에 관한 기록이 있습니다.'

느헤미야가 그에게 말했다.

'이 문제는 바구니에 든 무화과에 비유할 수 있지요. 모든 무화과가 바구니 안에 들어 있지만 각각 따로 선택되거든요."(창R.12:4) 하늘과 땅 중에 어느 것이 먼저 생겼는가? '샤마이 학파는 하늘이 먼저 생기고 그 다음 땅이 생겼다고 말한다. 힐렐학파는 땅이 먼저 생기고 그 다음 하늘이 생겼다고 주장한다. 그들은 각기 타당한 이유를 내세운다. 샤마이 학파는 이 문제를 옥좌를 먼저 만들고 나서 발판을 만든 왕에게 비유한다. 거룩하신 분 은총의 신께서 이렇게 말씀하셨다. '하늘은 나의 보좌요 땅은 나의 발판이다'(사66:1) 힐렐학파도 궁전을 세우는 왕에게 이 문제를 비유하였다. 왕은 일층을 먼저 세우고 그 후에 이층을 세웠다. 시메온 (R.simeon b.Jochai)은 '나는 힐렐과 샤마이학파가 어떻게 이 문제에 관해서 서로 의견을 달리할 수 있는가 놀랐다.'

'내가 부르면(땅과 하늘이) 나와 서지 않을 자가 없다.'(사48:13)라고 기록된 것같이 이 두 가지가 항아리와 뚜껑처럼16) 만들어진 것으로 생각한다. 그에게 이렇게 질문하였다.

'그렇다면 왜 성서에서 어떤 때는 하늘보다 먼저 땅을 말하고 다른 때는 땅보다 먼저 하늘을 말하는 것입니까'

그가 대답하였다.

---

16) 항아리와 뚜껑은 하나의 물건을 이루는 각 부분이며 동시에 만들었다.

'하늘과 땅이 똑같이 중요하다는 것을 가르쳐 주려는 것이오.'(창
R.1:15) 하난은 힐렐학파와 똑같은 비유를 사용하였지만 다른 결
론을 얻었다.

'인간의 왕이 궁전을 지을 때는 아래층을 세우고 그 후에 이층을
세운다. 그러나 거룩한 분 은총의 신께서는 이층과 일층을 동시에
지으신다.'(창R.12:12)

다음에 나오는 구절은 별에 관한 인용문인데 신이 하신 일이라
고 생각했다. '나는 창공에 열두 개의 성좌를 만들었다. 각 성좌에
30개의 군대를 두고 군대에 30개의 군단을 만들었다. 각 군단에
30개의 연대를 세우고 각 연대에는 30개의 대대를 만들었다. 각
대대에는 30개의 진영을 만들고 각 진영17)에는 일년 날짜를 따
라서 365,000개의 무수한 별을 매달았다.'(1:32b) 현대 천문학자
들도 총 합계를 계산하기가 힘들며 글자 그대로 표시할 수가 없을
것이다. 랍비가 하늘의 광대 무변함을 인식하고 있었다는 사실을
이 예화에서 알 수 있다. 어떤 랍비는 별을 세 가지 종류로 구분하
였다.

'낮에도 볼 수 있는 것은 큰 별들이며 밤에 볼 수 있는 것은 작
은 별이고 어스름 빛에서18) 볼 수 있는 것은 중간별이다.'(12:35b)

이 세계는 완전하신 신의 작품이므로 모든 점에서 완전할 수밖
에 없다는 점에 있어서는 모두가 동의하였다. 세계가 생성될 때도
그 완전성이 나타났다.

'하나님께서는 모든 것이 제 때에 알맞게 맞아 들어가도록 만드
셨더라'(전3:11)라는 본문을 해석하면 '우주는 적절한 시기에 만들

---

17) 이 말은 로마군대의 용어에서 따온 것인데 성좌가 로마군대와 같은 배열로 구
성되었다고 생각하였다.
18) 별들이 인간의 삶에 영향을 준다고 생각하여 조목별로 나누어 놓았다. p.281을
보라.

었으며 이전에는 우주가 만들어진 일이 없었다. 이러므로 혹자는 거룩하신 분 은총의 신이 몇 개의 세상을 만든 후에 현재의 세상을 만들고 다른 우주가 나를 기쁘게 하지 못했는데 이것이 나를 기쁘게 한다 라고 말할 수 있을 때까지 다른 세계를 모두 파괴하였을 것이다 라는 생각을 할 수도 있을 것이다.'(창R.9:2) '궁전을 짓고 있는 왕의 비유와 같다. 왕은 건물을 돌아보고 기뻐하였다. 왕은 '궁전아 이제부터 영원히 내게 기쁨을 주는 근원이 되어다오'라고 말했다 거룩한 분 은총의 신도 이와 같이 말하신다. '나의 우주야 너는 이제부터 영원히 내게 기쁨을 줄 것이다.'(창R.9:4)이러한 이론에 따르면 신은 유익한 목적에 쓰려고 만물을 지으셨다.' '이렇게 만드신 모든 것을 하나님께서 보시니 참 좋았다'(창1:31)라는 구절에 '참'이라는 부사를 넣은 것은 죽음과 인간 속에 있는 악의 충동과 고통과 게힌놈이 인류의 복지를 위한 목적에 공헌하는 것으로 설명한다.(창R.9:5~9) '네가 이 세상에서 불필요한 것으로 여기는 파리·벼룩·모기와 같은 것도 우주질서의 한 부분에 필요하고 뱀이나 개구리 같은 것일지라도 거룩한 분 은총의 신께서 목적을 따라서 지으셨다.(창R.10:7)

탈무드는 이 사상을 다음과 같이 자세히 설명하였다.

'거룩하신 분 은총의 신께서 지은 우주에는 불필요한 것은 아무것도 없다. 신은 헌 데를 고치라고 달팽이를 만들고, 벌에 쏘인 데를 고치라고 파리를, 뱀에 물린 데를 고치라고 모기를, 상처를 낫게 하는 데 뱀을, 전갈에 쏘인 자리를 치료하는 데 쓰라고 거미를 만드셨다'(12:77b) '창조의 이야기가 왜 아렙(aleph)으로 시작하지 않고 베드(beth)로 시작되는가? 아렙은 알파벳의 첫 글자가 아닌가? 왜냐하면 베드는 베라카(berachah)의 첫 글자이기 때문이다.

거룩한 분 은총의 신은 이 세상에 오는 사람 누구든지 이 세상이 어떻게 나쁜 징조를 나타내는 글자로 만들어질 때까지 견딜 수 있는가? 라고 말할 수 없도록 온 우주를 베드(beth)로 만들었다. 보라 나는 우주가 혹시 견딜 수 있을까 하여서 좋은 징조를 보이는 글자로 세상을 만들었다.(d.23:77c) 물론 우주는 이 모든 비평을 초월한다. '인간의 왕이 궁전을 지었을 때 사람들은 거기 들어가 평할 수 있다. 기둥이 조금만 더 길었더라면 좋았을 걸 말하며 벽이 조금만 더 높았다면 더 좋았을 걸 하고 말한다. 그러나 사람이 '만약 내가 눈이 세 개거나 손이 세 개거나 다리가 세 개였다면 만약 내가 머리로 걷는다면 내, 머리가 뒤로 돌아갈 수 있다면 내게 더 편리할 뻔했다고 말할 적이 있는가? 만약 우리가 이런 식으로 말한다면 왕중 왕, 거룩한 분 은총의 신께서 그 분의 법정에서(천사들이) 네가 원하는 대로 팔 다리를 붙여줄 것이다.'(창R.12:1;sifre. 신307;132b) 신은 우주를 인간의 거주지로 만들었다. 우주 안에 있는 만물은 인간의 유익을 위하여 준비한 것이다.

'신은 하나의 목적을 가지고 인간을 만드셨다. 왜냐하면 신은 먼저 인간이 도울 수 있는 필요성을 만들고 그 후에 인간을 만들었기 때문이다. 구원의 천사들이 거룩한 분 은총의 신에게 이렇게 말했다. '오 우주의 주재자시여 '사람이 무엇이기에 이토록 생각해 주시며 사람이 무엇이기에 이토록 보살펴 주십니까?'(시8:4)라는 기록처럼 무슨 목적으로 이 말썽꾼을 만드셨습니까?' 신이 천사들에게 대답했다.

"크고 작은 온갖 가축과 들에서 뛰노는 짐승들'(시8:7)은 무슨 목적으로 만든 것이냐? '공중의 새와 바다의 고기'(시8:8)는 무슨 목적으로 만든 것이냐? 많은 보화를 저장해 둔 탑을 갖고 있는 왕에게 비유할 수 있다. 왕에게 손님이 오지 않는다면 그렇게 저장해 두어 보아야 무슨 즐거움이 있겠느냐?' 천사들이 대답하였다.

'야훼 우리의 주여! 주의 이름 온 세상에 어찌 이리 크십니까! (시8:9) 당신이 보시기 좋은 대로 하십시오.'(창R.8:6) 그러면 신은 무슨 목적으로 인간과 세상을 만드신 것인가? 다음의 비유는 신의 궁극적인 목적을 암시한다.

거룩한 분 은총의 신께서 우주 안에 만드신 것은 무엇이든지 신의 영광을 위하여 창조되었다.'(39:6:1) 우리는 이 사상이 랍비의 인간론으로 발전된 것을 알게 될 것이다.

§ 2. 초월성과 내재성

랍비의 가르침 가운데 신과 세계는 어떤 관계를 가지고 있는가? 신이 피조물과 멀리 떨어져 초월한 것으로 생각하였는가 혹은 세계와 밀착되어서 가까이 있다고 생각하였는가?

두 가지 개념을 혼합한 것이 정확한 답이 될 것이다. 랍비는 두 가지 개념을 서로 모순되거나 상호 배타적인 것으로 생각하지 않고 오히려 상호 보완적인 관계에 있는 것으로 보았다. 랍비가 창조자인 신성한 권위와 신의 절대적 완전성과 무한한 권능에 관해서 생각할 때 그들은 신이 유한한 세계의 한계 저 편에 떨어져 있는 헤아릴 수 없는 존재라고 말하였다. 동시에 그런 초월적인 신은 여러 가지 생의 문제를 안고 있는 인간에게 별로 도움이 되지 않는다는 사실을 깨닫고 인간의 어려운 문제와 혼란 가운데서 돕고 위로하며 안내하는 분으로 교통을 갖기를 소망하였다. 따라서 랍비는 신이 세계 안에 내재하시며 성실하게 신을 부르는 자들에게 아주 가까이 있다는 교리를 강조하였다. 우리는 탈무드의 우주론에서 신이 제 칠 천국에 있다는 것을 알았다. 그러므로 신의 처소는 너무나 땅과는 멀리 떨어져 있다. 당 시대의 생각으로는 세계와 신이 떨어져 있다고 묘사한 무한 거리를 넘어서 날아가려는 모험을 감히 할 수가 없었다. '창공의 높이는 500년 걸쳐서 갈 수 있는 거리와 같고 각기 일곱 개의 창공 사이의 공간도 이와 같다. 그 위에 거룩한 케이요트(chay yoth)가 있다. 창공이 가진 다리의 길이는 일곱 개의 창공이 모두 같다. 발목도 넓이가 같고 다리도 넓이가 같다. 무릎도 넓이가 같고 대퇴부도 넓이가 같다. 몸도 넓이가 같고 목도 넓이가 같고 머리도 넓이가 같으며 뿔도 넓이가 같다. 그 위에 영광의 보좌가 있다. 보좌의 다리도 넓이가 같고 보좌도 넓이가 같다. 왕되시며 살아 계신 영원하신 높고 존귀하신 분께서 그 위에 거하신다'(23:13a) '나는 야훼를 찬양하련다. 그지없이 높으신 분'(출15:1)이라는 모세의 노래를 이렇게 설명한다. '이 노래는 높이 있는 존재들보다 더 높이 계신 신께 드리는 것이다. 어떤 랍비는 이렇게 선언하였다. 동물의 왕은 사자이고 가축 중의 왕은 황소이며 새 중의 왕은 독수리이며 인간은 이 모든 것보다 뛰어나다. 거룩하신 분 은총의 신이 온 우주의 위에 계신 것처럼 만물보다 뛰어나다'(23:13b)

신의 존귀를 강조하려는 것뿐 아니라 창조자를 피조물과 동일시하는 범신론의 오류를 피하기 위한 목적을 가지고 이것을 가르쳤다. 탈무드 문학 중에서 신의 내재성과 인간에게 가까이 계심의 개념이 가장 탁월하다. 그것은 신의 편재성의 교리에서 나온 결과이다. 다음의 발췌문을 보면 랍비가 두 가지 신성의 개념을 얼마나 즐겨 종합하였는가 알 수 있다.

'우상은 가까이 있는 것처럼 보이나 실제는 멀리 있다. 왜 그런가?' 그들이 어깨에 들어 올려 메어다가 자리잡아 안치하면 제 자리에 선 채 움직이지도 못한다. 아무리 불러도 대답 없고 누구 하

나 곤경에서 구해 주지도 못한다'(사46:7)

그 결과 인간은 자기의 집안에 신을 가지고 있지만 죽을 때까지 그 앞에서 울부짖어도 들어주거나 인간의 곤경을 구해주지도 못한다. 그러나 거룩하신 분 은총의 신은 멀리에 계시지만 실제로는 그 분보다 더 가까이 있는 것은 아무것도 없다' 신의 처소가 땅으로부터 헤아릴 수 없는 거리에 있다는 인용문에서 이런 도덕을 끄집어 낼 수 있다. '신께서 세계와 멀리 떨어져 있다 해도 인간들이 회당에 들어가 기둥 뒤에19) 서서 속삭이며 기도하게 하라. 거룩하신 분 은총의 신은 인간의 기도를 들어주신다. 이보다 더 가까이 있는 신이 있는가?' 어떤 신이 자기 피조물의 입에 귀를 댄 것처럼 가까이 있는가?'(p.1;13a) 신명기 4장 7절에 '그처럼 가까이 계셔주시는 신을 모신 위대한 민족이 어디 또 있겠느냐?'라는 기록을 보라. '가까이'라는 말은 복수형이다. 이 말은 '모든 종류의 가까움'에 적용되는 것으로 설명하는데 근접한 거리의 가까움을 의미한다. 신의 하늘에서만큼 이 땅 위에 주재하신다는 사실을 선포한 것은 아브라함의 사명 가운데 가장 뛰어난 결과를 가져왔다. '우리의 조상 아브라함이 오기 전까지는 거룩하신 분 은총의 신은 단지 하늘에 계신 왕이었다. '조상의 집에서 사는 나를 그들 가운데서 이끌어내신 하나님 야훼'(창24:7)라고 기록된 것같이 우리 조상 아브라함이 이 세상에 온 이후에 야훼를 이 땅의 왕으로 섬겼다.

'하늘을 내신 하나님 땅을 내신 하나님 야훼를 두고 맹세하여라'(창24:3.sifre 신313:134b) 일반적으로 '왕'이라는 명칭을 신에게 적용할 때는 격리되어 있다는 생각을 포함하고 있지 않다. 자기의 백성들과 엄격히 떨어져 있는 동양의 군주의 모습에 이 말을 적용

---

19) 그 곳은 눈에 띄지 않는 장소이다.

하는 것은 잘못된 생각이다. 신성에 적용한 왕권은 주권적인 일면을 설명하는데 불과하다. '우리 아버지'에 '우리 왕'을 첨가한 것을 자주 볼 수 있으나 독재자와 같이 은둔하고 있다는 생각은 없다. 신의 내재에 대한 교리를 이용한 목적 가운데 신이 어떤 장소에 위치할 수 있다는 생각은 없다. 신의 내재에 대한 교리를 이용한 목적은 신이 어떤 장소에 위치할 수 있다는 생각을 막는 한편 랍비는 신의 무형성에 대한 믿음이 기초하지 않고서 신의 현존을 나타내게 만들었다. 가장 자주 쓰이는 용어가 쉐키나(shechinah)인데 글자 그대로 '거주'를 의미한다. 신이 비록 먼 하늘에 계시지만 이 세상에 계신 신의 현존을 의미한다. 하늘에 있는 태양이 땅의 구석구석을 비추는 것처럼 신의 광휘인 쉐키나도 어느 곳에서든지 그 존재를 느끼게 해 준다.(34:39a) 따라서 쉐키나를 종종 빛의 모습으로 묘사한다. 성서에서 '땅은 그 영광으로 빛났다'(겔43:2)라고 기록된 구절을 이렇게 평할 수 있다. '이것이 쉐키나의 얼굴이다'(65:2) 또 제사장들의 축복 가운데 '야훼께서 웃으시며 너를 귀엽게 보아주시고'(민6:25)라는 제사장들의 축복은 '신이 네게 쉐키나의 빛을 주시기를 바란다'(민R11:5)라고 해석된다. 이러한 신의 현존은 신에게 그 결과 신이 인간의 슬픔에 동참하게 된다. '인간이 어려움 가운데 있을 동안 쉐키나는 무슨 말을 하시는가?' '나는 머리가 무겁다.'

거룩한 분 은총의 신은 악한 인간이 피를 흘렸을 때도 그렇게 슬퍼하시는데 하물며 의인이 피를 흘렸을 때도 그렇게 슬퍼하시는데 하물며 의인이 피를 흘렸을 때는 그보다 더하지 않겠는가?(23:15b) 비록 쉐키나가 편재하여 있다고 해도 인간의 영적으로 신에게 가락을 맞추도록 그 실재는 좀더 깊이 느껴지는 장소에 있다. 다음의 명령에 특별히 잘 나타나 있다.

'내가 이 백성들 가운데 살고자 하니 그들에게 내가 있을 성소를 지으라고 하여라'(출25:8) 장막은 쉐키나가 가장 생생하게 나타나는 장소라고 생각된다. 지성소의 촛대는 '증거궤 앞 휘장 밖에서'(레24:3) 타고 '이 세상에 있는 모든 사람들에게 쉐키나가 이스라엘 안에 계시다는 사실을 증거한다'(12:22b) 성소를 한 가운데 세우는 까닭은 신이 거기 계셔서 피조물과 함께 있으려는 것이다. 이 사상은 다음 구절에 잘 나타나 있다. '거룩하신 분 은총의 신이 우주를 만드신 첫째 날부터 낮은 곳에 내려와 피조물들과 함께 지내시기를 원하였으나 그렇게 하지 않았다. 그러나 성소를 세웠을 때 거룩한 분 은총의 신은 쉐키나에게 그 안에서 쉬도록 시켰다. 신은 '그 날에 세계를 만들었다고 기록하라'(민R.13:6) 성소를 지음으로 쉐키나가 인간과 함께 있을 때까지는 충분한 의미에서 세계가 존재하였다고 말할 수 없다는 암시를 나타내 준다.

모든 우주 공간에 충만하신 신이 어떻게 지상에서 거할 처소를 선택할 수 있는가 하는 의문에 대한 대답은 다음과 같다.

거룩한 분 은총의 신께서 모세에게 '나를 위하여 성소를 지으라'고 말씀하셨을 때 모세는 놀라서 탄식하였다. '거룩하신 분 은총의 신의 영광이 온 세계에 충만하였다는데 신을 위해 성소를 지으라고 명령하시는가?' 더 나아가서 모세는 솔로몬이 성소보다 더 큰 성전을 지을 것을 미리 알았다. 그래서 거룩하신 분 은총의 신 앞에 이렇게 말했다.

'그러나 하나님, 하나님께서 이 땅에 사람과 같이 자리잡으시기를 어찌 바라겠습니까? 저 하늘 저 높은 곳에도 주를 모시지 못한 터인데 소인이 지은 이 전이야말로 말해 무엇하겠습니까?'(왕상8:27)

모세는 이렇게 말했다.

'솔로몬의 성전이 성소보다 큰 데도 소인이 지은 이 전이야말로

말해 무엇하겠습니까? 하고 말할 텐데' 그런 까닭에 솔로몬은 '지
존하신 분의 거처에 몸을 숨기고'(시91:1)라고 말했다. 그러나 거룩
하신 분 은총의 신이 모세에게

'나는 너와 같이 생각하지 않는다. 내가 마음먹으면 남북으로
20보드와 서쪽으로20) 8보드 사이에 거할 수 있다. 그러나 나는
아래로 내려와 나의 쉐키나가 1평방 큐빗 안에 한정할 수 있다'(출
R.34:1)

인간의 마음을 신께로 향하도록 연구와 기도하는 좋은 장소가
되는 성전의 진실은 무엇인가?

'하나님께서 신들을 모으시고 그 가운데 서시어'(시82:1)라는 기
록과 같이 어찌하여 거룩한 분 은총의 신이 회당에 계시는가?

'하나님께서 믿음이 깊은 회중 가운데 계신다는21)' 기록처럼 어
찌하여 기도하려고 모인 열 명의 회중 가운데 쉐키나가 함께 계시
는가?

'재판관들22) 가운데 서시어 재판하신다'는 기록처럼 어찌하여
새사람이 앉아 재판하는 곳에 쉐키나가 함께 계시는가?

'나를 공경하는 자들이 이런 말을 주고받게 되었다.23)이 야훼
는 그것을 똑똑히 들었다.'(말3:16) '내가 내 이름을 부르게 하는 곳이
면 어디에서든지 내가 너를 찾아가서 너희에게 복을 주리라'(출
20:24,1:6a)는 기록처럼 어찌하여 한 사람이 앉아서 토라를 연구하는
곳에 쉐키나가 함께 하지 않겠느냐? 시메온은 다음과 같이 주장

---

20) 이것은 성소를 지을 때 사용한 널빤지의 개수이다.<출24:18>
21) 회중을 구성하는 숫자는 열 명이다. 회당의 예배를 드리는 정족 수로 최소한
10명의 성인 남자가 필요하다.
22) Elohim은 '신들의 신'이라는 뜻이며 '재판관'이라는 의미도 된다. 유대의 법에
따르면 소송사건을 다룰 때 세 명의 재판관이 참석해야 한다.
23) '서로서로 라는 말은 최소한 두 명을 암시한다.''야훼를 공경하던 자들'인 까닭
에 토라에 관하여 대화하였으리라고 추측할 수 있다.

하였다. '의인이 가는 곳이라면 어디든지 쉐키나가 그와 함께 갈 것이다'(창R.86:6) 기도와 거룩한 공부가 인간을 좀더 쉐키나에 민감하게 만드는 것처럼 죄는 반대의 결과를 가져온다. 그래서 모든 현실적인 문제 때문에 쉐키나를 느끼지 못하므로 쉐키나는 그 곳에 존재하지 않는다. 랍비는 '은밀히 죄짓는 자는 누구든지 쉐키나의 발을 쫓아버리는 자이다'(30:31a) 인간이 자기 부모의 속을 썩일 때 거룩하신 분 은총의 신께서는 '나는 그들 가운데 살지 않는다. 왜냐하면 그들과 함께 있는 것이 너무나 고통스럽기 때문이다'라고 말하신다' 《상동》 '본래 쉐키나의 처소는 낮은 곳에 있었다. 아담이 죄지었을 때 쉐키나는 제1층의 하늘로 올라갔다. 카인이 죄지었을 때 제2층의 하늘로 올라갔다.24) 에녹의 시대에 제3층으로 올라가고 홍수시대에 제4층으로 올라갔다. 바벨탑의 시대에 제5층으로 소돔의 인간들이 쉐키나를 제6층으로 올라가게 하고 이삭이 제5층으로, 야곱이 제4층으로 레위가 제3층으로, 코하트가 제2층으로, 암람이 제1층으로, 모세는 쉐키나를 이 땅으로 내려오게 하였다'(창R.19:7) 악인은 쉐키나를 인간에게서 멀어지게 하며 의인은 쉐키나의 축복이 인류에게 내리게 한다. 또 다른 랍비의 개념은 신의 가까이 계심과 인간에게 주는 직접적인 영향이 성령(Ruach Hakodesh)의 것이라고 설명한다. 때때로 성령은 신이 세계에 내재하신 것을 표현하는 것처럼 거기서 발산하는 것으로 영향을 주는 고로 쉐키나와 같은 것으로 보인다. 예를 들면 성전 파괴 후에 베스파시안 황제가 어린 유대인 남녀를 세 척의 배에 실어 로마에 있는 홍등가로 보냈다. 그러나 항해를 하는 동안 그들은 치욕을 당하느니보다는 바다에 몸을 던져 익사하였던 것이다. 이 이야기의 끝에 이런 탄식을 볼 수 있다. '성령께서 우시고

---

24) 창세기 4장 26절은 '그 때에 야훼의 이름을 불러 모독하였다'라고 해석하였으며 우상 숭배가 실제로 시작되었다.

'이런 일을 당하고도 나 어찌 통곡하지 않으리오'(애1:16)라고 말했다.(애R.1:45)성령은 종종 어떤 사람에게 특별한 은사를 주신 것으로 묘사할 때 사용하였다. 신의 뜻을 해석하는 능력의 의미로 예언은 성령이 주신 결과이며 그 능력을 가지면 역시 예지능력을 가지게 된다. '예언자[25] 시대의 사람들은 성령을 사용할 줄 알고 자기들의 자녀에게 앞으로 그들의 삶에 일어날 일을 설명해 주는 이름을 지어주었다. 반면에 성령을 받지 못한 우리들은 자녀들의 이름을 조상들의 이름에 따라서 지어준다'(창R.37:7) 이삭은 야곱에게 두 번째 축복을 해 주었는데 '왜냐하면 성령으로 그 후손이 다른 나라의 포로가 된 것을 알았기 때문이다.'(창R.75:8)

야곱이 라헬에게 입을 맞출 때 왜 울었는가 하는 질문에 대한 대답은 다음과 같다. '그는 성령으로 그녀가 자기의 곁에 함께 묻히지 못할 것을 알았기 때문이다.'(창R.70:12)

'성령의 도움으로 모세는 이스라엘의 이방인의 권세에 압박을 당할 것을 미리 알았다'(p.40:8c) 인간의 노력으로 쉐키나를 가까이 하거나 멀리 쫓아낼 수 있는 것처럼 성령도 똑같은 결과를 가져온다. '예언을 성취하려고 토라를 공부하면 성령을 받을 만큼 훌륭한 사람이다'(레R.35:7) '사무엘의 아들들이 자기의 행실을 바르게 고쳤을 때 성령을 받을 만하였다'(민R.10:5) 반대로 '에서는 악하여서 성령이 그의 아버지로부터 떠나가게 하였다'(창R.65:4) 신의 내재를 나타내는 또 다른 표현은 바스 콜(Bath kol)인데 글자 그대로 '목소리의 딸'이다. 그것은 특히 후기 히브리 예언자들이 얻은 방법인데 초자연적인 방법으로 신의 뜻을 인간에게 전하는 것이다. '학개, 스가랴, 말라기, 마지막 예언자까지 죽은 후에 성령은 이스라엘에서 그치게 된다. 그럼에도 불구하고 그들은 바스콜의 중재

---

25) 창세기 10장에 열거한 사람들.

를 통하여 신의 말씀을 받는다'(Tos.28:8:2) 예를 들면 '대제사장26)
요하난은 지성소에서 나오는 바스 콜을 들었다.27) 안디옥과의 전
쟁에 참여한 젊은이들이(그의 아들들이 승리하였다는 소식이었
다)(28:33a) '솔로몬이 아이를 서로 얻으려고 다투는 아이의 어머
니가 누구인가 결정해야 했을 때 바스 콜이 '그가 참 어머니다'(왕상
3:27) 하고 가르쳐 주었다. 이와 같이 바스 콜은 인간에게 신의 뜻
과 느낌을 알게 해준다. 어떤 랍비가 기도하려고 폐허에 갔을 때
이런 소리를 들었다.

바스 콜(Bath kol)이 비둘기처럼 울며 말하였다.

'슬프다. 내 자녀들아, 누구의 죄로 내가 나의 집을 허물고 내
성전을 불태웠으며 내 자녀들을 열방의 포로가 되게 하였는
가!'(1:3a) 아키바가 순교 당할 때 죽어가면서 '주는 한 분이시다'라
고 말하자 바스 콜이 나타나서

'아키바야 복되도다. 너의 영혼은 한 분이라는 말과 함께 너를
떠날 것이다.'(1:61b) 두 주류를 이루는 랍비 학파 사이에 길게 끌
었던 논쟁의 최종 결론으로 바스 콜에 대하여 논의하였다. 샤마이
학파와 힐렐학파는 삼년간 논쟁한 후에 각기 자기들 좋은 대로 법
을 제정하였다. 바스 콜이 나타나서 말하였다.

'두 학파가 살아 계신 신의 말씀을 이야기하고 있구나. 그러나
율법은 힐렐학파를 따라서 결정한다.'(13:13b) 이런 문제를 다룰
때 바스 콜이 항상 최종적으로 인정을 받은 것은 아니었다. 한 번
은 엘리저와 그의 동료들 사이에 율법의 문제로 격렬한 논쟁이 벌
어졌다. 엘리저는 가능한 모든 주장을 인용하였다. 그러나 동료들
은 납득하지 못했다. 그가 동료들에게 말했다.

ρ
---

26) 즉 유대의 왕 John Hyrcanus이다. B.C135~105.
27) 요세푸스에게도 같은 이야기가 전해진다.<Ant13;10:3>

'만약 율법이 내 의견에 따랐다면 이 카롭나무가 증명해 줄 것이요.' 그 카롭나무는 있었던 곳에서 백 큐빗이 되는 곳까지 움직여 갔다. 혹자는 4백 큐빗이라고도 한다. 그들이 엘리저에게 대답했다.

'카롭나무로는 증명이 될 수 없소.'

그러자 엘리저가 그들에게 말했다.

'율법이 내 의견에 따른 것이라면 저 물길이 증명해줄 것이오.'

그러자 물이 거꾸로 흘러갔다. 그들이 그에게 대답했다.

'물길만 가지고는 증명될 수 없소.'

그래서 엘리저가 그들에게 말했다.

'율법이 나의 견해를 따른 것이라면 이 건물(율법학교)의 벽이 증명해 줄 것이오.'

그러자 벽이 안으로 꺼져 들어가서 구멍이 뚫어졌다. 요수아가 그들을 꾸짖으며 말했다.

'토라를 연구하는 여러분이 율법 문제에 관해서 다른 사람의 의견을 존중해야 할 텐데 지금 무슨 짓들을 하고 있습니까?'

요수아를 존경하지 않는 사람은 엎드리지 않았고 엘리저를 존경하지 않는 사람은 똑바로 서지 않았다. 아직도 비스듬히 남아 있다. 마침내 엘리저가 그들에게 말했다.

'율법이 나의 견해에 따른다면 하늘이 증명해 줄 것이다.'

바스 콜이 나타나 이렇게 말했다.

'너희는 왜 엘리저에게 반대하느냐? 법을 결정할 때는 항상 그의 의견을 따르라.'

요수아가 일어서서 소리쳤다.

'그것은 하늘에 있는 것이 아니다.'(신30:12)

이 말은 무슨 뜻인가? 예레미야는 이렇게 말했다.

'우리는 이미 시내산에서 토라를 받았다. 바스 콜에 주의를 돌
릴 필요가 없다.'(32:59b) 이런 기묘한 태도는 토라를 이성으로 바
르게 해석할 수 있다는 견해를 보여준다. 위의 인용문은 탈무드의
신론이 전적으로 초월적인 견해를 지키지 않은 사실을 충분히 보
여준다. 이스라엘의 랍비들이 신과 우주를 동일시하기를 꺼리고
인간들이 사는 곳에서 높이 떨어져 있다고 주장한다고 해도 그들
의 세계관에는 철두철미 쉐키나의 편재성이 스며 있다. 신은 우주
위에 있으며 바로 우주의 영혼이다.

§ 3. 천사론

탈무드를 자세히 보면 우주 안에는 엘리오님(Elyonim;위에 있
는 것) 즉 천사들과 타크토님(Tachtonim;밑에 있는 것) 즉 인류의
두 계층이 살고 랍비들의 가르침 안에 천사의 존재가 자주 나온다
해도 천사론이 그들에게서 나온 것은 아니다. 성서28) 이야기를
보면 왕이며 신을 둘러싸고 있는 시종을 다스리는 주인으로서의
신과 함께 하늘의 법정을 묘사한 광경 가운데 존귀하신 분의 시종
으로서 천사들의 모습이 자주 등장한다. 동양인은 아름답고 화려
한 색깔을 입힌 신의 사랑과 더불어 천국이 충만하게 가득할 때까
지 그 광경을 자세히 설명하였다. 우리는 후기 성서문학
(Apocrypha와 Pseudepigrapha)과 탈무드와 미드라쉬 중에
가장 중요한 부분에서 천사론의 발전과정을 알 수 있을 것이다.
　랍비의 천사론이 나온 동기는 분명히 신과 세계 사이의 중개자
를 만들려는 의도에서가 아니라 때때로 인용한 것뿐이다. 신의 내
재를 증명할 때 그런 중개자가 필요하지도 않으며 나설 자리가 아

---

28) 열왕기상. 22절 19장을 보라, 사.6:1ff;욥1:6

닐 때도 언급한 이유는 무엇인가? 그 참된 목적은 신께 영광을 돌리는 데 있다. 사람들은 자기들의 일상생활에서 가장 깊은 존경과 높은 존귀로서 국가의 군주를 바라본다. 왕의 측근들이 장엄하며 수행원이 많으면 많을수록 더욱 더 큰 찬사를 보내게 된다.

유대인들이 신앙적으로 왕에게 경의를 표해야 한다는 명령을 받았지만 유대인들은 이방인 왕에게 '우리의 신이며 우주의 왕이시며 당신의 영광을 피조물들에게 나누어주신 당신에게 축복이 있기를' 이라는 축복의 말을 왕이 지나갈 때 인사하지 않으려 하였다. 왜냐하면 살과 피를 가진 지상의 군주들은 자기와 마찬가지로 죽어야 하는 존재라고 생각했기 때문이다. 신은 왕중 왕이며 온 우주의 주재자이다. 유대인들은 다만 무한히 축소된 크기로서의 '하늘의 왕권과 같은 땅의 왕권을' 상상하였다. 광대한 왕국의 군주와 같이 신은 자기의 명령을 수행하는 시종들에게 매우 큰 주인으로 군림한다.

영광의 보좌에 가까이 서 있는 훌륭한 존재로서 천사는 필연적으로 인간보다 더 완전한 피조물이었다. 그럼에도 불구하고 천사들 역시 신의 완전성을 달성할 수는 없다. '천사는 언제 만들었나? 요하난은

'물위에 궁궐을 높이 지으시고 바람을 시켜 명령을 전하시고 번갯불에게 심부름을 시키시며'29)(시104:3fa)라는 기록처럼 둘째 날에 만들었다고 말한다. 카나나는 '땅 위 하늘 창공 아래에는 새들이 생겨 날아 다니라.'(창1:20) '날개 둘로 훨훨 날아다녔다 (seraph)'(사6:2)라는 기록처럼 다섯째 날 만들었다고 말하였다. 천사를 첫째 날에 만들지 않았다는 사실은 모두가 동의하는데 그러므로 미카엘이 남쪽 창공에서 가브가엘인 북쪽 끝까지 뻗쳐 있

---

29) 물을 나눈 것은 둘째 날이다. 창1:6 또한 시편기자는 천사들과 함께, 천사들의 처소 하늘의 궁궐을 언급하였다. 천사들은 둘째 날 만들었다.

다고 표현할 수 없다.(창R.1:3) 하드리안 황제와 요수아 가나냐 사이에 나눈 대화 가운데서 천사의 창조에 대한 또 다른 견해를 알수 있다. 하드리란이 물었다.

'당신의 구원의 천사들이 단 한 번 신에게 찬양 드리며 신은 자기 앞에서 노래하는 악단을 날마다 새로 만들었다가 죽인다고 생각하나요?'

'그렇습니다.'

'천사들은 어디로 가는 것이오?'

'자기들을 만들었던 장소로 가지요.'

'어디서 만들었는데요?'

'불의 강입니다.'30)

'불의 강은 어떤 성질을 가지고 있소?'

'요단강처럼 밤낮으로 흐르기를 그치지 않습니다.'

'그 강은 어디에서 시작된 것이오?'

'거룩한 분 은총의 신이 계신 보좌를 운반할 때 카이요트가 흘린 땀입니다.'(창R.78:1) 천사의 기원에 대한 이러한 이론을 반박하고 다른 이론을 제시하였다. '거룩하신 분 은총의 신의 입에서 나오는 말씀마다 천사가 만들어진다.

'야훼의 말씀으로 하늘이 펼쳐지고 그의 입김으로 별들이31) 돋아났다'(시33:6,23:14a)라고 기록된 것을 보라' 또 다른 의견에서 천사는 하늘 그 자체와 똑같은 물질로 만들어졌다. '천사는 반이 물로 되어 있고 반은 불로 되어 있으며 다섯 개의 날개를 가지고 있다'(p.19:58a) 일반적으로 천사들은 죽지 않으며 번식하지 않는다고 믿고 있다.(창R.8:11) 그러나 천사들이 신의 뜻에 거역했을 때 신은

---

30) 다니엘 7장 10절을 보라.
31) '주인'은 태양과 달과 별의 주인이 아니라 천사들로 구성된 악단의 주인으로 해석된다.

많은 천사들을 멸망시켰다. 천사는 육신의 영양분이 필요하지 않고 (창R.48:14) 쉐키나의 광채로 산다.(출32:4) 천사의 악의 충동(Jetzer Hara)으로 고민하지 않으며, 평범한 인간의 감정에 지배를 받지 않는다는 의미이다.(창R.48:11)

인간은 세 가지 점에서 천사와 비슷하다. '인간은 구원의 천사와 같은 지식을 갖고 있다. 인간은 구원의 천사와 같이 바르게 성장한다. 인간은 구원의 천사와 같은 거룩한 언어(히브리어)로 말한다.'(23:16a) 언어의 문제에 있어서 모든 말을 다 알고 있는 가브리엘을 제외하면 모든 천사들은 아람어를 알아듣지 못한다. 그러므로 누구든지 아람어로 소원하는 바를 청원해서는 안된다. 왜냐하면 신의 보좌에 드리는 기도를 전달하는 것이 천사들의 임무이기 때문이다.(28:33a)

그러한 주장의 이면에는 아주 현실적인 목적이 있는데 비록 아랍 사람이 유대교의 기도를 드릴 때라도 적어도 기도는 히브리어로 드려야 한다는 생각이다. 천사는 여러 가지 특별한 임무를 맡고 있는데 그 중의 하나는 기도를 연락해 주는 기능이다. '결국 천사들의 봉사가 모든 예배장소를 완전케 해준다. 모든 예배장소에서 드리는 기도를 모으는 임무를 맡은 천사가 모든 기도를 면류관으로 만들어서 거룩하신 분 은총의 신의 머리 위에 씌워드린다'.(출R.21:4) 당신은 우리의 기도를 들어주십니다. '사람이면 누구나 당신께 나아가'(시65:2) 라는 구절은 천사를 신과 예배드리는 자 사이의 중개인으로서 묘사하려는 의도가 아니다. 신은 누구든지 진리 안에서 신을 부르는 사람 가까이 있다는 사실을 일반적으로 가르침과는 모순되는 것을 알 수 있다. 우리는 이 구절에서 edyecha(당신께)가 말의 유희에 지나지 않는 것을 알게 된다. 이 기도문은 의심할 여지 없이 유대교 예배 중에 가장 절정을 이루는 신께 드리는 찬양에 나오는 표현을 암시한다. 반면에 천사에게 호소하는[32] 사람들 사이에 하나의 문제가 생겨날 가능성도 있다. 랍비는 사람들이 신의 입에서 나오는 말에서 생겨났다는 주장을 반대하였다. '만약 인간에게 문제가 생겼다면 미가엘이나 가브리엘에게 호소하지 말고 나에게 호소하라. 그러면 내가 즉시 대답할 것이다'(p.1:13a) 성경을 읽어보면 다니엘서를 읽을 때까지 천사의 이름을 발견할 수 없다. 다니엘서에는 가브리엘과 미가엘의 이름이 나오는데 미가엘은 '일곱 수호신 가운데 한 분' '대천사'로 묘사하였다. 이 사실에 대해 랍비는 이렇게 주장한다. '천사의 이름은 이스라엘의 바빌론 포로 때 생겨난 것이다'(p.19:56d) '일곱 수호신'의 인용문에서 천사들에게 서로 다른 등급이 있다는 믿음이 생겼다. 맨 위에는 4명의 대천사가 있다. 민수기 2장에 묘사한 것처럼 이에 따라 이스라엘 군대를 네 개로 나누었다. '거룩하신 분 은총의 신이 네 개의 바람과 네 개의 군기를 만드신 것처럼 신의 보좌를 둘러싸는 4명의 천사를 만드셨다. 마가엘, 가브리엘, 유리엘, 라파엘이다. 미가엘은 르으벤지파를 따라 신의 오른쪽에 서며 유리엘은 북쪽에 자리잡고 있는 모세와 아론처럼 유다지파를 따라 신의 앞에서고 라파엘은 서쪽에 자리잡은 에브라임 지파를 따라 신의 뒤쪽에 서 있다.'(민R.2:10) 미가엘과 가브리엘은 모든 천사들 중에 가장 뛰어나며 함께 임무를 수행하는 것으로 설명된다. 그들은 신이 주례를 선 아담의 결혼식에서 두 명의 들러리가 되었다. (신R.11:10) 모세의 매장을 도왔다.(창R.8:137) 미가엘은 가브리엘보다 등급이 높으며 그가 나타나는 곳에는 어디든지 쉐키나의 영광

이 함께 하였다.(출R.2:5) 각 나라들은 자기 나라의 수호신을 갖고
있었는데 미가엘은 이스라엘의 수호천사였다. 미가엘은 악한 천
사 사마엘이 이스라엘로 하여금 신 앞에 죄를 범하게 할 때 이스
라엘을 보호하는 상담자로서 역할을 하였다.

미가엘은 사라에게 아들이 태어날 것이라는 소식을 가져왔
다.(32:86b,신R.11:10) 그는 모세의 인도자였다. 이스라엘의 역사를
보면 미가엘은 자주 믿음직한 보호자의 역할을 보여주었다. 그는
세라크립의 군대를 쳐부수었다.(출R.18:5)

미가엘은 '이스라엘 가운데 있는 의인을 위하여 그들을 구원하
소서'(16:77a)라는 청원을 신에게 드리면서 포로로 되어 가는 것을
미리 예방하려고 노력했다. 가브리엘은 신이 주신 대단히 여러 가
지의 임무를 띠고 있었다. 그는 아브라함을 방문한 세 명의 천사
중의 하나였고 그의 임무는 소돔을 멸망시키는 것이었다.(32:86b)
가브리엘은 아브라함이 니므롯 왕의 명령으로 불화덕에 들어가게
된 것을 구해냈다. 신은 '나는 우주에서 하나이며 그도 나와 같이 유
일하다. 그러므로 유일한 내가 하나밖에 없는 그를 구하는 것이 당
연하다'(14:118a) 가브리엘은 타마르가 부정한 벌로 불에 타게 된 것
을 구원하였다.(28:10b) 그는 보디발의 악한 생각으로부터 요셉을 보
호하였고(28:13b)

그에게 70가지의 방언을 가르쳐 주었다.(28:33a) 가브리엘은 모
세를 구하려는 공주를 단념시키려 한 바로의 딸의 시녀를 죽였
다.(28:12b) 가브리엘은 어린 모세를 때려 울게 하여 공주로 하여금
아이를 불쌍히 여기는 마음을 느끼게 했다.(출1:24) 전설에 의하면
바로가 제트로 라는 신하의 충고를 따라 모세가 자기 나라를 넘어
뜨리는 사람인가 아닌가를 확인하는 시험을 했을 때 모세의 생명
을 가브리엘이 구해 주었다고 한다. 바로는 모세의 앞에 불에 달

군 석탄과 왕관을 놓았다. 만약 아이가 왕관을 잡는다면 죽일 작
정을 하였다. 아이가 왕관을 잡으려 할 때 가브리엘이 아이의 손
을 석탄 쪽으로 밀었다.(출R.1.26)

　가브리엘에 관한 신비한 전설이 있다. '솔로몬이 바로의 딸과
결혼했을 때 가브리엘이 내려와 바다에 갈대 하나를 꽂았다. 그
주위에 진흙의 둑이 생겼는데 후에 거기서 로마가 건설되었
다'(34:21b)

　그 의미는 솔로몬의 어리석음을 통하여 이스라엘 왕국을 쓰러
뜨릴 새로운 왕국이 건설될 것을 나타내 준다. 에스겔은 가브리엘
이 손에 잉크병을 준비하여 용서받게 될 예루살렘 사람들의 이마
에 표를 한다고 말했다.(12:55a)

　가브리엘은 하나니아 미사엘 아자리아가 타죽게 될 때 구원하
였다.(14:118ab) 가브리엘은 와스디가 아하수에로 왕의 연회에 나
오라는 명령을 지키지 못하게 막음으로 이스라엘을 구원하였
다.(21:12b) 그래서 와스디 대신에 에스더가 왕후로 선택된 것이
다. 가브리엘은 모르드개가 왕의 생명을 노리는 음모를 폭로하였
던 사실을 궁중실록에 다시 적어 넣었다. 그런데 심사이라는 자가
그 기록을 지웠었다.

　다른 대천사에 관한 이야기는 거의 나오지 않았다. 라파엘은 그
이름이 암시해 주는 대로 치료의 천사였다. 그는 미가엘과 가브리
엘과 함께 아브라함을 방문하였고, 그의 임무는 할례를 받아 기분
이 언짢은 족장을 치료해 주는 것이었다.(32:86b) 유리엘은 '신의
빛'을 의미하는데 신의 지식이 인간에게 내려올 때 중개자가 된다.
'왜 그의 이름이 유리엘인가? 거룩하신 분 은총의 신이 주신 율법
과 예언과 성서 죄를 용서하고 이스라엘에게 빛을 주기 때문이
다.'(민R.2:10) 천사는 각각의 특성을 따라 수호신으로 불린다. 가브

리엘은 불의 천사이며(14:118a) 유르케미는 우박의 천사이고 《상동》 리다라는 비의 천사이며(20:25b) 라합은 바다의 천사(33:74b) 과일과는 밤의 천사(34:96a)이며 수태의 천사이기도 하며(58:16b) 도마는 죽음의 천사이다. 후기의 기록자들은 '세상의 천사'를 메타트론 천사와 동일시했다. 아마 이 이름은 라틴어의 메타트론에서 빌어온 듯하며 그 뜻은 '선구자'를 의미하며 이스라엘을 광야에서 이끌어낼 때 '앞서 가던' 천사로 생각된다.(출23:20)

메타트론은 한 번 대단히 높은 존경을 받았는데 그에게 기도를 드리지 말라는 사실을 제정한 것을 특별히 언급한 까닭이다. 한 사두개인이 이디트(R.Idith)에게 말했다.

'야훼께서 모세에게 야훼가 있는 곳으로 올라오라고 하신 것은 (출24:1) 내가 있는 곳으로 올라오라는 말로 해석해야만 하겠군요?'

이디트가 대답했다.

'말하는 사람은 메타트론이오. '그는 내 대리자이다(천사)'(출23:21)라는 기록처럼 그의 이름은 주의 이름과 같소'

'그렇다면'

사두개인이 말했다.

'우리는 천사에게 기도해야겠습니다.'

'아니오.'

랍비가 대답했다.

'나를 그와 바꾸어33) 놓지 말라는 기록이 있기 때문이오.'

'그렇다면 왜 '그는 너희 잘못을 용서하지 않을 것이다'라는 구절로 계속됩니까?'

랍비가 대답했다.

---

33) 글자 그대로의 표현으로 '너희는 그를 거역하지 말라, 대신에 그 구절을 이렇게 이해하였다.

'단언하건대 '만일 당신께서 함께 하시지 않으시려거든 우리도 여기를 떠나 올라가지 않게 하십시오'(출33:15)라는 기록처럼 우리는 천사를 선구자로서도 인정하지 않았던 것이오'(34:38b) 신과 메타트론을 이단적으로 동일시한 것을 다른 곳에서도 볼 수 있다. '배교자 아커가 천국에 올라갔을 때 이런 일이 있었다. '그가 메타트론을 보자 그는 이스라엘의 공적을 기록할 동안 자리에 앉아 있어도 좋다는 허락을 받고 있었다. 아커가 말하기를

'하늘에는 자리도 없고 다툼이나 뒷모습34), 옷 입는 것도 없다고 배웠습니다. 하늘에는 두 개의 권세가 있는 것입니까?'(23:15a) 젊은이들을 가르칠 때 메타트론은 신과 함께 일한다고 한다. 신이 이 일을 하기 위해 하루 중의 마지막 세 시간 동안 수고하는 반면에 메타트론은 하루 중 나머지 시간 동안 일을 맡는다.

메타트론과 짝이 되는 또 다른 천사는 산달폰(Sandalphon)인데 그리스어의 형제라는 의미에서 나온 말이다. 그는 천사들 중에 가장 키가 크다. '산달폰이 땅 위에 서면 그의 머리가 카이요트에까지 닿는다. 그는 오백년 걸려야 갈 수 있는 공간과 같으므로 자기의 동료 천사들보다 크다. 그는 하늘의 마차 뒤에 서서 신께 드릴 면류관(사람들이 드린 기도에서 뽑아서)(23:13b)을 만든다' 신의 시중을 들고 있는 천사들 사이에 때때로 일어나는 다툼이 지상의 평화를 혼란시켰다. 그래서 어떤 랍비는 매일 이런 기도를 드렸다. '오, 주 우리 신이시여 위에 있는 집과 아래 있는 집에 평화를 주는 것이 당신의 뜻이기를 빕니다.'

천사들은 하늘의 법정을 이루고 신은 천사들에게 의논하지 않

---

34) 천사는 앞모습만 있고 뒷모습이 없어서 항상 신을 바라볼 수 있게 되어 있다고 생각했다.(겔1:6) 다른 천사들의 신의 곁에 서 있을 동안 메타트론이 앉아 있는 것을 보고 아커는 메타트론이 신의 권능을 가지고 있을 것이라고 생각하였다.

고서는 세상의 일에 관여하지 않는다. 그러나 마지막 결점은 신 한 분에게 달려 있다.(p.4:18a) 이와 같이 신은 천사들과 함께 인간을 창조하시고 그들의 불복종을 다스리신다.(창R.8:4) 천사들의 존재는 이 세상에 의를 만드는 세력이었다. 그럼에도 불구하고 다음에 볼 수 있는 바와 같이 그들 가운데 악한 천사가 있었다. 다음과 같이 다투는 말을 보자. '그 때에 이스라엘인들이 먼저 '우리가 할 것이다'라고 말했다. 그러자 다른 사람들이 '우리가 들을 것이다'35)라고 말했다. 6천만 명의 천사들이 와서 각각의 사람들에게 두 개의 면류관을 준비하였는데 하나는 '우리가 할 것이다'라고 말하는 사람을 위해 다른 하나는 '우리가 들을 것이다'라고 말한 사람을 위한 것이었다. 그들이 금송아지와 더불어 죄를 지었을 때 1억 2천만 명의 멸망의 천사들이 내려와서 면류관을 빼앗아갔다.'(12:88a) '회당에서 나와 집으로 가는 한 사람에게 두 사람의 천사가 동행하였다. 하나는 선한 천사이고 하나는 악한 천사였다. 집에 들어서서 안식일의 촛불이 밝혀진 식탁이 준비되어 있으며 침상이 정돈되어 있는 것을 보고 선한 천사가 외쳤다.

'다음 안식일에도 신께서 이와 같이 해주시기를!'

그러면 악한 천사도 할 수 없이 아멘이라고 대답한다. 만약 그 집에 안식일을 거룩히 지키는 것이 하나도 준비되어 있지 않다면 악한 천사가 이렇게 탄식한다.

'다음 안식일에도 신께서 이렇게 해주시기를!'

그러면 선한 천사도 할 수 없이 아멘이라고 대답한다. 여기서 천사는 신의 은총으로 인간이 자기 신앙의 의무에 충실하려고 노력하며 견디어 내는 용기를 준다. 물론 두 천사가 항상 인간과 동행하며 일상생활에 관하여 시험해 본다고 가르친 것은 단순히 인

---

35) 쉐마라는 동사는 '듣다'와 '따르다' 두 가지 뜻을 가지고 있다.

간이 무슨 일을 하든지 심지어 은밀하게 한다 해도 모두가 기록된다는 생각을 강조해 준다.

타락한 천사에 관한 이야기가 묵시 문학에 나오지만 탈무드나 미드라쉬에서는 볼 수 없다. 랍비 시대에는 악한 천사는 신의 진노를 표현하기 위해 생각한 것에 지나지 않으며 그들이 맡은 임무는 신이 인간의 악함을 벌주려할 때 그 명령을 수행하였다. 다음의 예를 보자.

신을 표현할 때 '더디 노하신다'고 하는 것은 무슨 의미인가? 그것은 저쪽에서 진노를 막는다는 의미이다. 이 문제는 냉혹한 병정들로 이루어진 두 개의 군대를 가지고 있는 어떤 왕에게 비유할 수 있다. 왕이 혼자서 생각하기를 만약 군대를 나와 함께 도시 안에 두면 그들이 주민들에게 저항할 것이고 냉혹한 짓들을 할 것이다. 그러므로 내 군대를 멀리 보내서 시민들이 내게 반란을 일으킬 때 나의 군대를 돌아오게 하기 전에 시민이 나를 진정시키고 나는 그들을 용서할 것이다. 거룩한 분 은총의 신도 이와 같이 파괴의 천사 아프(Aph)와 케마(chemah)36)에게 말하였다. 내가 그들을 멀리 보내면 이스라엘의 자녀들이 내 앞에 거역할 때 내가 천사들을 부르기 전에 이스라엘이 회개하고 나는 그들을 용서할 것이다.(p.20;65b) '거룩하신 분 은총의 신이 모세에게 '일어나 여기에서 당장 내려가거라'(p.20;65b) 하고 말했을 때 다섯 명의 파괴천사가 듣고 모세를 따라 내려가려고 했다. 그들은 아프(Aph)와 케마(chemah) 케제프(ketzeph)37) 파괴자 마슈키트(Mashchith)와 소모자 메칼라(Mechallah)였다.'(신R.3:11) '악한 천사 사마엘은 모든 사탄의 두목이다' 이런 방법으로 악한 천사의 무리와 그 두목

---

36) '천사'라는 의미의 단어이다.
37) '천사'라는 의미의 단어이다.

의 이름을 붙였다. '사탄'은 악에게 인격을 준 것이다. 이에 대하여 중요한 구절이 있다. '사탄과 옛저하라(Jetzer Hara)와 죽음의 천사는 하나이다.'(33:16a) 악의 자극을 받는 것은 밖에서 오는 영향보다는 인간 속에서 나오는 힘이라는 사실을 설명해 준다. 또한 신이 왜 사탄의 행동을 용납하며 그를 멸망시키지 않는가를 설명해 준다. 그 이유는 다음과 같이 설명할 수 있다. 옛저하라는 인간의 본성을 구성하는 요소이다. 그것이 없이는 인류가 곧 멸절하고 말 것이다.

누구나 사탄의 권세에서 벗어나기 위해 정신을 바짝 차려야 한다. 랍비는 손님이 주인에게 말하기에 적당한 축복으로 이렇게 권고하였다. '그의 재산이 번창하기를 사탄이 그의 손과 우리의 손이 하는 일에 권세를 미치지 않기를 지금부터 영원토록 그와 우리 앞에 죄, 범죄와 불의의 생각이 약동하지 않기를 빕니다.'(1:46a) '사탄을 입에 올리지 말라' 즉 자기에게 도로 돌아오게 되는 언짢은 말을 사탄에게 하지 말라고 권한다. 그 일례로 펠리모라는 이름을 가진 사람에 대한 이상한 이야기가 있다.

그를 날마다 '사탄의 눈에 쏜 화살이지'[38]라는 말을 하곤 했다. 속죄의 날 저녁에 사탄이 거지의 모습을 하고 그에게 나타났는데 그의 문 앞에 가서 그를 불렀다. 펠리모는 사탄에게 빵 한 덩이를 주었다. 사탄이 그에게 말했다.

'오늘 같은 날은 모두가 자기 집안에 있는데 나만 문 밖에 서 있어야 합니까?' 펠리모는 사탄을 들어오게 하고 그의 앞에 빵을 놓았다. 사탄이 말했다.

'오늘 같은 날은 모든 사람들이 식탁을 대하는데 나만 혼자서 먹어야 합니까?' 식탁 앞에 자리를 내주고 거기 앉게 하였다. 그리고

---

38) 나는 사탄에게 도전한다.

보니 그의 몸은 부스럼과 종기가 덕지덕지 붙어 있었다. 거기 있는 사람들은 그의 행동을 못마땅히 여겼다. 펠리모가 사탄에게 말했다.

'예의를 차려요(점잖게 굴어요)'

사탄이 말했다.

'컵을 주십시오'

그에게 컵을 주었다. 사탄은 기침을 하더니 컵에다 가래를 뱉었다. 주인이 그가 한 행동을 꾸짖자, 곧 쓰러져 죽었다(죽은 척했다). 주인은 이렇게 외치는 소리를 들었다.

'펠리모가 사람을 죽였다. 펠리모가 사람을 죽였다.'

그는 도망가서 벽장 속에 숨었다. 사탄이 그를 쫓아와서 펠리모의 앞에 엎드렸다. 펠리모가 너무나 당황하는 것을 보고 사탄은 자기의 정체를 드러내고 말했다.

'너는 왜 그 따위 말을 하였느냐?'39)

'그러면 어떻게 말해야 합니까?'

그가 묻자 그 대답이 이러했다.

'너는 모든 자비로운 사람들이여 사탄을 꾸짖어라. 하고 말했어야 했다'

사탄은 한 번에 한 곳에 나타날 수밖에 없으므로 자기가 명령할 수 있는 여러 명의 사자들이 필요하다. 위에서 지적한 대로 선한 천사들은 의인과 동행하며 악한 천사는 악인과 함께 한다. 그러므로 다음과 같은 충고가 있다. '의인이 여행을 하려고 준비하는 것을 볼 때 너는 그가 계획한 것보다 사흘 먼저 가든지 사흘을 늦게 출발하여 꼭 같은 길을 여행하여라. 그러면 너는 의인의 무리 안에 끼게 될 것이다. 왜냐하면 '주께서 너를 두고 천사들을 명하여

---

39) 즉 "사탄의 눈에 쏜 화살이지"

너 가는 길마다 지키게 하셨으니'(시91:11)라는 기록처럼, 그러나
만약 악인이 여행하려고 준비하는 것을 볼 때는 그가 계획한 것보
다 사흘 먼저 가든지 사흘 늦게 출발하여 꼭 같은 길로 여행하여
라. 그러면 너는 악인의 무리 안에 끼지 않을 것이다. 왜냐하면
'불량배를 내세워 그를 치자. 그 오른 편에 고발자를 세우자'(시
109:6)라는   기록처럼   '사탄이   그와   동행하기   때문이
다'(Tosifta12:17:2)

　사탄은 세 가지 기능을 수행한다. 인간을 유혹하여 신 앞에 고
발하여 죽음의 벌을 내린다.(33:16a) 사탄이 뛰어난 유혹자인 것은
첫 번 조상에게 행하였던 그의 행동이 좋은 예가 된다. 성서는 '이
삭이 젖을 떼던 날 아브라함은 큰 잔치를 베풀었다'(창21:8)라고 기
록하였다. 탈무드는 이 구절에 대해 다음과 같이 말했다. '사탄이
거룩하신 분 은총의 신 앞에 나아가서 말했다.

　'우주의 주재자시여 당신은 백 살이나 된 늙은이에게 자손을 주
셨습니다. 그런데도 이런 잔치를 베풀면서 당신께는 비둘기 한 마
리도 바칠 생각을 안 합니다'

　신이 사탄에게 말했다.

　'그가 자기 아들을 위해 이 모든 일을 하는 것이 아니냐? 만약
그에게 아들을 희생으로 바치라고 말해도 즉시 순종할 것이
다.'(34:89b)

　이 일이 시험의 원인이 되어서 사탄은 그 목적을 실패하게 하려
고 일을 꾸몄다. '사마엘이 조상 아브라함에게 가서 말했다.

　'노인장, 당신 정신이 나갔소? 백 살이나 되어서 얻게 된 아들
을 죽이려고 합니까?'

　'물론이지요.'

　아브라함이 말했다.

'신은 당신에게 이보다 더 어려운 시험을 요구하실 텐데, 그것을 이겨낼 자신이 있소?'

'이것보다 더한 것이라도 해낼 것이오.'

아브라함이 대답했다.

'하지만 내일이 되어 보시오. 신이 당신에게 살인자라고 말할 것이오. 당신은 아들의 피를 흘리는 죄를 짓고 있어요.'

'그렇다고 하더라도 나는 순종해야만 하오.'

아브라함이 말했다.

'불쌍한 어머니의 아들이 피를 흘리는 죄를 짓고 있어요.'

'그렇다고 하더라도 나는 순종해야만 하오.'

아브라함이 말했다. 사탄이 아브라함에게서는 성공할 수 없다는 것을 알고 이삭에게로 가서 말했다.

'불쌍한 어머니의 아들아, 너의 아버지가 너를 죽이려고 한다.'

이삭이 대답하였다.

'그렇다고 해도 나는 순종할 것입니다.'

그러자 사탄이 말했다.

'그러면 네 어머니가 네게 만들어 주신 예쁜 옷들을 네 가문의 원수인 이스마엘에게 물려주어도 좋다는 말이냐? 너는 그것이 아무렇지도 않으냐?'

애써 수고를 했음에도 불구하고 그 말은 조금도 이삭의 마음에 들어가지 않았다. 이삭이 아버지 아브라함을 불렀다.

'아버지', '아버지'

아버지라고 두 번 부른 것은 이삭이 아버지의 불쌍히 여기기를 바라는 마음을 암시한다(창R.46:4)

이와 마찬가지로 사탄은 금송아지를 만들게 한 원인이 되었다. 성서에 '백성은 모세가 오래도록 보쉐시(boshesh)산에서 내려오지 않자.'(출32:1)라는 기록이 있다. 탈무드는 보쉐시(boshesh)라고 읽지 말고 바웨 쉐시(ba* shesh) 즉 '여섯 시가 되었다'라고 읽어야 한다고 설명한다. 모세가 산에 올라갈 때 이스라엘에게 이렇게 말했다.

'사십일째 되는 날 여섯 시가 되면 내가 돌아올 것이다.'

사십일째 되는 날 사탄이 와서 이스라엘을 혼란시켰다.

'당신의 지도자 모세가 어디 있소?'

그들이 대답했다.

'산에 올라갔지요.'

'하지만 여섯 시가 이미 지났어요.'

그들은 상관하지 않았다.

'모세는 죽었어요.'

사탄이 그들에게 말했다. 그러나 그때까지 사람들은 상관하지 않았다. 그러자 사탄은 사람들에게 환상으로 모세의 관을 보여주었다. 그러자 사람들이 아론에게 가서

'이 사람 말대로 모세에게 무슨 일이 생겼는지 알 수가 없어요.'

지상에 잘못을 일으키는 일에 덧붙여 사탄은 신 앞에 인간을 고소하는 자이다. '사탄은 위험한 때에 고소한다'(p.12:5b)라고 기록되어 있다. '아이가 태어날 때 죽음의 천사가 어머니를 고소하려고 한다. 사탄은 인간이 세 가지 위험에 처해있을 때 고소자가 된다. 그것은 어떤 사람이 무너지게 될 집에 머무르고 있을 때 혼자서 길을 따라 걸어갈 때 바다에서 항해할 때이다.(전R.3:2) 다음의 이야기와 관계가 있다.

이스라엘이 애굽을 떠날 때 천사 사마엘이 서서 그들을 고소하였다. 그는 거룩한 분 은총의 신께 나아가 '우주의 주재자시며 그들이 우상을 숭배하였는 데도 그들을 위해 홍해를 가르시렵니까?'(출

R.21:7)

사탄은 새해 첫날과 속죄의 날 사이에 열흘간의 속죄 기간 동안 특히 활발히 일하려고 한다. 그 때는 이스라엘이 자기들의 죄를 용서받기 때문이다. 그러나 신의 은총으로 사탄의 힘이 약화된다. '새해를 알리는 뿔 나팔소리는 사탄을 낭패하게 한다'(19:16b) '속죄의 날에 사탄은 용서를 구하는 이스라엘을 방해하는 힘이 없어진다. 사탄(Ha Satan)이라는 글자는 364가지로 이용된다. 즉 일년 중에 364일 동안 방해하는 힘이 있으나 속죄의 날에는 그 힘이 쇠한다는 것을 설명해 준다.'(16:20a)

마지막으로 사탄의 능력으로 인간을 죽이는 도구가 되므로 '죽음의 천사'라고 알려져 있다. 그러나 사탄의 특성에 대하여서는 여러 가지 이야기가 있다. '코라(korah)40)가 모세에게 반역하였을 때 죽음의 천사가 와서 이스라엘을 고소하여 해하였다. 만약 그가 그들을 고소하였다면 그는 온 민족을 멸망시켰을 것이다.(민R5:7) 모세의 행동으로 말미암아 그런 의도가 저지되었다. 유다 왕이 자기 아들들에게 훈계를 하였다. '황소가 물에 뛰어 들어가려고 할 때 그 앞에 서 있지 말아라. 사탄이 그 뿔 사이에서 춤추고 있다'(14:112b) 즉 황소가 사람을 죽여 피를 흘리게 하기 쉽다는 말이다. 다른 랍비는 이런 교훈을 주었다. '어떤 도시에 전염병이 돌 때 누구든지 길 한가운데로 걸어가지 말아라. 죽음의 천사가 길 가운데서 거닐고 있다. 사탄이 인간을 죽이도록 허가를 받은 까닭에 공개적으로 다니는 것이다. 만일 어떤 도시가 평화롭다면 길 한구석으로 걸어가지 말아라. 왜냐하면 사탄이 허가를 받지 못한 까닭에 몰래 도망치기 때문이다.'

사탄의 유혹과 죽음의 천사의 위험을 막는 가장 중요한 수단은

---

40) 사탄이 인간의 죽음에 관여하는 특성을 가리킨다 p.74 를 보라.

토라이다. 이런 주장의 동기가 되는 개념이 있다. 이스라엘이 시내산 옆에 서자

'야훼께서 말씀하신 대로 다 따르겠습니다'(출24:7) 하고 외치자 거룩하신 분 은총의 신께서 죽음의 천사를 불러서 이렇게 말했다. '비록 내가 인류를 다스리도록 너를 임명하였으나 이 백성들에게 관여하지 말아라. 그들은 내 자녀들이다"(레R.18:3)

앞에서 충분히 설명한 것같이 탈무드 시대의 유대인 사이에 천사의 존재에 대한 신앙이 깊이 뿌리를 박고 있음에도 불구하고 천사에 대한 믿음을 약화하고, 그 중요성을 감소하려는 노력을 한 증거가 있다. 특별히 신을 두려워하는 사람이 천사보다 우수할 때 그런 주장을 하였다. 다음과 같은 선언이 있다.

'아담이 에덴 동산에(죄가 없이) 있을 때 아담은 구원의 천사가 고기를 구워주고 포도주를 걸러주는 것에 의지하였다'(34:59b)

이것은 다음과 같이 가르쳐 준다. '구원의 천사보다는 의인이 더 위대하다.'(34:93a) '만약 인간에게 요술을 하는 것이 금지되었다면 인간에게 구원의 천사도 들어갈 수 없는 하늘의 구역을 가르쳐 주었다.'(26:32a)

이러한 가르침은 이런 교훈에서 절정을 이룬다.

'거룩하신 분 은총의 신이 구원의 천사들의 처소에 의인이 살도록 하늘의 구역을 정해 주신다.'(p.12:8d)

그러므로 의인들이 보좌에 더욱 가까이 설 것이다.

§ 4. 이스라엘과 열방

하늘에서 사는 피조물인 엘로님(Elyonim)을 살펴보았으므로 이제는 땅에 사는 피조물 타크토님(Tachtonim)을 생각해 보자.

창세기 10장에 나오는 인간의 계보를 바탕으로 랍비는 이 세계가
70개의 국가로 나뉘었으며 그들이 쓰는 언어도 똑같은 숫자라고
주장하였다.

유대인을 위하여 유대인이 쓴 문학은 특별히 이스라엘 민족에
게 탁월성을 부여한 사실을 발견하는 것이 너무나 당연하다. 물론
인류를 구분할 때도 이스라엘과 이방의 나라로 표현하였다. 이스
라엘이 선택된 민족이라는 것이 가장 중요한 교리였다. 물론 이것
이 성서의 교리였다. 그러나 랍비들의 작품 안에 가장 풍부하게
확장된 것을 알 수 있다. 탈무드는 신과 그 백성들 사이에 있었던
일정하고 독특한 관계를 거듭거듭 강조했다.

그 전형적인 관점이 다음에 나타나 있다. '거룩하신 분 은총의
신께서 이스라엘에게 말씀하시기를 나는 이 세상에 있는 모든 사
람의 신이다. 그러나 나는 오로지 너희와 관계를 맺었다.'(출
R.29:4) '거룩하신 분 은총의 신이 그의 위대한 이름을 이스라엘에
게 붙이셨다. 그것은 작은 금고의 열쇠를 가지고 있는 어떤 왕에
게 비유할 수 있다. 왕이 혼자서 말했다.

'만약 내가 열쇠를 이대로 둔다면 잃어버리게 될 것이다. 자, 나
는 쇠사슬을 달아놓아서 열쇠가 딴 데로 가더라도 쇠사슬이 열쇠
있는 곳을 알려 줄 것이다.'

이와 같이 거룩하신 분 은총의 신께서 말했다.

'만약 내가 이스라엘을 저대로 둔다면 잃어버리게 될 것이다.
자 나는 쇠사슬을 달아놓아서 열쇠가 딴 데로 가버리더라도 쇠사
슬이 열쇠 있는 곳을 알려 줄 것이다.'

이와 같이 거룩하신 분 은총의 신께서 말했다.

'만약 내가 이스라엘을 저대로 둔다면 열방들에게 먹히고 말 것
이다. 내가 내 이름을 그들에게 매어 둔다면 그들이 살게 될 것이

다.'(p.20;65d)

마지막의 인용문은 랍비들이 이 교리에 그렇게 뛰어난 중요성을 부여하는가에 대한 이유를 제공해 준다. 그것은 이스라엘 민족이 파괴되고 나라가 멸망하며, 인구는 이방의 땅에 흩어졌다. 불행을 당하는 동안에 많은 사람들은 신이 그들을 버렸다고 생각했다. 그 결과 회당과 학교에서는 이스라엘이 아직 신의 백성이지만 그들에 대한 신의 보호는 그쳤다고 위로하는 내용의 설교를 하였다.

다음 내용을 보면 위로하는 설교의 예를 알 수 있다. '거룩하신 분 은총의 신께서 얼마나 이스라엘을 사랑하시는가 와서 보라. 어느 곳에 포로가 되어 가 있든지 쉐키나가 그들과 함께 있었다.'

'너도 알다시피 네 조상이 식구들을 데리고 애굽에서 파라오에게 종살이41)를 하고 있을 대 나는 그들에게 스스로를 나타내 보였다'(삼상2:27)라고 기록된 것처럼 그들이 애굽의 포로가 되었을 때도 쉐키나가 함께 있었다. '나는 바빌론으로 사람을 보내어 너희를 해방시켜 주리라'(사43:14)라는 기록처럼 그들이 바빌론의 포로가 되었을 때도 쉐키나가 함께 있었다.

'너희 하나님 야훼께서 너희를 포로 생활에서 돌아오게 해 주실 것이다.'(신30:3)42)라는 기록처럼 장래에 그들을 구해주려고 할 때도 쉐키나가 함께 있었다. 위의 구절에서 '야훼께서 회복시켜 주실 것이다'라고 하지 않고 '야훼께서 돌아오게 해 주실 것이다'라고 표현하였다. 그것은 거룩한 분 은총의 신이 그들과 함께 돌아올 것을 가르쳐 준다.'(21:29a)

---

41) 히브리어의 galah라는 동사는 '계시하다'와 '포로가 되다'라는 두 가지 뜻을 가지고 있다.

42) 히브리 동사는 자동사인 까닭에 관사 eth가 전치사 with로 해석되며 목적격을 나타내지는 않는다.

이스라엘이 홍해가에서 '야훼는 내 하나님이시니 어찌 찬양하지 않으랴'(출15:2)라고 노래한 것을 설명할 때 꼭같은 경향을 발견하게 된다. 그 노래의 의미는 후대에서도 적용하였다. 당신은 이 세상 사람들 모두의 후원자이며 조력자입니다. 그러나 우리에게 특별히 더 하십니다. 세상의 모든 백성이 거룩한 분 은총의 신께 찬양을 돌리지만 우리의 노래는 다만 민족의 노래보다 더 당신을 기쁘게 해 드립니다. 이스라엘은,

'너 이스라엘아 들어라. 우리 하나님은 야훼시다. 야훼 한 분 뿐이시다'(신6:4)라고 선언하였다. 성령은,

'이렇게 돌보아 주신 백성이 이 지상에서 이 백성 이스라엘 이외에 또 어디 있겠습니까'(대상17:12)라고 외쳤다. 이스라엘은,

'야훼여, 신들 중에 당신 같은 분이 어디 있겠습니까?'(출15:11)라고 말하고 성령은 '너 이스라엘아 너 같은 행운아가 또 어디 있느냐'(신33:29)라고 말했다. 이스라엘이

'우리가 부를 때마다 가까이 계셔 주시는 분이다'(신4:7)라고 말하자 성령은 '그처럼 가까이 계셔 주시는 신을 모신 위대한 민족이 어디 또 있겠느냐'(신4:7) 하고 외쳤다. 이스라엘이 '그 힘의 찬란한 빛 다름 아닌 당신이오니'(시89:17)라고 말하자 성령이 '이스라엘아 너에게서 나의 영광이 빛나리라'(사49:3,Mech to 15:2, 36b)라고 외쳤다.

지상의 이스라엘에게 준 대우는 하늘에 있는 신을 반영한다는 것 사이의 관계성은 아주 밀접하다. '누구든지 이스라엘에게 대적하는 자는 거룩한 분 은총의 신에게 대적하는 자와 같다'(Mech to 15:7, 39 a sifre) '누구든지 이스라엘을 돕는 자는 거룩한 분 은총의 신을 돕는 자와 같다.'(민84:22b) 누구든지 이스라엘을 미워하는 자는 신을 미워하는 자와 같다.'

비록 이스라엘이 선택된 민족이라고 하여도 그것은 신으로부터 특별한 은총의 표시를 받으려는 목적이 아니었다. 이런 선택의 결과 물질적으로 다른 나라보다 더 나은 위치를 차지하려는 것과는 너무나 동떨어져 있다. 이스라엘이 가지고 있는 무거운 의무와 징벌에 대한 책임이 더욱더 위대한 것이다. '이스라엘은 신의 수행원이며 그가 맡은 의무는 신을 모방하는 것이다'(sifra to 19:2)

'신이 이스라엘을 사랑하는 까닭에 신은 이스라엘에게 고난을 늘려 주었다.'(출R.1:1)

'거룩하신 분 은총의 신은 이스라엘에게 세 가지의 은사를 주었는데 그 모든 것을 고난을 통하여 주었다. 그것은 토라와 이스라엘 땅과 앞으로 올 세상이다.'(1:5a)

이스라엘의 가장 중요한 책임은 신의 계시인 토라를 보호하는 것이다. 세계를 창조하신 목적은 이스라엘이 토라를 받았으며 토라의 중재를 통하여 신의 이름에 영광을 받기 위한 것이므로 '이스라엘은 우주가 창조되기 이전에 신의 생각 안에 있었다.'(창R.1:4)

'하늘과 땅은 이스라엘의 공적을 통해 창조되었다.(레R.36:4)

'바람이 없으면 세상이 존재할 수 없는 것처럼 이스라엘 없이 세상이 존재하는 것은 불가능하다'(20:3b)라고 말한다. 여기서 자찬을 의미하는 것이 아니다. 왜냐하면 이스라엘을 단지 토라의 보호자로 설명하였으므로 영적인 요소만을 이야기한 것이다.

이스라엘을 선택한 것은 임의로운 선택이 아니며 신의 은총의 오명을 피하려는 것도 아니다. 토라를 모든 나라에 주었지만 이스라엘만이 그것을 받았다는 것은 구원과 관계가 있다. '왜 거룩하신 분 은총의 신이 이스라엘을 선택하였는가? 왜냐하면 모든 민족이 토라를 부인하고 받기를 거절했기 때문이다. 그러나 이스라엘만은 거룩하신 분 은총의 신과 신의 토라를 승인하고 받아들였다'(민

R.14:10)

다음의 전설에 이런 사상이 충분히 나타나 있다. '영존하시는 분이 이스라엘에게 토라를 주시려고 자기를 나타내셨을 때 이스라엘에게만이 아니고 모든 나라에게 자기를 나타내 보이셨다. 신은 먼저 에서의 후손들에게 가서 말했다.

'너희가 토라를 받으려느냐?'

그들은 토라에 무엇이 적혀 있느냐고 물었다. 신이 그들에게 대답했다.

'살인하지 말라.'

그러자 그들이 대답했다.

'우주의 주재자시여 '손은 에서의 손이라'(창27:22)라는 기록처럼 우리 조상은 살인자였습니다.'

그래서 에서의 아버지는 '칼만이 너의 밥줄이 되리라'고 말했습니다.(창27:40) 신은 암몬과 모압의 후손들에게 가서 말했다.

'토라를 받으려느냐?'

그들은 토라에 무엇이 기록되어 있느냐고 물었다.

'간음하지 말라.'

그들이 신에게 말했다.

'우주의 주재자시여 우리 민족은 부정한 행위[43]에서 생겨났습니다.' 신은 떠나서 이스라엘의 후손을 보고 말했다.

'토라를 받으려느냐?'

그들은 토라에 무엇이 씌어 있느냐고 물었다.

'도둑질 하지 말라.'

그들이 신에게 말했다.

'우주의 주재자시여, 네 아들은 들나귀 같은 사람이라 닥치는

---

43) 창세기 19장 36절을 보라.

대로 치고 받아 모든 골육의 형제와 등지고 살리라라는 기록처럼 우리 조상은 도둑질을 해서 살았습니다. 야훼여 당신의 언약의 말씀을 듣고서 세상의 모든 왕들이 당신께 감사노래 부릅니다(시 138:4) 라는 기록처럼 노아의 자손이 칠계명을 받았으나 그것은 보존하기에 적합지 않았으므로 거절하고 이스라엘에게 주었습니다.'(sifre 신343,142b)

만약 모든 나라가 계시를 받아들이지 않았다면 창조의 목적은 실패하고 전체 인류는 멸망했을 것이다. 왜냐하면 토라는 창조의 존재 이유가 되기 때문이다. 이것은 무화과와 포도나무와 석류와 사과나무를 줄지어 심어 놓은 과수원을 갖고 있는 어떤 왕에게 비유할 수 있다. 그는 관리인에게 과수원을 맡겨 놓고 여행을 갔다. 얼마 후에 왕은 과수원을 조사하고 관리인이 무엇을 했는가 확인하러 돌아왔다. 왕은 과수원에 가시나무와 엉겅퀴가 가득한 것을 보았다. 왕은 그것을 모두 잘라 버리려고 풀 베는 사람을 불러왔다. 가시덤불 사이에서 예쁜 장미를 발견하고 그것을 꺾어서 냄새를 맡아보았다. 그 향기는 왕을 즐겁게 했다. 왕은 이렇게 말했다. '이 장미를 위해 과수원을 그대로 두자' 이와 같이 온 우주는 토라를 위해서 창조되었다. 26세대가 지난 후에 거룩하신 분 은총의 신께서 이 세상에 무슨 일이 일어나고 있는가를 보시고 물로서 악한 세대를 벌해야 할 것을 아셨다. '거센 물결 위에 옥좌를 잡으시고(시29:10)라는 기록처럼 신은 세상을 멸망시킬 자를 데리고 왔다. 그러나 신은 그 속에서 한 송이의 장미 즉 이스라엘을 발견하였다. 신이 이스라엘에게 십계명을 주었을 때 그것을 집어 냄새를 맡고 그 향기가 신을 기쁘게 하였다. 이스라엘이 '야훼께서 말씀하신 대로 따르겠습니다.'(출24:71)라고 말하자 거룩하신 분 은총의 신은 '장미를 위해서 과수원을 그대로 두고 토라와 이스라엘의 공적으로 세상이 구원받았다'(레R.23:3)라고 말했다.

만약 이스라엘이 계시를 부인했다면 애굽에서 탈출하여 나온 후 광야에서 멸망하고 말았을 것이다. '거룩하신 분 은총의 신께서 거대한 그릇과 같이 시내산을 그들 위에 엎으시고 '너희가 토라를 받아들이면 잘될 것이며 그렇지 않다면 여기가 너희 무덤이 될 것이다'라고 선언하였다.'(12:88a)

랍비의 견해를 보면 이스라엘이 신께서 주신 구별을 받을 만하여 특별히 선천적인 우월성을 가진 것이 아니라 토라를 포기할 때 즉시 멸망에 이르게 되는 특별한 위치에 있는 것이라는 사실을 증명해 준다. 더 나가서는 그들은 토라를 그들의 유일한 소유로 생각하지 않았다. 반면에 토라는 그들의 유일한 소유로 생각하지 않았다. 반면에 토라는 모든 인류의 것이며 모든 나라가 토라를 받아들이는 때가 가장 즐거운 날이 될 것이다.

이런 희망으로부터 다음과 같은 말이 퍼지게 되었다. '전능하신 분의 입에서 나오는 말은 70가지의 언어로 나누어진다'(21:88b) '모세는 토라를 70가지의 언어로 설명하였다.(창R.49:2) 이런 사상을 가장 잘 표현한 것은 다음 구절의 표현에서 볼 수 있다. '너희는 내가 정해주는 규정과 내가 세워주는 법을 지켜야 한다. 누구든지 그것을 실천하면 살리라'(레18:5) 어찌하여 토라를 지키는 이방인이 대제사장과 같다고 추론할 수 있는가? '누구든지 그것을 실천하면 살리라'고 기록되어 있기 때문이다. '야훼 주님, 이것은 인류의 율법입니다.'(삼하7:19)라는 구절이 '이것은 제사장이나 레위인이나 이스라엘의 율법입니다'라고 시작하지 않고 '인류의 율법입니다'라고 시작된다. 이와 같은 방법으로 '성문을 활짝 열어라. 제사장이나 레위인이나 이스라엘이 들어오게 하라'고 하지 않고 '성문을 활짝 열어라. 충성을 다짐한 마음 바른 겨레44)를 들어

오게 하여라'(사26:2)라고 시작된다. 더 나아가서 '이것이 야훼의
문 제사장이나 레위인이나 이스라엘이 들어가리라'고 하지 않고
'이것이 야훼의 문 의인들이 이리로 들어가리라'(시118:20) 같은 방
법으로 '제사장이나 레위인이나 이스라엘아 기뻐하라'고 하지 않
고 '의인들아 야훼께 감사하며 기뻐하여라'(시33:1)로 시작하였다.
'야훼여 제사장이나 레위인이나 이스라엘에게 은혜를 베푸소서'
하지 않고 '선한 사람 정직한 사람에게 야훼여 은혜를 베푸소서'라
고 기록되었다. 이와 같이 토라에 순종하는 이방인은 대제사장과
동등하다.'(sifra to 18:5) 이러한 교리의 보편적인 범위가 가장 인상
적이며 랍비의 유대교가 근본적으로 편협하고 민족주의적이라는
견해가 우세한 신앙에 반대된다. 성전에서 드리는 제사일지라도
온 인류를 위하여 드리려고 하였다. '장막절의 여덟째 날에는 70
마리의 황소로 70개의 나라를 위해 제사를 드렸다. 잃어버렸으나
잃은 것을 알지 못하는 민족을 위해 슬퍼하라. 왜냐하면 성전은
그들의 속죄를 위해서 있으나 누가 그들을 위해 속죄해 줄 것인
가?'(17:55b) 반면에 우리는 때때로 대단히 판이한 정신으로 말한
격언들을 대하게 된다. 가장 전형적인 예를 들어보자. '모세가 우
리에게 법을 내리셨다. 야곱의 무리가 당신의 백성이 되었다'(신
33:4)라는 기록처럼 토라를 공부하는 이방인은 죽어야 한다. '모세
의 유산은 우리의 것이지 이방인의 것이 아니다.'(34:59a) '당신께
서 우리와 함께 가지 않으십니까?'(출33:16)라는 기록처럼 모세는
쉐키나가 이스라엘의 위에 있어야 한다고 생각하였고 신은 그것
을 승인하였다. '세상의 모든 백성보다 저와 당신의 백성을 우대하
신다는 것이 증명됩니다'(출33:16)라는 기록처럼 모세는 쉐키나가
다른 민족 위에 같이하지 않아야 한다고 요구하였고 신은 그것을

---

44) 히브리말의 goi는 '국가'와 마찬가지로 '이방인'을 뜻한다.

승인하였다.(1:7a) 이 모든 가능성으로 이와 같은 선언은 성서를 연구하고 신의 은총이 자기들에게 임하였다고 주장하는 기독교의 발생을 불러일으켰다. 랍비의 신앙의 이상은 신의 왕권을 온 인류에게 확장하며 유대인들이 정식으로 그것을 끊임없이 깨우쳐주는 사람이었다. '신의 왕권에 대한 존경을 포함하지 않는 축복은 축복이 아니다'(1:40b)

축복은 다음과 같은 격식으로 시작되어야 한다는 것을 의미하였다. '은총의 신, 오 주 우리의 신이며 우주의 왕이시여' 그것에서 순수한 동기로 들어오기를 희망하는 이방인에게 문을 잠글 수 없다는 생각이 뒤따른다. 순수한 개종자는 환영하고 높이 평가하였다. 개종자는 신에게 소중하다. 왜냐하면 그들은 이스라엘과 똑같은 명칭으로 부르기 때문이다. 이스라엘의 자녀는 '이스라엘 백성은 나의 종'(레25:55)이라는 기록처럼 '종'이라고 부르고 개종자들도 '야훼라는 이름을 사랑하여 나의 종이 되어'(사56:6)라는 기록처럼 '종'이라 부른다. 이스라엘이 '그들이 너희를 야훼의 사제들이라 부르고 우리 하나님의 봉사자라 불러주리라'는(사61:6) 기록처럼 '사제들'이라 부르고 개종자들도 '외국인들도 개종하여 나를 섬기고'(사56:6)라는 기록처럼 '사제들'이라고 부른다. 이스라엘의 자녀들을 '나의 친구 아브라함의 후예야'(사41:8) 라는 기록처럼 '친구'라고 부르고 개종자들도 '떠도는 사람을 사랑하여'(신10:18)라는 기록처럼 '친구'라고 부른다.

'내 계약이 영원한 계약으로 너의 몸에 새겨질 것이다'(창17:13)라는 기록처럼 '계약'이란 말을 이스라엘과의 사이에 사용하고 '나의 계약을 지키기만 하면'(사56:6)이라는 기록처럼 개종자들에게도 사용하였다. '그들이 바치는 것을 야훼께서 기꺼이 받아주실 것이다'(출28:38)라는 기록처럼 이스라엘과의 관계에서 '받아들임'이란

말을 사용하고 이방인에게도

 '그들이 나의 제단에 바치는 번제물과 희생제물을 내가 즐겨 받으리라'(사56:7,Mech to 22:20:95a)라고 말하였다. 똑같은 효과 이상의 것이 있다. 그것은 이스라엘인과 개종자가 똑같은 수준에 놓여 있다는 사실이다. '아브라함은 하란에서 얻은 사람들을 거느리고'(창12:5)라는 구절에 대해 우리는 이렇게 설명할 수 있다. '아브라함은 남자들을 개종시키고 사라는 여인들을 개종시켰다. 누구든지 이방인을 신께 데려오고 그를 회개시키면 그를 새로 지은 것과 같다.(창R.39:14) 어떤 랍비는 이렇게 선언하였다. '거룩하신 분 은총의 신께서는 개종자들이 이스라엘에 가담하게 하기 위하여 이스라엘을 열방의 포로가 되게 하였다'(14:87b) 다음의 격언에서는 반대의 견해가 나타나 있는 것을 볼 수 있다. 즉 '개종자들은 이스라엘에게 상처처럼 귀찮은 존재다'(24:47b) 그러나 이 말은 개종자들이 공동 사회에 위험과 괴로움의 원인으로 변했을 때 당시의 경험에서 나온 것이다. 대단히 주의 깊게 개종하려고 하는 사람을 철저히 시험하고 그들의 개종 동기를 자세히 조사하였다. 개종자를 환영하는 의식을 다음과 같이 표현하였다. 이 때에는 개종자가 회개자로서 받아들여 달라고 왔을 때 이렇게 묻는다. '당신이 개종하는 이유가 무엇입니까? 당신은 이스라엘이 괴롭고 박해받고 천하며 흩어지고 벌로 고난받는 것을 압니까?' 만약 그가 '나는 압니다. 그리고 나도 그들의 괴로움에 동참하고자 합니다' 라고 대답하면 그를 즉시 받아들이고 이스라엘에게 부과되어 있는 벌칙과 같은 덜 중요한 것과 좀더 중요한 교훈을 가르쳐준다. 또한 그에게 이렇게 말한다. '당신은 이것을 시작하기 전에 당신은 벌을 받지 않도록 안식일을 모독하거나 금지된 조항에 참여해야 하는 사실을 알아야 합니다. 만약 당신이 이런 일을 저지르면 무서운 벌이 당신에게 내릴 것이오. 똑같은 방법으로 그에게 교훈에 있는 징벌을 가르쳐 주고 마찬가지로 보상에 대하여서도 가르쳐 준다. 또한 그에게 이렇게 말해 준다. '당신은 앞으로 올 세상이 의인을 위해 준비되어 있으며 현재의 이스라엘은 풍부한 선이나 풍부한 벌을 받을 수 없다는 사실을 알아야 합니다. 어쨌든 그를 심하게 쫓아낼 수 없다. 만약 그가 모든 것을 받아들이면 즉시 할례를 주어야 한다. 그가 몸이 나은 후에 지체하지 않고 세례를45) 주고 현자의 제자 두 명이 그의 옆에 서서 중요하지 않은 것과 좀더 중요한 교훈을 가르쳐 주어야 한다. 개종자가 세례를 받고 물에서 나오면 그는 모든 면에서 이스라엘인이 될 것이다.'개종자들을 위해 가장 뛰어난 옹호자는 힐렐이었다. 그는 이렇게 훈계하였다. 아론의 제자들아 평화를 사랑하고 평화를 따르며 이웃을 사랑하며 그들을 토라로 인도하여라'(39:1:12)

　　이 이야기는 한 이교도가 자기가 발 하나밖에 없지만 토라를 전부 배운다는 조건으로 개종자로 받아들여 달라는 부탁을 가지고 샤마이를 찾아왔다. 랍비는 자기가 들고 있던 자를 가지고 그를 쫓아 버렸다. 그리고 그는 힐렐에게 가서 똑같은 부탁을 하였다. 힐렐이 랍비에게 말했다.

　　'자기가 하기 싫은 일을 남에게 시키지 말라. 이것이 토라의 전부이다. 그밖의 것은 주석에 지나지 않는다. 가서 배우라'(12:31a)

　　유대교의 테두리 안에 들어올 준비가 되어 있지 않은 이방인에게는 노아의 자손들이 7계명으로 알려진 도덕적 규칙을 알려 준다. 7계명의 내용은 다음과 같다. 불의한 일들 즉 신의 이름을 모독하지 말고 우상숭배와 방탕 살인과 도둑질과 살아 있는 동물에서 갈빗대를 뜯어내어 먹지 말라.(34:56a) 이 기본적 율법에 근거

---

45) 의식을 행할 목적으로 물탱크가 준비되어 있다.

한 의로운 행위를 함으로써 신의 인정을 받게 될 것이다. '어느 민족이나 정의를 받들면 높아지고 어느 나라나 죄를 지으면 수치를 당한다'(잠14:34)라는 본문은 앞의 조목은 이스라엘에게 뒤에 구절은 이방인에게 적용된다. 왜냐하면 '수치를 당한다'(chesel)는 '경건'을 의미한다. 이 말은 이방인의 경건한 행동은 그 행동의 불순한 동기로 말미암아 죄가 된다는 의미를 나타낸다. 요하난 자카이는 그 해석을 거부한다. '속죄제가 이스라엘을 구속해주는 것처럼 의는 인류를 구속해 준다'(33:10b) 신은 심판하실 때에 의롭다. '신은 이방인들 그들 가운데 있는 의인으로 판단하신다.(p.19:57a) 탈무드가 때때로 이방인에게 대하여 거친 말을 한 것을 알 수 있다. 그것은 '이방인들은 음탕에 탐닉한다'(24:98a)라는 설교에서 나왔다. 랍비는 자기의 주위의 사람들이 저지르는 낮은 도덕적 표준을 거부하고 유대교가 가르쳐주는 좀더 나은 이 땅에 대하여 감사하였다. 율법학교를 떠날 때 하는 기도를 보자.

'오 주 나의 신 내 조상들의 신이여, 감사드립니다. 당신은 율법학교와 회당에 앉아 있는 사람들 사이에 나의 몫을 주시고 극장과 곡마단을 드나드는 사람들 사이에 놓지 않으셨습니다. 내가 천국을 상속받기 위해 수고할 동안 저들은 멸망의 무덤을 위해 수고하고 있습니다'(p.1:7d)

심한 박해를 받으면서 괴로운 입술이 뱉어 놓은 심한 구절이 있다. 이런 종류 가운데 가장 날카로운 말은 '이방인 중 가장 좋은 사람을 죽여라! 가장 좋은 뱀의 머리를 뭉개 버려라!'(Mech.to.14:7:27a)

그러나 이 말은 하드리안 박해 시대에 살았던 시메온 요카이가 자기의 사랑하는 스승 아키바가 로마인들의 손에 잔인하고 냉혹한 수모를 당하고 자기 백성을 압박하는 자를 피해 13년 동안이나 동굴에서 숨어 살아야 했던 것을 보고 말한 것임을 기억해야 할 것이다. 그의 말은 개인적인 느낌을 표현한다. 탈무드의 윤리를 나타내지 않다. 이방인에게 반대한 것은 윤리적이기 때문이며 민족적인 이유에서가 아니었다. 다음의 발췌문을 보면 정확한 증명이 될 것이다. 엘리저가 말했다.

'하나님을 저버린 민족들, 죽음의 나라로 물러나라. 악인들아 너희도 물러가거라'(시9:17)라는 기록처럼 '앞으로 올 세상에서 이방인의 몫은 없다. 여기서 '악인들'은 이스라엘인들 중의 나쁜 자들을 가리킨다' 요수아가 그에게 이렇게 말했다. '만약 그 구절이 저 민족들과 악인들아 죽음의 나라로 물러나라'라는 말로 끝났다면 나는 당신의 의견에 동의할 것이요 왜냐하면 본문에 '하나님을 저버린'이라고 덧붙였기 때문이오, 보시오, 여러 민족들 중에 앞으로 올 세상의 몫을 차지할 의인들이 있을 것이오.'(Tosifta34:13:2)

모든 민족들 가운데 있는 의인은 앞으로 올 세상의 복을 상속받는다는 생각이 유대교 랍비의 교리로 인정된다. 두 자녀를 가진 왕의 이야기를 볼 수 있다. 그는 작은아이에게 '나와 함께 걷자'라고 말하고 큰아이에게는 내 앞에서 걸으라'라고 말했다.

VIII

인간에 관한 교리(敎理)

§1. 인 간

인간이 신의 형상대로 창조되었다는 것은 인간에 관한 랍비들의 가르침에 그 기반을 두고 있다. 그러한 점에서 인간은 만물의 영장이며, "창조" 작품 중 절정을 이룬다. '인간은 신의 형상대로 창조되었으므로 사랑을 받는다. 그러나 자기가 신의 형상대로 창조되었다는 것을 인간이 알게 된 것은 특별한 사랑 때문이었다. 기록된 바 "사람은 하나님의 모습으로 만들어졌으니."'(창 9:6, 39;3:18)

이 사실은 인간에게 우주의 질서 가운데서 최상의 중요성을 부여한다. '한 인간은 창조물 전체에 필적한다.'(ARN:31)

'인간은 처음으로 유일한 개체로서 창조되었는데 그것은 성서가 누구든 한 생명을 파괴한 자는[1] 온 세상을 파괴한 것처럼 그것을 그의 탓으로 돌리며 누구든 한 생명을 구한 자는 온 세상을 구한 것처럼 그것을 그의 탓으로 돌린다는 교훈을 가르치기 위해서이다.'(34;4:5)

---

1) 이것은 원본에 씌어 있는 말 그대로이고 그 후에 〈이스라엘의 한 영혼이라는 어구가 삽입되었는데 그로 말미암아 그 가르침의 보편성이 파괴되었다.〉

게다가 인간들은 성스러운 외관을 갖추고 있으므로 그들은 타인과의 관계에 있어 이런 인식을 항상 마음속에 간직하여야 한다. 인간에 대한 모독은 바로 그 사실에 의해서 신에 대한 모독이 된다. R. 아키바는 성경의 '네 이웃을 네 몸처럼 아끼라'(레 19:18)

라는 말을 토라의 중요한 기본원리라고 단정 짓고 그것으로부터 이런 교리를 추론해 냈다. '너는 이렇게 말해서는 안 된다. 내가 멸시 당하는 한 나의 친구도 나와 함께 멸시 당하게 하고, 내가 저주받는 한 나의 친구도 나와 함께 저주받게 하겠다. R. 탄추마는 '하나님께서는 사람을 자신의 모습대로 만드셨기 때문에 만일 네가 이런 식으로 행동하면 네가 멸시하는 사람이 과연 누구인가를 알라'고 했다.'(창 R 24:7)

랍비들은 인간과 신과의 유대 개념을 강조하는 한편 마찬가지로 그들을 분리시키는 큰 격차에 대해서도 주장했다. 인간의 한 면이 거룩하다면 다른 한 면은 세속적이다. '하늘로부터 만들어진 모든 창조물은 그 영혼과 육체가 모두 하늘로부터 온 것이고, 땅으로부터 만들어진 모든 창조물은 그 영혼과 육체가 모두 땅으로부터 온 것이다.

그러나 그 예외로 인간의 영혼은 하늘로부터 오고 그 육체는 땅으로부터 온다. 그러므로 만일 인간이 토라에 순종하고 하늘에 계시는 그의 아버지의 뜻을 행한다면 기록된 바 "나의 선고를 들어라. 너희가 비록 신들이요 모두 지극히 높으신 이의 아들들이나"(시 82:6) 대로 그는 상계(上界)의 창조물과 같고, 만일 그가 토라에 순종하지 않고 하늘에 계신 그의 아버지의 뜻을 행하지 않는다면 기록된 바 "그러나 너희는 보통 인간처럼 죽겠고"(시 82:7 sifré)대로 그는 하계(下界)의 창조물이나 같다는 것을 알라.'(신 306:132a)

인간의 이런 이원적(二元的)인 본성은 다른 방식으로도 묘사되어 있다. '네 가지 점에서 인간은 상계(上界)의 창조물과 공통점이 있고 네 가지 점에서 하계(下界)의 창조물과 공통점이 있다. 그는 짐승처럼 먹고 마시고, 종족을 번식시키고, 배설하고, 죽으며, 구원의 천사처럼 그는 똑바로 서고 말하고 지능을 가졌으며 본다.'2)

그를 창조한 목적은 그에게 만물의 조물주를 찬양할 기회를 주기 위한 것이었다. '세상을 만드는 태초부터, 기록된 바 "몸부림치는 바다 소리보다 세시고 많고 많은 물결 소리보다 더 세십니다"(시 93:4)처럼 단지 바다에서만 축복 받을진저 하나님께 축복을 드렸다. 그들은 무엇을 찬양했는가? "높은 곳에 계시는 하나님은 세시도다." 축복 받을진저 하나님께서는 이렇게 선언하셨다. "입도 없고 언어도 없는 이런 것들이 나를 그토록 찬양을 하니 내가 인간을 만들면 나는 얼마나 더 찬양을 받게 될 것인가!'"(창 R 5:1)

그러므로 삶은 그러한 견지에서 이해되고 영위되어야만 한다. '야훼를 찬양하는 자는 죽은 자도 아니고'(시 115:17) 라는 구절은 그러한 도덕을 지적하는 듯이 설명되었다. '인간은 죽기까지 항상 토라와 그 계명을 섬겨야 한다. 왜냐하면 그가 죽으면 토라와 그 계명으로부터 면제되고 축복 받을진저 하나님께서는 그로부터 아무런 찬양도 받으실 수 없기 때문이다'(12:30a) 물질적인 재산을 위하여 땀흘리며 생을 보낸다는 것은 어리석은 짓이다. 왜냐하면 그런 류(類)의 부(富)는 단지 일시적인 가치밖에 없기 때문이다. 이 진리는 역시 이솝 이야기책에도 나오는 한 우화에 예시되어 있다. '그것은 포도원 주위가 사방으로 울타리가 쳐진 것을 알게 된 어떤 여우에 비유할 수 있다. 그러나 그곳에는 터진 구멍이 하나 있었다. 그는 그곳을 통해서 들어가고 싶었지만 그렇게 할 수가 없었다. 그는 어떤 짓을 했을까? 그는 사흘을 굶어 몸이 상당히 여위

---

2) 인간의 눈은 앞에 있고 다른 짐승처럼 측면에 있지 않다는 의미다.

게 되자 그 구멍을 통해 들어갔다. 그는 거기서 배불리 먹고 물론 다시 살이 찌게 되었다. 그가 밖으로 나오려고 했을 때 그는 그 구멍을 통과할 수가 없었다. 그래서 다시 사흘을 굶어 여위게 된 후에 밖으로 나왔다. 밖으로 나오자 돌아서서 포도원을 바라보며 외쳤다.

"아, 포도원이여! 네가 내게 무슨 소용이 있으며 네 열매가 무슨 소용이 있으랴? 그 안에 있는 모든 것은 아름답고 찬양할 만하지만 네게서 무슨 이득을 찾아볼 수 있겠느냐?"

들어간 것처럼 그는 다시 나오게 마련이다. 세상도 그와 마찬가지이다. 사람은 세상에 태어날 때 "모든 것이 다 내 것이다. 내가 그 모든 것을 상속받겠다"라고 말하는 양 두 손을 꼭 움켜쥐고 나온다. 그가 세상을 떠날 때 "나는 세상에서 아무것도 얻은 것이 없다"고 말하는 양 두 손을 펼쳐 보이고 간다.'(전 R 5:14)

그가 살아 있는 동안 얻을 수 있고 진력(盡力)하여 쌓아야 하는 것은 뜻있는 행위를 축적하는 일이다. 그런 보배는 죽은 뒤까지도 그 가치를 잃지 않는다.

'사람이 죽을 때에는 은도 황금도 보석도 진주도 그와 동반하지 않고 오로지 토라와 선한 행위만이 그에게 동반된다. 기록된 바, "그것이 네가 다닐 때에 너를 인도하며 네가 잘 때에 너를 보호하며 네가 깰 때에 너를 인도하며 나와 더불어 말할 것이니"(잠 6:22)는 내세에서를 의미한다.'(39;6:9)

'아디아벤의 왕 모노바주스는 기원후 1세기에 살았으며 후에 유대교로 개종하게 된 인물인데, 기근이 들었던 시기에 그의 모든 재산을 가난한 사람들에게 나누어 주었다고 한다. 친척들이 재산을 그런 식으로 낭비한 데 대해 그를 책망했을 때 그는 그들에게 이렇게 대답했다.

"나의 조상들은 땅을 위해 보물을 쌓았지만 나는 하늘을 위해 보물을 쌓았다. 그들은 폭력이 지배하는 곳에 보물을 저장하였으나 나는 폭력이 무력해지는 곳에 보물을 저장했다. 그들은 열매를 거두지 못할 보물을 쌓아 두었지만 나의 보물은 풍요한 결실을 맺을 것이다. 그들은 금전의 보물을 쌓았지만 나는 영혼의 보물을 쌓았다. 그들은 남을 위해 보물을 쌓아 두었지만 나는 나 자신을 위해 쌓아 두었다. 그들은 이 세상에 보물을 쌓았지만 나는 내세를 위해 보물을 쌓았다.'"(Tos 2:4:18)

'인간은 오늘 여기 있다가 내일이면 가버린다'(34:23d)라는 생각은 인간을 활동하게 하고 쏜살 같은 세월을 낭비하지 않도록 촉구할 때 종종 언급된다. 성경의 '아무 희망도 없이 떠도는 모습은 마치 땅 위를 스쳐가는 그림자 같았습니다'(대상 29:15)는 다음과 같은 교화(敎話)를 암시한다. '인생이 벽이나 나무가 드리우는 그림자만 같아도 좋을 텐데…… 그러나 그것은 날아가는 새의 그림자 같다'(창 R 96:2) '해(日)는 짧고 일은 많고 일꾼들은 게으르고 임금은 많고 그리고 주인나리는 재촉한다.'(39:2:20)

만일 토라의 가르침과 선한 행위에 종사함으로써 삶이 충만하고 부유하게 된다면 과오를 저지름으로써 삶에서 아름다움이 없어지고 심지어는 삶을 단축시켜 버리기도 한다는 그 역(逆)도 또한 사실이다. '사악한 눈 즉 시샘과 사악한 성벽(즉 방종), 그리고 자기 동포를 증오하는 것은 인간을 세상 밖으로 밀쳐 낸다'(39:16) 형태는 다르나 같은 교리로서 다음과 같은 것이 있다.

'시샘·탐욕·야망은 인간을 세상에서 끌어낸다.'(39:4:28)

비록 랍비들이 설교에서 인간의 정신적인 자질을 대단히 강조하기는 했지만 육체의 가치와 중요성을 하찮게 여기지는 않았다. 그것은 신의 걸작이었고 그의 끝없는 지혜뿐만 아니라 그의 무관

심한 선을 입증하여 주었다. 사람은 각기 다른 개체라는 사실은 그들이 경탄을 자아내게 했다. '그것은 축복 받을진저 왕 중의 최고 왕인 하나님의 위대함을 선언하는 것이다. 왜냐하면 인간은 하나의 주형으로부터 많은 동전을 두들겨 만들어 내는데 그것들은 한결같이 모양이 같다. 그러나 축복 받을진저 하나님께서는 그 첫번째 사람의 주형으로부터 모든 사람을 만들어 내지만 그들 중 어느 하나도 다른 하나와 닮지 않는다. 그러면 왜 얼굴들은 같아 보이지 않는가? 어떤 사람이 아름다운 집과 아름다운 여인을 보았을 때 그들을 자기 것이라고 주장해서는 안 된다는 것이다. 사람은 세 가지 점 — 음성·외관·마음에서 그의 친구들과 구별되는데 음성과 외관에서는 도덕성의 보호물로서이고, 마음에 있어서는 도둑과 폭력배들 때문이다.'3)(34:38a)

어떤 구절에서는 인간이 소우주로서 묘사되어 있다. '하나님께서는 이 세상에서 창조하신 모든 것들을 인간 안에도 창조하셨다.'(ARN:31) 이 개념은 매우 상세하게 풀이되어 있다. 즉 머리털은 숲에 대응하며 입술은 벽에, 이(齒)는 문(門)에, 목은 탑에, 손가락은 못에 등등…….

태아기(胎兒期)와 출산기(出産期)에 관한 랍비들이 견해를 발췌해 보면, '어린애는 어머니의 자궁 안에서는 무엇과 같을까? 접어서 곁에 놓아 둔 책과 같다. 그것의 양손은 양쪽 관자놀이 위에 있고, 양 팔꿈치는 양 무릎 위에, 양 발꿈치는 궁둥이에, 그리고 머리는 양 무릎 사이에 끼여 있다. 입은 닫혀 있고 배꼽은 열려 있다. 태아는 어머니가 먹은 것으로부터 영양을 섭취하고 어머니가 마신 것으로부터 수분을 흡수한다. 그러나 태아는 어머니의 목숨을 빼앗지 않기 위해서 배설은 하지 않는다. 태아가 세상의 대기 속으

---

3) 만일 모두가 똑같은 마음을 가졌다면 도둑들은 순진한 사람들이 그들의 귀중품들을 어디에 감추었는지 알고 훔쳐 낼 것이다.

로 나오게 되면 닫혀져 있던 것(다시 말해서 입)은 열리고 열려져 있던 것(다시 말해서 배꼽)은 닫힌다. 만일 그렇게 되지 않는다면 그 어린애는 단 한 시간도 살아 있지 못한다. 그의 머리 위에는 등불을 켜 두는데 그것은 기록된 바 "하나님의 등불이 내 머리 위에서 빛나고 그의 횃불로 어둠을 몰아 내며 거닐던 나날"(욥 29:3)처럼 아기가 세상의 한쪽 끝에서 다른 한쪽 끝까지 볼 수 있도록 하기 위해서이다. 이것에 놀라지 말라. 보라, 사람은 이곳에서 잠자코 있으면서도, 서바나에 가 있는 꿈을 꿀 수 있으니까. 인간은 이때보다 더 행복한 시절을 체험할 수는 없다. 그때에는 토라 전체가 그에게 전수된다. 그러나 그가 세상의 대기권으로 들어올 때 천사가 날아와서 그 입을 때려 그 모든 것을 잊게 한다. 맹세, 다시 말해서 악하지 않고 정의롭겠다는 맹세를 하기 전에는 모체의 자궁으로부터 나올 수가 없다. 비록 모든 사람이 네가 정의롭다고 말할지라도 네 자신의 눈으로는 악하게 보라. 축복 받을진저 하나님께서는 순결하시고 그의 종들도 순결하며, 그가 네게 불어넣으신 영혼도 순결하다는 것을 알아라. 만일 네가 그 순결을 그대로 보존하면 선하고 좋은 일이나 만일 그렇지 못하면 내가 네게서 그것을 빼앗아 가리라는 것을 알라.'(58:30b)

인간의 구조는 이렇게 설명한다. 인체(人體)에는 수족을 포함해서 248개의 큰 가지가 있다. 서른 개는 발바닥에 있는데 다시 말해서 각 발바닥마다 여섯 개씩 있고, 열 개는 발목에, 두 개는 앞다리에, 다섯 개는 무릎관절에, 하나는 대퇴부(大腿部)에, 세 개는 고관절에, 열 한 개는 늑골(肋骨)에, 서른 개는 손바닥, 다시 말해서 각 손가락에 여섯 개씩이고, 두 개는 전박(前膊)에, 두 개는 팔꿈치에, 하나는 팔에, 그리고 네 개는 어깨에 있다. 양쪽에 각각 101개씩이 있다. 게다가 척추에는 열 여덟 개의 척추 뼈가 있고,

아홉 개는 머리에, 여덟 개는 목에, 여섯 개는 흉곽에, 그리고 다섯 개는 생식기에 있다.'(53:1:8)

신체의 불가사의한 구조는 랍비들로 하여금 경탄을 자아내게 했고 그들로부터 찬양을 불러냈다.

'만일 물고기의 부레에 바늘만큼이라도 구멍이 나면 그 속에 있는 모든 공기가 빠져 나온다. 그러나 인간은 수많은 관(管)으로 만들어져 있어서 다쳐도 그의 안에 있는 숨(氣)이 빠져 나오지 않는다.'(창R 1:3)

'축복 받을진저 하나님께서 인간에게 창조해 놓으신 얼굴은 그용적이 손가락들을 펼쳤을 때의 공간과 맞먹으나 그것에는 서로 섞이지 않는 몇 가지 분비물의 샘이 있다. 눈에서 나오는 분비물은 소금기가 있으며, 귀에서 나오는 분비물은 미끄러우며, 코에서 나오는 분비물은 악취가 나고, 입에서 나오는 분비물은 달콤하다. 눈물은 왜 소금기가 있는가? 왜냐하면 어떤 사람이 죽은 사람을 애도하여 끊임없이 운다면 그는 장님이 될 것이기 때문이다. 그러나 눈물은 소금기가 있기 때문에 눈을 쓰리게 하여 그는 눈물을 멈추게 된다. 귀에서 나오는 분비물은 왜 미끄러운가? 왜냐하면 어떤 사람이 나쁜 소식을 들었을 때 그것이 귀에 달라붙어 있으면, 그것이 그를 휘감아서 그는 죽게 될 것이기 때문이다. 그러나 그 분비물은 미끄럽기 때문에 그는 그 소식을 한쪽 귀로 듣고 다른 한쪽 귀로 흘려버릴 수 있다. 코에서 나오는 분비물은 왜 악취가 나는가? 왜냐하면 어떤 사람이 나쁜 냄새를 들이마셨을 때 코에서 나오는 분비물이 악취가 나오지 않는다면 그에게 남아 있어서 그를 즉사하게 할 것이기 때문이다. 또 입에서 나오는 분비물은 왜 달콤한가? 사람이 비위에 거슬리는 것을 먹고 게워 버릴 때 만일 침이 달콤하지 않다면 그의 영혼은 그에게 다시 돌아오지 않

을 것이다.'(민 R.18:22)

'축복 받을진저 하나님께서 인간에게 얼마나 많은 기적을 베푸셨는데 인간이 그것을 모르고 있는가를 와서 보라. 만일 그가 굳은 빵 한 조각을 먹는다면 그것이 내장으로 내려가서 내장을 할퀴게 될 것이다. 그러나 축복 받을진저 하나님께서는 목구멍의 중간 부분에 샘을 만들어 놓으셔서 그것을 축축하게 적심으로써 빵이 안전하게 내려갈 수 있게 하신다.'(출 R 24:1)

랍비들이 구사할 수 있는 생리학 지식은 제한된 것이었지만 하나님께서는 인간의 행복과 장수(長壽)를 위하여 모든 기관의 제반 기능을 어떻게 고안하셨는가를 증명하는 일에 열성적이었다. 또한 그들은 신체의 각 부분은 어떤 감정과 작용을 맡고 있다고 믿었다. '신장(腎臟)은 사고력을 촉진시키고, 심장은 지능을 발휘하게 하며, 혀는 소리를 내고, 입은 단어의 발음을 온전하게 한다. 식도는 모든 종류의 음식을 안팎으로 운반하며, 기관(氣管)은 음성을 만들어 내고, 허파는 온갖 액체를 흡수하며, 간장은 분노를 일으키고, 쓸개는 즙을 내어 부드럽게 하며, 지라는 웃음을 자아내고, 큰창자는 연마(軟磨)하며, 위(胃)는 잠이 오게 하고, 코는 잠에서 깨운다. 만일 잠이 오게 해야 하는 기관이 잠에서 깨우거나 잠에서 깨워야 할 기관이 잠이 오게 한다면 사람은 말라죽을 것이다. 그 양쪽이 동시에 잠이 오게 하거나 잠을 깨운다고 하더라도 사람은 즉시 죽을 것이다.'(1:61a,b)

도덕적 행위의 관점에서 볼 때 신체의 기관은 이렇게 분류된다. '인간에게 여섯 기관이 있는데 세 개는 그가 조절할 수 없고, 세 개는 조절할 수 있다. 전자는 눈·귀·코이다. 그는 그가 보고 싶지 않은 것을 보아야 되고, 그가 듣고 싶지 않은 것을 들어야 되며, 맡고 싶지 않은 냄새를 맡아야 된다. 그가 조절할 수 있는 것

은 입·손·발이다. 마음이 내키면 그는 토라를 읽기도 하고 나쁜
언사나 불경스런 말을 할 수도 있다. 손은 만일 그가 원한다면 좋
은 일을 할 수도 있고 도둑질이나 살인도 할 수 있다. 발은 만일
그가 원한다면 극장이나 서커스 구경, 또는 예배, 연구소 등 원하
는 곳으로 갈 수 있다.'(창R 67:3)

  셰익스피어의 삶의 일곱 단계가 미드라쉬에 예기되어 있다. '전
도서에 언급된 일곱 번의 헛됨4)은 인간이 경험하는 일곱 가지 세
계와 대응된다. 한 살 때 그는 왕과 같아서 강보에 싸여 있으며 모
두가 그를 껴안고 입맞춘다. 두 살이나 세 살 때 그는 하수구를 쑤
시고 다니는 돼지와 같다. 열 살이 되면 그는 염소새끼처럼 여기
저기로 뛰어 돌아다닌다. 스무 살에는 우는 말(馬)과 같다. 그는
자기 몸을 장식하며 번식할 짝을 찾는다. 결혼을 하고 나면 무거
운 짐을 지고 있는 당나귀와 같다. 그러다가 어린애의 아버지가
되면 생계 조달을 위해 개처럼 대담해진다. 마지막으로 그가 늙게
되면 그는 구부러져 원숭이처럼 된다.'(전 R 1:2)

  윤리학 아보트서에서는 이와 다른 견지에서 다르게 분류하고
있다. 다섯 살이면 성경공부를 할 나이에 이른 것이고, 열 살이면
미쉬나를 공부할 나이, 열 세 살이면 십계명을 실천할 나이5) 열
다섯 살이면 탈무드를 공부할 나이, 열 여덟이면 결혼을 할 나이
이고, 스무 살이면 생계를 찾을 나이6) 서른 살이면 정력이 최대
로 강해질 나이, 마흔이면 이해할 나이, 쉰 살이면 조언을 할 나
이, 예순 살이면 사람은 노령에 이른 것이다. 일흔 살이면 머리는
백발이 되고, 여든 살이면 특별한 힘을 얻을 것이고7) 아흔이면

4) "헛되다"란 말이 전도서 1장 2절에 다섯 번 나오는데 두 번은 복수로 쓰여서(복수는 적어도 둘을 나타내므로) 결국 합치면 일곱이 된다.
5) 이 나이에 그는 십계명의 아들인 Bar Mitzvah가 되고 공동체의 일원으로 입회된다.
6) 그 뜻은 불확실하다. 〈정의를 추구할 나이〉라고 번역하는 사람도 있다.

그는 자기 나이의 무게로 허리가 굽어지고, 백 살이 되면 그는 이미 죽어 세상에서 떠나 지내는 것이나 같다.

죽음은 죄의 결과이며, 죄가 없는 사람은 필연적으로 죽지 않을 것이라고 생각되었다. '죄없는 죽음은 없다.'(12:55a) '구원의 천사가 축복 받을진저 하나님 앞에서 말하기를, "당신께서는 왜 아담에게 죽음의 형벌을 내리셨습니까?" 그가 대답하여 가로되, "나는 그에게 지키기 쉬운 규범을 주었으나 그는 그것을 어겼기 때문이다."'(12:55b) '만일 어떤 사람이 네게 아담이 죄를 짓지 않고 금단의 열매를 먹지 않았더라면 영원히 살았을 것이라고 말을 한다면 실제로 엘리야에게 일어났던 일을 그에게 이야기해 주라.'(레 R 27:4)

죽음은 신이 우주에 만들어 놓으신 가장 강한 것이고 그 때문에 극복할 수 없다. '이 세상에 열 가지의 강한 것이 창조되었다. 산은 강하지만 쇠가 그것을 파괴할 수 있다. 쇠는 강하지만 불이 그것을 녹일 수 있다. 불은 강하지만 물이 그것을 꺼버릴 수 있다. 물은 강하지만 구름이 그것을 지배할 수 있다. 구름은 강하지만 바람이 그것을 흩날려 버릴 수 있다. 바람은 강하지만 몸은 숨쉼으로써 그것을 나를 수 있다. 몸은 강하지만 공포가 그것을 압도할 수 있다. 공포는 강하지만 술이 그것을 몰아낼 수 있다. 술은 강하지만 잠이 그것을 무력하게 할 수 있다. 그러나 죽음은 그들 모두보다도 더 강하다.'(33:10a)

죽음은 여러 가지로 위장을 하여 다양한 형태로 다가온다. '기록된 바, "죽음에서 빠져나가는 길8)은"(시 68:20)처럼 이 세상에는 903종류의 죽음이 창조되었다. 그 모든 것 중에 가장 혹독한 것

---

7) 시편 90:10을 보라.(인생은 기껏해야 칠십 년, 근력이 좋아야 팔십 년).
8) 원문의 〈issues〉는 히브리어로 totzaoth인데 903이라는 수치를 가진 문자이다.

은 위막성 후두염이었고 가장 가벼운 것은 죽음의 입맞춤이었다. 위막성 후두염은 깎인 양털로 만든 공의 뒤쪽을 찢는 가시와도 같다.9) 다른 사람들은 그것이 운하의 입구에서 소용돌이는 물과도 같다고 한다. 죽음의 키스는 우유에서 머리카락을 끄집어내는 것과 같다.'(1:8a)

실제로 죽는 과정은 이렇게 묘사되어 있다. '사람이 이 세상에서 떠나야 하는 최후가 오면 죽음의 천사가 그의 영혼(네샤마)을 취해 가기 위해 나타난다. 네샤마는 피로 가득한 혈관과 같고 그것은 몸 전체에 널리 분포되어 있는 작은 혈관들을 가지고 있다. 죽음의 천사는 이 혈관의 입구를 움켜쥐고 있어 피를 빼내 간다. 그는 정의로웠던 사람의 몸에서는 마치 우유에서 머리카락을 건져내는 듯이 빼내고 또는 운하 입구에서 소용돌이치는 물처럼, 또는 바로 뒤쪽이 찢어진 털구멍으로부터 가시를 빼내는 것과 같다. 그것이 모두 빠져 나가 버리면 사람은 죽고 혼령이 밖으로 나와 그 몸이 썩을 때까지 그의 코에 머물러 있다. 이런 일이 벌어지고 있을 때 울고 소리치며 축복 받을진저 하나님께 이렇게 말한다.

"우주의 야훼시여! 나는 어디로 끌려가는 것입니까?"

곧 이어 천사 듀마가 그를 데리고 혼령들에 둘러싸인 죽음의 심판소로 간다. 만일 그가 정의롭게 살아 왔다면 그에게는 이런 선언이 내려진다. "이와 같이 정의로운 사람을 위해 자리를 깨끗이 치워라." 그리고 그는 한 계단 앞으로 나아가 쉐키나의 임석을 보게 된다.'(Midrash to 시11:7:51b, 52a)

죽음의 과정을 다르게 설명한 것이 있다. '그들은 죽음의 천사에 대하여 말하기를 그는 온 몸이 눈(眼)으로 가득하다고 한다. 병

---

9) 다시 말해서 사람이 그 가시를 잡아 빼내려고 하면, 이와 마찬가지로 위막성 후두염도 인후막을 찢는다.

자가 사망하는 시각에 그는 손에 칼을 빼어 들고 병자의 베개 위에 서는데 그 칼에는 쓸개즙 한 방울이 매달려 있다. 병자가 그를 보고 흠칫 놀라서 입을 벌리면 병자의 입 속에 그 액체를 떨어뜨린다. 이것 때문에 병자는 죽고 또 이것 때문에 송장은 악취를 풍기며 얼굴은 소름끼치게 창백해지는 것이다.'(38:20b)

그 당시 사람들도 사람이 죽을 때 뒤따르는 분위기 속에서 전조(前兆)를 찾았다. '웃음 가운데 죽는 것은 그에게 길조(吉兆)이지만 우는 가운데 죽는 것은 그에게 흉조이다. 만일 그의 얼굴이 위쪽을 향해 있으면 좋은 징조(徵兆)이지만 아래쪽을 향해 있으면 나쁜 징조이다. 만일 그의 얼굴이 사람들을 향해 있으면 좋은 징조이지만 벽을 향해 있으면 나쁜 징조이다. 그의 얼굴이 창백하다면 징조가 나쁜 것이고 만일 혈색이 좋다면 징조가 좋은 것이다. 안식일 전날 저녁에 죽는 것은 그에게 길조가 되지만 안식일 끝날 죽는 것은 그에게 흉조가 된다. 사람이 속죄일 전날 죽으면 그것이 그에게 나쁜 징조이지만 속죄일이 끝날 때 죽으면 그것이 그에게 좋은 징조이다. 만일 그가 뱃병(腹病)으로 죽으면 그것이 그에게 길조이다. 왜냐하면 대부분의 정의로웠던 사람들이 이 병으로 죽었기 때문이다.'10)(25:103b)

랍비들은 통상적으로 삶의 종말에 함께 예측되는 공포를 최소한으로 줄이기 위해 애썼다. 그들은 그것이 더할 나위 없이 자연스러운 과정이라는 생각을 강조했다. '날 때가 있으면 죽을 때가 있고'(전 3:2) 라는 말에 대해서 미드라쉬(ad loc.)는 비판하기를 '태어나는 순간부터 죽음의 가능성은 항상 존재한다.' 그리고는 이렇게 훈계한다. '죽기 하루 전에 회개하라.'(12:153a) 이 말은 즉시

---

10) 이 병은, 그것이 가장 괴로운 성질의 병이기 때문에 죄를 속(贖)하는 고통이라고 생각되었다. 그러나 몸을 깨끗이 하는 것도 또한 도덕적 규범에 영향을 끼쳐서 사람의 죄를 씻어 깨끗이 해준다.

회개하라는 의미인데 실제로 그 날이 언제일지 모르기 때문이다. 우리가 보아 왔듯이 죽음은 조물주가 창조해 낸 '매우 선한 일' 가운데로 분류되기까지 한다.

죽는 시기는 신에 의해 결정되며 누구도 감히 하나님의 판결을 예상할 수는 없다. 자살은 극도로 혐오스러운 짓으로써 간주되었고 극악한 죄악으로 비난받았다. 랍비들은 '너희 생명인 피를 흘리게 하는 자에게 나는 앙갚음을 하리라'(창 9:5)라는 구절에 대해 이렇게 설명한다. '"피를 흘리게 라는" 말은 목매달아 자살하는 행위도 포함한 말이다.'(창 R 34:13)

즉 실제로 피 흘리지 않는 죽음도 포함한다. 우리는 그 주제에 관한 논쟁을 볼 수 있다. '사람은 자기 자신에 상해를 입혀서는 안 된다. 어떤 권위자들은 입혀도 좋다고 한다. 그러나 자기 파멸을 의미한다고 해석되는 "너희 생명인 피를 흘리게 하는 자에게 나는 앙갚음하리라"라는 성서의 관점에서 볼 때, 그것은 다르다.'(31:91b) 자기 상해가 자살로 끝난다면 그것을 금해야 한다는데 모든 선생들은 동의한다는 것이다.

이론보다 칸나나 테라디온의 순교 이야기에 나타나 있는 실행이 더 감동을 주는데 그는 로마인들에 의해 산 채로 화형을 당했다. 그들은 그의 몸을 토라가 쓰인 두루마리로 싸고 고통을 연장시키기 위해서 양털로 만든 공들을 물을 흠뻑 적셔 그를 둘러씌웠다. 그의 제자들이 그에게 소리쳤다. '입을 열고(빨리 죽을 수 있게) 불이 당신 안으로 들어가게 하시오.' 그가 대답했다. '영혼을 주신 하나님께서 그것을 다시 가져갈 것이니 아무도 자기 자신의 영혼을 해치지 않도록 하는 것이 더 낫다.'11)(38:18a)

---

11) 요세푸스도 같은 태도를 취한다. 손이 자기 자신에게 미친 듯이 행동하는 사람들의 영혼은 지옥에서도 가장 어두운 곳으로 받아들여진다. 그리고 그들의 아버지이신 하나님께서 그들이 자기 자손들의 영혼이나 신체를 실족케 한 것

삶과 죽음에 대한 온건하고도 건전한 견해는, 성서가 '죽는 날이 태어난 날보다 좋다'(전 7:1)라고 논하고 있는 데에서 찾아 볼 수 있다. 사람이 태어나면 모두가 기뻐한다. 그가 죽으면 모두가 슬퍼한다. 그러나 그래서는 안 된다. 반대로 사람이 태어날 때 그의 운명과 인생이 어떻게 될지, 그가 정의로울지 사악할지, 또는 선할지 악할지 아무도 알 수 없기 때문에 기뻐할 것이 없을 것이다. 한편 그가 죽을 때 좋은 명성을 가지고 평안하게 세상을 떠난다면 그것은 기뻐할 일이다. 하나는 항구를 떠나고 하나는 항구로 들어온, 바다로 나아가는 두 배의 우화— 사람들이 떠나가는 배는 축하했으나 들어오는 배에 대해서는 그렇게 하지 않았다. 거기 서 있던 어떤 현명한 사람이 그들에게 이렇게 말했다.

"내 생각은 당신들과 다릅니다. 출항하는 배를 축하해서는 안 됩니다. 아무도 그 앞에 닥쳐올 운명이 어떤 것인지 모르고 어떤 험한 파도와 폭풍우를 만나게 될지도 모르기 때문입니다. 그러나 배가 항구에 돌아오면 그것이 무사히 도착한 것에 대해 모두가 축하해야 할 것입니다.'"(전R.ad loc)

§2. 영 혼

인간은 영혼을 부여받았다는 점에서 신과 유사하다. 이렇게 신과 같은 특징을 소유한 것은, 그와 조물주와의 인척 관계와 다른 창조물에 대한 그의 우월성의 원인이 된다.

이미 지적된 바와 같이 랍비들은 인간이 이원적(二元的)이라고 믿었다. '인간의 정신은 하늘로부터 오고 육체는 땅으로부터 온다.'(sifre 신:306:132a) 그들은 육체를 '영혼의 집'(34:108a)이라고 표

을 책망하신다. 그래서 하나님께서는 자살을 미워하시며 그것은 우리의 가장 현명한 입법자에게 책망을 받는다. (war 3.8.5)

현한다. 그리고 그들은 영혼이 몸에 대해서 갖는 관계는 신이 우주에 대해서 갖는 관계와 똑같다고 가르쳤다.

삶의 특성은, 개인이 그의 영혼을 순결하고 때묻지 않게 지키는데 쏟는 배려에 따라 좌우된다. '숨은 하나님께 받은 것이니 하나님께로 돌아가리라'(전 12:7)라는 구절에 아름다운 설교가 담겨 있다. '그것을 하나님께 돌려 드려라. 그가 그것을 순결한 상태로 주었으니 순결하게 되돌려 보내야 한다.

노예들에게 제왕의 의복을 나누어 준 왕이 옷을 되받고자 할 때 되보내야 하듯─노예들에게 제왕의 의복을 나누어 준 왕의 우화─ 노예들 중 현명한 자들은 옷을 접어서 상자 속에 보관했다. 그러나 어리석은 자들은 그것을 입고 일을 했다. 얼마 지난 후 왕은 의복을 돌려보낼 것을 요구했다. 현명한 자들은 의복을 깨끗한 상태로 되돌려 보냈으나 어리석은 자들은 지저분한 상태로 되돌려 보냈다. 왕은 현명한 종들에 대해서는 기뻤고 어리석은 종들에 대해선 화가 났다. 왕은 현명한 종들에게 의복들을 보물 창고에 두고 평안히 가라고 명령했다. 반면 어리석은 종들에 대해서는 옷을 세탁장에 갖다 주게 하고 그들을 투옥시켰다. 그러나 하나님께서 정의로운 사람의 육체에 관해서 말씀하시기를, "평화를 누리러 가는 것이다. 바르게 사는 사람은 모두 자기 잠자리에 누워 편히 쉬리라."(사 57:2) 그리고 영혼에 관해서 이렇게 말씀하셨다. "나의 하나님 야훼께서 나의 목숨을 보물처럼 감싸 주시고.'(삼상 25:29) 사악한 사람의 육체에 관해서 말씀하시기를 "잘 되려니 생각 말라"(사 48:22) 그리고 영혼에 관해서 이렇게 말씀하셨다. "원수의 목숨은 팔맷돌처럼 팽개치실 것이다."(삼상 loc. cit 12:152b)

우리가 아는 바로는 '영혼은 다섯 가지 이름으로 불리워진다. 네페쉬(Néphesh), 로흐(Ruach), 네샤마(Neshamah), 예히다

(Jechidah), 그리고 카야(chayyah)가 그것이다. 기록된 바 "피는 곧 생명(néphesh)이라"(신 12:23)대로 네페쉬는 피이다. 로호는 기록된 바 "사람의 숨(ruach)은 위로 올라가고 짐승의 숨(ruach)은 땅속으로 내려간다고 누가 장담하랴"(전 3:21)에서처럼 올라갔다 내려갔다 하는 것이다. 네샤마는 기질이다.12) 카야는 모든 수족이 다 죽어도 그것은 생존해 있기 때문에 그렇게 부른다.13) 예히다 즉 "오직 하나"가 가리키는 모든 수족은 쌍(雙)으로 되어 있음에 반해 영혼은 몸에 하나밖에 없다는 것이다.'(창R 14:9)

이 용어들 가운데 처음의 세 개는 랍비 문헌에서 흔히 쓰이고 있지만 그들의 차이를 정확하게 밝히기는 어렵다. 비페쉬는 피와 동일한 것으로 다루어지기 때문에 그것은 생명력을 나타내고 인간뿐만 아니라 동물에게도 적용된다. 그 예로 이런 말이 있다. '모든 네페쉬는 네페쉬를 부활시키고, 네페쉬 가까이에 있는 모든 것은 네페뤼를 회복시킨다.'(1:44b) 이 말은 어떤 창조물이든, 짐승이건 물고기이건간에, 활력을 가지고 있으면 그것을 먹는 사람의 활력을 증가시켜 준다는 것을 의미하는데, 이것은 생명기관과, 유사한 생물의 부분에 특별히 해당된다. 따라서 죽으면 네페쉬는 죽는다.

로호와 네샤마는 인간의 정신을 나타내는 뜻으로 서로 바꿔 쓸 수 있는 것 같은데 그 정신은 인간만이 독점하고 있다. 그것은 인간의 기질 중 죽지 않는 부분인데, 하나님이 인간에게 불어넣은 '숨'14)인 것이다.

태아가 영혼을 부여받는 시점에 관한 문제가 미쉬나의 편집자인 랍비 유다와 그의 로마인 친구 안토니우스15)에 의해서 토론되

---

12) 이 용어의 다른 설명을 보려면 P. 74를 보라.
13) 삶에 부여된이란 뜻이다.
14) 이것은 글자 그대로의 뜻이다.

었다. 안토니우스가 랍비 유다에게 물었다. "영혼이 인간에게 이식(移植)되는 것은 언제일까? 임신되는 순간일까, 아니면 태아가 만들어지는 순간일까?" 그가 대답하기를, "태아가 만들어지는 순간이지." 그 상대방이 말하기를 소금에 절여 두지 않은 고깃덩어리가 부패하지 않는 것이 가능할까?16) 틀림없이 그건 임신되는 순간일 거야." 랍비 유다는 탄복했다. "안토니우스가 내게 중요한 것을 가르쳐 주었고 성서가 그의 견해를 뒷받침해 준다. 즉, 숨 쉬는 것17)까지 보살펴 주셨습니다."(욥 10:12, 34:91b)

탈무드는 영혼의 선재(先在)를 가르친다. '일곱 번째 하늘인 Araboth에는 아직 창조되지 않은 영혼들이 안치되어 있다.'(23:12b)

즉 아직 육체와 결합되지 못한, 태어나지 않은 영혼들을 말한다. 태어나지 않은 이 모든 영혼들이 세상에서의 생명을 얻을 때까지 구세주의 시대는 시작되지 않을 것이라고 누구나 믿고 있었다. 구프는 이 영혼들이 인간의 몸에 거주하게 될 시간을 기다리고 있는 하늘의 창고인데 다윗의 아들(메시야)은 구프에 있는 모든 영혼들이 다 없어질 때까지는 오지 않을 것이다.(24:62a)

영혼은 그를 동물적인 존재 이상의 것으로 끌어올리는 인간 안에 있는 힘으로써, 그에게 이상(理想)을 불어넣고 그가 선(善)을 선택하고 악을 물리치도록 자극시킨다. 안식일도 역시 인간 생활에서 마음을 정화하는 힘이 되므로 랍비들의 이러한 가르침을 볼 수

---

15) 그들은 탈무드에서 친한 친구로서 자주 함께 언급되고 있다. 안토니우스는 보통 마르쿠스 아우렐리우스와 동일인으로 취급한다. 그러나 S. 크라우스 교수는 이를 반박하고 그를 마르쿠스 아우렐리우스 황제의 명장이며 유대의 행정장관인 아비리우스 카시우스라고 생각한다.

16) 그렇다면 어떻게 태아가 영혼을 부여받지 않아도 부패되지 않고 존재할 수 있을까?

17) 원본에 Thy Visitation hath Preserved my spirit이라고 되어 있는데 Vitsitation은 임신에 대한 히브리어이다.

있다. '안식일 전날에는 인간에게 또 하나의 영혼이 주어지는데 그
것은 안식일이 끝날 때 그로부터 떨어져 나간다.'(20:27b) 성일(聖
日)을 합당하게 지키는 것은 영혼의 힘을 높여 주고 인간 생활에서
의 활력을 증진시키는 것을 의미한다.

인간이 이런 귀중한 선물을 마음속에 두고 있을 때에만 그의 삶
은 하나님의 뜻에 의해서 감화될 수 있다. 그러므로 매일 아침 그
가 일어나서 드려야 하는 첫 기도는 이렇게 정해져 있다. '오 나의
하나님, 당신께서 내게 주신 영혼은 깨끗합니다. 당신은 그것을
내 안에 창조하셨고, 당신은 그것을 나로부터 가져갈 것입니다.
그러나 그것이 내세에는 내게 다시 돌려주실 것입니다. 그 영혼이
내 안에 이는 한 나는 당신에게 감사를 드릴 것입니다. 나의 하나
님이며 나의 아버지이신 주님, 온 세상의 군주이시며 온 영혼들의
주인이 되시는 하나님이시여, 죽는 자의 몸에 영혼을 불어넣으시
는 축복받으실진저 하나님이여.'(1:60b)

§3. 신 앙

신과 인간과의 유대 관계는 그의 정신적 능력에 유래하는 것인
데 그것은 그에게 이 신성한 선물을 받을 자격이 있다는 것을 증
명해 보이라는 책임을 지운다. 만일 인간이 신과 닮게 창조되었다
고 해서 인간에게 명예가 부여된다면, 그에 상당하는 의무로서 그
는 조물주의 인정을 받을 수 있는 삶을 살아야 한다.

그러면 그에게서 무엇을 기대할 수 있는가? 그 답은 다음 문장
속에 나타나 있다. '영광의 왕좌 앞에서 볼 수 있는 일곱 가지 특
징, 신앙·정의·공정·자애·자비·진실 그리고 평화'(APN:37)
이들이 최고의 미덕을 나타내는데 그 중 첫 자리에 지정된 것은
신앙으로서, 실로 그것은 궁극적으로 인간과 신의 전관계(全關係)

로 선언되고 있다. 모세가 613개의 계명을 제언(提言) 받았는데—
태양력의 일수에 해당되는 365개의 금제(禁制)와 인간의 몸 속에
있는 큰 가지의 수(數)에 해당되는 248개의 긍정적인 계명으로 되
어 있다. 다윗이 그것을 열 한 개의 원칙으로 줄였는데, 그것은 시
편 15장에 열거되어 있다.18)

이사야가 나와 기록된 바 "옳게 살고 바른 말 하는 사람, 착취로
돈을 벌지 않은 사람, 뇌물을 마다고 뿌리치는 사람, 살인하자는
소리를 듣지 않으려고 귀를 막는 사람, 악한 일을 보지 않으려고
눈을 감는 사람"(사 33:15)처럼 여섯 개로 줄였다. 미가가 나와 세
개로 줄였는데 그것은 기록된 바, "야훼께서 무엇을 좋아하시는지
무엇을 원하시는지 들어서 알지 않느냐? 정의를 실천하는 일, 기
꺼이 은혜에 보답하는 일, 조심스레 하나님과 살아가는 일"(미 6:8)
이사야는 그 후에 그것을 두 개로 줄였는데, 기록된 바 "너희는 바
른 길을 걷고 옳게 살아라."(사 56:1) 마지막으로 하박국이 "의로운
사람은 그의 신실함으로써 살리라"(합 2:4)처럼 하나로 줄였
다.'(35:24a)

신앙은 성경의 영웅과 또한 이스라엘의 영웅들의 삶에서 볼 수
있는 두드러진 특징으로서 이 때문에 그들은 신의 특별한 사랑을
받았다는 것을 현인들은 지적했다. '그가 말해서 세상이 그와 함께
존재하게 될 그를 믿는 이스라엘의 신앙은 위대하도다. 이런 신앙
에 대한 보답으로 성령19)께서 그들에게 강림하시고 그들은 노래
를 부르리라. 기록된 바, "야훼와 그의 종 모세를 믿게 되었다."(출
14:31)

---

18) 역주 : 허물 없이 정직하게 살며 마음으로부터 진실을 말하고 남을 모함하지
    않는 사람, 이웃을 해치지 않고 친지를 모욕하지 않으며, 야훼 눈밖에 난 자
    를 얄보되 야훼 두려워하는 자를 높이는 사람, 손해를 보아도 맹세를 지키고
    돈놀이를 하지 않으며, 뇌물을 받고 무죄한 자를 해치지 않는 사람.
19) 영감의 의미로서 PP. 121 ff 를 보라.

그리고 곧이어 이렇게 계속된다. "그제야 모세와 이스라엘 백성은 다음과 같은 노래를 불러 야훼를 찬양하였다." 마찬가지로 너희는 오로지 우리의 아버지 아브라함이 믿음의 덕으로 이 세상과 내세를 상속받았음을 알 것이다. 기록된 바, "그가 야훼를 믿으니, 야훼께서 이를 갸륵하게 여기시어.'"(창 15:6)

이에 관련된 다른 예가 있는데 거기에는 이런 글이 들어 있다. '믿음 안에서 단 하나의 훈계라도 받아들이는 자는 성령을 받을 가치가 있다.'(Mech to 14. 31:33b)

신께서 이스라엘을 위해서 모세에게 주신 많은 계명은 사람들에게 신앙을 주입시키는 것이 그 목적이었다. 그러한 해석이 가능한 두 개의 두드러진 예가 있다. 출애굽기 17장 2절에 모세가 아말렉 사람들과 싸우는 중에 그의 팔을 높이 치켜든 이야기가 있는데 이런 의문이 제기된다.

'모세의 팔이 이스라엘에게 승리를 갖다 주거나 아말렉의 세력을 쳐부술 수가 있었을까? 그러나 그가 하늘을 향해 팔을 높이 쳐들고 있는 동안은 이스라엘 사람들은 계속 그를 바라보며 모세에게 그렇게 하도록 명령하신 하나님을 믿었으므로 축복 받을진저 하나님께서 그들을 위해 기적을 행하셨다. 구리뱀을 만든 것도 마찬가지다.(민 21:8) 불뱀의 조상(彫像)이 생명을 죽이거나 살릴 수가 있었을까? 그러나 이스라엘 사람들이 그것을 계속 쳐다보며 모세에게 그렇게 하도록 명하신 하나님을 믿었으므로 축복 받을진저 하나님께서 그들을 위해 기적을 행하셨다.'(Mech to 17. 11:54a)

이스라엘에서 '신앙인'들이 높이 존경을 받았음을 우리는 안다. 그들은 여하한 때, 여하한 상황에서도 신을 절대적으로 믿은 사람들이었다. 그들은 "성전이 멸하였으므로 신앙인들은 죽었다"(28:9:12)라는 사실을 개탄했다. 그러한 신앙이 의미하는 바는 이런 말에서 헤아릴 수 있다. '바구니 안에 빵 한 조각이 있으면서 도 "내일 무엇을 먹어야 할까?"라고 말하는 자는 누구나 믿음이 적 은 자에 속할 수밖에 없다.'"(28:48b)

탈무드는 신에 대한 확고한 믿음에 있어 특별히 뛰어난 두 사람에 관한 일화를 간직하고 있다. 그 중 한 사람은 김소20)의 나훔으로 알려져 있는데 이 이야기는 그가 어떻게 그렇게 불리게 되었는 가를 설명해 준다. '그는 어찌하여 김소 사람 나훔이라고 불렸을까? 그에게 무슨 일이 일어났건 그는 "이것도 역시 김소는 좋은 일이군"하고 외치곤 했기 때문이다. 한번은 랍비들이 황제에게 선물을 보내려고 하는데 누구를 통해서 전할까를 의논하였다. 그들은 결정하기를, "김소 사람 나훔을 통해서 보냅시다. 그에게는 기적이 자주 일어나곤 하니까요." 그래서 그들은 그를 통해 그 선물을 송부하였다. 여행을 하는 중에 그는 한 여인숙에서 잠을 잤다. 그런데 다른 객(客)들이 한밤중에 일어나 그의 가방 속에 있는 물건들을 빼내고 그 속에 흙을 채워 넣었다. 그가 목적지에 당도하여 가방을 열자 거기엔 흙으로 가득 채워져 있음이 발견되었다. 황제가 소리쳤다. "유대인들이 나를 웃음거리고 만들고 있구나!" 하고는 나훔을 처형시키라고 명령했다. 그러나 그는 "이것도 역시 좋은 일이군"하고 말했다. 그러자 엘리야가21) 황제의 내시로 변장하고 나타나서 말했다.

"이 흙은 그들의 족장인(장로) 아브라함 유골의 일부일지도 모릅니다. 그가 적에게 그것을 조금씩 던질 때마다 그것은 칼(劍)로 변했고 그가 머리카락을 던질 때마다 그것은 화살이 되었습니다."

20) 김소라는 마을은 역대기하 28:18에 언급되어 있는데 나훔이 실제로 이 지명을 본따 명명되었을 가능성도 있다.
21) 성경에서 죽지 않았다고 이야기하는 엘리야는 탈무드의 이야기에 자주 소개되는데 위기의 순간에 정의의 사도처럼 등장하는 것이 보통이다.

그 당시 거기에는 그들이 정복할 수 없는 지방이 하나 있었다. 그들은 그곳을 향해 그 흙을 조금 던져 보았더니 그곳이 정복되었다. 그러자 그 황제는 나훔을 그의 보물창고로 데리고 가서 그의 가방을 보석과 진주로 가득 채워 주고 성대한 예(禮)를 갖춰 떠나 보냈다. 그가 바로 그 여인숙에 도착했을 때 다른 객(客)들이 말했다. "당신은 황제에게 무엇을 진상했기에 그렇게 큰 존경을 받았습니까?" 그가 대답했다. "단지 나는 여기서 가져간 것을 진상했을 뿐이오" 그러자 그들도 역시 흙을 황제에게 가지고 갔다. 그러나 그것을 시험했을 때 그것은 칼로 변하지도 않았고 화살로 변하지도 않았기 때문에 그 사람들은 처형되었다.'(20:21a)

또 다른 하나는 다음과 같은 랍비 아키바의 예이다. '사람은 항상 다음과 같은 말이 입에 붙어 있어야 한다. "하나님께서 하시는 일은 무엇이나 최고의 선을 위한 것이다." 랍비 아키바가 길을 따라 여행을 하던 중 어떤 마을에 당도하여 하룻밤을 재워 줄 것을 요청하였으나 거절 당했다. 그래서 그는 "하나님께서 하시는 일은 무엇이나 최고의 선을 위한 것이다"라고 외쳤다. 그는 떠나서 들판에서 그 밤을 지새게 되었는데 그에게는 수탉 한 마리, 당나귀 한 마리와, 등불이 하나 있었다.22) 돌풍이 불어와 등불이 꺼지고, 고양이 한 마리가 나타나 닭을 잡아 먹었고, 사자 한 마리가 나타나 당나귀를 먹어 치웠다. 그러나 그는 "하나님께서 하시는 일은 무엇이나 최고의 선을 위한 것이다"라고 외쳤다. 바로 그 날 밤 도둑떼들이 몰려와 그 마을을 약탈했다. 그는 주민들에게 이렇게 말했다. "내가 당신들에게 축복받을진저 하나님께서 하시는 일은 무엇이나 최고의 선을 위한 일이라고 하지 않았소?"(1:60b)

미쉬나는 이런 규범을 제정하고 있다. '인간은 선한 사람들을

22) 수탉은 새벽에 그를 깨우게 하기 위해서이고, 당나귀는 타기 위해서이고, 등은 한밤중에 공부하는데 켜기 위해서이다.

위해 축복의 기도를 드리기는 하지만 악한 사람들을 위해서도 축복의 기도를 해야 할 의무가 있다.'(1:9:5)

신앙은 기도의 행위에서 가장 진실되게 표현되는데 그것은 오로지 신을 믿고 신이 기꺼이 친구가 된다는 것을 신실하게 믿는 사람들만이 그에게 기원(祈願)을 드리기 때문이다. 기도가 단지 필요한 것을 요구하는 것만은 아니다. 기도가 갖는 지고(至高)의 의미는 피조물과 조물주 사이의 은밀하게 이야기하는 친밀한 영적 교섭이다. 그 자체로 그것은 인간을 도울 뿐만 아니라, 신을 기쁘게 하는 것이기도 하다. 이런 말도 있다. '축복받을진저 하나님께서는 정의로운 자들의 기도를 열망하신다. 정의로운 자들의 기도는 왜 삽23)에 비유되는가? 삽이 농산물을 한 곳에서 다른 곳으로 옮기는 것과 같이, 정의로운 자들의 기도는 하나님의 노하시는 속성을 자비심으로 바꿔준다.'(24:64a)

신이 들어 주실 기도는 신실해야 할 뿐만 아니라 그 기도를 드리는 사람은 그의 기원이 응답을 받을 만한 가치가 있는 사람이어야 한다. '하나님의 뜻을 수행하고 기도로 자기의 마음을 그분께 향하게 하는 자는 누구이건, 그 기도가 상달된다.'(출R.21:3) 하나님에 대한 경외심이 있는 모든 사람들은 그의 기도가 상달된다.'(1:6b) 그러나 누구도 자기 자신은 응답을 받을 자격이 없다는 생각이 든다고 해서 기도를 그만두어서는 안 된다. '그는 기도로 견뎌내야 한다. 기도하는데 응답이 없다는 사람이 있다면, 그는 기도를 반복해야 한다.'(1:32b) 또 더 나아가서 충고하기를, '어떤 사람의 목에 칼이 겨누어져 있다고 할지라고 그로 하여금 거룩한 자비를 단념하지 말도록 하라.'(1:10a) ―그는 삶의 마지막 순간까지 희망을 포기해서는 안 된다.

---

23) 히브리어로 éter인데 이 문자는 〈기도하다〉라는 뜻의 어원으로 제시되어 있다.

기도할 때는 자신을 생각해야 할 뿐만 아니라 친구들이 필요로 하는 것도 또한 염두에 두어야 한다. '자기 이웃을 위해 기도할 수 있는 능력이 있으면서도 그렇게 하지 않는 자는 누구나 죄인으로 불린다. 기록된 바 "나도 너희를 위해 기도하리라. 기도하지 않는 죄를 야훼께 짓는 일은 결코 없으리라."(삼상12:23, 1:12b)

'자기 자신도 같은 것을 필요로 하고 있으면서도 친구를 위해 기도하는 자는 가장 먼저 응답을 받을 것이다.'(31:92a)

어떤 랍비가 여행을 떠날 때 드릴 기도를 다음과 같이 작성하였는데, 그 시대에는 그것은 모험적인 시도였다. '오, 주 나의 하나님이여, 저를 화평 가운데 인도하시는 것에도, 화평 가운데 제 한 발걸음을 향하게 하시는 것도, 화평 가운데 저를 붙잡아 주시는 것도, 온갖 적이나 숨어 있는 복병으로부터 나를 구해 내시는 것도 모두 당신의 뜻이 되게 하소서. 제 손으로 하는 모든 일 위에 축복을 내려 주시고, 저로 하여금 당신의 눈과 나를 지켜보는 사람들의 눈 속에서 은혜와 자애와 자비를 얻도록 해 주시옵소서. 기도에 귀를 기울이시는 당신 축복받으실진저 주님이시여.' 그러나 어떤 동료는 그러한 기도에 반대하며 이렇게 논평했다. '사람은 기도할 때에 항상 공동체와 결부시켜야 한다. 그러면 어떻게 기도해야 하는가? "오 주여, 우리를 화평 가운데 인도하시는 것도 당신의 뜻이 되게 하소서" 등과 같이 해야 한다고.'(1:29b, et seq) 이것은 유대교 기도서에는 삼인칭 단수의 사용이 아주 드물다는 결론과 함께 고착된 기도관(祈禱觀)이었다.

기도의 중요성은 다음과 같은 견해 속에 강조되어 있다. '기도는 산 제물보다 더 위대하고 선행(善行)보다도 위대하다. 왜냐하면 우리들의 스승이신 모세보다 위대한 사람이 없음에도 불구하고 그는 오직 기도를 통해서 응답을 받았기 때문이다.' 기록된 바,

"또 다시 이 일로 나에게 간청하지 말아라."(신 3:26) 그리고 이어 "너는 비스가 산 꼭대기에 올라가라."(신 3:27, 1:32b) 모세의 기도가 그로 하여금 죽기 전에 약속의 땅을 볼 수 있도록 해 주었다는 결론이 내려진다.

전정한 기도는 말로만 떠드는 것 이상이어야 한다. 그것은 마음 속으로부터 우러나와야 한다. '두 손에 자기의 마음을 바치지 않는 한 하나님께 들리지 않는다. "하늘에 계시는 하나님께 손 들고 마음 바쳐 기도드리자'"(렘 3:41, 20:8a) 라고 기록되었듯이 다시 말해서 우리는 기도할 때 단순히 손만을 모아 올리는 것이 아니라 마음까지도 모아 올리는 것이다. 탈무드는 기도의 정의를 이렇게 간결하게 내린다.

"마음을 다 기울이고 정성을 다 쏟아 그를 섬겨라"(신 11:13) —마음으로 섬기는 것은 무엇인가? — 기도이다.'(20:2b)

기도의 행위는 경건하게 수행되어야 한다는 것이 강하게 촉구되어 있다. '기도하는 사람은 반드시 그의 마음을 하늘로 향해야 한다.'(1:31a) '기도를 할 때 눈은 아래를 향해야 하고 마음은 위를 향해야 한다.'(24:105b) '기도를 하는 사람은 기록된 바 "야훼여, 언제나 내 앞에 모시오니"(시 16:8) 처럼 쉐키나가 자기 위에 대면하고 있다고 생각해야 한다.'(34:22a) '네가 기도할 때 어떤 분 앞에 네가 서 있음을 알라'(1:28b) '기도하는 동안 자기 목소리가 남에게 들리도록 하는 자는 믿음이 적은 자요, 기도하는 중에 목소리를 높이는 자는 거짓 예언자니라.'(1:24b) 왜냐하면 그들은 '크게 소리치는'(왕상 18:28) 바알의 예언자들을 닮았기 때문이다.

탈무드는 이러한 훈계를 생생하게 예증(例證)해 주는 한 일화를 들려준다. '어떤 신앙심이 깊은 사람이 우연히 길가에서 기도를 드리고 있었다. 한 귀족이 지나다가 그를 보고 인사를 했으나 그는 답례하지 않았다. 그 귀족은 그가 기도를 마칠 때까지 기다렸다. 그가 기도를 끝마쳤을 때 귀족이 그에게 말했다. "당신은 아무데도 쓸데가 없소! 내가 당신에게 인사를 했을 때 왜 당신은 내 인사에 답례하지 않았소? 당신 피를 요구했었겠소?" 그가 대답하기를 "내가 해명을 함으로써 당신과 화해할 때까지 기다리십시오." 그리고는 계속해서 말했다. "만일 당신이 인간의 왕 앞에 서 있었는데 당신 친구가 당신에게 인사를 했다면 당신은 그에게 답례를 했겠습니까?" "아니오" 하고 그가 대답했다. "그리고 만일 당신이 그에게 답례를 했다면 그들은 당신에게 무슨 짓을 했겠습니까? 그가 대답하기를 "그들은 칼로 내 목을 베었을 것이오." 그가 귀족에게 말하기를 "우리가 작은 논쟁을 크게 만들어서는 안 됩니다. 만일 당신이 오늘은 여기 있지만 내일은 무덤 안에 있을 인간의 왕 앞에서 그렇게 행동한다면, 지금도 살아 계시고 영원무궁토록 계시며 왕 중의 왕이신 축복 받으실진저 하나님 앞에 섰던 나는 얼마나 더 그렇게 해야 되겠습니까?" 그 귀족은 즉시 화가 풀어졌고 그 신앙심 깊은 사람은 평안한 마음으로 집으로 떠났다.'(1:32b et seq)

한 사람의 개인적인 요구를 말로 나타내는 사적(私的)인 기도 외에 개인이 참가해야 하는 예배의 집회 행위가 있다. 이런 류의 예배의 중요성은 다음과 같은 주장 속에 강조되어 있다. '기도는 교회에서 드릴 때에만 신께서 들으신다.'(1:6a) '만일 정기적으로 교회에 참석하는 것을 습관으로 하다가 하루를 빠지면 축복받을진저 하나님께서는 그에 관하여 물으신다. 기록된 바 "너희 가운데 야훼를 두려워하는 자가 있거든 그의 종이 하는 말을 들어라. 한 가닥 빛도 받지 못하고 암흑 속을 헤매는 자가 있느냐?"(사 50:10)

만일 그가 종교적 임무를 수행하러 가기 위해 결석한 것이라면 그는 영광을 받을 것이다. 그러나 만일 그가 어떤 세속적인 직무에 참석하러 간 것이라면 그는 아무런 영광도 받지 못할 것이다. "야훼의 이름에 희망을 걸 일이다."(사 50:10)

영광이 그를 물리치는 것은 무슨 까닭인가? 왜냐하면 그는 야훼의 이름에 희망을 걸었어야 했으나 교회에 들어가셨을 때 정족수를 이루는 열 사람을 찾지 못하신다면 그분께서는 즉시 노여움으로 넘치실 것이다. 기록된 바, "내가 찾아 왔는데 어찌하여 아무도 반기지 않느냐"(사 50:12, 1:6b)[24] 이 정족수의 문제는 매우 중요한 것인데, 한 번은 '랍비 엘리제가 교회 안으로 들어갔는데 거기서 열 사람을 찾지 못했다. 그래서 그는 자기의 종들을 자유롭게 해 주고 자기까지 합쳐서 필요한 수를 채웠다.'(1:47b)

교회 예배라는 주제에 대하여 더 나아가 다음과 같은 것을 가르쳤다. '누구든 자기 마을에 교회가 있는데 기도하러 그곳에 들어가지 않는 사람은 '사악한 이웃'이라고 불린다. 그것은 기록된 바, "내 백성 이스라엘에게 유산으로 준 소유지를 침범한 이웃 나라 몹쓸 민족들에게 야훼는 할 말이 있다."(렘 12:14) 때문이다. 게다가 그는 기록된 바 "나는 그 민족들을 정든 고향에서 내쫓고 그 가운데서 유다 가문을 빼내 오리라"(렘 12:14)대로 자기 자신과 자기 아들의 추방을 초래하게 한다. 누군가가 팔레스티나 사람인 랍비 요하난에게 "바빌론에서 노인들을 볼 수 있다"라고 말했다. 그는 놀라서 이렇게 소리쳤다. "그 땅에서 나와 너희 자손들이 오래 지속될 것이다.'(신11:21)라고 씌어 있구나'. 이스라엘 밖에서가 아니라 이스라엘의 땅 위에서 그들이 그 노인들은 아침 일찍부터 밤 늦게까지 교회 안에 있다고 그에게 말해 주었을 때 그는 이렇게 말했다. "그들이 오래 살도록 도운 것이 이것이로구나." 이것은 랍비 요수아 레비가 자기 아들에게 "교회에 들어가려면 일찍 일어나고

---

24) 교회 안에 정족수가 부족할 때는 그 모임을 위한 중요한 응답 등(그 때문에 '대답할 것이 없는') 예배 식의 어떤 부분은 생략된다.

밤 늦게까지 자지 말아라. 그렇게 하면 너는 장수할 것이다"라고 말한 것과 같다.'(1:8a)

한편 '기도를 많이 하는 사람은 누구든 응답을 들을 것이다'(1:7b)라고 믿었던 랍비가 있는 반면에 기도의 길이는 그 효험과 아무런 관계가 없다는 것이 일반적인 견해였다. '랍비 엘리제의 면전에서 아아크25) 앞을 내려갔던 한 제자가 부당하게 기도식을 오래 끈 일이 있었다. 그의 제자들이 엘리제에게 말했다. "스승님, 그는 너무나 기도를 길게 하고 있군요!" 그가 대답하기를 "우리의 스승이신 모세는 사십일간 밤낮으로 기도했다고 기록되어 있는데 그가 모세보다 더 오래 끌었느냐?"(신 9:25) 또 랍비 엘리제의 면전에서 아아크 앞으로 내려간 한 제자가 부당하게 기도식을 짧게 한 일이 있었다. 그의 제자들이 엘리제에게 "그는 너무나 짧게 하고 있군요!"라고 말했다. 그가 대답하기를, "하나님, 미리암을 고쳐 주십시오'(민12:13)라고 기록된 것처럼 우리의 스승이신 모세보다도 그가 더 짧게 했단 말이냐?'(1:34a)

마찬가지로 기도할 때 신을 과장되게 찬양하는 어리석음도 우리에게 강조되어 있다. '어떤 사람이 랍비 챠나나의 면전에서 아아크 앞으로 내려갔다. 그는 이렇게 기도했다. "오 크고, 힘 있으시며, 지엄하시고, 은혜로우시고, 권세가 있으시며, 경외로우시며, 전능하시고, 용기가 있으시며, 신뢰받으시고, 영예로운 하나님." 랍비 챠나나는 그가 기도를 끝낼 때까지 기다렸다가 그에게 말했다. "그 모든 형용사들이 무슨 소용이 있느냐? 우리가 외는 '크고 힘 있으시며 지엄하신'(신10:17)이라는 세 가지를 만일 우리의 스승

---

25) 아아크는 토라의 두루마리가 보관되어 있는 교회의 왼쪽 벽에 있는 상자였다. 교회의 옛날 형태는 독서용 책상이 아아크의 정면에 있었고 현재의 관습처럼 건물의 중앙에 있지가 않았다. '아아크 앞을 내려가다'란 기도 중에 그 집회를 인도하는 선창자(성가대)로서 행동하는 것을 의미한다.

이신 모세가 토라에서 사용하지 않았는데 대종교 회의의 사람
들26)이 그것들을 기도문 안에 제정했다면 우리가 사용할 수 없었
을 것이다. 한데 너는 그 모든 것을 계속 사용하는구나!" 비유—백
만 금화를 가진 인간의 왕은, 사람들이 백만 은화를 가진 사람으
로 찬양하는 것과 비슷할 것이다. 그것은 그에게 모욕이 아닐
까?'(1:33b) 사람이 기도를 '타산적'인 목적으로, 즉 바로 그 길이가
응답을 가져올 것이라는 희망에서 고의로 오래 끄는 것은 어리석
은 짓으로 비난을 받았는데, 그런 희망은 거짓으로써 드러나기 때
문이다.(1:32b)

비록 랍비들이 하루 세 번의 법정 예배의식에 참가하도록 명령
했지만, 그들은 그런 예배가 기계적이고 형식적인 실행으로 타락
되어서는 안 될 것을 조심스럽게 요구했다. 그 지침이 되는 규칙
은 이렇게 주창되었다. '네가 기도할 때 네 기도를 고정된 업무
(Kéba)로 여기지 말고 항상 함께하시는 그분 안에 자비와 영광을
호소하는 것으로 여겨라.'(39:2:18) 케바(Kéba)라는 단어의 의미
는 탈무드에서 논의되어 여러 가지로 정의되었다. 그것은 기도를
함으로써 부담이 느껴지는 사람을 포함한다. 기원의 말로써 암송
하지 않는 사람을 포함한다. 거기에 새로운 것을 추가할 줄 모르
는 사람을 포함한다.'(1:29b)

또 이런 것도 충고하고 있다. '마음이 휴식하고 있지 않은 사람
은 누구도 기도해서는 안 된다."(13:65a)

사람은 기도를 드리기 전에 항상 자기 자신을 반성해야만 했다.
만일 그가 자기의 마음을 하나님께 향하게 할 수 있다면 기도를
드리게 해라. 그렇지 않으면 그는 기도를 해서는 안 된다.(1:30b)

탈무드의 랍비들 중에 교회 예배 의식의 일부분이 된 많은 기도

---

26) 이 집단은 성찬식 부분의 기원으로 간주되었다.

식의 작자들이 있다. 여기 몇 가지 실례가 있다.

'오 우리에게 영생과, 화평한 삶과, 선한 삶과, 축복의 삶과, 생명력과, 신체적으로 활기찬 삶과, 죄에 대한 두려움으로 선택된 삶과, 수치와 불명예가 없는 삶과, 번영과 명예의 삶과, 토라의 사랑과 천국의 경외가 우리를 지켜 줄 삶과, 당신이 우리 마음의 모든 욕망을 영원히 충족시킬 수 있는 삶이 허락되도록 야훼 우리의 하나님, 당신 뜻대로 이루어지이다.'(1:16b)

'오, 하나님, 내가 생겨나기 전에는 나는 아무런 가치도 없었는데, 내가 만들어진 지금의 나는 단지 내가 생겨나지 않은 것 같을 뿐입니다. 내 생애에 있어 나는 티끌입니다. 나의 죽음에 있어서는 얼마나 더 그럴 것입니까. 보십시오, 나는 수치와 혼란으로 가득찬 사람처럼 당신 앞에 있습니다. 오, 야훼 나의 하나님, 내가 더 이상 죄를 짓지 않도록 당신 뜻대로 이루어지이다. 또 내가 이미 저지른 죄에 대해서는 고통과 쓰라린 질병에 의해서가 아니더라도 당신의 충만한 자비로 추방시켜 주시옵소서.'(1:17a)

이건 속죄 날에 말하게 되는 신앙 고백의 일부가 되었다.

'오 나의 하나님! 악으로부터 내 혀를, 간계스러운 말로부터 내 입술을 지켜주소서. 그리고 저주와 같은 것들에 대해서는 내 영혼이 벙어리가 되게 하소서. 실로 내 영혼이 모든 사람들에게 티끌이 되게 하소서. 내 마음을 당신의 토라에게 열어 주시고 내 영혼이 당신의 계명을 따르게 하소서. 또한 나를 재난과 사악한 충동과 사악한 여인과 일시에 이 세상을 엄습하게 될 모든 해악으로부터 구원하소서. 만일 누가 나에 대해서 악한 음모를 꾸민다면 속히 그들의 계획이 아무 효력이 없게 만들어 주시고 그들의 음모를 좌절시켜 주시옵소서. 내 입으로 하는 말과 내 마음 속의 묵상이 당신 앞에 기꺼이 받아들여질 수 있는 것이 되게 하여 주시옵소

서. 나의 반석이며 죄를 속해 주시는 주님이시여.'(1:17a)

위험한 시기에 드리는 기도를 살펴보자면 '하늘 위에서 당신 뜻을 행하시옵소서. 지상에서 당신을 경외하는 사람들에게 마음의 평온을 허락하시고 당신이 보시기에 선한 것을 행하게 하옵소서. 기도에 귀를 기울이시는 축복받을진저 하나님이여!'(1:29b)

법정 종교의식의 마지막에 임하여 한 랍비는 이렇게 기도하곤 했다. '오, 나의 하나님이시며 내 선조들의 하나님이신 주님, 우리에 대한 증오가 어떤 사람의 마음 속에도 들어가지도 말게 하시고 다른 사람에 대한 증오가 우리 마음 속에 들어오지도 말게 하시며, 우리에 대한 질투가 어떤 사람의 마음 속에도 들어가지 않게 하시고 다른 사람에 대한 질투가 우리 마음에 들어오지도 말게 하시는 것이 당신 앞에 기꺼이 받아들여질 수 있는 것이 되게 해 주시옵소서. 당신의 토라가 우리의 삶의 모든 날에 있어 우리의 업무가 되게 하옵소서. 그리고 우리의 말이 당신 앞에 탄원이 되게 하시옵소서.' 다른 랍비가 이것에 추가하기를, '당신의 이름을 경외하여 우리의 마음을 통합해 주시고, 우리를 당신이 미워하는 모든 것으로부터 멀리 해주시며 우리를 당신이 사랑하시는 모든 것에 가깝게 이끌어 주시고, 당신의 이름을 위해서 우리와 공정하게 함께 하옵소서.'(1:7d)

아침에 일어나서 하는 기도는, '죽음에서 부활하신27) 축복받을진저 주님이시여, 나의 주님, 나는 당신 앞에 죄를 지었습니다. 오, 주 나의 하나님, 당신께서 내게 선한 마음과 행복한 운명과 좋은 체질과 좋은 친구와 좋은 평판과, 관대한 눈과, 대범한 정신과, 겸손한 영혼을 허락하시는 것이 당신께 기꺼이 받아들여지게 하옵소서. 당신의 이름이 우리를 통해 더럽혀지는 일이 없게 하시고

---

27) 잠은 죽음의 예순 번째 부분이라고 이야기되었다.

우리로 하여금 우리의 동포 중에서 웃음거리가 되지 말게 하소서.
우리의 운명이 죄악으로 인해서 당신에 의해 단절되지 말게 하시
고 우리의 희망이 절망으로 변하지도 말게 하소서. 우리로 하여금
다른 사람들의 도움을 필요로 하게 하지 마옵시며 그들의 선물은
작으나 그들이 주는 수치는 크오니 우리의 생계가 다른 사람들에
게 달려 있게 하지 마옵소서. 당신의 뜻을 수행하는 자들과 함께
당신의 토라에서 우리의 몫을 정해 주소서. 우리의 시대에 빨리
당신의 성전과 당신의 성읍을 재건하시옵소서.'(P. 1:7d)

마지막 예로 이런 발췌가 있다. '나의 하나님이며 내 조상들의
하나님이신 주님, 당신께서 우리 마음으로부터 오는 사악한 충동
의 굴레를 파괴하고 멈추는 것이 당신 앞에 받아들여질 수 있게
하옵소서. 당신은 당신의 뜻을 수행하기 위해 우리를 창조하셨고,
그 때문에 우리는 반드시 그렇게 해야 할 의무가 있기 때문입니
다. 그것은 당신의 바람이고 또 그것은 우리의 바람입니다. 그런
데 무엇이 우리를 방해합니까? 반죽덩어리 속의 효모이고,28) 우
리가 그것에 저항할 힘이 없다는 것은 드러나 있고 당신 앞에 알
려져 있습니다. 그러므로 나의 하나님이며 내 조상들의 하나님이
신 주님이시여, 당신께서 그것들이 우리에게서 멈추어지게 하시
고 우리가 우리의 뜻처럼 완전한 마음으로 당신의 뜻을 행할 수
있도록 그것을 억제하여 주시옵소서.'(P.1:7d)

위의 발췌문들은 랍비들이 기도를 단지 물질적인 욕구를 위한
기원보다 위대한 무엇으로 여겼다는 것을 명백히 했음에 틀림없
다. 육체적인 삶의 권리를 간과하지 않는 동시에 그들은 기도를
신과의 친교를 즐기고 인간 본성 중 가장 순수하고 가장 높은 것
의 발전을 위한 매체로서 사용했다. 기도의 행위는 영혼의 힘을

---

28) 즉 사악한 충동을 말하는데, 그것은 다음 절에 해석되어 있다.

증가시키기 위한 정신 수련이었는데 그 취지는 기도가 생활에 있어서 육체를 다스리는 지배력이 되게 하는 것이다.

§4. 두 가지 충동

위에 인용된 기도문 가운데 '사악한 충동'은 악으로 이끄는 힘으로써, 그리고 인간이 타고 나는 것으로써 언급되어 있는데 그것은 정의로운 삶을 사는데 있어 무서운 장애물이 된다. 그것은 '밀가루 반죽 속의 효모'로 묘사되는데 다시 말해 그것은 인간의 천성 중에서 악한 요소들을 선동하는 발효소 같은 인자이며 만일 그것이 억제되지 않으면 그보다 좋은 천성들을 지배하고 악한 행실을 가져온다는 것이다.

랍비의 윤리학에서는, 모든 인간에게는 두 가지의 충동 ─ 하나는 악으로의 충동이고 다른 하나는 선으로의 충동이다─이 있다는 믿음이 눈에 띄게 나타난다. 성경의 구절에서 그 교리의 근간을 찾아보면 랍비들은 그것을 이런 방법으로 연역해 내고 있다.

'기록된 바, "야훼 하나님께서 진흙으로 사람을 빚어 만드시고"(창 2:7)

가운데 나오는 wajjitzer(하나님께서는 만드셨다)라는 단어가 두 개의 j자(字)로 철자(綴字)되는 것에는 어떤 의미가 있는가? 축복 받을진저 하나님께서는 두 가지 충동29)을 창조하셨는데 그 중 하나는 선하며 다른 하나는 악하다.'(1:61a)

어떤 사람의 특성은 그 두 가지 중 어떤 충동이 그의 내부에서 그를 지배하는가에 의해서 결정된다. '선한 충동은 선한 사람들을

---

29) '충동'에 해당하는 히브리 단어는 Jetzer이다. 그러므로 두 개의 j자(字)는 두 가지를 지칭하기 위해 쓰인 것으로서 '선한 충동'인 Jetzer Tob과 '사악한 충동'인 Jetzer Hara가 그것이다.

지배한다. 기록된 바 "내 마음은 속속들이 아프옵니다."30)(시 109:22)

사악한 충동은 악한 사람들을 지배한다. 기록된 바, "악한 자의 귀에는 죄의 속삭임뿐 하나님 두려운 생각은 염두에도 없다"(시 36:1)

두 가지 충동이 다 평범한 인간을 지배한다'(1:61b)

전도서 9장 14절에 있는 한 비유적인 설명에 의해 그 두 가지 충동의 개념은 다음과 같은 뜻으로 해석된다. "작은 성읍이 하나 있었다." 즉 몸이 하나 있었다. "그런데 그곳은 인구가 얼마 되지 않았다." 그것은 가지들이다. "어떤 왕이 대군을 이끌고 왔다." 즉 사악한 충동을 말한다. "그리고 그는 포위하고 공격할 준비를 갖추었다." 다시 말해 죄악이다. "그런데 그 성읍에는 지혜 있는 사람이 하나 있었다. 그러나 그는 가난하였다." 즉 선한 충동을 의미한다. 그 사람의 지혜로 성읍은 위기를 면할 수도 있었다." 이것은 회개와 선행이다. "그러나 그 가난한 사람을 인정하는 자가 하나도 없었다." 왜냐하면 그 시대에는 사악한 충동이 선한 충동을 지배한다는 사실이 잊혀졌기 때문이다.'(26:32b)

이와 유사한 해설이 전도서 4장 13절에 있다. "'아무리 나이 많아도 남의 말을 받아들일 줄 모르는 왕은 어리석다. 그보다는 가난할지라도 슬기로운 젊은이31)가 낫다.

첫 번째 절(節)에서는 선한 충동을 언급한다. 왜 그것을 젊은이라고 부르는가? 왜냐하면 그것은 열 세 살이나 또는 그 위까지의 사람들에게는 해당되지 않기 때문이다. 왜 그것을 가난한 자라고 부르는가? 왜냐하면 모두가 그에게 귀를 기울이지 않기 때문이다. 왜 그것을 현명하다고 일컫는가? 왜냐하면 그것은 피조물에게 정도(正道)를 가르치기 때문이다. 두 번째 절에서는 사악한 충동을 언급한다. 왜 그는 그것을 왕이라고 부르는가? 왜냐하면 모두가 그것에 귀를 기울이기 때문이다. 왜 그는 그것을 늙었다고 하는가? 왜냐하면 그것은 어린 사람부터 늙은 사람에게까지 해당되기 때문이다. 왜 그는 그것을 어리석은 자라고 일컫는가? 왜냐하면 그것은 사도(邪道)를 가르치기 때문이다.'(전 R.ad loc.)

이 발췌에 의하면 사악한 충동은 개인과 함께 탄생하는 반면, 선한 충동은 열 세 살에야 겨우 나타나는데 그 나이는 소년이 자기의 행실에 대해 책임을 져야 할 나이이다.

따라서 선한 충동은 도덕적인 양심과 같은 것으로 취급된다. 이 개념은 다음과 같은 문구로 보다 명백하게 표현된다. '사악한 충동은 선한 충동보다 열 세 살 위이다. 그것은 인간이 자기 어머니의 자궁에서 나올 때부터 존재한다. 그것은 그와 함께 성장하며 생을 통해 내내 그에게 동반된다. 그것은 안식일을 모독하고, 살생하며 부도덕하게 행동하기 시작하지만 그의 내부에는 그것을 막을 것이 아무것도 없다. 13년 후에는 선한 충동이 탄생한다. 그가 안식일을 모독하면 선한 충동은 그에게 이렇게 경고한다.

"이 쓸모없는 인간아! 기록된 바 '이 날을 범하는 자는 반드시 사형에 처하여야 한다'(출 31:14)를 보아라," 만일 그가 살인을 하려고 생각하면 그것은 그에게 이렇게 경고한다. "이 쓸모없는 인간아! 기록된 바 남의 피를 흘리는 사람은 제 피도 흘리게 되리라(창 9:6)를 보아라." 만일 그가 부도덕한 행동을 꾀하려 하면 그것은 그에게 이렇게 경고한다. "이 쓸모없는 인간아! 기록된 바 '그 간통한 남자와 여자는 반드시 함께 사형을 당해야 한다'(레 20:10)를 보아라" 사람이 자기의 정욕을 자극시켜 난행을 탐닉하겠다고 마음먹을 때는 그의 모든 가지들이 그에게 복종한다. 왜냐하면 사악한 충동은 248개의 기관 위에 있는 왕이기 때문이다. 그가 가치 있는 행위를 실천하겠다고 마음 먹을 때는 그의 모든 가지들이 그의 몸 전체에서 괴로워하기 시작한다. 왜냐하면 그의 내부에서 사악한 충동은 모든 기관들 위에 있는 왕인데 선한 충동은 단지 감옥 안에 있는 포로와 같기 때문이다. 기록된 바 "감옥살이를 하다가도 나와서 왕이 될 수 있는 것이다"(전4:14) —이것은 선한 충동을 언급하는 것이다.'(ARN:16)

안토니우스와 랍비 유다 왕자는 인간이 사악한 충동을 부여받게 되는 바로 그 순간에 대해서 토론했는데, 그 결론은 위에서 진술한 바와 같다. 다시 말해서 그 충동은 태어나는 순간에 생겨난다. '안토니우스가 랍비 유다에게 이렇게 물었다. "사악한 충동이 인간의 내부에서 그 힘을 발휘하게 되는 것은 언제부터일까— 태아가 만들어지는 순간부터일까, 아니면 모체에서 나오는 순간부터일까?" 그가 대답하기를, "그것이 만들어질 때부터지." 그 상대방이 반박하기를, "만일 그렇다면 그것은 자궁 안에서 여기저기를 차고 다니면서 자기의 의도를 드러내야만 할 텐데 틀림없이 그것은 태어날 때부터일 거야!" 랍비 유다는 이렇게 말했다.

"안토니우스는 내게 어떤 성경 구절, 다시 말해서 '죄가 네 문 앞에 도사리고 앉아.'(창 4:7) 라는 말에 의해서 확증되는 것을 가르쳐 주었구나— 즉 어머니의 몸이 열리는 것이야.'(San:91b)

한 견해에 따르면 생리학상으로 사악한 충동은 인체 기관 중의 어느 하나 안에 위치해 있다고 한다. '사악한 충동은 마음의 두 입구 사이에 사는 피리와 같다. 인간의 몸 안에는 두 개의 신장이 있어 하나는 인간에게 선을 촉진하고 다른 하나는 악을 촉진한다.
"지혜로운 생각을 따르면 잘 되지만 어리석은 생각을 따르면 실패
하게 마련이다.32)(전10:2)라고 기록되었으니, 필시 선한 것은 신
장의 오른쪽에 있고 악한 것은 왼쪽에 있을 것이다.'(1:61a)

기회가 주어진다면 그를 사로잡는 것은 그의 외부로부터 오는
힘이라는 견해도 있다. 사탄과 사악한 충동을 같은 것으로 취급하
고 있는 교훈은 이미 인용되었다. 그것은 실제로 이렇게 묘사된
다. '사악한 충동은 보도(步道)를 따라서가 아니라 탄탄대로의 중
심을 따라서 나아간다. 어떤 사람이 머리를 빗고 뽐내는 걸음걸이
로 추파를 던지는33) 것을 보면 그것은 이렇게 말한다. "이 작가는
내 것이야."'(창 R 22:6)

그러나 사악한 충동은 단지 자연스러운 본능으로부터 특히 성
적(性的)인 욕구로부터 유래된 인간의 성벽(性癖)에 지나지 않는다
는 것이 일반적인 견해이다. 따라서 그것은 본질적으로 나쁜 것이
아니다. 왜냐하면 신은 선한 것만을 창조하셨으니까. 그것은 단지
자칫 잘못 사용되는 한에서만 사악한 것이다. 우리는 '이렇게 만드
신 모든 것을 하나님께서 보시니 참 좋았다'(창1:31)라는 성경 구절
의 '참 좋은'이라는 단어의 해설에서 매우 명료하게 본다. 그것들
은 선한 충동과 악한 충동을 지적하는 것으로서 설명되었다. 그것
은 '그러나 나쁜 충동도 참 좋은 것인가?'라는 질문에 대해서 이렇
게 답변한다.

'만일 그런 사악한 충동이 없었더라면 인간은 집을 짓지도 않았
을 것이고 아내를 맞아 아이들을 낳지도 않았을 것이며 장사도 하

---

32) 위의 공동 번역 해석으로는 여기서는 문맥이 통하지 않는다. 원문을 직역하면
   '지혜로운 사람의 생각은 그의 오른편에 있으나 어리석은 사람의 생각은 그
   의 왼편에 있다'라는 뜻이다.
33) 여자들의 주의를 끌기 위해서

지 않았을 것이다'(창 R 9:7)

그렇기 때문에 비록 그것이 결국에 가서는 범죄가 될지라도 그 충동은 인간에게 필수적인 기질이며, 실로 그가 도덕적인 존재가 될 수 있는 기회를 제공해 준다. 왜냐하면 그것이 없다면 그가 사악한 짓을 할 가능성은 없을 것이고 따라서 선행도 역시 무의미할 것이기 때문이다.

'짐승들에게는 사악한 충동이 없다'(ARN:16)는 결론이 논리적으로 연역되는데, 그것들에게는 도덕적인 지각이 없기 때문이다. 그와 똑같은 개념이 다음과 같은 주장의 기초를 이룬다. '자, 이리와서 우리 조상들의 공로를 치하하자. 만일 그들이 죄를 짓지 않았더라면 우리가 이 세상에 나올 수 없었을 테니(38:5a) 그들이 사악한 충동의 영향을 받았던 것은 죄악이었다고 이해되어야만 한다. 또 그것은 종족을 보존했으므로 그것의 결과는 공로로 평가되어야 한다. 이와 마찬가지로 '마음을 다 기울여 너의 하나님 야훼를 사랑하여라'(신 6:5) 라는 구절에는 다음과 같이 주석을 붙인다. '선과 악의 두 가지 충동을 다 기울여'(sifre §32:73a) 사악한 충동조차도 신을 섬기는데 사용할 수 있으며, 그분의 사랑을 증명하는 수단이 될 수 있다. 그것을 사악이라고 일컬으며 사람이 그것의 유혹에 대해 끊임없이 경고를 받아야 하는 까닭은, 그것이 그에게 나쁜 행위를 하도록 꾀어내기 때문이다. '사악한 충동은 이 세상에서는 인간을 타락시키고 내세에서는 그에게 불리한 증언을 한다.'(17:52b) 때때로 사람은 자선행위를 하려고 마음 먹는다. 그러나 사악한 충동이 그의 내부에서 이렇게 말한다. "왜 자선을 행해서 네 재물을 낭비하느냐? 알지도 못하는 사람들에게 주느니 차라리 네 어린애들에게 주어라." 그러나 선한 충동은 그가 자선을 행하도록 격려한다.'(출 R. 36:3) 사악한 충동은 강하다. 왜냐하면 그것의 창조주까지도 그것을 악이라고 일컬으시니, 기록된 바 "사람은 어려서부터 악한 마음34)을 품게 마련"(창 8:21, 30;30b)

"너희는 다른 신을 모시지 말라"(시 81:9)

인간의 몸 속에 있는 다른 신은 무엇인가? 그것은 사악한 충동이다.'(12:105b)

이 충동으로부터 우려되는 큰 위험은 만일 그것이 초기 단계에 제어되지 않는다면 상당히 강하게 될 수 있다는 점이다. 이런 생각은 몇 가지의 인상적인 격언으로 표현된다. '사악한 충동은 처음에는 거미줄과 같지만 결국에 가서는 달구지의 밧줄과 같이 된다.'(17:52a)

'사악한 충동은 처음에는 지나가는 행인(行人)과 같고 조금 후에는 하숙하는 사람과 같으며 나중에는 집주인과 같다.'(17:52b) '사악한 충동은 처음에는 달콤하나 나중에는 쓰다.'(P.12:14c)

'사악한 충동의 간계는 이러하다. 오늘은 사람에게 하찮은 일을 하라고 하고 내일은 그에게 좀더 중대한 일을 하라고 하며, 마지막으로는 그에게 우상을 섬기러 가라고 하며, 그래서 그는 가서 그것들을 섬기게 된다.'—이것이 의미하는 바는 사악한 최후에는 그에게 신의 명령으로 부과된 모든 금지 조항을 어기게 만든다는 것이다.

정의로운 사람과 사악한 사람의 차이는 이런 방식으로 정의된다. '사악한 자들은 그들의 마음, 즉 그들의 사악한 충동의 지배를 받지만, 정의로운 자들은 그들의 마음을 지배한다.'(창R 34:10) 그리고 누가 위대한가라는 물음에 대해 '자기의 충동을 정복하는 사람'(39:4:1)이라고 답한다.

랍비들은 이렇게 깊이 뿌리 박힌 본능의 압제적인 힘에 대해서

---

34) 히브리어로는 Jetzer인데 충동과 같은 뜻이다.

어떤 망상에 사로잡히지는 않았다. 그들은 선언하기를, '사악한 충동은 일흔이나 혹은 여든 살 때에도 사람을 타락하게 할 수 있다.'(창R.54 LIV:1)

또 그들은 이렇게 묻는다. '인간은 출생한 것부터가 사악한 충동이 만들어낸 결과인데 어떻게 자기 내부의 사악한 충동을 자기 자신에게서 멀리할 수가 있는가?'(ARN:16)

그러나 그것은 반드시 싸워서 극복되어야만 한다. 또 그것을 극복하는 수단은 냉정한 마음으로 신중히 생각해서 그것에 맞서는 것이다. '인간은 항상 선한 충동으로 사악한 충동에 대항해야 한다. 그가 만일 그것을 정복한다면 선하고 좋은 일이다. 그러나 만일 그렇지 못하면 그에게 자기 자신을 토라로 점령하게 해야 한다. 만일 그것이 그에게 승리를 안겨 준다면 선하고 좋은 일이다. 그러나 만일 그렇지 못하면 그에게 죽음의 시간을 숙고하게 하라.'(1:5a) 그와 똑같은 취지의 문장들이 있다. '축복받을진저 하나님께서 이스라엘 사람들에게 말씀하시기를, 내 자식들아 나는 사악한 충동을 창조했으며, 그것을 물리치는 수단으로서 토라를 창조했다. 만일 네가 네 자신을 토라로 점령하면 너는 그것의 힘에 끌려 들어가지 않을 것이다'(3:30b) '만일 네가 이 야비한 놈을 만나거든 연구소로 끌고 가거라.'(30:30b) 이스라엘 민족은 복되도다. 그들이 토라와 자선행위에 종사할 때는 그들의 사악한 충동이 그들의 힘 속으로 빨려들어 가고, 그들은 자기들의 충동의 힘에 빨려들어 가지 않는다.'(38:5b)

탈무드는 단순히 완전한 조언을 주는 것만으로는 만족하지 않는다: 그것은 있는 그대로의 삶의 진상을 인정한다. 자기의 사악한 충동과 열심히 싸우지만 잘 되지 않는 사람은 어떻게 해야 하는가? 그 해답은 이렇게 주어진다. 만일 어떤 사람이 자기의 사악

한 충동이 자기를 정복하고 있다는 것을 알면 그로 하여금 자기가
알지 못하는 곳으로 가서 검은 옷을 입고35) 자기의 마음이 원하
는 바를 하게 하라. 그러나 그가 공공연히 거룩한 이름을 모독해
서는 안 된다.'(23:16a) 여기 있는 개념이, 신께서는 그것을 알지
못하실 것이기 때문에 그가 은밀히 죄를 짓는 것이 허용된다는 것
은 절대로 아니다. 왜냐하면 그와 같은 어떠한 해설도 바로 이와
관련된 다음과 같은 지엄한 경고에 의해서 각하된다. '은밀히 죄를
저지르는 사람은 쉐키나(Shechinah)의 발에 채인 것과 같다.' 신
께서 편재하신다는 일반적인 랍비의 교리는 신의 존재가 어디에
나 있어서 비밀히 잘못을 저지르는 것은 실제적으로 인정되지 않
는다는 것이다. 그 참된 동기는, 만일 인간이 자기의 사악한 기질
에 굴복한다면, 그로 하여금 자기의 죄 위에 인간적인 불명예를
가중시키지 말도록 하자는 것인데 그것은 신의 모독까지도 수반
하게 될 불명예이다. 공동연한 죄와 은밀한 죄의 차이는 앞으로
더 논의될 것이다.

　사악한 충동은 신에 의해서 한정된 목적, 다시 말해서 인류의
종족 보존을 위해서 창조되었기 때문에 장차 그런 목적이 더 이상
유효하지 않게 될 때에는 필연적으로 그것에 대한 요구도 더 이상
없게 될 것이다. '그러므로 내세에는 축복받을진저 하나님께서 사
악한 충동을 가져다가 정의로운 자들과 사악한 자들의 면전에서
소산(消散)시키실 것이다. 정의로운 자들에게는 그것이 높은 산
과 같이 보일 것이며 사악한 자들에게는 한 오라기 머리카락처럼
보일 것이다. 양쪽이 다 울 것이다. 정의로운 자들은 울면서 "이와
같이 높은 산을 어떻게 우리가 정복할 수 있었겠는가?"라고 외칠
것이다. 사악한 자들은 울면서 "이처럼 한 오라기 머리카락 같은

35) 비탄하는 표시로서 그를 냉정하게 하려는 목적을 달성할 것이다.

것을 어떻게 우리가 정복할 수 없었을까?"라고 외칠 것이
다.'(17:52a)

§5. 자유 의지

사악한 의지는 선천적인 것이며 인간을 구성하는데 필수불가결
한 것인데, 인간이 죄를 짓지 않을 수 있는가? 이런 물음에 대해
서 랍비들은 절대적으로 부정적인 답변을 한다. 인간의 본성 안에
있는 그 요소는 종족을 보존하는데 있어 필수적인 것이며 그것은
인간의 지배하에 있다. '만일 네 충동이 네게 무익한 행이를 하도
록 선동하려고 하거든 토라의 말씀으로 그것을 추방하라. 네가 너
의 지배를 받는 것이 아니라고 말하지 못하도록, 나(하나님)는 성
경에서 너에게 이렇게 선언하였다. "죄가 너를 노릴 것이다. 그러
므로 너는 그 죄에 굴레를 씌워야 한다."'(창 4:7, 창R 22:6)

요세푸스는 자유 의지의 교리가 바리새인들을 구분지었다고 기
록하고 있다. '그들이 모든 것은 운명에 의해서 일어난다고 말할
때 그들은 인간에게서 자기들이 좋다고 생각하는 대로 행동하는
자유를 제거하지는 않는다. 왜냐하면 그들의 생각으로는, 인간은
선하게 행동할 수도 있고 악하게 행동할 수도 있기 때문에 정해진
숙명과 인간의 의지를 잘 섞는 것은 신을 기쁘게 하는 것이기 때
문이다.'(ANT 18:1:3)

이런 주장은 탈무드에 충분하게 입증되고 있는데 다음과 같은
구절로서 나타난다. '수태에 임명된 천사는 라일라라고 부른다.
그는 정액 한 방울을 취해 가지고 축복받을진저 하나님 앞에 가져
다가 보여 드리며 이렇게 묻는다. "만물의 통치자시여! 이 한 방울
이 앞으로 무엇이 되겠습니까? 이것이 강한 사람이 될까요, 약한
사람이 될까요? 또 현명한 사람이 될까요, 아니면 어리석은 사람

이 될까요? 그리고 부자가 되겠습니까. 가난한 사람이 되겠습니까?" 그러나 그것이 사악하게 될지 정의롭게 될지에 관해서는 조금도 언급하지 않는다'(58:16b)

몇 번이고 거듭해서 인용되는 격언이 하나 있다. '하늘에 대한 두려움을 제외하고는 모든 것이 하늘의 수중에 있다.'(1:33b)

이것은 비록 신께서 개인의 운명을 결정하신다고 하더라도 그의 삶의 도덕적인 특성에 대해서는 보류해 놓으신다는 것을 의미한다.

선택의 자유가 개인에게 남아 있다는 개념은 성서의 주석서에서 '보아라, 오늘 내가 너희 앞에 축복과 저주를 내놓는다'(신11:26)를 해석한 것에 잘 나타나고 있다. '왜 이렇게 진술되었는가, 그것은 기록된 바 "보아라, 나는 오늘 생명과 죽음 행복과 불행을 너희 앞에 내놓는다"(신 30:15) 똑같은 것인가? 아마도 이스라엘 사람들은 이렇게 말할 것이다. "하나님께서 우리에게 두 가지 길, 즉 삶의 길과 죽음의 길을 제시하셨기 때문에 우리는 어느 쪽이든지 좋아하는 길을 걸을 수가 있다." 그래서 이런 가르침이 있다. "너희나 너의 후손들이 잘 살려거든 생명을 택하여라."(신 30:19)

십자로에 앉아 있던 어떤 사람에 관한 우화가 있는데 그의 앞에는 두 갈래 길이 나 있었다. 그 중 한 길은 처음은 평탄하지만 그 끝은 가시덤불이 무성하였고, 다른 한 길은 처음은 가시덤불이 많았지만 나중은 평탄한 길이었다. 그는 지나가는 사람에게 이렇게 경고하곤 했다. "처음은 평탄해서 당신이 두세 걸음은 안전하게 걸을 수 있으나 나중에는 가시덤불을 만나게 될 이 길을 보십시오. 또 처음은 가시덤불이 많아서 두세 걸음은 가싯길을 걸어야 하지만 나중에는 탄탄대로를 만나게 될 이쪽 길도 보십시오." 이와 마찬가지로 모세도 이스라엘 사람들에게 이렇게 말했다. "사악한 자들이 번영하는 것을 보아라. 그들은 이 세상에서 이삼 일간 은 번영하지만 나중에는 그들이 밀려나게 될 것이다. 너는 또 고 난 중에 있는 정의로운 자들을 보아라. 그들은 이 세상에서 이삼 일간은 고통을 당하지만 나중에는 그들이 기쁨의 때를 맞을 것이 다.'"(sifre 신§53:86a) 이와 마찬가지로 '이제 사람들이 우리들처럼 선과 악을 알게 되었으니'(창 3:22) 라는 문구에 대해서는 이런 말이 있다. '항상 우리와 함께 계시는 하나님께서는 그에게 두 가지의 길을 보여 주시는데, 그것은 삶의 길과 죽음의 길이다. 그러나 그 는 스스로 후자의 길을 택한다.'(창R 21:5) 인류의 모든 종족이 한 사람으로부터 생겨난 이유에 대해서 이런 기묘한 설명이 있다. '그 것은 정의로운 자들과 사악한 자들 때문인데, 정으로운 자들은 "우리는 정의로운 조상의 자손들이다"라고 말하고 사악한 자들은 "우리는 사악한 조상들의 자손들이다"라고 말하지 않게 하려 함이 다'(34:38a)

도덕상의 문제는 모두 유전적인 영향으로 성격이 결정되는 요 소라고 할 수는 없는 것이다.

랍비들은 자유 의사에 연관된 철학적인 난문을 감지했지만, 그 들은 자기의 행동을 스스로 지배하는 인간의 능력에 대한 신뢰를, 어떤 방법으로든 지배하는 인간의 능력에 대한 신뢰를, 그들은 신 의 선견(先見)과 의지의 자유와의 관계를 설명해 보려는 시도는 하 지 않았지만, '만물은 신에 의해 예견되었다. 그러나 선택의 자유 는 주어져 있다'(39:3:19)는 것을 삶의 규범으로 제시하였다.

그러나 신께서는 이 영역에까지 참가하시는데, 인간은 어느 하 나를 택한 이후에는 그것이 선하건 약하건간에 그에게는 자기가 택한 진로를 고수할 수 있는 가능성이 주어진다. 선한 사람은 선 하게 격려되고 악한 사람은 악한 그대로 남는다. '인간은 자기가

걷고 싶어하는 길로 인도된다'(35:10b) '만일 사람이 자기 자신을
더럽히려고 하면 그에게 그렇게 할 기회가 생긴다. 만일 자기 자
신을 순결하게 하려고 하면 그에게 도움이 주어진다'(12:104a) '만
일 어떤 사람이 자기 자신을 모독하면 그들 즉 하나님은 그를 크
게 모독한다. 만일 그가 이 땅 위에서 자기 자신을 모독하면 그들
은 하늘에서부터 그를 모독한다. 만일 그가 이 세상에서 자기 자
신을 모독하면 그들은 내세에서 그를 모독한다. 만일 어떤 사람이
자기 자신을 조금이라도 신성하게 하면 그들은 그를 크게 신성하
게 한다. 만일 그가 이 땅 위에서 자기 자신을 신성하게 하면 그들
은 하늘에서부터 그를 신성하게 한다. 만일 그가 이 세상에서 자
기 자신을 신성하게 하면 그들은 내세에서 그를 신성하게 한
다'(16:39a)

만일 인간이 한 가지 계명에 귀를 기울이면, 그들은 그로 하여
금 많은 계명에 귀를 기울이게 한다. 그러나 그가 한 가지 계명을
잊어버리면 그들은 그로 하여금 많은 계명을 잊어버리게 한
다.'(Mech to 15. 26:46a)

그러므로 인간의 지지가 자유롭다는 확신은 랍비 윤리학의 기
반이 된 것으로 보인다. 인간의 삶의 특성은 그의 욕구에 따라 형
성된다. 만일 그가 그렇게 원한다면 그는 삶의 행운들을 잘못 사
용할 수도 있다. 그러나 어떤 상황에서도 그것들을 반드시 잘못
사용해야 한다는 것은 용인되지 않을 것이다. 사악한 충동은 끊임
없이 그를 유혹한다. 그러나 만일 그가 그것에 굴한다면 그 책임
은 그에게, 단지 그 혼자에게만 있는 것이다.

§6. 죄

탈무드는 이렇게 기록하고 있다. '2년 반 동안 샤마이 학파와

힐렐학파는 이러한 점에서 대립되었다. 힐렐학파는 인간이 창조되지 않았더라면 더 좋았을 것이라고 주장한 반면 샤마이 학파는 창조된 것이 더 나았다고 주장했다. 투표를 해 본 결과 다수결로 인간이 창조되지 않았더라면 더 좋았을 것이라는 결론이 채택되었다. 그러나 그가 창조되었으니 그로 하여금 그의 지난 행적을 연구하게 하라. 또 다른 해석은 이러하다. 그로 하여금 현재의 행적을 고찰하게 하라.'(13:13b)

그 논쟁의 저변에는, 인간은 근본적으로 죄 많은 창조물이기 때문에 그의 생애 동안 신의 비난을 살 많은 행위를 하게 마련이라는 일치된 의견이 있었다. 우리는 이미 인간성의 한 부분은 정복될 수 있느 사악한 충동이지만 너무나도 빈번이 한제를 뛰어 넘어 인간을 타락시키는 것을 보아 왔다.

어떤 사람이 완전히 죄가 없을 수 있는가 하는 물음에 대해 랍비의 문헌에서는 서로 모순되는 답변들을 한다. 한편에서는 '최초의 교회 주교들에게는 부정행위나 죄악의 흔적이 없었다'(Mech.to 16.10:48a)라고 주장하는데 반(反)해 또 다른 랍비는 이렇게 진술한다. '만일 축복받을진저 하나님께서 아브라함과 이삭과 야곱을 심판해 보셨더라면 그들은 책망에 맞설 수가 없었을 텐데......'(45:17a)

이와 마찬가지로 우리는 이런 이야기를 볼 수가 있다. '단지 이브를 유혹했던 뱀의 충고 때문에 네 사람이 죽었다. 그 네 사람은 야곱의 아들 벤쟈민과 모세의 아버지 아브라함과 다윗의 아버지 이새와, 다윗의 아들 길렙이다.'(12:55b) 이것이 의미하는 것은 그들은 죄가 없었고 그렇기 때문에 죽음을 당하지 않았어야 했다는 것이다. 이 의견에 대응해서 어떤 랍비가 성경의 사람이 '제 아무리 착하다 할지라도 좋은 일만 하고 나쁜 일을 하지 않는 사람은 이 세상에 없다'(전 7:20)를 인용하는 것을 볼 수 있는데 그때 그의 제자들에 의해 초래된 죄를 많이 물려받았고 그 결과 천성이 근본적으로 더럽혀졌는가 하는 물음과 관계가 있다. 랍비들이 에덴 동산에서의 죄가 모든 후세들에게 영향을 미쳤다는 것에 일치했다는 것은 이미 알려진 바이다. 그것은 모든 창조물들에게 운명지어진 죽음의 직접적인 원인이 되었다. 그와 같은 방식으로 그들은, 황금 송아지의 죄가 인류에게 오명(汚名)을 남겼고 인류의 운명에 영원한 악영향을 가져다 주었다고 믿었다. '황금 송아지의 죄가 털 끝만큼이라도 면제된 세대는 없다.'(P.20:68c)

그러나 그러한 생각은 인간의 죄를 상속한다는 교리로부터 멀리 떨어져 있다. 그는 자기의 조상들이 지은 범죄 때문에 무거운 짐을 지게 될지도 모른다. 그러나 탈무드시대의 어떤 랍비도 어느 누구든, 남자건 여자건간에 과오를 범하고도 개인적으로는 책임이 없다는 것을 용납하려고 하지 않는다. 그러한 것을 용납하는 것은 자유 의지의 교리와 모순되는 것이었다.

인간은 천성적으로 죄가 없다는 것을 증명하기 위해 탈무드로부터 많은 이야기들을 끌어낼 수 있다. 예를 들면 이런 진술이 있다. '죄악을 경험해 보지 못한 한 아이가 나이를 한 살 먹어'(16:22b) 전도서의 '날 때가 있으면 죽을 때가 있고'(전 3:2)라는 어구는 이런 열망에 그 기반을 두고 있다. 임종의 시각이 그가 탄생할 때의 시각과 같은 사람은 행복하다. 그가 태어날 때 죄가 없는 것처럼, 그가 죽을 때에도 그는 죄가 없어야만 한다.(P.1:4d)

오점이 없는 삶의 가능성은 이렇게 용납되었을 뿐만 아니라 실제로 인간이 추구해야 할 하나의 이상(理想)으로 제시되었다. 그렇게 되면 티끌로 된 몸은 땅에서 왔으니 땅으로 돌아가고 숨은 하나님께 받은 것이니 하나님께로 돌아가리라'(전 12:7)라는 문구부터 이와 비슷한 훈계가 유도된다. 하나님께서 그것을 네게 주셨던 것처럼 깨끗한 채로 그분께 다시 돌려드려라.'(12:152b)

랍비의 입장에서는 죄란 신께 대한 배신이며 그 이상도 그 이하도 아니다. 신께서는 토라에서 그의 뜻을 계시하셨는데 그 율법 중 어느 하나에라도 거슬리는 것은 죄악이 된다. 토라에 복종하는 것은 미덕이고 그것을 등한시하는 것은 죄이다. 이러한 태도는 다음과 같은 발췌에 매우 명료하게 표현되어 있다. '사람은 이렇게 말해서는 안 된다. 나는 돼지의 살을 먹을 수 없어, 나는 근친상간의 죄를 짓게 되는 결혼은 할 수 없어(그는 오히려 이렇게 말해야 한다) 나는 그런 일들을 할 수는 없다. 그러나 하늘에 계신 나의 아버지께서 내게 그렇게 명하신 것을 알면서 내가 어떻게 해야 하는가?'(sifra to 20:26) 금지된 것에 대한 욕망이 없으니까 그것으로부터 자기 자신을 억제한다는 것에는 미덕이 있는 것이 아니다. 욕망은 있지만 그것은 금지되어 있으니까 견디어 내는 것에 있는 것이다.

그러므로 모든 범죄는 신의 뜻에 대한 배반 행위이며 이론적으로는 크기에는 차이가 없다. 그러나 실제로는 차이가 있었다. 세 가지의 주요한 죄가 특별히 극악무도한 범죄로 인식되었다. 그것은 2세기 초반의 하드리아의 박해시 때와 관계가 있는데, 그 때에는 로마의 폭정이 종교적인 의식의 자유를 죽음이라는 형벌로써 제한하였고, 랍비들은 강박당한 유대인이 그들의 종교에 대해서 해야 할 일이 무엇인가를 의논하기 위해 종교 회의를 소집하였다. 그들이 얻은 결론은 이것이다. '토라에서 언급된 모든 금지령에 대해서 만일 어떤 사람이 "죄를 짓고도 죽지 않았다"고 한다면, 우상 숭배와 부정(不貞) 행위와 유혈을 제외하고는 그가 죄를 지어도 그의 목숨을 구할 수 있을 것이다.'(34:74a) 물론 이런 죄들을 범하면 그는 반드시 목숨을 잃어야만 했다.

지적된 세 가지 죄악 위에 특별히 무거운 죄로서 네 번째 죄악, 다시 말해서 중상의 죄가 부가되었다. 이 세상에서는 형벌을 강요 당하고 내세까지도 그 죄의 치명상을 남기는 중대한 네 가지 위법 행위가 있다. 그 네 가지는 우상숭배, 부정(不貞) 행위, 유혈, 그리 고 남을 중상하는 일이다. 우상숭배는 죄의 크기에 있어서 다른 모든 것을 합한 것과 맞먹는다. 이것은 어디서 끌어낸 것인가? 성 서의 "그는 추방당해야 한다. 그는 그 죄를 벗을 수 없다"(민 15:31) 로부터이다. "그 죄를 벗을 수 없다"는 말의 의도는 무엇인가? 그 영혼은 이 세상으로부터 추방당할 것인데 그럼에도 불구하고 그 죄악은 이 세상에 남을 것이라는 것을 가르치는 것이다. 부정 행 위에 대한 것은 어디에서 끌어낸 것인가? 성서의 "그런데 이렇게 엄청난 짓을 제가 어떻게 저지를 수 있겠습니까? 이것은 하나님 께 죄가 됩니다"(창 39:9)로부터이다. 피 홀림에 관한 것은 어디서 끌어 내어진 것인가? "카인이 야훼께 하소연하였다. 벌이 너무 무 거워서 저로서는 견디지 못하겠습니다." 또 중상에 대해서 무슨 이야기가 있는가? "야훼여! 간사한 모든 입술을 막아 주시고 제 자랑하는 모든 입술을 막아 주시고 제 자랑하는 모든 혀를 끊어 주소서.(sic. 창 4:13)

탈무드에서는 이런 죄들은 중대한 죄악이라고 빈번히 언급하였 다. 우상숭배는 그 중 가장 상위를 점하는 죄악이었는데 왜냐하면 그것은 신의 계시에 대한 부정을 수반했고 따라서 그것은 종교와 윤리학 체계의 전반적인 기반을 파괴하는 것이었기 때문이다. 누 구든 우상숭배를 용납하는 사람은 모세와 예언자들 그리고 원로 장로들에게 선포된 훈계뿐만 아니라 십계명까지도 거부하는 것이 다. 또 누구든 우상숭배를 거부하는 사람은 토라 전체를 인정하는 것이다.'(sifré 민 §3:32a) '우상숭배만을 제외하고는 토라에 대한 범죄를 포함하는 어떤 것이라도 예언자가 네게 하라고 명하는 모든 것에 귀를 기울여라. 그가 태양을 하늘 한가운데에 멈추게 한다고 할지라고 우상숭배에 대해서는 그에게 귀를 기울이지 말아라.'(34:90a)

다음과 같은 문구로부터 가장 엄격한 성도덕의 규범은 탈무드에 의해 요구되었다. 간음하는 자는 실제적으로 무신론자라는 것이 연역된다. 남의 아내를 넘보는 자는 어둠을 기다리며 "아무도 나를 보지 못한다"고 하며 얼굴을 가리는 무리'(욥 24:15)로 '그는 "아무도 나를 보지 않는다"라고 말하지 않고 땅 위에 있는 인간도 하늘에 계신 하나님도 모두가 나를 보지 못한다"고 한다'(민 R 9:1) 눈으로 색정을 품는 것조차도 음탕한 행위로 단정되었다. '그의 육체로 죄를 짓는 사람만을 간음하는 자라고 부르는 것이 아니라 그의 눈으로 죄를 짓는 사람도 그렇게 부른다'(레R 23:12)

도덕을 보호하는 한 수단으로써, 인간의 자기의 정욕을 자극할지라도 모르는 일은 어떤 일이라도 피하도록 엄격하게 명령을 받았다. 그것은 이런 충고로 주어져 있다. 여자들과 잡담을 너무 많이 하지 말아라. 이것은 자기 자신의 아내에게까지도 적용된다. 그러니 이웃 사람의 아내에 대해서야 얼마나 더 하겠는가. 그러므로 현인들께서는 이렇게 말씀하셨다. 누구든 여자들과 잡담을 너무 많이 하는 자는 자기 자신에게 악을 초래하고 토라의 연구를 게을리하게 되며 결국에는 힌놈 골짜기[36]를 이어받을 것이다.'(39:1:5)

남자는 비록 자기의 아내일지라도 여자의 뒤에서 길을 따라 걸어서는 안 된다. 다리 위에서 여인을 만나면 그녀로 하여금 한쪽

---

36) 고통의 땅을 의미하며 일명 지옥이라고 한다. 예레미야서 7장 31절 참조.

으로 지나가게 해야 한다. 또 누구든 여자의 뒤에서 내(川)를 건너는 자는 내세에 아무런 몫을 받지 못할 것이다. 여자에게 돈을 지불할 때 그녀를 잘 보기 위해서 돈을 자기 손에서 그녀의 손으로 하나하나 넘겨 주며 세는 자는, 그가 아무리 우리의 스승이신 모세같이 토라와 선행들을 했다고 할지라도 힌놈 골짜기의 벌을 피하지 못할 것이다. '남자는 여자의 뒤에서 걷느니 차라리 사자의 뒤에서 걸어야 한다.'(1:61a) '희롱과 경솔은 사람을 음란하게 만든다.'(39:3:17)

말을 조심성 없이 하는 자는 가혹한 형(刑)을 선고받는 것과 같다. 누구든 음탕한 언사를 사용하는 자는 비록 그에게는 칠십 년간이나 변치 않고 존재하는 천명이 있어 그것이 그에게 명예가 된다고 할지라도 그것은 불리한 천명으로 변할 것이다.(12:33a) '왜 손가락은 못처럼 끝으로 갈수록 가늘어지는가? 음란한 것을 손가락으로 그의 귀를 막을 수 있게 하기 위해서이다.'(25:5b)

세 번째로 주요한 죄악인 유혈은 신을 거역하는 것과 같은 판결을 받는데, 그것은 신의 형상대로 창조된 인간을 파괴하는 것이 되기 때문이다. '십계명은 어떻게 포고되었는가? 한 명판(銘板)에 다섯이 새겨지고 다섯은 다른 명판(銘板)에 새겨졌다. 그 중 하나에 "나는 너의 하나님 야훼이다"라고 새겨졌는데, 그것과 반대의 위치에 새겨진 것은 "살인하지 말라"였다. 여기서 끌어낸 결론은 만일 인간이 피를 흘리면 성경은 그가 신을 닮은 창조물을 감소시킨 것처럼 그것을 그의 탓으로 돌린다는 것이다.'(Mech to 20:17:70b)

'일찍이 어떤 사람이 라바 앞에 가서 그에게 이렇게 말했다. "우리 성읍의 통치자가 날더러 어떤 사람을 죽이라고 명령했는데 만일 내가 거역한다면 그는 나를 죽일 것입니다" 라바가 그에게 말하되 "네가 죽음을 당할지언정 남을 죽이지는 말아라. 네 피가 그의 피보다 더 붉다고 생각하느냐? 아마도 그의 피가 네 것보다 더 붉을 것이다.'"(14:25b)

다음과 같은 상황에서는 살인 행위를 정당한 것으로 받아들였다. '만일 누가 너를 죽이러 오거든 먼저 그를 죽여라.'(34:72a) '사람들이 다시 말해 이스라엘 사람들이 모여 있는데 만일 이방인들이 그들에게 "너희 중의 한 사람을 우리가 죽일 것이니 이리 넘겨라. 만일 그렇게 하지 않으면 너희들 모두를 죽일 테다"라고 말한다면 그들 중의 어느 한 사람을 넘겨 줄 것이 아니라 차라리 그들 모두가 죽음을 감수해야만 한다. 또 한편 만일 그들이 어느 한 사람을 지정해서 요구한다면 그들은 반드시 그를 구해내야 한다. 왜냐하면 그와 그들 양쪽이 다 죽게 될 것이므로 그들은 반드시 그를 넘겨 주어서 모두가 죽음을 당하지는 않아야 하기 때문이다.'(Tos 6:7:20)

증오 또한 혹독하게 비난되고 있는데 그것은 살생을 유발할 수 있기 때문이다. '이유 없는 증오는 우상숭배와 부정 행위와 유혈의 세 가지 죄에 필적하여 그것은 제2신전을 파괴하는 원인이 된다.'(16:9b) '형제를 미워하는 마음을 품지 말라'(레 19:17)는 훈계는 이렇게 해설되었다. '그를 괴롭히거나 때리거나 모욕하지 않아도 족하다고 생각할 수가 있다. 그러므로 성서에서는 "마음을(마음으로)"라고 덧붙여, 그것이 마음 속의 증오를 의미하는 것임을 지적했다.'(45:16b) 신께서 얼마나 증오를 싫어하시는가는 다음과 같은 한 의견에 설명한다. '바벨탑을 세운 자들은 서로 사랑했기 때문에 축복받을진저 하나님께서는 그들을 세상으로부터 멸해 버리시지 않고 그들이 사방으로 뿔뿔이 흩어지게 하셨다. 그러나 소돔 사람들은 서로 미워했기 때문에 축복받을진저 하나님께서 그들을 이

세상과 내세로부터 추방시켜 버리셨다.'(ARN:12)

네 번째의 주요한 죄악은 비방이다. 이 악덕을 비난하는 데에
진기한 문구가 사용되었는데 즉 그것은 lishan telitaë(세 번째 혀)
로서, 그것이 그렇게 불리워진 까닭은 '그것은 세 사람을 헐뜯는
다. 말하는 자와 듣는 자, 그리고 헐뜯음을 당하는 자'(45:15b) 때
문이었다. 이런 죄를 저지르는 자를 탄핵하는 데는 가장 심한 말
이 사용되었다. '누구든 남을 비방하는 자는 근본적인 원칙, 다시
말해서 신의 존재를 부인하는 것이나 같다.' '누구든 남의 비방을
하는 자는 돌로 쳐서 죽여야 마땅하다.' '축복받을진저 하나님께서
그런 사람에 대해서 말씀하시기를, 나와 그는 이 세상에서 함께
거할 수가 없노라.' '누구든 남을 비방하는 자는 자기의 죄를 우상
숭배와 부정과 유혈의 세 가지 죄악과 맞먹도록 확대시키는 것이
다.' '중상을 그대로 옮기는 자와 그것을 듣는 자, 그리고 자기 친
구에 대하여 거짓 증언을 하는 자는 개들에게나 던져 주어야 마땅
하다.'(14:118a) 랍비 엘리제의 '네 자신의 명예를 소중히 하듯이 네
이웃의 명예도 소중하게 해 주어라'(39:2:15)라는 격언은 이렇게
상세하게 해설된다. '인간이 자기 자신의 명예를 존중하는 것과 같
이 그로 하여금 자기 이웃의 명예도 존중하게 하라. 어느 누구도
자기 자신의 명성에 비방이 가해지기를 바라지 않는 것과 같이 그
로 하여금 절대로 자기 이웃의 명성을 비방하려 들지 말게 하
라.'(ARN: 15)

웅변의 재능을 오용(誤用)하는 것은 종종 경고의 대상이 되고 있
다. 랍비들은 혀가 얼마나 길들일 수 없는 기관인가37)를 감지했
고 그렇기 때문에 신께서 그것에 대한 특별한 제어 장치를 주셨다

역주 37) 야고보서 3장 5절로부터 8절까지의 인간의 혀를 언급하고 있는데 위에
　　　　인용된 말은 '그러나 사람의 혀를 길들일 수 있는 사람은 아무도 없습니
　　　　다.'에서 볼 수 있다.

고 주장했다. '축복받을진저 하나님께서 혀에게 이르시기를, 인간의 가지는 모두 똑바로 섰는데 너는 수평으로 누워 있다. 그것들은 모두 신체의 바깥쪽에 있으나 너는 안쪽에 있다. 게다가 나는 너를 두 개의 벽으로 둘러쌌는데 그 하나는 뼈로 된 벽이고 다른 하나는 살로 된 것이다.'(45:15b)

지나치게 말을 많이 하는 것은 경시되었다. '웅변은 은이고 침묵은 금이다'라는 금언에 대응하는 말이 탈무드에도 있다. '웅변은 한 셀라38)이고 침묵은 두 셀라이다.'(21:18a)

'침묵은 만병 통치 약이다'(21:18a) '침묵은 현명한 자에게 좋다. 그러니 어리석은 자에게 얼마나 더하겠는가.'(14:99a) '현명한 사람들 가운데서 자라난 내 생애에 있어서 나는 침묵보다 더 좋은 봉사를 찾지 못했다.'(39:1:17)

거짓말은 도둑질과 같으며 그것의 가장 나쁜 형태이다. '도둑에는 일곱 가지 부류가 있는데 그 중 우두머리는 거짓말을 해서 자기 동료의 마음을 훔치는 자이다.'(Tos 7:8) 또 '거짓말쟁이들의 무리는 쉐키나가 존재한다는 것을 받아들일 수 없을 것이다'(28:42a)라는 말도 있는데 이런 점에서 그들은 냉소하는 자들이며 위선자들이며 남을 중상하는 자들이다. '누구든 말을 얼버무려 속이는 자는 우상을 섬기는 자와 같다.'(34:92a) '축복받을진저 하나님께서는 입으로 하는 말과 속마음이 다른 자를 미워하신다.'(14:113b) '거짓말쟁이가 받는 벌은 그가 진실을 이야기할 때에도 남들이 믿어 주지 않는 것이다.'(34:89b) '어린애와의 약속이라도 그에게 무엇을 주기로 하고서 약속을 지키지 않아서는 안 된다. 왜냐하면 그렇게 함으로써 그는 어린이에게 어리석음을 가르치는 것이기 때문이다.'(17:46b)

---

38) 동전 이름.

말을 잘못 사용하는 것은 위선과 관계가 있다. '모든 위선자들
은 이 세상에 하나님의 격노를 초래하고, 그의 기도는 하나님께서
들어 주시지 않은 채로 남으며, 어머니 뱃속에 있는 태아들까지도
그들을 저주하며 힌놈 골짜기로 떨어지게 될 것이다. 위선에 빠져
있는 사회는 더럽혀진 물건처럼 불쾌해서 추방당하게 될 것이
다.'(28:41b et seq)

탈무드는 바리새인들을 일곱 부류로 구분하는데 위선적인 기질
을 드러내는 그들에 대해서 이렇게 풍자한다. '세겜39)과 같이 행
동하는 쉬크미(shichmi) 바리새인이 있고 자기의 두 발로 계속
맞장구치는 니스피(nispi) 바리새인이 있고,40) 벽에 부딪쳐 피
를 흘리는 키자이(kizai) 바리새인이 있고41) 절구 속의 절구공
이처럼 머리를 숙이고 걷는 "절구공이" 바리새인이 있으며, "내가
수행해야 할 의무는 무엇일까?" 하고 부르짖고 있는 바리새인이 있
고, 하나님의 사랑으로부터 온 바리새인과 두려움으로부터 온 바리새
인이 있다.'(28:22b)

혹독한 비난을 받는 또 하나의 죄는 부정직이다. 이 주제에 대
한 한 대범한 교훈의 그 취지는 인간이 자기의 삶을 심판받기 위
해 하늘의 심판석 앞에 서게 되었을 때 가장 먼저 받게 되는 질문
은 '너는 네 사업 거래에 있어 정직했느냐?'(12:31a)고 하는 것이
다. '누구든 아무리 하찮은 것이라도 자기 친구의 것을 훔치는 자

---

39) 하찮은 동기로 유대인에게 복종한 사람(창세 3:4) 팔레스티나 판(版)탈무드는
   다르게 설명하고 있다. '자기의 종교적인 의무를 그의 어깨(세겜)에 짊어진
   사람 (p. 1;14b)

40) 그는 과장된 온순함을 과시나 하는 듯이 걷는다. 팔레스티나 판(版) 탈무드는
   이렇게 설명한다. '내가 종교적인 의무를 수행할 수 있도록 시간 좀 내 주십
   시오라고 이야기하는 바리새인'

41) 여자 보는 것을 피하려는 염원으로 그는 달려가 얼굴을 부딪친다. 팔레스티나
   의 탈무드는 '계산적인 바리새인'이라는 용어로 설명하는데, 다시 말해서 그
   는 착한 일을 한 번 하고 그 다음에는 악한 일을 한 번 함으로써 서로에 대해
   상쇄시킨다.

는 그에게서 그의 삶을 빼앗은 것이나 다름없다.'(31:119a) '노략질의 힘이 얼마나 가혹한가를 와서 보라. 노아의 홍수 시대에는 온갖 범죄를 저질렀지만 기록된 바, "땅 위는 그야말로 무법천지가 되었다. 그래서 나는 저것들을 땅에서 다 쓸어 버리기로 하였다"(창 6:13, 34:108a)처럼 그들이 약탈에 손을 뻗치기 전까지는 그들의 운명이 결정되어 있지 않았다. 누구든 강도질로 더럽혀진 손을 가진 자는 축복받을진저 하나님께 요구할 수는 있지만 그분께서는 그에게 응답하시지 않을 것이다'(출 R.22:3) '어떤 사람이 보리 한 되(斗)를 훔쳐서 그것을 빻고, 반죽해서 구워 한 덩이를 떼었다42)고 가정하면 그가 어떤 기도를 올릴 수가 있겠는가? 자기 자신을 남들에게 돋보이게 하려는 것이다. 그런 사람은 절대로 기도문을 욀 수 없으며 불경한 말을 할 것이다'(31:94a) '도둑과 어울리는 자는 도둑이나 같다'(p.34:19b)

또 '도둑으로부터 도둑질을 하면 너도 또한 그 맛을 안다'(1:5b) — 그 또한 도둑질이다. 장물취득자는 도둑보다도 더 나쁘다는 말은 이런 격언으로 재미있게 표현되어 있다. 쥐가 도둑이 아니라 쥐구멍이 도둑이다. 왜냐하면, 쥐구멍이 없다면 쥐가 무엇을 훔쳤겠는가?'(45:30a)

탈무드에서 다른 많은 죄악들을 비난하고 있지만 지금까지 인용한 것만으로도, 친구에게 행한 나쁜 짓은 하나님에게 범한 죄나 같다는 견해를 예증하기에 충분하다. 그것은 단지 인간과 그의 조물주의 관계에 영향을 끼치는 교훈을 불이행하는 것보다도 더 심각하고 용서를 받기 전에 엄격한 조건을 필요로 한다. '속죄일은 인간과 하나님 사이의 죄악들에 대해서는 그가 그의 친구를 만족시킬 때까지는 속죄일이 속죄를 초래하지 않는다.'(16:8:9) 양심의

---

42) 민수기 15장 21절에 따르면 신전이 와해된 이후에도 떡 반죽 한 덩이를 떼어 굽고 해서 기도 드리는 관습이 존속했다.

가책이나 후회만으로는 불충분하다. 보상도 반드시 있어야 한다.

모든 죄악 중에 가장 큰 죄는 다른 사람들을 죄짓게 하는 원인이 되는 것이다. '남을 죄짓게 하는 것은 그를 죽이는 것보다 더 나쁘다. 왜냐하면 사람을 살해하는 것은 단지 그를 이 세상에서 제거하는 것이지만, 죄짓게 하는 것은 그를 내세까지도 추방시키는 것이기 때문이다.'(sifré 신§252:120a) '만일 먹지도 못하고 마시지도 못하고 냄새도 맡지 못하는 나무들에 관련하여 그들이 우상 숭배를 목적으로 사용된다면 그것들을 통해서 인간이 죄를 범하게 되므로 그것들은 불에 태워져야 한다(신 12:3)고 토라가 명한다면 자기의 친구를 삶의 길에서 죽음의 길로 방황케 하는 사람은 마땅히 백만 번 죽는 것이 마땅하다!'(34:55a) 또 역으로 '누구든지 자기 친구에게 교훈을 행하도록 하는 자는 그 친구를 만든 것처럼 그 덕이 그에게 돌려진다.'(34:99b)

은밀한 죄와 공공연한 죄 사이에는 중요한 차가 있다. 한 견해에 따르면 전자는 실질적으로 신의 존재와 신의 무소부재를 부정하기 때문에 더 심각하다. '범죄를 저지르는 사람들의 하는 짓은 이러하다. 그들은 축복받을진저 하나님께서 그들의 소행을 보고 계시지 않다고 생각한다. 또 이런 경고도 내려졌다. '인간이 비밀히 죄를 저지르면 하나님께서는 그것을 대중 앞에 포고하실 것이다.'(민R. 9:1) 또 다른 견해에 의하면 공공연한 죄가 더 악질적인 범죄이다. 그리고 성경에는 너희는 내가 정해 주는 규정과 내가 세워 주는 법을 지켜야 한다. '누구든지 그것을 실천하면 살리라'(28:3a)라는 성경의 논법에 의해 이런 표현이 적용된다— '실천하면 죽는 것이 아니라 "실천하면 살리라"(레 18:5) 랍비 이스마엘이 늘 말하기를 너는 만일 어떤 사람이 몰래 우상을 예배하여 목숨을 건지라는 지시를 받는다면 그가 그렇게 해도 좋다고 어떤 근거로 주장할 수 있느냐? "실천하면 살리라"에 의해서이다. 그렇다면 아마 굴복하여 공공연하게 목숨을 구하기 위해 우상숭배를 행할지도 모른다. 그러므로 성경은 이렇게 선언하고 있다. "너희는 나의 거룩한 이름을 욕되게 하지 말라."(레 22:32, sifra ad loc)

그런 상황에서 버젓이 하는 범죄가 더 중대하게 다루어지는 이유는 그것이 다른 사람들에게 본이 될 수도 있기 때문이다. 특히 사회적으로 지위가 있는 경우에는 더욱 그러하다. 그는 은밀히 나쁜 짓 하는 것을 허락받는데 그것은 신께서 그가 부득이한 사정으로 행동하고 있다는 것과 그 동기가 신은 자기가 무엇을 하고 있는지 알지 못한다는 생각에 의해서 유발되지 않았다는 것을 이해하시기 때문이다. 그러나 공공연히 잘못을 저지르는 것은 '거룩한 이름에 대한 모독'에 해당되며 그에게 최악의 범죄, 즉 남들을 죄 짓게 하도록 만든다.

사악한 충동에서처럼 죄악은 그 초기 단계에서 저지해야 하는데 만일 그렇지 못하면 그것은 만성적인 습관으로 되어 버린다. '만일 인간이 죄를 저지르고 그것을 반복하면 그것은 그에게 용납되는 일이 된다'(16:86b)란 말 속에 건전한 심리학이 있다. 또 하나의 죄악은 다른 죄악을 유발한다. '사소한 교훈이라도 지켜 행해서 범죄로부터 피하라. 교훈은 훈련함으로써 교훈을 끌어오고, 죄악은 죄악을 끌어 온다. 교훈의 보답은 교훈이며 죄악의 보답은 죄악이기 때문이다.'(39:4:2) 그런 생각은 다음의 좀더 본격적인 표현으로 바꾸어진다. '만일 누가 사소한 교훈이라도 위반을 하면 그는 중대한 교훈을 위반하여 죽을 것이다. 만일 그가 "네 이웃을 네 몸처럼 아껴라"(레 19:18)를 위반하면 그는 결국 계속하여 "형제를 미워하는 마음을 품지 말라"(레 19:17)를 위반하게 될 것이고 다음은 "동족에게 앙심을 품어 원수를 갚지 말라"(레 19:18)를 위반하게 될 것이고, 그 다음도 "너희는 동족을 함께 데리고 살아야 한다"(레 25:36)를 위반하게 될 것이고 그는 결국 언젠가는 피를 흘리게 될 것이다.'(sifré 신 187:108b)

'단 한 가지 교훈도 그 자체를 위해서43) 행하는 사람은 그것으로 기뻐하지 말게 하라. 왜냐하면 그것이 결국에는 많은 교훈들을 행하도록 인도할 것이니. 또 한 가지 죄를 저지르는 사람은 그것으로 걱정하지 말게 하라. 왜냐하면 그것이 많은 범죄를 초래할 것이니.'(sifré 민 112:33a) 그 역(逆)도 또한 참이다. '만일 죄악이 인간에게 한두 번 찾아 왔는데 그가 죄를 짓지 않는다면 그는 죄악으로부터 면제될 것이다.'(16:38b) 나쁜 짓은 단지 자제력의 상실에서 초래된다. 그래서 이런 가르침이 있다. '인간에게 광기(狂氣) 있는 영혼이 들어가지 않는다면 그는 범죄를 저지르지 않는다.' 그러므로 무엇이건 통제력을 약화시키는 것은 멀리해야만 한다. 두 개의 원인이 엘리야가 어떤 랍비에게 했었다고 하는 충고 가운데 지적되어 있다. '격노하지 말라, 그리하면 너는 죄를 짓지 않을 것이다. 취하지 말라, 그리하면 너는 죄를 짓지 않을 것이다.'(1:29b)

죄짓는 것에 대한 중요한 방위수단을 랍비유다 왕자와 그의 아들 가말리엘이 제시하였다. 유다가 이렇게 말했다. '세 가지 일을 숙고하라. 그리하면 너는 죄악의 권능 안에 빠지지 않을 것이다. 위에서 말한 네가 알아야 할 것은 눈으로 보는 것과 귀로 듣는 것과 네가 행하는 모든 것들을 책에 기록하는 것이다.' 두 번째 사람은 이렇게 말했다. '훌륭한 일은 몇 가지 세속적인 직업과 결합되어 있는 토라를 연구하는 일이다. 왜냐하면 그들 모두가 요구했던 노동은 죄를 잊도록 만들기 때문이다. 일하지 않고 토라를 연구하는 것은 결국에는 반드시 무익한 것이 되고 죄의 원인이 된

---

43) Lishmah 다시 말해서 보상받을 생각은 하지 않고.

다.'(39:2:1f)

이것은 올바른 삶에 대한 랍비의 철학이다. 마음은 늘 건전한 생각에 몰두하고 손은 성실한 일에 종사하도록 하라. 죄가 되는 소행을 할 시간도 없을 것이고 마음도 내키지 않을 것이다.

§7. 회개와 속죄

하나님께서 인간에게 사악한 충동을 창조하여 주셨기 때문에 인간은 죄를 짓기 쉽다. 그래서 정의는 그의 구원을 위한 해독제도 마련해 주어야 할 것을 요구하였다. 만일 사악이 인간에게 감염되기 쉬운 질병이라면 그에게는 치료할 수단도 필요했었다. 그것을 회개 안에서 찾을 수 있다.

랍비들이 회개가 이 세상이 만들어지기 전부터 신께서 고안하신 것들 중의 하나라고 주장한 것은 지극히 당연하다. '우주가 존재하기 이전에 일곱 가지가 창조되었다. 토라·회개·천국·힌놈 골짜기·영광의 보좌·예루살렘 성전, 그리고 구세주의 이름이 그것이다.'(14:54a)

이 세상은 인간의 거처로서 창조되었기 때문에 그를 수용하기 위한 준비가 갖추어져야 했다. 토라에는 그가 따라야 할 올바른 삶에 대한 계획이 있었다. 그러나 그가 완성의 행로로부터 이탈할 수 있는 여지도 또한 참작되어야만 했는데 다음에 열거된 것들이 그것이다.

그 첫째가 회개인데, 이것이 없었더라면 인류는 견디지 못하고 밀려오는 사악한 것들에게 압도당했을 것이기 때문이다. 그것은 악의 조수를 저지할 힘을 가졌을 뿐만 아니라 그것을 무력하게 하고 범행으로 더러워진 삶을 건전하게 만들 수 있는 능력을 가지고 있다. '회개는 위대하다. 그것은 (구세주의) 구원을 가까이 다가오게 하기 때문이다. 회개는 위대하다. 그것은 인간의 수명을 연장시키기 때문이다.(16:86a) 참회하는 자가 점유하는 위치는 더할 나위 없이 정의로운 자일지라도 점유할 수 없다.(1:34b)

'회개보다 더 위대한 것은 없다.(신 R 2:24) '내세의 삶 전체보다이 세상에서의 회개와 선행의 한 시간이 더 낫다.'(39:4:22) 성경이 선언하듯이 신께서는 사악한 자의 죽음을 기뻐하시는 것이 아니라 그가 악의 길로부터 전향하여 마음을 바로 잡고 사는 것을 기뻐하시기 때문에(겔 33:11) 신께서는 인간의 회개하는 것을 열망하시며 그렇게 하려는 인간의 노력을 수월하게 해 주신다. '인간의 속성은 하나님의 속성과 같지 않다. 인간은 정복당할 때에 슬퍼하지만 하나님께서는 정복당하실 때에44) 기뻐하신다. 에제키엘의 네 짐승 옆구리에 달린 네 날개 밑으로 사람의 손이 보였다'(겔 1:8)라는 말은 회개하는 자들을 심판의 권능으로부터 받아들이기 위하여 차이요트(chayoth)의 날개 밑으로 내미는 하나님의 손을 가리킨다.'(14:119a) "축복받을진저 하나님께서 이스라엘 사람들에게 이르시되, 나의 아들들아, 나를 위해 바늘귀만큼 좁은 구멍이라도 열어라. 그리하면 나는 너희를 위해 수레들과 마차들이 지나다닐 수 있는 문을 열어주리라.'(can.R.5:2) '기도의 문은 열려 있을 때도 있고 닫혀 있을 때도 있다. 그러나 회개의 문은 열려 있을 때도 있고 닫혀 있을 때도 있는 것이 아니라 언제나 열려 있다. 바다를 늘 가까이할 수 있듯이, 축복받을진저 하나님의 손도 그러하며 참회하는 자를 맞기 위해 항상 열려 있다.'(신 R2:12)

사람들이 의당 생각하듯이 탈무드는 주로 이스라엘에 관한 것이기는 하지만 회개의 교리에 대해서는 배타적인 것이 없다. 그것을 원하는 사람은 누구나 이용할 수 있다. 기록된 바 '축복받을진

---

44) 자신의 노여움을 회개로써 극복하여 자비로 변화시킴으로써.

저 하나님께서는 이 세상 사람들이 회개하여 그의 날개 밑으로 가까워지기를 바라며 기다리신다.'(민 R10:1) 또 '축복받을진저 하나님께서 이 세상 사람들에게 회개해서 그가 그들을 그의 날개 밑으로 데려갈 수 있게 하라고 명하셨다.'(can.R.6:1)

성전이 무너지고 속죄 제물이 중지되자 속죄의 수단으로써의 참회의 중요성은 필연적으로 향상되었다. 이것은 속죄일의 효력에도 적용된다. 산 제사가 실시되고 있을 때에조차도 제무리 신께 용납될 수 있는지 입증되기 전에 반드시 회개해야 한다고 랍비들은 주장했다. 명료한 교훈이 있다. '죄의 제물, 범죄의 제물, 죽음도, 속죄일도 회개가 없이는 속죄를 가져오지 못한다.'(Tos.16:5:9) 산 제물을 더 이상 드릴 수 없을 때에도 사람들은 자기들의 속죄에 대한 희망은 조금도 영향을 받지 않는다는 것을 다짐받는 것이 필요했다. 그래서 그들에 관해서 이렇게 쓰여졌다. '만일 사람이 회개하면 마치 그가 예루살렘으로 올라가 성전을 짓고 제단을 세워서 토라에 열거된 모든 제물을 올린 것이나 같다는 논리는 어디서 추론된 것인가? 성서의 "하나님, 내 제물은 찢어진 마음뿐"(시 51:17)으로부터이다.(레 R.7:2) '기록된 바 "모두 야훼께 돌아와 이렇게 빌어라.(호 14:2)

나는 너희에게서 제물을 원하는 것이 아니라 회개의 말을 원한다.'(God.R.38:4)

이 문제에 대한 중요한 문구가 있다. '지혜, 다시 말해 하기오그라파에게 묻되 죄인의 벌은 무엇인가?' 하자 대답하여 가로되 '죄 지은 사람은 곤경에 몰리고' 라고 했고 예언서에 대답하여 가로되 "죄 지은 장본인은 죽으리라."(겔 18:4) 또 토라45)에 기록된 바 "그러면 그것이 그의 죄를 벗겨주는 제물로 받아들여질 것이다"(레

---

45) 하기오그라파 예언서, 토라(즉 모세 5경)는 히브리 성경의 3부분을 이룬다.

1:4) 그에게 범죄의 제물을 드리게 하라. 그리하면 그는 죄 사함을 받으리라. 축복받을진저 하나님께 여쭤 대답하시되, 기록된 바 "야훼여 당신은 바르고 어지시기에 죄인들에게 길을 가르치시고" (시 25:8) 그를 회개하게 하라. 그리하면 그는 죄사함을 받으리라.(P.35:31d)

우리는 여기서 신이 주신 해답과 성서의 세 부분이 주는 해답 사이의 모순에 주의할 필요가 없다. 랍비들에게 성서란 하나님의 마음을 나타내 표현한 것이었기 때문에 그렇게 조화가 결핍돼 있으리라고는 상상할 수도 없었을 것이다. 이 인용문은 죄인이 자기의 범행을 속죄하는 여러 가지 수단을 열거하고 있는데 그 모든 것의 으뜸은 회개이다. 그것은 유대교에서 작성한 속죄의 계획을 묘사하고 있는데 각 항목마다 사려(思慮)를 요한다.

성서의 지혜서에 따르면 속죄는 '악'을 통해서 얻을 수 있는데 그럼으로써 고통을 이해할 수 있다. 이러한 생각은 다음과 같은 말로 설명된다. 인간의 모든 죄악을 추방하는 징벌이 있다.'(1:5a) '누구든 천벌의 징후를 분명히 본 자는 그것들을 단지 속죄의 제단에 불과하다고 여겨야 한다.' 《상동 5b》 '인간을 행복 속에서 보다 고통 속에서 더 기뻐하게 하라. 만일 인간이 행복 가운데서 자기 전 생애를 영위했다면 그가 저질렀을지도 모르는 죄악들은 모두 용서받지 못할 것이기 때문이다. 수난을 통해서 용서를 받을 때 그는 용서받는다. 수난은 소중한 것이다. 왜냐하면 제물이 승인을 확고하게 해 주는 것처럼 고통도 마찬가지로 승인을 확고하게 해 준다. 아니 고통은 더 위대한 승인이기까지한데 그것은 제물이 단지 제물만을 수반하는 반면에 고통은 그의 몸에 영향을 끼치기 때문이다.'(sifre.신§32:73b) 이런 생각을 묘하게 확대시킨 것이 창자병을 앓으면 신체적으로 뿐만 아니라 도덕적으로도 깨끗하게 된다는 확신이다. '경건한 노인들은 그들이 죽기 약 20일 전 창자병을 앓고 그 병을 완전히 퇴치시키곤 했는데 그럼으로써 청정한 상태로 내세로 들어갈 수 있었다.'(sem.cho.3:10) '세 부류의 사람들은 힌놈 골짜기를 눈 앞에 보지 않을 것이다. 그들은 굶주림의 고통과 창자의 병과 로마 규율의 폭정을 겪어 본 사람들이다.'(Emb:41b) 그들이 견디어낸 고난은 그들의 악행에 대한 형벌이었으며 그들은 쓰라림을 맛보았으므로 정화되었다.

예언서의 응답은 죽음을 언급했다. 이것도 역시 속죄의 한 수단으로 가장 심한 형태의 죄악에 효과적이다. 만일 사람이 단호한 율법을 어기고 회개하면 그는 용서받지 않고는 그의 자리로부터 움직이지 않는다. 만일 사람이 금지령을 어기고 회개하면 그의 회개는 미결정적으로는 남아 있다가 속죄일이 되면 죄가 속해진다. 만일 사람이 하나님의 손에 의해 잘리는 벌이나 대심판관에 의한 극형을 초래할 죄를 짓고 회개하면 그의 회개와 속죄일의 두 가지 다 미결정적으로 남아 고통이 그를 깨끗하게 한다. 그러나 거룩한 이름을 욕되게 한 죄를 저지르는 자는 회개가 미결정 속에 아무런 힘도 발휘하지 못하고 속죄일도 죄를 속하는 힘을 가지지 못하며 고통도 깨끗하게 하는 힘을 갖지 못한다. 단지 그들 모두가 미정으로 남아 죽음이 그를 깨끗하게 한다.'(16:86a)

죽음조차도 참회가 선행되지 않으면 죄를 속하지 못한다. '죽음과 속죄일은 회개와 함께 죄를 속한다.(16:8:8)

민수기 15장 31절의 '그는 야훼의 말씀을 무시하여 그 계명을 어겼으므로 추방당해야 한다. 그는 그 죄를 벗을 수 없다'에 대해서 이런 주석이 있다. '죽는 사람은 모두 그의 죽음으로 속죄를 받는다. 그러나 이 사람은 "그의 죄가 그에게 남아 있을 것이다." 그가 회개한다고 하더라도 죄가 남아 있을까? 그러므로 성서는 기술하기를 "그의 죄를 벗을 수 없다." 다시 말해서 그가 회개하지 않는다면(sifre.민§112:33a) 참회는 죄를 사라지게 한다는 것이 추론이다. 처형 당하러 가는 길에 범죄자는 이런 고백을 하도록 권고를 받는다. '내 죽음이 나의 모든 죄에 대한 종지부가 되게 하소서'(36:6:2)

토라의 응답은 속죄의 제물을 언급하고 있는데 탈무드시대의 초창기만을 제외하고는 그것은 과거지사였다. 그들의 지역에서 유대인 회당의 속죄일 예배의식은 대중의 마음 속에 죄악으로부터 청결해지는 최상의 길이 되었다. 이것에 작용하는 그 힘이 랍비들의 유대교 교의이다. 작위(作爲)건 부작위(不作爲)건 가벼운 범죄는 회개하면 속죄된다. 중죄는 속죄일에 와서 죄를 속할 때까지 회개가 미정적으로 그 문제를 쥐고 있다.'(16:8:8) '(작위의) 죄인 경우에는 그가 회개하지 않더라도 속죄일이 되면 속죄되나(부작위의) 죄인 경우에는 그가 회개한 경우에 한해서 속죄된다.'(P.16:45b) 말하자면 속죄일은 어느 단계까지의 범죄에는 자동적으로 기능을 발휘하여 회개 없이도 용서를 받을 수 있다는 견해는 극히 예외적이다. 정말 이 모순에 대한 경고를 매우 명백히 하고 있다. '나는 죄를 짓겠다. 그러면 속죄일이 되면 속죄될 것이다"라고 말하는 사람은 속죄일이 그를 위해 죄를 속하지 않을 것이다.

속죄일의 눈에 띄는 특징은 속죄일 동안 행하는 엄격한 단식이었다. 종교 지도자들까지도 단식일 참회의 한 행위로서 중요시했다. 어떤 랍비는 단식날 이런 기도를 드리곤 했다고 전해지고 있다. '우주의 야훼시여! 이스라엘 성전이 있을 때 어떤 사람이 죄를 짓고 제물을 가져와 그중 단지 살과 피만을 제물로 바쳤는데 그는 속죄를 받았다는 것을 당신 앞에 알려 드립니다. 그러나 지금 저는 단식일을 하고 있어서 내 살과 피는 줄어들었습니다. 줄어든

내 살과 피는 그것이 당신 앞의 제단 위에 바친 것으로 고려되게
하시고 제게 은혜를 베푸사 당신의 뜻대로 이루어지이다.'(1:17a)

단식일에 채택된 관습에서 훨씬 더 높은 견해를 볼 수 있다. '회
중의 연장자가 훈계의 말로써 참배자들에게 이렇게 연설한다. "형
제여, 이것은 니느웨 사람들의 이야기가 아니다. 그리고 하나님께
서는 그들의 삼베옷과 그들이 금식하는 것을 보셨다.' 그러나, 하
나님께서는 뜻을 돌이켜 그들에게 내리시려던 재앙을 거두시었
다.'(욘 3:10, Jaa.2:1)

아무리 많은 기도나 죄의 고해도 품행의 변화가 수반되지 않으
면 속죄를 보장받을 수 없다는 것이 명백한 탈무드의 교리이다.
어떤 사람이 죄를 짓고 그것에 대해 고해를 했으면서도 자기의 행
동을 바로 잡지 않는다면 그는 무엇과 같을까? 손에 더러운 뱀을
쥐고 있는 사람과 같다. 비록 그가 자기 몸을 이 세상의 모든 물에
침례한다 하더라도 그의 침례는 그에게 아무런 효용이 없다. 그러
나 그에게 뱀을 던져 버리게 하고 40seah[46]의 물로 세례하게 하
면 그것은 즉각적으로 그 즉시 그에게 유용해진다. 기록된 바 제
잘못을 실토하고 손을 떼어야 동정을 산다."(잠 28:13, 20:16a)

또한 우리는 하나님의 응답, 다시 말해서 인간을 죄악으로부터
청결하게 해 주는 궁극적인 수단으로서 회개에 이른다. 그러나 회
개는 반드시 진실한 것으로 입증되어야 한다. '나는 죄를 짓고 회
개하고 또 죄를 짓고 회개하겠다'라고 말하는 자는 회개하는 것에
효험이 인정되지 않을 것이다.(16:8:9)

양심은 오용하면 어지럽혀질 수 있는 섬세한 기관이다. 회개는
반드시 진심어린 양심의 가책에서 우러나와야 한다. '누구든 죄를
범하고 그것으로 인해 수치심으로 가득한 사람은 그의 모든 죄가

---

46) seah는 한 단위인데, 40seah는 종교 의식의 정결을 목적으로 할 때 요구되는 목
욕의 특수한 형태에 필요한 최소한의 양이다.

용서된다'. 속죄를 분명히 얻는 수단으로서 회개에 이른다. 그러나 회개는 반드시 진실한 것으로 입증되어야 한다. '나는 죄를 짓고 회개하고 또 죄를 짓고 회개하겠다'라고 말하는 자는 회개하는 것에 효험이 인정되지 않을 것이다.(16:8:9)

'인간의 마음 속에 있는 하나의 징벌 다시 말해서 자책은 많은 태형(笞刑)보다도 낫다.'(1:12b)

진실성의 증거로서 회개의 말에는 반드시 자선행위가 수반해야만 한다. '회개와 선행은 인간의 변호사이다.'(12:32a) '회개와 선행은 처벌을 막는 방패다.'(39:4:13) 사악한 판결을 무효로 할 수 있는 3가지는 기도·자비·회개이다.(창 R.44:12) 진정한 참회의 기준은 다음과 같다. '한두 번 범죄의 유혹이 그에게 올 것이지만 그는 그것을 뿌리친다.'(16:86b)

개심(改心)을 하는데 있어 너무 늦었다는 일은 있을 수 없다는 생각이 다음과 같은 말에 나타난다. '만일 사람이 자기 생애 동안 철저하게 사악하였다가 죽을 때 회개한다면 그의 사악함은 다시는 하나님에 의해 상기되지 않는다.'(30:40b) 그러나 우리가 알아야 하듯이 죽음이 끼어들지 않게 하기 위해서는 참회의 행위가 지연되서는 안된다.

죽은 후에 회개하는 것은 가능한가? 이 물음에 대해 분분한 대답들을 한다. 한 교훈에 '활 시위에서 벗어나는 화살처럼 그곳으로부터 쏘아 올려진다.'(Jan.to.신 32:1)

'구부러진 것은 곧바르게 만들 수 없으며 모자라는 것은 채울 수 없다.' 이 세상에서 도덕적으로 비뚤어진 사람은 곧바르게 될 수 없으며 덕행에 있어 모자라는 사람은 세워질 수가 없으며 모자라는 사람은 세워질 수가 없다. 이 세상에서 동료로 지냈던 두 사악한 사람을 상상해 보라. 그 중 하나는 그의 생애에 일찍부터 속죄를 했고 다른 하나는 그렇게 하지 못했다. 전자는 그의 속죄행위의 공적으로 정의로운 사람들 틈에 앉았다. 후자는 사악한 사람들 틈에 서서 자기 친구를 바라보며 이렇게 울부짖었다. "아아, 슬프도다. 이런 불공평한 일을 당하다니! 우리 두 사람은 똑같이 살았고, 우리는 똑같이 훔치고 도둑질했으며 온갖 종류의 악행을 똑같이 저질렀다. 그런데 왜 그는 정의로운 자들 가운데 있고 나는 사악한 자들 가운데 있는가?" 그들의 천사들이 그에게 이렇게 대답했다. "이 어리석은 인간아! 네가 죽은 삼일 후 너는 비열했었기 때문에 그때 사람들이 너를 관에 넣어 정중하게 장사지내지 않고 네 시체를 밧줄로 묶어 무덤으로 끌고 갔다. 네 동료는 너의 비참한 모습을 보고 죄를 뉘우치고 악의 길에서 돌아설 것을 맹세했다. 그는 정의로운 사람처럼 회개했는데 그의 속죄의 결과로 그는 여기서 삶과 영광을 얻었으며 착한 사람들과 운명을 함께 하게 되었다. 네게도 마찬가지로 회개할 좋은 기회가 있었다. 만일 너도 그렇게 했더라면 좋았을 것이다" 그러자 그가 "제가 가서 회개하도록 허락해 주십시오"라고 했다. 그들이 대답하기를 "이 바보 같은 인간아! 이곳은 안식일과 같고 네가 머물던 세상은 마른 땅과 같으며 이곳은 바다와 같다는 것을 모르느냐? 만일 사람이 마른 땅에서 음식을 준비하지 않는다면 바다에 나가서 그가 무엇을 먹겠느냐. 너는 이 세상이 사막과 같고 네가 있던 저 세상은 경작지와 같다는 것을 모르느냐? 만일 사람이 경작지에서 음식을 마련해 두지 않는다면 사막에서는 그가 무엇을 먹겠느냐?" 그는 이를 갈고 자기 살을 물어 뜯더니 이렇게 말한다. "내게 내 친구의 영광을 구경할 수 있도록 허락해 주십시오." 그들이 이에 대답하기를 "이 어리석은 인간아! 전능하신 하나님께서 우리에게 명하시기를 착한 사람들이 사악한 사람들과 함께 서거나 사악한 사람들이 착한 사람들과 함께 서도 안 되며, 순결한 사람들이 더러운 사람들과 함께 서거나 더러운 사람들이 순결한 사람들과 함께 서도 안 된다고 하셨다." 그는 즉시 자포자기하여 옷을 찢고 머리를 쥐어 뜯었다.

보는 순간까지 회개가 가능한 것은 사실이라 하더라도 그것을 뒤로 미루는 것은 현명하지 못하다고 생각된다.

'R · 엘리제가 말하기를 "너는 죽기 하루 전에 회개하라." 그의 제자들이 그에게 물었다. "자기가 죽게 될 날을 아는 사람이 어디 있습니까?" 그는 이렇게 대답했다. "네가 오늘 밤 죽을지 누가 알겠느냐. 내일을 위해 오늘 회개하는 것에 무슨 이유가 더 있겠느냐? 결과적으로 너는 그날 그날 회개하면서 지내야 한다.'"(12:153a)

§8. 보상과 응징

정의는 신의 속성이기 때문에 그분은 자기의 창조물들을 공정하게 대하신다는 결론이 나온다. 정의로운 사람들은 하나님의 뜻에 충실한데 대하여 보상을 받아야 하며 사악한 사람들은 그들의 반역에 대하여 징벌을 받는다는 것은 공정한 심판관이 다스리시는 이 우주에서 당연히 기대할 수 있는 것이다. 만일 실제의 삶이 이 결론과 일치되지 않는 것 같으면 정의의 통치가 명백히 부재(不在)한 사실과 신께서는 그의 모둔 법령 안에서 정직하시다는 확실성을 설명하여야 한다.

어떤 랍비가 성서의 한 구절을, 신께서는 공정의 규율에 얽매이지 않으셨고, 신께서 원하시는 대로 행동할 수 있다는 의미로 과감하게 해석하였을 때 호된 비난을 받았다. '랍비 파포스는 "그러나 그가 결정하시면 아무도 돌이킬 수 없고 그가 계획하시면 기어

이 이루어지고야 마는 것(욥 23:13)이라는 구절을 이렇게 해설했다.

하나님도 이 세상에 존재하는 모든 사람들을 혼자 심판하시며 아무도 그의 결정에 이의를 제기할 수 없다. 랍비 아키바는 그에게 "그만 하게, 파포스!"라고 말했다. "그럼 자네는 그 구절을 어떻게 설명하겠는가"라고 묻자 아키바는 이렇게 말했다. "우리는 말씀으로 이 세상이 존재하게 하신 하나님의 결정에 이의를 제기해서는 안되네. 그러나 하나님께서는 모든 것을 진리로써 심판하시며 만사는 엄격한 정의에 따르는 것이네.'"(Mec.to 14:33a)

신은 인간을 공명정대하게 대우하신다는 이 주장은 랍비 아키바의 교훈의 두드러진 특색이다. 그의 한 격언은 이 주제와 관련해서 그러한 생각을 강력하게 가정으로 끌어들이기 위해 일상의 장사에서 쓰는 언어를 사용한다. '모든 것은 약속으로 주며 모든 사람들을 위해 그물을 편친다. 상점은 열려 있고 상인은 외상을 주며 장부책은 열린 채로 있고 손은 계속 쓰고 있으며 누구든 빌리기를 원하는 자는 와서 빌려갈 수 있다. 그러나 세리들은 규칙적으로 매일 순회하여 그가 만족해하건 그렇지 않건 돈을 낼 것을 강요한다. 또 그들에게는 자기들의 요구에 대해서 의지할 수 있는 사람이 있다. 그 심판은 진실한 심판이며 축제를 위해 모든 것이 준비되어 있다.' 맨 마지막 절(節)은 죄인에게 천벌이 가해진 뒤 그는 내세에 있는 정의로운 사람들을 위한 상점에서 좋은 물건들의 잔치를 허락받는다는 것을 의미한다.

그는 시편 36장 6절인 '당신의 공변되심은 우람한 산줄기 같고 당신의 공평하심은 깊은 바다와도 같사옵니다'에 대한 토론에서 그와 똑같은 견해를 지지했다. '랍비 이스마엘이 가로되, "위대한 산" 즉 시나이로부터 받은 토라를 받아들였던 정의로운 사람의 공로에 의해, 너는 그것이 위대한 산과 같을 때까지 그 정의를 실천하라. 그러나 위대한 산으로부터 받은 토라를 거부했던 사악한 자들에 관해서 너는 그들과 함께 "깊은 바다"(즉 힌놈 골짜기)로 끌려 내려갈 것이다라고 했다. 랍비 아키바가 이르되, 그 양쪽에 대해서 하나님께서는 깊은 바다로 끌려 내려가게 하시고 있다. 하나님은 정의로울 것을 강요하고 계시며 그들이 이 세상에서 저질렀던 몇 가지 사악한 소행에 대하여 벌을 내리셔서 내세에 그들에게 평정이 부여되고 그들이 좋은 보상을 받을 수 있게 하신다. 또 그는 사악한 자들에게 평정을 주시고 그들이 이 세상에서 행했었던 몇 가지 갸륵한 소행에 대해 보상을 하셔서 내세에 그들에게(그들의 범행에 대해) 형(刑)을 과하려고 하신다.'(창R.33:1)

인간이 죽은 후 내세에서의 정부(政府)는 틀림없이 정의가 지배하고 있을 것이라는 이론에 근거하여, 인간은 신께서 공로에 따라 선한 자에게 상을 주시고 악한 자에게 공과에 따라 벌을 내리신다는 것을 믿지 않을 수 없다. 실제로 이것은 탈무드에서 볼 수 있는 일반적인 교리이다. '죄악 없는 고통은 없다'(12:55a)는 것은 널리 인정된 확신으로써 다양한 형태로 표현된다. 한 가지 교훈을 행하는 자는 스스로 한 사람의 옹호자를 얻은 것이고, 한 가지 죄악을 저지르는 자는 스스로 한 사람의 비난자를 얻은 것이다.

"축복받을진저 하나님의 모든 심판은 응보(應報)에 그 기반을 두고 있다.'"(34:90a)

랍비들은 성서의 이야기 가운데서 응징과 보상에 관한 확증을 찾아냈다. 전자에 관해 설명하는 이런 예가 있다.

'애굽 사람들이 이스라엘을 쳐부수려고 고안했던 계획에 의거하여 나는 그들을 심판한다. 그들은 물로써 이스라엘을 치려고 계획했으니 나는 오로지 물만으로써 그들에게 벌을 내릴 것이다.(Mec.to1426;32b) '삼손은 자기 눈에 열을 올렸는데 그 때문에 블

레셋 사람들이 그의 눈을 빼 버렸다. 압살롬은 그의 머리카락을
자랑으로 여겼는데 그 때문에 그는 머리카락을 잘리웠다.'(28:1:8)

두 랍비의 실례가 인용될 수 있을 것이다. '힐렐은 해골 하나가
수면(水面)에 떠 있는 것을 보았다.47) 그가 해골에게 이렇게 말했
다. "네가 다른 사람들을 물에 빠뜨려 죽였기 때문에 그들이 너를
물에 빠뜨려 죽인 것이다. 그리고 결국에는 너를 물에 빠뜨려 죽
인 그들도 물에 빠져 죽게 될 것이다.'(39:2:7)

한 극단적인 예로 김소의 덕망 높은 나훔을 들 수 있는데 그것
이 정말이라면 응보(應報)의 원리를 얼마나 확고하게 믿고 있는가
를 생생하게 드러내고 있다.

'김소의 나훔에 대하여 이야기되기를 양 눈은 멀고, 양 손은 잘
렸으며, 양 다리는 절단되었고 그의 몸은 완전히 불에 덴 자국으
로 덮여 있어서 그의 침상의 다리는 개미들이 기어 올라오는 것을
막기 위해서 물을 담은 대야속에 넣어져 있었다. 언젠가 한 번은
그의 침상이 황폐한 집에 놓여 있었는데 그의 제자들이 그를 이동
시키려고 하였다. 그가 그들에게 말하기를 "먼저 가구들을 비우고
맨 마지막에 내 침상을 내가거라. 왜냐하면 이 침상이 이 집에 있
는 한 너희들은 이 집이 무너지지 않는다고 믿어도 되기 때문이
다. 그들은 가구를 옮기고 나서 그 다음에 침상을 옮겼다. 바로 직
후에 그 집은 내려 앉았다.48) 그의 제자들이 그에게 "선생님께서
완전히 의로우신 분이시라면 왜 이런 모든 고통이 선생님께 가해
집니까?"라고 물었다. 그가 대답하기를, "나 자신이 그것에 책임
이 있다. 예전에 내가 장인 댁에 가고 있을 때 내게는 세 마리의
당나귀에 실린 무거운 짐이 있었다. 첫째는 먹을 것이요, 둘째는

---

47) 아마도 그는 그 해골이 누구의 것인지를 알았을 것이다.
48) 이것은 그가 얼마나 덕망이 높았는가 하는 것을 보여 주고 뒤따르는 것은 더
큰 일이라는 것을 보여 주기 위한 말이다.

마실 것이요, 셋째는 갖은 종류의 맛있는 것들이었다. 어떤 사람을 우연히 만나게 되었는데 그가 울며 랍비여, 내게 먹을 것을 좀 주십시오"라고 했다. 나는 그를 도우려고 내려서서 돌아섰을 때 그가 죽었다는 것을 알았다.

나는 그 위에 엎드려서 말했다. "네 눈을 불쌍히 여기지 않은 내 눈이 멀게 될지어다. 네 손을 불쌍히 여기지 않은 내 손은 잘라질지어다. 네 손을 불쌍히 여기지 않은 내 다리는 절단될지어다. 내 마음과 몸 전체가 화상을 입을지어다 라고 말한 뒤에야 마음이 편안했다." 그들이 그에게 "당신이 그렇게 한 것을 알게 되니 우리는 비통합니다."라고 말했다. 그는 그들에게 이렇게 대답했다.

"너희들이 내가 그렇게 한 것을 알지 못했다면 그것은 내게 비통한 것이 되었을 텐데.'(21:21a)

응보의 원리에서 뒤따르는 보상에 관해서는 이런 말이 있다. '요셉은 그의 아버지를 가나안에 묻었는데, 그렇기 때문에 그의 뼈도 그곳에 매장되기에 족했다.'(28:1:9) '야훼께서는 낮에는 구름기둥으로 앞서 가시며 길을 인도하시고'(출 13:21) 라는 구절에 대해 이런 의견이 있다. '이것은 인간이 측정하는 자의 칫수에 따라 그것이 그에게 할당된다는 것을 가르치기 위한 것이다. 아브라함은 도중에 구원의 천사를 동반했는데(창 18:16) 그래서 하나님께서는 40년 동안 황야에서 그의 자손들과 함께 하셨다. 우리의 아버지 아브라함에 대하여 기록된 바 "떡도 가져올 터이니 잡수시고 《상동 5》 그래서 축복받을진저 하나님께서는 40년 동안 만나를 내리게 하셨다. 아브라함에 관하여 기록된 바 "물을 길어올 터이니 발을 씻으시고"《상동4》 그래서 축복받을진저 하나님께서는 그의 자손들을 위해 황무지에서 샘물이 솟아나게 하셨다.(민 11:31) 아브라함에 관하여 기록된 바 "나무 밑에서 좀 쉬십시오."(창 18:4) 그래서 축복

받을진저 하나님께서는 쓰여진 바 "하나님께서는 구름을 펼쳐 덮어 주시고 밤에는 불로 비추어 주셨다"(시 105:39) 처럼 그의 자손들을 위해 영광의 오색 구름을 펼쳐 주셨다. 아브라함에 관하여 기록된 바 "그는 그 곁에 서서 시중들었다."(창 18:8) 그래서 축복받을진저 하나님께서는 애굽에서 그의 자손들이 역병(疫病)으로 괴로움을 당하지 않게 하셨다.'(Mech ad loc:25a)

응보(應報)의 법칙은 매우 견고하게 나타나서 많은 랍비들이 어떤 죄에는 필연적으로 어떤 벌이 따른다고 가르쳤다. '일곱 가지 중요한 죄악에 대해 일곱 가지의 징벌이 이 세상에 내린다. 만약 어떤 사람은 교구세(敎區稅)를 내고 어떤 사람은 내지 않는다면 가뭄으로 기근이 들어서 어떤 사람들은 배부른 반면 어떤 사람은 굶주림을 겪는다. 만일 그들이 모두 교구세(敎區稅)를 내지 않기로 결정한다면 폭동과 가뭄으로 기근이 일어난다. 만일 게다가 그들이 밀가루 반죽 떡을 바치지 않기로 결정한다면 몰살시키는 기근이 발생한다. 토라에 우려되어 있는 죽음의 재앙을 실현시키기 위하여 악역(惡疫)이 이 세상에 내려진다. 그러나 그 집행은 인간 법정의 기능 속에 속하는 것이 아니며 일곱 번째 해의 과실에 관한 위법을 위한 것이다.(레 25:1) 의로운 일을 뒤로 미루고 정의를 악용하여 토라를 그 참 뜻대로 이해하지 아니하는 자들의 죄 때문에 이 세상에 검(檢)이 내린다. 헛되이 맹세를 하고 거룩한 이름을 모독한데 대해서는 유해한 짐승들이 이 세상에 내린다. 우상 숭배와 부도덕과 유혈과 땅의 안식년을 소홀히 하는 것 때문에 이 세상에는 속박이 온다.'(39:5:11)

이와 똑같은 생각을 다음과 같은 구절에서 볼 수 있다.

'세 가지 죄악 때문에 이스라엘의 여자는 해산 중에 죽는다. 왜냐하면 그들은 별거 기간과 밀가루 반죽의 봉헌과 안식일의 점등

(點燈)에 관해서 소홀히 하였기 때문이다.'(12:2:6)

'일곱 가지 원인으로 역병(疫病)이 일어난다. 그 일곱 가지는 중상·비방·유혈·헛된 맹세·부정(不貞)·오만·절도 그리고 질투이다.'(45:16a) '헛된 맹세와 거짓 맹세를 하는 죄, 거룩한 이름을 욕되게 하는 죄와 안식일의 신성함을 더럽히는 죄에 대하여는 맹수들이 번식해서 가축이 죽게 되고 인구는 감소되며 거리는 황폐하게 된다.'(12:33a)

아무리 신의 정의를 절대적으로 믿었다 하더라도 랍비들은 삶의 체험에 의해 일어나는 문제를 모면할 수가 없었다. 정의로운 사람들이 행복과 번영으로 보상을 받지 못한다는 것은 유감이지만 명백했다. 빈번하게 그들은 특별한 역경에 선발된 것처럼 보였다. 유사하게 신께서 사악한 사람들에 대해서 눈에 띄게 눈살을 찌푸리는 일은 보이지 않았고 고난과 고통으로 그들에 대한 불만을 나타내 보이셨다. 그와는 반대로 행운이 그들에게 미소를 짓고 그들은 번창하는 것처럼 보였다. 그런 현상은 아무리 해도 간과될 수 없었고 거룩한 통치계획에 조화되어야 했다. 이에 대한 해답을 내리려는 시도가 랍비들의 문헌의 여기저기에 산재해 있는 것을 볼 수 있으나 일치된 해답은 나와 있지 않다. 곧 알게 되겠지만 그 문제는 여러 가지 방법으로 다루어진다.

특히 신전과 종교의식의 파괴를 전후한 결정적인 기간 동안 신의 길에 대한 정당화는 종교적인 지도자들의 주의를 강요하였다. 사람들은 신을 믿지 않는 로마 사람들의 승리에 당혹했다. 좋은 이유가 없지 않아 어떤 랍비는 이렇게 훈계했다. '천벌 속에서도 믿음을 버리지 말라.'(39:1:7) 그 시대에 있어서 마음의 불안정한 상태가 이런 설화 속에 반영되어 있다. '모세가 하늘로 올라가 거기서 놀랍게도 토라를 해설하고 있는 (아직 태어나지 않은) 랍비 아키바를 보았을 때, 그는 하나님께 이렇게 말했다. "당신께서 제게 그의 학식을 보여 주셨으니 이제 제게 그가 받을 보상을 보여 주십시오". 그는 돌아서라는 명령을 듣고 그렇게 하자 아키바의 살이 시장에서 팔리고 있는 것이 보였다.49) 그가 하나님께 아뢰기를, "우주의 통치자시여! 그의 학식이 그러한데 그에 대한 보상이 그러하다니요?" 하나님께서 그에게 이렇게 대답하셨다. "조용히 하라. 그것이 사고(思考) 속에서 내 앞에 모습을 나타내도록.'"(42:29b) 이 설화는 그 문제가 인간이 이해할 수 없는 것이라고 시사하는 듯하다. 인간에게 납득이 가지 않는 사건들은 신에 의해서 그렇게 되도록 결정된 것이며 인간은 체념하고 복종해야 한다. 한 랍비는 대담하게 선언했다. —만일 이것이 그의 말씀을 올바르게 해석한 것이라면50), '사악한 자들의 번영도 정의로운 자들의 고통도 우리 힘으로 설명할 수 없다.'(39:4:19) 그 문제를 취급한 주목할 만한 문구로서 모세가 신께 드렸던 '저의 갈 길을 부디 가르쳐 주십시오'(출 33:13)라는 소청의 의미를 다룬 토론이 있다. '모세가 하나님 앞에 아뢰기를 "우주의 통치자여! 어째서 번영을 누리는 정의로운 자가 있는가 하면 고통을 당하는 정의로운 자가 있습니까? 또 어째서 번영을 누리는 사악한 자가 있는가 하면 고통을 당하는 사악한 자가 있습니까?" 하나님께서 그에게 이렇게 대답하셨다. "모세야, 번영을 누리는 정의로운 자는 정의로운 아비의 아들이니라. 고통을 당하는 정의로운 자는 사악한 아비의 아들이니라. 번영을 누리는 사악한 자는 정의로운 아비의 아들이니라. 고통을 당하는 사악한 자는 사악한 아비의 아들이니라."'

---

49) 그는 로마인 치하(治下)에서 순교를 당했다.

50) 히브리어의 글자 뜻 그대로는 '번영도……(등등)은 우리의 손아귀에 있지 않다'이다. 많은 학자들이 다음과 같은 해설을 좋아한다. '우리(평범한 사람들)는 번영을 만끽하지도 않고, 또는 '사악한 자나 정의로운 자의 운명을 배정하는 것은 우리의 권한이 아니다 그것은 단 자신의 권능 안에 있다.

'자, 기록된 바 "조상이 거스르는 죄를 아들 손자들을 거쳐 삼사 대까지 벌한다.(출 34:7) 와 "아비의 잘못 때문에 자식을 죽일 수 없다"(신 24:16)를 보라! 그래서 전자를 후자에 비교하여 보아 모순이 없다고 결론 짓는다. 왜냐하면 전자의 문구는 자기 조상들의 소행을 여전히 물려받은 자식들을 언급하는 것이고 후자는 자기 조상들의 소행을 물려받지 않은 자식들을 언급하는 것이다. 그러나 우리는 신께서 모세에게 이렇게 대답하셨으리라고 상상할 수 있다. "번영을 누리는 정의로운 사람은 온전히 자유로운 사람이며, 고통을 당하는 정의로운 사람은 온전히 정의롭지는 못한 사람이고, 번영을 누리는 사악한 사람은 완전히 사악한 사람이다." 랍비 메이어는 이렇게 주장했다.

"하나님께서 '나는 돌보고 싶은 자는 돌보아 주고'(출 33:19)라고 말씀하셨을 때 그는 비록 상받을 만한 사람이 못된다 하더라도 보상하시겠다는 의미였고, 마찬가지로 '나는 가엾이 여기고 싶은 자는 가엾이 여긴다'라는 말도 비록 보상받을 만한 사람이 못된다 하더라도 보상하시겠다는 것을 의미한 것이다."(1:7a)

여기서 우리는 그 문제를 직시하는 방법이 다른 것을 본다. 랍비 메이어는 인간의 지력(知力)으로는 설명할 수 없다고 주장한다. 신께서는 인간이 이해할 수 없는 당신의 지혜로써 행동하신다. 첫 번째로 언급된 해결책에서 Zachuth Aboth, '조상들의 공적'은 죄지은 자손들 때문에 받는 벌을 어느 정도 경감시켜 줄 수 있다는 이론이 있다. 이런 개념은 유대인들의 마음 속에 확고히 자리 잡고 있었고 유대교 성전의 예배의식에 종종 나타난다. 오직 탈무드의 한 인용만이 주어질 것을 요구한다. '아브라함이 축복받을진저 하나님 앞에 말씀드리기를 우주의 통치자여! 당신이 내게 이 사악을 바치라고 명령하셨을 때 제가 어제 당신이 제게 "이 사악

에서 난 자식이라야 네 혈통을 이을 것이다"(창 12)라고 단언하셨고
또 이제는 당신이 "그를 번제물로 나에게 바쳐라"(창 22:2)라고 말
씀하시는 것에 대해 대답할 수도 있었다는 것을 당신은 아셨습니
다. 그러나 저는 그렇게 하려는 생각은 조금도 없었습니다. 저는
감정을 억제하고 당신의 명령을 실천에 옮겼습니다. 오, 나의 하
나님이여! 그렇게 함으로써 내 아들 이삭의 자손들이 병으로 고통
을 당할 때나 아무도 그들을 옹호해 주지 않을 때 당신이 그들을
방어해 주시는 것이 당신 앞에 합당한 것이 되게 하여 주시옵소
서.'(P.20:65d)

탄원자가 신에게 드리는 기도 중에 조상의 공적을 구실로 삼을
수도 있다 할지라도 그것이 악의 문제를 해결하는 데 도움이 되는
것으로서 채택되지는 않았는데, 그 주된 이유는 그것이 개인의 책
임이라는 개념에 오히려 불리한 영향을 미쳤기 때문이었다. 우리
는 다음 비평에서 이와 같은 반론을 본다. '모세는 "조상들이 거스
르는 죄를 아들 손자들을 거쳐 삼사 대까지 벌한다"라고 말했으나
에제키엘이 나와 그것을 무효로 하고 이렇게 말했다.

"죄지은 장본인 외에는 아무도 죽을 까닭이 없다."(겔 18:4,
35:24a) 모든 사람은 자기의 행위에 대해 책임이 있다.

선량한 사람이 고통을 당할 때에는 그것을 그가 완전히 선하지
못하기 때문이라고 하고 사악한 사람이 번영할 때는 그것을 그가
완전히 악하지 않았기 때문이라고 하는 대안(代案)이 보다 더 합당
하다. 랍비들은 지상에서의 삶이 그 자체로서 완전한 것이라고는
생각하지 않았다. 죽음은 인간 존재의 종말을 의미하는 것이 아니
었다. 무덤 뒤에도 삶이 있었고, 그 두 단계의 삶의 경험을 결합시
킴으로써만 신의 섭리를 이해할 수 있었다.

이런 관점의 좋은 실례는 신명기 32장 4절의 "거짓이 없고 미쁘

신 신이시라, 다만 올바르고 곧기만 하시다"에서 다루고 있음을
볼 수 있다. "거짓이 없는 신" –축복받을진저 하나님께서 사악한
자들이 이 세상에서 저지른 가벼운 범죄 하나하나에 대해서까지
내세에 벌을 내리시는 것처럼, 정의로운 자들이 이 세상에서 저지
른 가벼운 범죄의 하나하나에 대해서도 하나님께서는 내세에 그
들에게 벌을 내리신다. "올바르고 곧기만 하시다" –인간이 죽으면,
그의 모든 행적이 그 앞에 낱낱이 나열되며 그 기록에 서명하라는
명령이 내려지고 기록된 바, "사람 손을 모조리 묶으시고"(욥 31:7)
처럼 그는 행한다. 그뿐만 아니라 그는 그에게 내려지는 판결이
공정하다고 인정하면 "당신은 저를 올바르게 심판하셨습니다"라고
말한다. 기록된 바 "당신께서 내리신 선고는 천 번 만 번 옳사옵니
다."(시 51:4, 20:11a)

'정의로운 사람들은 이 세상에서 무엇과 같을까? 몸통은 깨끗한
곳에 서 있으나 그 가지들은 더러운 곳으로 뻗어 있는 나무와 같
다. 그 가지를 잘라 버리면 그 전체는 깨끗한 곳에 있게 된다. 이
와 마찬가지로 축복받을진저 하나님께서는 정의로운 자들이 내세
를 상속받도록 하기 위해 이 세상에 있는 정의로운 자들에게 고통
을 주신다. 기록된 바

"처음에는 보잘것없지만 나중에는 훌륭하게 될 것일세(욥 8:7)"

또 사악한 사람들은 이 세상에서 무엇과 같을까? 몸통은 더러
운 곳에 있으나 그 가지들은 깨끗한 곳으로 뻗어 있는 나무와 같
다. 그 가지를 잘라 버리면 그 전체는 더러운 곳에 있게 된다. 이
와 마찬가지로 축복받을진저 하나님께서는 그들을 추방해서(힌놈
골짜기의) 가장 낮은 층으로 몰아넣기 위해 이 세상에서 사악한 자
들에게 행복을 부여하신다. 기록된 바 "사람 눈에는 바르게 보이
는 길도 끝장에는 죽음에 이르는 수가 있다."(잠 14:12, 30:40b)

'토라에는 보상이 언급되어 있는데 기록된 계율 중 내세와 무관한 것은 아무것도 없다. 부모에 대한 공경에 관하여 기록된 바 "그래야 너희는 오래 살 것이다. 너희 하나님 야훼께서 주시는 땅에서 잘될 것이다."(신 5:16) 또 어미 새를 놓아 주는 것에 관하여 기록된 바 "그래야 너희가 잘되고 오래 살 것이다."(신 22:7)

탑 꼭대기에 올라가서 거기 있는 비둘기를 잡아 오라고 시켰던 아버지의 아들을 보라. 그가 기어 올라가 어미는 날려 보내고 새끼를 가져왔다. 그러나 내려오는 길에 그는 떨어져서 죽고 말았다.51) 이런 사람이 잘 살게 되거나 오래 살게 된다는 것은 어디로 가 버렸는가? 그러나 "너희가 잘될 것이다"라는 말의 의미는 모든 것이 선한 이 세상에서이고 또 "너희가 오래 살 것이다"라는 말의 의미는 종말이 없는 세상에서이다.(30:39b)

이 교리에 관한 매우 재미있는 실례를 이런 일화 속에서 찾을 수 있다. '랍비 챠니나의 아내가 남편에게 이렇게 말했다. "정의로운 사람들을 위해 내세에 예비되어 있는 좋은 것들을 지금 당신에게도 좀 주십사고 기도하세요." 그가 그렇게 기도하자 그의 앞에 황금 식탁의 다리 한 개가 떨어졌다. 그가 계속해서 꿈을 꾸었는데, 내세에서의 모든 사람들은 다리가 세 개 달린 황금 식탁에 앉아 식사를 하는 반면, 자기의 식탁은 다리가 두 개뿐이다. 이 말을 듣고 그의 아내가 그것을 다시 가져가 주십사고 기도할 것을 그에게 요청했다. 그가 그렇게 기도하자 그것은 회수되었다.'(20:25a)

랍비들의 의견으로는 분명히 사람은 양쪽 세상의 가장 좋은 것을 가질 수는, 다시 말해서 랍비들이 말하는 양쪽 식탁에서 식사할 수는 없는 것이다.

정의로운 사람들은 계획에 의해서 이 세상에서 고통을 받도록

---

51) 이 사건으로 인하여 엘리샤 벤 아부야의 신앙은 산산조각이 나고 그는 비교인(非敎人)으로 돌아갔다 한다.

만들어졌다고 다소 묘하게 발전시킨 교리는 신께서 사악한 자들
의 죄에 대해 징계를 내리실 때 그것은 먼저 정의로운 자들에게
떨어진다는 것을 암시한다. 그것은 범행의 영향이 감지될 때 그
결과로 죄 없는 자들까지도 말려들게 될 뿐만 아니라, 그들은 그
것에 수반되는 고통을 죄를 범한 사람보다도 더 많이 겪어야 한다
는 것을 의미한다.

'사악한 사람들이 존재하지 않는 한 징벌은 이 세상에서 내려
지지 않고 그것은 정의로운 사람에게부터 내려지기 시작한다. 기
록된 바 "불이 나서 가시덤불에 당겨 남의 낟가리를 태웠을 경우
에는' 화재(다시 말해서 사악)가 있을 때 또 그것은 기록된 바 "남의
집 낟가리를 태웠을 경우에는" (낟가리로 표현) 정의로운 사람들에게
로부터 시작된다. 성서는 가시덤불을 태운 뒤에 "태울 것이다"라
고 하지 않고 "태웠을 경우"라고 한다. 그들은 먼저 불에 탔다. "아
침까지 아무도 문 밖으로 나가서는 안 되오. 야훼께서 애굽인들을
치면 지나가시다가"(상동 12:22f)라는 구절이 의도하는 바는 무엇인
가. 죽음의 천사에게 멸망시키라는 허락이 내려졌기 때문에 그는
정의로운 자들로부터 시작한다. 기록된 바 죄가 있는 자건 없는
자건 쳐 죽이겠다."(겔 21:9, 31:60a) 정의로운 자가 먼저 언급되었
다.

가끔 선한 사람이 악한 사람을 위하여 고통을 당한다고 씌어 있
는 것을 본다. 예를 들면 '어떤 세대에 정의로운 사람이 있을 때
그 정의로운 사람들은 그 세대의 죄로 인해 벌을 받는다. 만일 정
의로운 사람이 없으면 그 때에는 초등학교52) 어린이가 그 시대의
죄악에 대한 고통을 받는다.'(12:33b)

어째서 모세에게 명령한 붉은 암소법에 곧 뒤따라 미리암이 죽

---

52) 그들은 물론 죄가 없는 사람들이다.

은 이야기(민 20:1)가 나오느냐 라는 질문에서와 같이 대리 죽음까지도 생각한다. 응답인 즉 '붉은 암소가 속죄를 가져온 것처럼 정의로운 자의 죽음도 그와 마찬가지로 속죄를 가져온다.'(22:28a)

똑같은 방향에서 지적한 다른 인용문을 보면 '모세가 축복받을 진저 하나님 앞에 아뢰기를 "이0스라엘에 예배당도 없고 성전도 없을 때가 오지 않을까요?(속죄에 대해서 말하자면) 그들이 어떻게 될까요." 하나님께서 이렇게 대답하셨다. "나는 그들 가운데서 정의로운 사람 하나를 데려다가 그에게 그들을 위하여 서약하게 하고 그들의 죄를 속(贖)할 것이다."'(God.R. 35:4)

모세가 신에게 황금 송아지의 사건에 대해 '당신께서 손수 쓰신 기록에서 제 이름을 지워 주십시오'(출 32:32) 라고 이야기 했을 때 그는 자기의 백성들의 죄에 대한 속죄물로서 자기의 삶을 바쳤다.(28:14a)

사악의 문제는 현세(現世)에서 겪는 수난은 신께서 징벌로 예정해 놓은 것이든가 아니면 그들은 신의 불만의 증거라고 부정함으로써 또 다른 각도에서 공격되었다. 도리어 그들은 신의 사랑을 시사하고 있었고 자비로운 목적에 이바지하였다. '하나님께서 보시니 참 좋았다'(창 1:31) 라는 선언은 고난을 가리키고 있었다. '그러면 고난이 좋은 것이다? 그렇다, 그 수난을 통해 인간은 내세에 이르기 때문이다.'(창 R.9:8) '인간을 내세로 인도하는 길은 어떤 것인가? 그 응답은 고난의 길이다.'(Mech to 20,23:73a) '누구든 현세에서 그에게 닥치는 고난 중에서도 기뻐하면 이 세상에 구원을 가져온다.'(Jaah:8a)

수난이 하나님의 사랑을 나타내는 것이라는 생각을 이렇게 나타내고 있다. 수난이 닥쳐오는 것을 보거든 씌어진 바 "우리 모두 살아 온 길을 돌이켜 보고 야훼께 돌아가자."(애 3:40)

자신의 행동을 자세히 조사해 보도록 하라. 자신의 행동을 면밀히 검토했는데도 원인을 발견하지 못했다면 씌어진 바

"야훼여, 당신의 법을 배우는 사람은 복됩니다."(시 94:12)

토라를 경시한 탓으로 돌리도록 하라. 수난을 변명할 이유를 찾지 못하고 토라를 경시한 탓으로 돌린다면 씌어진 바,

"야훼께서는 사랑하는 자를 꾸짖으시되"(잠 3:12)처럼 그의 징벌은 사랑의 징벌인 것이 분명하다.(1:5a)

그렇다면 왜 수난은 정의로운 자에게 내려져야 하는가? 대답을 제시한다. '도공은 깨진 그릇은 시험하지 않는다. 그가 한 번 두드려 보기만 해도 깨지기 때문이다. 그러나 그가 튼튼한 그릇을 시험한다면 여러 번 두드려 보아도 깨지지 않는다. 마찬가지로 축복받을진저 하나님께서도 기록된 바

"야훼께서는 정의로운 자를 시험하신다"(시 11:5)

"하나님께서 아브라함을 시험해 보시려고"(창 22:1) 하신 대로 사악한 자는 시험하지 않으시고 정의로운 자를 시험하신다. 한 마리는 힘이 세고 또 한 마리는 허약한 두 암소를 가지고 있었던 어느 집 주인의 우화: 그들중 어느 소 위에다 그가 멍에를 맬까? 물론 힘센 소 위에다 맨다. 마찬가지로 하나님도 정의로운 자를 시험하신다.(창 22:1)' 수난을 이렇게 고차적인 차원에서 해석하여 볼 때 성경에 아름다운 교훈이 씌어 있다. 씌어진 바 "너희는 신상을 만들어 내 곁에 두지 못한다."(출 21:23)

'이 교도들이 그들의 신을 향해 행동하듯이 나에게 행동하지 말라. 그들은 행복이 닥쳐오면 신에게 찬양의 노래를 부르지만, 천벌이 닥쳐오면 신을 저주한다. 내가 너희에게 행복을 가져다 주면 감사하고 내가 수난을 가져다 줄 때도 또한 감사하라'(Mech ad loc:72b)

랍비 율법의 관점은 이와 같다. '사람은 선한 사람을 위해 축복을 빌어 줄 때조차도 사악한 사람을 위해서 축복을 빌어야 할 의무가 있다. 쒸어진 바 "마음을 다 기울이고, 정성을 다 바치고, 힘을 다 쏟아 너희 하나님 야훼를 사랑하여라"(신 6:5)에서 "마음을 다 하고"는 그대의 두 가지 충동 즉 선한 충동과 사악한 충동을 가지고 "정성을 다 바치고"는 즉 하나님께서 그대의 영혼을 앗아간다 하더라도 "힘을 다 쏟아"는 즉 그대의 모든 부를 다 바치는 것을 의미한다.

"힘을 다 쏟아"를 달리 설명하면 하나님께서 그대에게 할당해 주시는 보상이 무엇이건간에 하나님께 감사를 돌리라.'53)(1:9:5)

지금까지 보아 왔듯이 보상과 응징의 교리는 탈무드 교훈 속에 두드러지게 나타나기 하지만, 그럼에도 불구하고 하나님을 섬기는 것은 신경을 쓰지 말아야 하고 순수한 동기에서 그의 명령을 준수해야 한다고 재삼 권하고 있다. 이 문제는 후에 충분히 다루어질 것이다. 현재로서는 두 가지 인용문을 발췌 할 수 있다.

"복되어라 야훼를 경외하며 그의 계명을 좋아하는 사람"(시 112:1) - 그의 계명을 이라고 했지 그의 경명의 보상을 이라고 하지 않았다'(38:19a)

'보상받는다는 조건하에서만 그 주인을 섬기는 종과 같이 되지 말고 보상을 받는 조건 없이 주인을 섬기는 종과 같이 되라. 그리하여 신을 경외하는 마음이 네 안에 임하게 하라.'(39:1:3)

---

53) 여기에 말장난을 하고 있는데 'night'(힘)은 meod이고, 'measure'(보상)은 middah이고, 'thank'(감사)는 modch이다.

IX

계　시

§ 1. 예 언

탈무드에 스록되어 있는 종교적·윤리적 교훈은 히브리 성경에 기원을 두고 있으므로 예언적인 성격을 띠고 있음은 자명한 일이다. 랍비 신조의 기초가 바로 신이 예언자라고 불리는 특정 대변인을 통해서 신의 뜻을 알리는 것이다.

후기에 유대 철학자들 사이에 한 이론이 대두되었는데 예언이라는 것은 소수의 사람에게 신이 부여하는 자질이 아니라, 뛰어나고 영예로운 정신적 영적 능력이라는 것이다. 이 점도 탈무드에서 찾아볼 수 있다. 예언자가 될 수 있는 자질에 대해 세밀하게 하나씩 열거한다. '열중은 청결로 이끌고, 청결은 의식의 순수로, 의식의 순수는 자제력을, 자제력은 성스러움을, 성스러움은 겸손을, 겸손은 죄를 두렵게 하고, 죄를 두려워함은 성자의 길로, 성자의 길은 성령으로 인도한다.'(28:9:15)

이러한 도덕적 측면 이외에 다른 조건들도 필요하다. 신께서는 영광 있을진저 부유하고 현명하고 겸손한 사람에게 그의 후광을 내리신다.(26:38a) '신께서는 영광 있을진저 현명하고, 강하고, 부

유하고 키가 큰 사람에게 그의 후광을 내리신다'1)(12:92a) 더욱이
윤리의 쇠퇴는 영원하든 잠정적이든 예언의 능력을 소멸시키는
결과를 빚는다. '예언자가 거만하면 예언은 그에게서 떨어져 나가
고, 화를 내도 예언은 그에게서 떠나간다.'(14:66b)

이스라엘은 묵시의 저장소이기 때문에 이스라엘 사람들은 자연
히 신성한 사자같이 보이지만 배타적은 아니다. '7명의 예언자가
이교도를 위하여 예언하였다. 발람과 그의 아버지, 욥과 그의 친
구 네 명'(33:15b) 신은 정의롭기 때문에 이교도 가운데서도 예언자
를 기르셨다. 시로 표현하기를 '신의 길은 모두가 심판이기에 신의
일은 완전하다'(신32:4) 미드라쉬는 말하기를 '하나님께서는 축복있
을진저, 세상 사람들을 내세를 위하여 기도하도록 버려 두지는 않
는다. "우리를 멀리 두셨나이다." 신은 무엇을 하였는가? 이스라
엘을 위하여 왕과 현인과 예언자를 주셨듯이, 이교도들을 위해서
서도 마찬가지이다. 이스라엘을 위하여 모세를 키웠듯이, 이교도
를 그러나 히브리 예언자와 이교도 예언자를 같은 정도로 취급한
적은 없다. 히브리 예언자의 보다 높은 수준은 예언적 재능에 나
타나는 품위로 알 수가 있다. '그 밤에 하나님이 아비멜렉에게 현
몽하시고'(창20:3)라는 말을 추론할 것 같으면, '성령께서는 축복
있을진저, 이교도 예언자에게는 사람들이 서로 헤어질 때 계시하
신다. 이스라엘의 예언자와 이교도의 예언자와의 차이점은 무엇
인가? 왕과 그의 친구가 커튼이 쳐진 방에 같이 있을 때의 우화,
왕이 그의 친구와 말하고 싶을 때는 커튼을 걷어 버릴 것이다(이것
이 신이 이스라엘 예언자들과 대화하는 방법이다). 그러나 이교도 예언자

---

1) 유대 철학자 모세스 · 마이몬데즈(Moses Maimonides)(12세기)가 랍비적 의미에
서 해석하였다. "부"는 만족한다는 뜻이요, "강함"은 자신의 주인이 된다는 뜻
이다.(39;4:1) 그의 논문 "the Eight Chapter"de. Gorfinkle, p.80을 보라. 육체적 외
모든 존경을 받을 만하여야 하고, 부유함은 독립심을 주기 위함일 것이다.

와 이야기할 때는 커튼을 걷지 않고 뒤에서 말을 할 뿐이다. 왕비와 후궁을 거느린 왕의 우화, 왕비는 공공연히 방문할 것이요, 후궁은 은밀히 방문할 것이다.

이와 같이 하나님께서는 축복 있을진저, 이교도 예언자에게는 반어(反語)로 예언을 할 뿐이나, 이스라엘 예언자에게는 사랑과 성스러움과 구원의 천사들이 찬양하는 완전한 말로써 전달한다.(창 R52:5)

이교도 가운데서 왜 소수의 예언자가 나왔으며, 그나마도 왜 없어져 버렸는가 하는 것도 지적한다.

'이스라엘 예언자와 이교도 예언자의 차이점을 보아라. 이스라엘의 예언자는 백성들이 범죄를 짓는 것을 경고하였다. "인자야, 내가 너를 이스라엘 족속 파수꾼으로 세웠으니……"(겔3:17) 그러나 이교도 예언자(즉 발람)는 방종을 전수하여 백성들을 세상에서 멸망케 하였다. 뿐만 아니라 이스라엘의 예언자는 그들의 백성과 이교도에게도 따뜻한 인정을 가지고 있었다. 예레미야는 말하기를 "그러므로 나의 마음이 모압을 위하여 피리같이 소리하며" 에스겔은 말하기를 "인자야, 너는 두로를 위하여 애가를 지으라" 반면에, 이 잔인한 이교도는 이유도 없이 전주를 뿌리째 뽑으려 하였다. 그러한 이유로 발람에 관한 부분이 성경에 포함되었고 우리에게 알려준다. 왜 신이 축복 있을진저, 이교도에게서 성령을 없애 버렸는지를? 이들 사이에서 태어난 예언자가 무엇을 하였는지 신이 보셨기 때문입니다'.(민R20:1)

히브리 예언자 중에서 가장 탁월하고 우수한 사람은 모세이다. '모세와 다른 예언자들의 차이점은 무엇인가? 후자는 9개의 검경(檢鏡)을 통과한 반면 전자는 하나만을 통과하였다. 다른 예언자들은 침침한 검경을 통과하였지만, 모세는 깨끗한 하나의 검경을 거

쳤을 뿐이다'.2)(레R20:1) 따라서 모세의 신의 메시지에 대한 이해
는 다른 예언자들보다 훨씬 깊은 것이다.

모세에게 주어진 묵시는 후에 나오는 예언자들의 자료가 되었다.
'다음 세대에서 예언자들이 숙명적인 예언을 시나이 산에서 받는다'.
(출R28:6)

'모세는 그 자신의 예언뿐 아니라, 다른 예언자의 말까지도 완
전하게 하였고, 예언자는 누구나 모세 예언의 진수에 감탄하였다'
(출R42:8)

따라서 후세의 예언자의 예언이 모세의 것과 갈 등을 일으킬 수
도 없고 더하지도 덜하지도 못한다. '48명의 예언자와 7명의 여자
예언자가 이스라엘을 위하여 예언하였고 아무도 토라에 쓰인 것
에 더하지도 덜하지도 못하였다. 다만 에스더의 푸림의 축제를 제
외하고는'(21:14a)3) 48명 중에는 야곱의 12명의 아들과 성경에
나오는 뛰어난 인물들이 포함되어 있다. 7명의 여자 예언자는 사
라·미리암·데보라·한나·아비게일·홀다와 에스더이다. 이스
라엘에는 그런 영감(靈感)을 받은 사람이 훨씬 많다는 주장도 있
다. '이스라엘에서 나타난 예언자의 수는 이집트를 떠났을 때의 두
배가 된다.4) 다음 세대에 필요한 예언만 기록이 되었고, 그렇지
않은 것은 기록이 되지 않았다'(21:14a)

모세와는 다르게 규범적인 예언자들 영감의 정도의 차이를 인
식하였다. '예언자에게만 내리는 성령은 첫수를 잰 것 같다. 어떤
예언자는 책 한 권이 되게, 어떤 예언자는 책 두 권이 되게 예언하

---

2) 신과 인간 사이를 중재하는 무엇이 있다. 이 중재하는 매개체가 예언자에게는
   있고, 이것을 specularia(檢鏡)이라고 한다.
3) 하만의 음모에서 페르샤에 있는 유대인들이 도망쳐 나온 날을 기념하는 축제,
   모든 유대 법률은 모세의 율법을 따르지만, 매년 낭송되는 에스더의 규칙은 후
   에 된 것이 틀림없다.
4) 그 숫자는 600,000

였다. 베리는 단지 두 음절만 예언하였으므로, 책 하나가 될 수 없어서 이사야에 합해졌다'(레R15:2)

호세아가 그의 시대에서는 가장 뛰어났다는 의견도 있다. '어떤 시기에는 4명의 예언자가 활약하였다. 호세아·아모스·미가 그 중에서 가장 뛰어난 이는 호세아였다'.(14:87a) 그러나 이사야가 우월하다는 의견도 있다.

'다른 예언자들은 또 다른 예언자들로부터 예언을 받았지만, 이사야는 성령에게서 직접 받았다'(레R10:2)

에스겔에 대한 이사야의 우월은 다음에서 나타난다. '에스겔이 보는 것은 모두 이스라엘도 본다. 에스겔은 무엇과 같은가? 왕을 쳐다보는 시골뜨기 같다. 이사야는 무엇과 같은가? 왕을 쳐다보는 도시인 같다'(23:13b)5)

특별한 의미가 함축되어 있는 예언은 제1사원의 무너짐과 동시에 끝이 났다. 유배된 동안에 몇 명이 방황하고 있을 따름이었다. '후반의 예언자들 하가이·스가랴·말라키가 죽고 난 후에 성령은 이스라엘을 떠났다'(34:11a)

다른 랍비는 말하기를 '사원이 무너지고 난 날부터 예언자 초부터 예언의 능력이 없어지고, 현인에게 그 능력이 넘어갔다.'(33:12a) 이 말이 지적하는 것은 토라가 모세로부터 수세기에 걸쳐 내려와 탈무드의 시기에까지 연결된 일련의 전통이라는 것이다.6)

좀더 심한 말은 '사원이 무너지고 난 날부터 예언자로부터 예언의 능력이 어린이와 바보에게 주어졌다'(33:12b)

---

5) 에스겔은 신적 비전에 미숙하여, 신적 비전에 대한 묘사로 여러 장을 바쳤다. 그러나 이사야에게는 그것은 일상의 체험이기 때문에 한 번밖에 묘사하지 않았다.
6) 서문 18p를 보라.

언어 뒤에는 종교적 변증법이 있는지도 모른다. 왜냐하면 요셉 이후부터 가끔 이스라엘의 예언자 혹은 구원자라는 사람들이 나타났기 때문이다.7)

히브리 예언의 최고의 메시지는 허물 많은 인간이 신의 발자취를 밟게 하는 것이다. '모든 예언자들이 메시야 오시는 날을 예언하고 참회하라고 하였다'(1:34b) 이러한 면에서 약간 이상한 주장이 이해되어야 한다. '예언자와 성서가 없어지는 날이 올 것이나, 모세의 오경은 없어지지 않을 것이다'(p.21:70d) 누구든지 계율을 잘 지킬 것 같으면 죄 많은 세상을 위한 것이지 메시야가 있는 완전한 세상을 위한 것이 아닌 예언의 훈계는 더 이상 필요하지 않을 것이다.

그런 행복한 시기가 오면 특별한 예언자가 필요 없는 다른 이유가 있을 것이다. 모든 사람이 정신적으로 윤리적으로 완전하기 때문에 그들도 예언할 수 있는 능력을 갖는 경지에까지 이를 것이다. '하나님께서 말씀하시기를 축복 있을진저, 지금 이 세상은 어느 개인이 예언하는 능력을 부여받았지만, 앞으로 올 세상에서는 모든 이스라엘인이 예언자가 될 것이다. 말씀하시기를 그 후에 내가 내 신을 만민에게 부어 주리니 너희 자녀들이 앞날의 일을 말할 것이며 너희 늙은이는 꿈을 꾸며 너희 젊은이는 이상을 보게 될 것이다'.(욥2:28,민R15:25)

§ 2. 토 라

탈무드는 그 기원이 히브리 성경에 있음이 명백하다. 성서에서 모든 사상과 말은 근거를 추구한다. '말씀하시기를' 혹은 '씌어 있

---

7) Antiq. 20;5:1과 8:6을 보라.

기를' 이라는 구절이 모든 진술에 따라 다닌다. 랍비의 가르침이 탈무드를 포함하고 있기는 하나 그들 자신이 유대 사상의 시조라는 것은 부인한다. 그들이 인정하는 것은 성경 속에 함축되어 있는 신성한 묵시의 무진장한 광산을 캐내서 땅 속에 숨겨져 있는 것을 빛을 보게 하여 보물로 만든 것이다.

영감 있는 글을 연구하고, 그것을 명상하고, 그들이 할 수 있는 대로 정수를 빼내려고 하는 것은 유대인으로서의 위대한 의무임과 동시에 큰 특권이다.

토라가 랍비의 인생을 차지하고 토라에 대한 랍비의 태도를 이해하지 않는 한 랍비의 가르침을 평가하고 이해하는 것은 불가능한 일이다.

미쉬나의 소책자 피르케 아보트(Pirke Aboth), '아버지의 章'에 나타나 있는 토라를 참고로 하는 것이 가장 좋은 방법일 것이다. 이곳에 B.C. 2세기와 2세기 말 사이 랍비의 격언들이 기록되어 있다. 그들이야말로 탈무드의 개척자들이고, 그들의 노력이 토라의 연구에 자극이 되고 결과적으로 랍비 문학을 낳게 하였다. 약간의 발췌가 이미 사용되었으나 보다 높은 전체 효과를 얻기 위하여 다시 말하기로 한다.

'모세는 토라는 시나이에서 받아 이것을 여호수아에게 물려주었고, 여호수아는 사제들에게, 사제들은 예언자들에게 전해 주었고, 예언자들은 대집회의 사람들에게 전해주었다. 그들은 세 가지를 이야기했다. 재판에 신중하라. 많은 제자를 키우라. 그리고 토라를 잘 지키라.'8)(39:1:1)

'정의의 시몬9)이 대집회의 마지막 생존자 중의 한 사람이다. 그

---

8) 이 구절에 관해서 서문 P19를 보라.
9) 그의 정체에 대해서 서문 P20을 보라.

는 말하기를 세 가지 위에 이 세상이 기초가 되었다. 토라와 성스
러운 예배와 자비를 베푸는 행동'(39:1:2)
 '너의 집을 현인(토라 속의)을 위하여 집회 장소로 만들라. 그들
의 먼지투성이 발 사이에 앉아 그들이 하는 말을 목마르게 마셔
라.'(39:1:4)
 '여자들과 잡음이 많은 사람은 자신에게 악을 초래하고 토라의
공부를 게을리 하면 결국은 게힌놈(Gehinnom)을 물려받을 것이
다'.(39:1:5)
 '너 자신을 위하여 토라의 선생을 구하라. 친구를 만들라. 그리
고 모든 사람을 장점의 저울에 달아 심판하라'(39:1:6)
 '아론의 제자가 되어 평화를 사랑하고 평화를 추구하고 동료 피
조물을 사랑하고 그들을 토라 가까이 이끌어라'(39:1:12)
 '지식을 증가시키지 않으면 감소되고, 토라 공부를 하지 않으면
죽어 마땅하고, 토라의 광영을 세속적으로 사용하는 자는 쇠진해
질 것이다' '토라를 공부하는 시간을 정하라'(39:1:13)
 '세속적인 직업을 가지고 토라를 공부하는 것이 아주 좋다. 왜
냐하면 직업에서 요구하는 노동과 토라가 죄를 잊게 해 주기 때문
에 토라에 대한 모든 연구가 일이 없으면 결국에는 무익하게 되고
죄의 근원이 된다'(39:2:2)
 '머리가 빈 자는 죄를 두려워할 줄 모르고 무식한 사람은 경건할
수가 없으며 수줍어하는 사람은 배울 수가 없으며, 정열적인 사람
은 가르칠 수가 없으며, 사업에 지나치게 열중하는 사람은 현명해
질 수가 없다(토라에서)'(39:2:6)
 '토라를 많이 알수록 인생을 많이 안다. 토라의 말을 많이 깨달
은 사람은 앞으로 올 세상에서 그 자신을 위하여 인생을 성취한
것이다'(39:2:8)

'네가 토라를 많이 배웠으면, 어떤 장점도 네 탓으로 알지 말라. 왜냐하면 그 위에서 네가 창조되었기 때문이니라'(39:2:9)

'토라의 연구에서 자격을 얻으라. 유산처럼 네게 오는 것이 아니니라. 너의 모든 일은 하늘을 위하여 행하라'(39:2:17)

'토라를 조심해서 공부하라. 신앙이 없는 사람에게 줄 답을 알라. 누구 앞에서 네가 애쓰는가를 알라, 누가 너의 고용주이고 누가 너의 노동의 대가를 지불하는지를 알라'(39:2:19)

'일을 완성할 의무는 없지만 단념할 자유도 없다. 토라를 많이 공부하였으면 그만큼 많은 보상을 받을 것이다. 그리고 네 고용주도 노동의 대가를 충실히 지불할 것이고 미래에는 정의에 대한 보상이 지불될 것이다'(39:2:19)

'두 사람이 같이 앉아 토라에 대해 한 마디도 하지 않으면 경멸하는 사람의 만남이니라. 이들에 관하여 말하기를, 복 있는 자는 오만한 자의 자리에 앉지 아니하고'(시1:1) 그러나 두 사람이 같이 앉아 토라에 대한 말을 주고받으면 두 사람 사이에는 후광이 있다. 말씀하시기를 그 때에 여호와를 경외하는 자들이 피차에 말하매 "여호와께서 그것을 분명히 들으시고 여호와를 경외하는 자와 그 이름을 존중히 생각하는 자를 위하여 여호와 앞에 있는 기념책에 기록하셨느니라.'"(말12:16) 성경에서 두 사람에 관하여 이런 추론을 내리게 해 주었다. 그러면 한 사람이 토라에 열중하고 있으면 어떻게 추론이 내려질까? 신께서 축복 있을진저, 그에게 보상을 할 것인가? 다음과 같은 말씀이 있으셨다. "혼자 앉아서 잠잠할 것을 주께서 그것을 메우셨음이라.'"(렘3:27,3.3)

'세 사람이 한 식탁에 앉아 식사를 하면서 토라에 대한 말을 한 마디도 하지 않을 때는 죽은 우상의 제물을 먹은 거와 같다. 말씀하시기를 "모든 상에는 토한 것, 더러운 것이 가득하고 깨끗한 곳이 없도다."(sic 사28:8) 그러나 세 사람이 한 식탁에 앉아 식사를 하며 토라에 관해 의견을 교환하면 모든 것이 깨끗한 식탁에서 먹는 거와 같다. 성경에서 이에 대한 말씀이 있기를 "그가 내게 이르되 이는 여호와의 앞에 상이라 하더라."(겔41:2, 2:3:4)

'토라의 멍에를 짊어지는 자는 왕국의 멍에와 세상사의 멍에에서 해방될 것이나 토라의 멍에를 깨어 버리는 자는 왕국의 멍에와 세상사의 멍에를 걸머지게 될 것이니라.'(3.6.)

'열 사람이 같이 앉아 토라에 대해 얘기하고 있으면 그들 사이에 후광이 있다. 말씀하시기를 "하나님이 하나님의 회 가운데 서시며"(시82:1) 그러면 다섯 사람에게도 같이 적용되는가? 말씀하시기를 "그 궁창의 기초를 땅에 두시며"(암9:6) 그리고 세 명에게도 같이 적용되는가? 말씀하시기를 "재판장들 중에서 재판하시되"(시82:1) 그리고 두 명에게도 같이 적용될 수가 있는가? 말씀하시기를 "그 때에 여호와를 경외하는 자들이 피차에 말하매 그것을 분명히 들으시고"(말3:16) 그리고 한 사람에게도 같이 적용될 수 있는가? 말씀하시기를 "내가 무릇 내 이름을 기념하게 하는 곳에서 네게 강림하여 복을 주리라"(출20:24:3:7)

'길을 걸으며 토라를 공부하던 사람이 멈추어 서서, "얼마나 나무가 훌륭하냐! 얼마나 멋진 곳이냐!" 하고 말하면 성경에서는 그의 인생이 상실된 것같이 생각할 것이다'(3.9)

'공부하다 한 마디라도 잊은 사람은 누구든지 성경에서는 그의 인생이 상실된 것같이 생각할 것이다. 말씀하시기를 "오직 너는 스스로 삼가며 네 마음을 힘써 지키라. 두렵건대, 네 생존하는 날 동안에 그 일들이 네 마음에서 떠날까 하노라"(신4:9) 그러면 공부하기가 너무 어려울 경우도 같은 결과가 아닌가 상상하게 된다. 그런 추론을 경계하기 위하여 말씀하시기를, "두렵건대 네 생존하는 날 동안에 그 일들이 네 마음에서 떠날까 하노라"(신4:9) 따라서 죄의식은 그가 고의적으로 수업을 피하지 않는 한 성립되지 않는 다'(3.10)

'죄에 대한 공포가 지혜(토라의 지식)보다 앞서면 그 지혜는 오래 갈 것이요, 지혜가 죄에 대한 공포보다 먼저 오면 그 지혜는 오래 가지 못할 것이다. 일이 지혜보다 우수하면 그 지혜는 오래 갈 것이요, 지혜가 일보다 우수하면 그 지혜는 오래 가지 못할 것이니라'(3.2f)

'사랑하는 이스라엘에게 바람직한 도구(토라)를 주셨으니 이는 특별한 사랑으로 이 도구를 통하여 세상이 창조되었음을 알게 하였다. 말씀하시기를 "내가 선한 도리를 너희에게 전하노니 내 법을 떠나지 말라."(잠4:2,3,18.)

'토라가 없는 곳에는 예의가 없고, 예의가 없는 곳에는 토라가 없다. 지혜가 없는 곳에는 신에 대한 경외감이 없고, 신에 대한 경외감이 없는 곳에는 지혜가 없다. 지식이 없는 곳에는 이해가 없고, 이해가 없는 곳에는 지식이 없다. 식사가 있는 곳에는 토라가 있고, 토라가 없는 곳에는 식사가 없다'(3.21)

'새를 희생시킨다든가, 여인을 정화시키는 것은 순간적인 훈령이다. 천문학이나 기하학은 지혜 뒤에 오는 것이다'10)

'가르치기 위하여 토라를 배우는 사람은 배우고 가르치는 것을 동시에 허락받을 것이요, 실습하기 위하여 배우는 사람은 배우고 가르치고 관찰하고 실습하는 허락을 받을 것이다'(4.6)

'토라의 광영을 이용하여 네 자신을 크게 말고 또한 파는 삽으로 만들지 말라. 힐렐이 말하기를 "토라의 광영을 세속적으로 쓰는

---

10) 이 격언의 의도는 작은 문제들이 토라에서는 제일 중대사이고 반면에 세속적 과학은 부수적 관심사임을 의미한다.

사람은 쇠진할 것이다." 여기에서 추론할 수 있는 것은 토라의 가르침을 자신의 이익을 위하여 쓰는 사람은 멸망을 초래할 것이다'11)(4.7)

'토라를 명예롭게 하는 자는 누구나 인류가 그를 명예롭게 할 것이나, 토라를 불명예롭게 하는 자는 인류가 그를 불명예롭게 하리라'(4.8)

'빈곤 가운데서 토라를 완수하는 사람은 결국에는 부(富)속에서 완수하게 될 것이나, 부 속에서 토라를 게을리하는 자는 결국에는 빈곤 속에서 게을리할 것이니라'(4.11)

'세상사(事)를 위해서는 수고를 덜하고 토라 속에서 바쁘다. 토라를 게을리 하면 여러 가지 나쁜 결과가 네게 나타날 것이나, 토라를 위하여 힘써 일하면 신께서 너에게 충분한 상을 주시리라'(4.12)

'토라를 공부하는데 주의 깊게 하라. 공부하는데 하나의 실수가 미욱한 죄를 범하게 할 것이니라'(4.16)

'세 개의 왕관이 있다. 토라의 왕관, 신부의 왕관, 그리고 임금의 왕관. 그러나 명예로운 이름의 왕관이 위의 모든 것보다 훌륭하니라'(4.17)

'방황하다 토라의 집으로 오라, 토라가 너를 쫓아 오리라고 말하지 말라. 그곳에서는 너의 동료가 토라를 간직하고 너를 맞을 것이니, 그리고 네 자신의 해석에 기대지 말라'(4.18)

'토라 학습장을 다니는 사람들에게 네 가지 유형이 있다. 학습장에만 가고 실습은 하지 않고 가는 것으로 안심을 하는 사람, 학습장에는 전혀 가지 않고 실습하는 것으로 안심하는 사람, 학습장

---

11) 탈무드 시대와 그 후 많은 세기 동안에 어린이들을 가르치는 전문적인 교사를 제외하고, 선생들은 무급의 명예직이었고 그들의 생계는 손일로 벌어 유지하였다.

에 나가기도 하고 실습도 하는 사람(성자), 나가지도 않고 실습도 하지 않는 사람(사악한 사람)'(5.17)

'다섯 살이 되면 성경을 공부할 나이이고, 열 살에는 미쉬나를, 열 다섯 살에는 탈무드를 공부할 나이이니라'(5.24)

'토라를 넘기고 또 넘겨라. 모든 것이 그 속에 들어 있나니 숙고하고 회색 초칠을 하고 그 위에서 늙어 가라. 조금도 동요되지 말라. 이보다 더 좋은 법칙은 없느니라'(5.25)

'토라를 위하여 힘써 일하는 사람은 누구나 많은 것을 얻는다. 그뿐이 아니라 온 세상이 그에게 빛을 진 것이다. 그는 친구라고 불리고 사랑받고 모든 참석자의 연인이고 인류의 연인이다. 겸양과 경건으로 옷을 입혀 정당하고 경건하고 꿋꿋하고 충실하게 만든다. 죄로부터 멀리 보호하여 그를 덕에 가깝게 한다. 그를 통하여 세계는 의논하고 건전한 지식을 얻고 이해와 힘을 얻는다. 말씀하시기를 "내게는 도락과 참지식이 있으며 나는 명철이라 내게 능력이 있으므로"(잠8:14) 그에게 통치권과 지배권과 재판을 분간하는 힘을 주고, 그에게 토라의 비밀이 묵시되니 그는 끊임없이 솟는 분수와 같고 영원히 기운차게 흐르는 강물과 같다. 그는 온건하고 오래 참으로 모욕을 용서하고, 그를 확대시켜 모든 것 위에 뛰어나게 하니라'(4.1)

'매일 바스 콜(Bath Kol)이 시나이 산에서 다음과 같은 말을 하며 내려왔다. 굴욕을 무릅쓰고 인류에게 토라를 위하여 구애하라. 토라를 위하여 애쓰지 않는 사람은 누구나 신의 질책을 받는다고 하기 때문이니라. 비슷하게 말씀하시기를 "그 판은 하나님이 만드신 것이요, 글자는 하나님이 쓰셔서 판에 새기신 것이더라"12)(출

---

12) 이 지명들이 낱말로서의 일상적인 의미를 지니고 있다. 맛다나는 선물이란 뜻이고, 나할리엘은 신의 유산이란 뜻이고, 바못은 높은 곳을 뜻한다. 따라서 이 구절은 "토라의 선물을 받는 자는 신의 유산을 얻어 높은 곳으로 오른다"는 뜻이 된다.

32:16) Charuth(torlek)로 읽지 말고 Cheruth(자유)로 읽으라. 왜
냐하면 아무도 자유롭지 못하고 토라를 위하여 애쓰는 자만이 자
유롭기 때문이니라. 토라를 위하여 애쓰는 자는 보라, 칭찬을 받
을 것이니라. 말씀하시기를 "맛다나에서 나할리엘에 이르렀고 나
할리엘에서 바못에 이르렀고.'"(민21:16,6.2)

'토라를 공부하는데 알맞는 길은 이러하다. 빵 한 조각을 소금
으로 먹어야 하고 물도 분량을 재어서 마시며, 잠은 땅바닥에서
자고 토라 속에서 애쓰는 동안 고생스런 삶을 살지니라. 이와 같
이 하면 "네가 복되고 형통하리로다"(시128:2) 이 세상에서 복되고
내세에서 형통하리로다'(6:4)

'토라는 신부의 길보다 왕도보다 위대하다. 신부의 길은 24개의
조건이 있고 왕도는 30개의 조건이 있으나 토라는 48개의 조건이
있다. 그것들은 들리도록 공부할 것, 정확한 발음, 가슴으로부터
이해하고 분별할 것, 경외·경건·온순·명랑·현인을 섬기면서
동료와 밀착하고, 제자와 토론할 것, 침착, 성경에 대한 지식과 미
쉬나에 대한 지식, 사업에 중용을 지킬 것, 세상과 대화, 잠자는
것, 대화·웃음·인내·선량한 마음·현인에 대한 믿음, 징벌에
복종, 사람의 위치를 인정할 것, 남을 위하여 기뻐할 것, 말을 조
심할 것, 자기의 장점을 주장하지 말 것, 토라의 집의 모든 사람을
사랑하고, 사랑을 받을 것, 인류를 사랑할 것, 올바른 길을 사랑할
것, 방정과 질책, 자신에게 명예를 돌리지 말며, 지식을 뽐내지 말
고, 결정을 내려주는 데 기쁨을 갖지 말며, 남의 멍에를 같이 지
며, 호의적으로 판단을 하며, 그를 진실과 평화로 이끌 것, 공부에
열중하며, 질문과 답을 하며, 듣고 보탤 것, 가르치는 대상에서 배
울 것이며, 실습하는 대상에서도 배울 것이다. 선생을 더욱 현명
하게 만들 것이며, 그의 대화에 주의를 기울이고 말한 자의 이름

을 보고할 것이니라'(6.6)

'이 세상과 내세에서 실습하는 사람들에게 생명을 주는 토라는 위대하다'(6.7)

'키스마는 말하기를 내가 어느 날 길을 가는데, 한 사람이 나를 보고 인사를 하기에 나도 인사를 하였다. 그는 묻기를 "랍비여, 어디서 오시나이까?" 나는 말했다. "현인과 학자들이 있는 위대한 도시에서 왔다네" 그는 말하기를 "우리와 같이 이곳에서 사시겠다면 수천의 금화와 귀중한 보석들을 드리겠나이다". 나는 말하기를 "네가 내게 이 세상의 금은보화를 다 준다 해도 나는 토라의 집 이외에는 살지 않으려네. 이스라엘의 왕, 다윗이 쓴 시편에도 이와 같이 쓰여 있다네. '주의 말씀이 내게는 천천 금은보다 중하나이다'(시129:72) 그뿐 아니라 인간이 떠날 때에는 금은보화를 갖고 가는 것이 아니라 토라와 선생일 뿐이니라"'(6.9)

'신께서 축복 있을진저, 우주에서 특별히 그의 것으로 만든 것이 5개가 있나니 그것은 토라, 하늘과 땅, 아브라함, 이스라엘과 교회이니라. 어떻게 토라를 알게 되었는가? 말씀하시기를 "여호와께서 그 조화의 시작 곧 태초에 일하시기 전에 나를 가지셨으며"13)

소책자에서 나온 이 증언은 유대인에게 있어 토라가 차지하는 높은 위치를 말해 주고 있다. 토라는 그들의 인생의 구축의 기반이 될 뿐 아니라 전우주 질서에서 유일한 안전한 기초라고 생각하였다. 토라가 없으면 도덕적 혼돈이 올 것이고, 그 이유 때문에 토라는 항시 존재하였고 세상의 창조 이전에도 존재하였다. '토라가 아니었으면 하늘과 땅이 견딜 수가 없었을 것이다. 말씀하시기를 "여호와가 이같이 말하노라. 나의 주야의 약정이 서지 아니할 수 있다든지, 천지의 규례가 정한 대로 되지 않을 수 있다 할진대"'(렘

---

13) 피르케 아보트(Pirke Aboth)에 대한 영어판이 두 개가 주석과 함께 나왔다.
   C. Taylor 의 "Sayings of the Jewish Fathers"(2nd. Ed. 1897)

33:25,14:68b) 토라가 창조 이전에 있었다는 다른 이유는 '모든 사람의 길에서 발견하게 될 것이니, 여호와께서 그에게 가까운 것에 우선권을 주셨느니라. 그런 이유로 여호와께서 토라를 먼저 창조하셨다. 왜냐하면 그가 만드신 무엇보다도 가깝기 때문이다. 말씀하시기를 "여호와께서 그의 길을 시작하면서 소유하셨다. 그의 일보다도 먼저 태초로부터"'(sifre 신37:76a)

'토라는 창세기보다 2천 년 앞섰다'(창R8:2)는 주장도 있고, 다른 주장은 '세상의 창조보다 974세기 앞서 토라는 씌어져서 여호와의 품에 안겨졌다'14)는 것이다.

세계 질서가 토라에 의존한다는 사상은 아래와 같이 전달된다. '여호와께서 축복 있을진저, 창조를 하실 때 말씀하시기를 이스라엘이 토라를 지키면 영원히 건재할 것이요, 그렇지 않으면 다시 혼돈으로 만들겠노라.'(12:88a) 인간만 전체적 윤리적 존재가 되는 것은 다음에서 엿볼 수 있다. '주께서 어찌하여 사람을 바다의 어족 같게 하시며'(합1:14) '왜 사람이 바다의 어족 같은가? 바다의 물고기는 뭍에 오르면 곧 죽는다. 사람도 토라의 말씀을 멀리하면 멸망하느니라'(38:3b)

토라의 힘

특히 이스라엘 백성들에게 적용되는 생각이 아키바의 유명한 우화 속에 나타나 있다. '한 번은 사악한 정부, 즉 로마가 이스라엘이 이 이상 더 토라에 전념하지 말라는 법령을 선포하였다. 파

---

14) 이 계산은 다음 구절에 기인한다. '그는 그 언약 곧 천대에 명하신 말씀(시편 105:8)' 그러나 묵시는 모세 시대에 와서 이루어졌으니, 아담으로부터 26세기이니 토라는 세상이 창조되기 전974세기 전에 이미 존재했다.*

퍼스 유다가 대집회를 열고 토라를 공부하고 있는 아키바에게 물었다. "아키바, 로마 정부가 무섭지 않아요?" 대답하기를 "우화를 하나 얘기해 주지. 여우가 강독을 거닐다 물고기 몇 마리가 모여 여기저기로 다니는 것을 보고 물었다. '무엇을 피해 달아나니?' 물고기들이 대답하기를 '사람들이 우리를 잡으려고 치는 그물을 피한다' 여우가 말하기를 '뭍으로 올라와 나와 같이 즐겁게 살자꾸나. 너의 조상과 나의 조상도 같이 살았을 거야!' 물고기가 대답하기를 '네가 바로 동물 중에서 가장 간교하다는 여우냐? 너는 영리한 것이 아니라 바보로다. 우리들이 생명의 요소가 있는 곳에서 두려우면 죽음의 요소가 있는 곳에서는 더할 것이 아니냐!'고 했다 한다. 우리도 그와 마찬가지이다. 우리가 앉아서 토라를 공부하고 있는 동안도 썩어 있거늘 그는 네 생명이시요 네 장수이시니 (신30:20) 하였고 공경에 처하거늘, 이것을 게을리하면 더욱 곤경에 처할 것이다'"(1:61b)

토라의 생명력은 거듭 강조되는 주제에 있다. "'모세가 이스라엘 자손에게 선포한 법률이 이러하니라(신4:44) 계율에 충실하면, 불로장수약이 되고, 충실치 못하면 사약과 같아질 것이니라'.-(16:72b) 이것은 만병 통치약이다. 동반자 없이 여행을 떠난다면 토라에 심취하라. 말씀하시기를 "이는 네 머리의 아름다운 관이요, 네 목의 금사슬이니라"(잠1:9) 골치가 아프면 토라에 심취하라. 그리고 말씀하시기를 "머리 위의 관이라 하셨으니" 목이 아프면 토라에 심취하라'. 또 말씀하시기를" 목의 금사슬이니라" 하셨으니, 내장에 고통이 있으면 토라에 심취하라. 말씀하시기를 "이것이 네 몸에 양약이 되어"(잠3:8) 하셨으니, 뼈에 고통이 있으면 토라에 심취하라. 말씀하시기를 "골수로 윤택하게 하리라"(잠3:8) 하셨으니, 전신에 고통을 느낄 때 토라에 심취케 하라. 말씀하시기를

"온 육체의 건강이 됨이니라"(잠4:22)하셨으니'(13:54a)

여호와의 마음이 반사되어 있는 토라는 모든 면에서 완전하다. '아래의 구절은 무엇을 뜻하는가? "무화과 나무를 지키는 자는 그 과일을 먹고"(잠27:18) 왜 토라를 무화과와 비교하였는가? 모든 과일에는 찌꺼기가 있다. 대추에는 씨가 있고 포도에는 근경이 있고 석류에는 껍질이 있다. 그러나 무화과는 전체를 먹을 수 있다. 토라에도 마찬가지로 찌꺼기가 없다'.

토라의 절대성과 완전성에 대한 칭송은 다음 구절에서도 볼 수 있다. 토라의 말씀은 물과 같고 술과 같고 기름 같고 꿀과 같고 우유와 같다. "목마른 자는 모두 물가로 오너라(사55:1)" 물이 세상의 끝에서 끝으로 흐르는 것과 같이 토라도 세상 끝에서 끝으로 뻗친다. 물이 세상의 생명수이듯이 토라도 세상의 생명이다. 물이 하늘에서 내린 것처럼 토라도 하늘에서 내렸다. 물이 영혼을 깨끗이 하는 것과 같이 토라도 영혼을 깨끗이 한다. 물이 불결한 사람을 깨끗이 하듯이 토라도 도덕적으로 불결한 사람을 정화시킨다. 물이 사람의 몸을 깨끗하게 하듯이 토라도 사람의 몸을 깨끗이 씻는다(육체적). 물이 한 방울씩 떨어져 여러 개의 개천을 이루듯이 토라도 마찬가지이다. 인간은 두 개의 주장과 두 개의 내일을 배워 넘쳐나는 지식의 샘이 된다. 목이 마르지 않으면 물이 달갑지 않듯이 토라도 영적 갈증을 느끼지 않으면 달갑지가 않다. 물이 높은 곳에서 낮은 곳으로 흐르듯이 토라도 거만한 자의 마음에는 들어가지 않고 겸손한 자의 마음에 집착한다. 물이 금은 그릇에서 신선하지 않고 토기그릇 같은 옹기에서 신선하듯이 토라도 토기옹기같이 겸손한 사람만이 간직할 수 있다. 위대한 사람도 낮은 이에게 "마실 물을 달라"는 말이 부끄럽지 않듯이, 토라도 마찬가지로 낮은 이에게 "한 장만, 아니 한 구절만, 혹은 한 자만 가르쳐 주십시오"하는 부끄럽지 않듯이, 토라도 마찬가지로 낮은 이에게 "한 장만, 아니 한 구절만, 혹은 한 자만 가르쳐 주십시오" 하는 것이 부끄럽지 않다. 물에서 수영할 줄 모르면 서서히 가라앉는 것처럼, 토라의 말씀도 그 속에서 헤엄쳐 어떤 결론에 도달할 수 없으면 역시 압도당해 버릴 것이다'.

'물이 플라스코 병에서 썩어가듯 토라도 마찬가지일 것이라고 논쟁을 벌인다면 술과 비교해 보자. 같은 물이라도 술은 오래 저장할수록 좋듯이 토라의 말씀도 오래 될수록 향상된다. 물이 마음을 기쁘게 못 하듯이 토라도 마찬가지라고 논쟁을 벌인다면 술과 비교해 보자. 술이 마음을 즐겁게 하듯이, 토라의 말씀도 마음을 즐겁게 한다. 술이 때로는 육체와 정신에 해롭듯이 토라의 말씀도 해롭다고 논쟁을 벌인다면, 기름과 비교해 보자. 기름이 머리와 육체에 위안이 되듯이 토라의 말씀도 위안을 가져온다. 기름이 처음에는 쓰고 끝에 가서 달 듯이 토라의 말씀도 그렇다고 논쟁을 벌인다면, 꿀과 우유에 비교해 보자. 꿀과 우유가 달콤하듯이 토라의 말씀도 달콤하다. 꿀에는 불쾌한 밀납세포가 있듯이 토라의 말씀도 불쾌하다고 논쟁을 벌인다면 우유와 비교해 보자. 우유가 순수하듯이 토라의 말씀도 순수하다. 우유가 맛이 없듯이 토라의 말씀도 무미하다고 논쟁을 벌인다면 우유와 꿀의 혼합체와 비교해 보자. 우유와 꿀이 몸에 해롭지 않듯이 토라의 말씀도 마찬가지로 결코 해롭지 않다'(cant R.I:2)

토라는 완전하여 더 향상될 수가 없으므로 하나님이 다른 묵시를 내리시지는 결코 않을 것이다. 유대 사상의 이 독단은 '하늘에 있지 아니하니라'(신30:12)에서 나왔고 이렇게 설명한다. '다른 모세가 나타나서 하늘에서 다른 토라를 가져오리라고 말하지 말라. 이미 "하늘에 있지 아니함"을 네게 알렸느니라. 즉 하늘에는 더 이

상 남아 있는 것이 없느니라'(신R8:6)

§ 3. 토라의 연구

분명히 토라가 인생의 규율이 되고 길잡이가 된다면 우리에게 영향력을 발휘하기 전에 이에 대한 충분한 연구가 있어야 한다. 따라서 토라에 대한 연구가 유대인들의 지상의 의무가 되었으며 중요한 종교적 의무의 상황에까지 이르렀다. 진실로 토라의 연구 자체가 하나님에 대한 봉사이다. 말씀하시기를 '너희의 하나님 여호와를 사랑하여 마음을 다하고 성품을 다하여 섬기면'(신11:13)에서 섬긴다는 뜻은 토라를 연구한다는 말이다.(sifre 신 41;80)

랍비들은 토라를 자세히 헌신적으로 연구하는 의무에 지칠 줄을 모른다. 탈무드에서 자주 나오는 구절은 제한이 없는 것들, 밭 모퉁이까지(레23:22) 첫 과일.(출23:19)

'세 축제- 무교절, 칠칠절, 초막절- 에 가져온 곡물들'(신16:16f) 자비의 베풂과 토라의 연구, 이것들이 열매는 이 세상에서 즐기고 자본은 저 세상을 위하여 남는 것이다. 부모를 명예롭게 하고, 자비를 베풀고 사람과 동료 사이에 평화를 회복하는 일- 이 모든 것들이 토라의 연구와 맞먹는다(2:1:1)

토라의 연구가 무엇보다도 우선적인 것은 행동 이전에 하나님의 교훈을 먼저 알아야 한다는 사실에서 생겨난 것이다. 그러기에 이것을 방해하는 일은 용납되지 않는다. 하드리아닉 박해기간 동안, 종교적 성찬식이나 토라의 연구 둘 중의 하나를 금했을 때 리다에서 집회를 열고 토론에 들어갔다. 연구와 실습, 어느 것이 상대적으로 중요한가 하는 문제였다. '타폰은 실습이 더 위대하다고 하였고 아키바는 연구가 더 위대하다고 하였다. 다른 랍비들도 아키바와 마찬가지로 연구가 실습으로 인도하므로 연구가 더 중요하다고 선언하였다'(30:40b) 같은 생각이 또한 성경에도 씌어 있다. '그것을 배우며 지켜 행하라'.(신5:1) 배우는 것을 먼저 지적했으므로 '관찰은 연구에 의존하나, 연구는 관찰에 의존하지 않는다. 연구를 게을리 하는 데 대한 벌은 비관찰보다 더욱 무겁다'(sifre 신 41:79a)

'토라를 연구하는 것이 교회를 짓는 것보다 위대하다'(21:16b)라고 말하는 선생도 있고 '죽음의 순간까지도 토라의 집에 가는 것을 중지해서는 안되며 토라의 말씀을 삼가서는 안된다'(12:83b)라고 가르치는 선생도 있다.

토라의 연구가 사람의 마음을 빼앗는 특질이 다음의 질문과 대답에서 예를 찾아볼 수 있다. '랍비가 묻기를 "토라를 전부 공부하였으니 희랍 철학을 연구해도 좋겠나이까?" 다음 구절이 대답으로 인용되었다. "이 율법책을 네 입에서 떠나지 말게 하여 주야로 그것을 묵상하여"(수1:8) 계속해서 말하기를 "주야가 아닌 시간을 찾아 희랍 철학을 연구하라'"(42:99b)

토라 연구를 게을리 하는 어떤 이유도 용납되지 않음은 다음의 발췌문이 강력히 나타내고 있다.

'가난한 사람, 부자, 사악한 사람이 하늘의 법정 앞에 섰다. 가난한 사람에게 묻기를 "왜 너는 토라를 공부하지 않았느냐?" 대답이 너무 가난하여 호구를 걱정하느라고 못하였다 하면 "너는 힐렐보다 더 가난하였느냐?"라고 묻는다. 힐렐 장로에 관한 이야기는 그의 낮 벌이로는 반 디나리우스밖에 벌지 못하였으나, 그 절반을 토라 연구당의 문지기에게, 나머지 절반으로 그의 식구를 먹여 살렸다. 한 번은 일거리가 없어서 돈이 한 푼도 없자 문지기가 그를 거절하였다. 그래서 벽을 기어올라가 창문 밖에 앉아 세마야와 압탈리온이 해석하는 하나님의 산 말씀을 듣고 있었다. 그 날은 한 겨울의 어느 안식일 저녁이었고 눈이 몹시 내리고 있었다. 동이 틀 무렵에 세마야가 압탈리온에게 "여보게, 방이 밝았었는데 오늘은 어두운 걸 보니 아마 구름이 낀 모양일세" 하고 그들이 창문을 쳐다봤을 때 그들은 사람의 형체를 보았다. 밖에 나가 눈 속에 묻혀 있는 힐렐을 발견하였다. 그를 창문에서 끌어 내려와 눈을 털어 주고 비벼 주고 불 앞에 앉혀 주며 말하기를 "안식일이 이 사람 때문에 모독되어도 괜찮다"했다'

　'부자에게 말하기를 "왜 너는 토라 공부를 게을리 하였느냐?" 부자라서 그의 재물을 걱정하느라 못했다고 대답하면, "너는 촬솜(Charsom)보다 더 부유한가?" 하고 묻는다. 그의 아버지로부터 일천 개의 도시와 일천 개의 배를 물려받았지만, 매일 어깨에 밀가루 포대를 짊어지고 도시에서 도시로 도에서 도로 토라를 배우기 위하여 다녔다. 한 번은 그를 한 번도 본 적이 없는 그의 종들이 강제노동을 하라고 그를 붙잡았다. 그는 종들에게 말하기를 "간청하니, 토라를 공부하러 가게 해 주게" 종들이 대답하기를 "촬솜의 생명을 걸고 너를 놓아줄 수 없다" 그 종들을 그는 본 일조차 없었다. 그러나 밤낮으로 앉아 토라의 연구에 열중했다.

　'사악한 사람에게 묻기를 "왜 너는 토라 공부를 게을리 하였느냐?"잘 생겨서 그의 열정 때문에 고통을 받았기 때문이라고 대답한다면, "너는 요셉보다 더 잘생겼느냐?" 하고 물을 것이다. 정의의 요셉에 관한 이야기는 다음과 같은 얘기가 있다. 포티화의 아내가 그를 매일 유혹하였다. 그를 위하여 아침에 입었던 옷을 저녁에는 갈아입고 하는 식으로 감옥에 넣겠다고 협박도 하고, 몸을 망가뜨리겠다고, 장님으로 만들겠다고 위협을 해도, 막대한 돈으로 뇌물을 주려 해도 요셉은 전부 거절하였다.

결과적으로 힐렐은 가난한 자를 견책하고, 찰솜은 부자를, 요셉은 사악한 자를 견책하게 된다'(16:35b)

토라 연구에 그의 시간과 정력을 모두 소모하라 한다면 생업을 가질 필요가 있는가? 이 문제는 '너희가 곡식을 얻을 것이요'(신 11:14)에서 '거론된다. 이것은 무엇을 말하는가? 씌어 있기를, "이 율법책은 네 입에서 떠나지 말게 하여 주야로 그것을 묵상하며"(수 1:8) 이것을 문자 그대로 이해할 가능성이 있으니, 다음과 같은 가르침이 있다. "너희가 곡식을 얻을 것이요." 즉 동시에 속세의 직업도 가지라는 뜻이다. 이것은 이스마엘의 말이고 요챠이는 이렇게 말했다. 밭을 갈 때 밭을 갈고, 씨 뿌릴 때 뿌리고, 추수할 때 거두고, 도리깨질 할 때 도리깨질 하고, 키질 할 때 키질 하면 토라는 어떻게 되나? 그러나 이스라엘이 모든 사람의 의지를 행할 때, 다른 이들이 일을 해 준다. 말씀하시기를 "외인은 서서 너희 양떼를 칠 것이요"(사91:5) 이스라엘이 만인의 의지를 행하지 않을 때 그들의 일을 스스로 해야만 했다. 말씀하시기를 "너희가 곡식을 얻으리니" 그뿐 아니라 남의 일까지도 해 주어야 한다. 말씀하시기를, "너를 치게 하실 대적을 섬기게 될 것이니"(신28:48) 아바이는 말하기를 많은 사람이 이스마엘의 가르침대로 행하여 효과가 있었으나, 요챠이 말대로 행한 사람은 그렇지가 못하였다. 라바는 그의 제자에게 말하기를, 제발 니산(Nisan)과 (Tishri)15) 동안은 내 앞에 나타나지 말라. 그래야만 일년 동안 지낼 것을 염려하지 않아도 되느니라'(1:35b)

랍비의 일반적인 견해는 생업에 종사하는 것을 연구 때문에 완전히 무시할 수 없다는 것이다. 행복한 중도가 이상적이고 극단적

---

15) 일년의 첫 번째와 일곱째 달 3,4월과 9,10월에 상응한다. 즉 옥수수가 익을 때와 포도를 밟을 시기이다. 이 두 달 동안 열심히 일하면 일년 내내 걱정 없이 공부할 수가 있다.

인 것은 피하는 것이 좋다. 한편으로는 다음과 같이 말한다.

'보라, 후세대는 전세대와 갖지 않을 것이다. 전세대는 토라의 연구가 주요 관심사이고 일은 가끔 하나 둘 다 번성하였다. 후세대는 그들의 일이 주요 관심사이고 토라의 연구는 가끔 하였으니, 둘다 번성하지 못하더라'(1:35b)

2세기에 와서 랍비는 선언하였다.

'세상 일을 모두 젖혀놓고 나의 아들에게 토라만을 가르쳤다. 그 결실은 이 세상에서 먹고도 남아 내세에까지 남아 있다. 세속적인 직업은 이와 같지가 않다. 병들거나 늙거나 고통을 받거나 하여 일할 수 없을 때는 굶어 죽는다. 그러나 토라는 그렇지 않다. 젊은 시절에 악으로부터 구해 주고 늙어서는 기대에 찬 삶을 준다'(20;4:14)

이 후자의 예를 따라 토라의 연구를 위해 상업을 게을리한 사람이 많은 것은 의심할 여지가 없다. 그러한 이유로 학생들에게 융숭한 대접을 해 주라는 가르침이 있다. 몇몇의 성경 구절에서 이 가르침을 발견할 수 있다. 그 중의 하나를 예로 들면 "'하나님은 오베드에돔(Obed-Edom)과 모든 집을 신의 방주 때문에 축복하신다"'(삼하6;11f)했다. 여기에 어떤 논쟁을 적용할 수 있을까? 먹을 것도 마실 것도 없는 방주에서 오베드에돔이 물을 뿌려서 축복을 한다면, 현자의 제자들에게 먹을 것과 마실 것을 주며 그의 소유물을 즐기게 한다면 얼마나 더 축복받을 것인가!'(1:63b) 부유한 사람이 토라 연구생을 사위로 삼아 세상살이에서 해방되어 지식 습득에만 헌신할 수 있도록 하는 것이 가치있는 일로 간주되었다.(1;34b)

배움의 의무가 사회문제를 수행하는 것보다 더 존중을 받았다. '토라 연구생이 다른 일에 종사하게 되면 공부에 방해가 된다. 사회의 요구에 몰두하면 배움을 잃어버리게 된다'(출 R6:2) 또한 말씀하시기를 '세 종류의 사랑을 위해 하나님께서 매일 우신다. 토라의 연구에 전력투구할 만한데 그렇지 못한 사람, 그리고 그런 연구를 할 만한 지적 능력이 없는데도 연구를 계속하는 사람과 손을 높이 휘두르며 사회를 지배하는 대충통이다'(23:5b)

소책자 아보트(Aboth)에서는 토라의 연구가 자신의 강화를 위해서 씌어져서는 안 된다고 충고하고 있다. 연구는 연구 자체를 위한 것이어야 하고, 순수하고 이해관계가 없는 동기에서 나와야 한다고 자주 말했다. '다음 말의 뜻은 무엇인가? "그 혀로 인애의 법을 말하며"(잠31:26) 그러면 인애의 법과 불인애의 법이 일단 말인가? 토라를 위한 토라의 연구는 인애의 법이요, 그렇지 않은 것은 불인애의 법이다'(17:49b)

'토라를 위하여 토라를 연구하면 불로장생할 것이요, 그렇지 않으면 사약과 같아질 것이니라'(20:7a) 다음의 구절에서 가르침이 더욱 분명해진다.

'네 하나님 여호와를 사랑하고 그 말씀을 순종하며 또 그에게 복종하라'(신30:20) '다음과 같이 말해서는 안된다. "성경을 배우는 것은 사람들이 나를 배웠다고 하기를 원하기 때문이요, 미쉬나를 공부하는 것은 사람들이 나를 랍비라고 부르기를 원하기 때문이며, 가르치는 것은 학문 분야에서 교수가 되기 위함이다" 사랑을 갖고 공부하라, 그러면 명예가 결국에 오게 될 것이다'(26:62a)

이것은 많은 사람에게 너무 분명한 충고이기 때문에 일반적으로 적용되는 원칙은 '항상 토라에 전념토록 하라. 그들 자신을 위한 교훈이 아닐지라도 그것을 행함에 그 자신을 위하게 될 것이다'(27:23b) 같은 생각이 한 랍비를 자극하여 매일 아래와 같은 기도를 하였다.

'여호와 나의 하나님이시여, 당신의 뜻대로, 위로는 천상의 식구들과 아래에서는 지상의 식구에게 평화를 주시고, 당신의 율법을 연구하는 학생들이 율법을 위해 헌신을 하든 않든간에 당신의 뜻대로 저들을 율법에만 전념케 하소서'(1:16bet seq)

토라의 연구로 인생을 소비하는 것도 위대하지만, 그것을 가르쳐 널리 전파할 때 더우 위대하다. '학자는 무엇과 같은가? 향기로운 향유가 들어 있는 플라스코와 같다. 마개가 열리면 향내가 퍼지지만 닫혀 있으면 향내가 나지 않는다'(38:35b) '토라를 배우고 가르치지 않으면 사막 속에 있는 도금양과 같으니라'(19:23a) '동료인간의 자제에게 토라를 가르치는 사람은 그 자체를 잉태한 것과 같으니라'(34:19b) '너희 자녀들을 열심히 가르칠지니'(신6:7)이 구절에서 생도가 선생의 자녀와 동일하게 취급되었다.(sifre34:74a)

선생의 역할이 얼마나 중요한가가 다음의 이야기에 잘 나타나 있다. '랍비가 가뭄 때문에 종교의식을 거행하려고 어떤 곳에 왔다. 회중의 선창자가 식을 거행하였다. "하나님께서 바람을 일으키셨도다"라고 하니까 곧 바람이 불었고, "하나님께서 비를 내리시도다"라고 하자 곧 비가 내렸다. 랍비가 그에게 물었다. "너의 뛰어난 장점은 무엇이냐?" 그는 대답하기를 "나는 초등학교 선생입니다. 나는 부유한 자녀나 가난한 자녀를 똑같이 가르칩니다. 학비를 낼 수가 없으면 면제해 줍니다. 내게는 물고기를 기르는 연못이 있는데, 공부하기 싫어하는 학생에게는 물고기를 주겠다고 합니다. 그러면 그 생도는 배우려 고 정규적으로 옵니다.'"

토라를 연구하고 이것을 가르치는데 최상의 가치를 두지만, 이 일에 종사하는 사람이 지나친 자만심에 차서는 안 된다. 하나님의 눈에는 보통 노동자들과 마찬가지로 노동자일 뿐이다.

Jabneh에 있는 유명한 아카데미의 랍비의 말이 참으로 아름답다. '내가 하나님의 피조물인 것처럼 나의 이웃도 하나님의 피조물이다. 내 일은 도시에 있으나 그의 일은 들판에 있다. 나도 일찍 일어나 일을 하고, 그도 일찍 일어나 일터로 나간다. 내 일을 그가 할 수 없듯이, 그의 일도 내가 할 수 없다. 그러나 아마도 내가 하는 일이 그가 하는 일보다 위대하다고 생각할지 모른다. 하는 일이 위대한 것이든 작은 일이든 상관되지 않고 단지 하늘을 향한 마음만이 문제가 된다고 배웠다'(1:17a)

제일 중요한 것은 토라의 연구가 그 자체에서 끝이 나지 않는다는 사실을 강조한 점이다. 토라에서 얻은 지식으로 무장되어 사람들이 올바르게 살도록 도와준다. '토라의 말씀에 전념하면 빛을 주시고 그렇지 않고 그 말씀을 무시하면 방황하게 된다.

어둠 속에 서 있는 사람의 우화— 한 사람이 걸어가다가 돌에 채어 비틀거린다. 도랑을 지나다 넘어져 얼굴을 땅에 부딪친다. 왜 그럴까? 그의 손에 등불이 없기 때문이다. 토라의 말씀을 간직하지 못한 무식한 사람이 위험한 고비를 만나면 허둥거리다 죽어간다. 토라를 모르기 때문에 죄를 범한다. 말씀하시기를 "악인의 길은 어둠 같아서 그가 지쳐 넘어져도 그것이 무엇인지 깨닫지 못하느니라"(잠:4:19) 반대로 토라에 전념하는 사람에게는 도처에 빛이 있다. 어둠 속에서 등불을 손에 든 사람의 우화— 돌을 볼 수 있으니 채어 비틀거리지 아니하고, 도랑을 보았으니 넘어지지 아니하니, 이는 손에 등불을 가졌음이라. 말씀하시기를, "주의 말씀은 내 발에 등이요, 내 길에 빛이니라'"(시119:105 출R36:3)

§ 4. 기록 율법

기록된 묵시는 24권의 책으로 되어 있다.16) 이 숫자는 다음의 말에 근거를 둔 것이다. '24가지 장신구로 치장한 신부가 그 중 하나라도 빠뜨리면 나머지 모든 것이 가치가 없게 되듯이, 현인의 제자들도 성경의 24권의 책을 익혀야지 그 중 한 권만 빠뜨려도 나머지 전부가 가치가 없게 되느니라'(cant R.4:2) '어떤 랍비는 그의 수업에 들어가기 전에 24시간을 공부했는데, 이는 모세의 오경과 예언자와 성서의 책 수와 일치시키기 위함이었다'(20:8a)

위의 구절의 마지막 부분에서 성서를 세 부분으로 나누었다. 모세의 오경(토라 율법서), 예언자, 성서. 예언자와 성서는 가끔 전통(Kabbalah)이란 명칭으로 불린다.(19:7a)

율법서는 다섯 권으로 되어 있다. 다섯이란 숫자를 쓴 두 가지 이유가 제시된다.

'''빛''이란 말이 창세기 1장 3절~5절에 다섯 번 나타나 율법서의 5권과 일치한다. "하나님이 가라사대 빛이 있으라"는 창세기와 일치하여 하나님이 그의 우주를 창조하는데 전념하시며, "빛이 있었고"는 출애굽기와 일치하여 이스라엘이 어둠 속에서 밝은 곳으로 나옴을 묘사했으며, "그 빛이 하나님의 보시기에 좋았더라"는 레위기와 일치하여 여러 가지 율법으로 채워졌으며, "하나님이 빛과 어두움을 나누사"는 민수기와 일치하여, 이집트를 떠난 사람과 약 속의 땅에 들어갈 사람을 구분지으셨고, "빛을 낮이라 칭하시고"는 신명기와 일치하여 여러 가지 율법으로 채워져 있다'(창R3:5) 또 다른 이유로는 다섯 권의 책이 다섯 손가락과 상응한다는 것이다.(민 R14:10)

앞서도 말했지만, '모세의 五經'은 후에 나오는 예언자들의 영감(靈感)의 샘이 되었다. 한 전승(傳承)은 말하기를 '토라 즉 율법서는 원래는 한 권씩 족자에 담겨져 있었으며'(29:60a) 따라서 이것들을

---

16) 요세푸스(C.Apion 1,8)는 스물 두 권으로 되었다고 하지만, 탈무드에는 분리되어 있는 책을 합치기로 하였다.

연결시켜 책으로 나왔다는 것이다.

　예언서에 관해서는 그 순서의 전통적 개념은 '여호수아 · 사사기 · 사무엘 · 열왕기 · 예레미야 · 에스겔 · 이사야 그리고 12명의 미미한 예언자이다. 한때는 호세아가 다른 이들을 앞섰으니, 말씀하시기를 "여호와께서 비로소 호세아로 말씀하시니라". 따라서 다른 후기 예언자보다는 먼저 와야 한다. 여호와의 말씀이 호세아에서 비롯되었는가? 모세와 호세아 사이에 다른 예언자는 없었는가? 요하난이 말하기를 "그 뜻은 그 시대에 예언한 4명의 예언자ー호세아 · 이사야 · 아모스 · 미가ー중에서 첫째라 함이니라! 그러면 호세아를 예레미야보다 먼저 두어야 하지 않겠는가? 그러나 그의 예언이 마지막 예언자를ー 하가이 · 스가랴 · 말라기ー과 같이 씌어 있기 때문에 그들과 함께 포함되었다. 그러면 그의 책만 독립시켜 우선시키면 어떨까? 너무 부피가 작아서 잃어버리기가 쉬울 것이다. 이사야 · 예레미야와 에스겔보다 먼저 오니, 그들보다 제일 먼저 호세아가 와야 하지 않는가. 그러나 열왕기가 사원의 멸망에서 끝나고, 예레미야는 멸망에 대해서만 이야기하고, 에스겔은 멸망에서 시작해서 위안의 메시지로 끝나고 이사야는 위안만을 전적으로 취급하니, 멸망의 멸망을 함께 모으고 위안과 위안을 함께 모았다'.17)

　성서의 순서는 '룻기 · 시편 · 욥기 · 잠언 · 전도서 · 아가 · 애가 · 다니엘 · 에스더 · 에스라 · 역대기이다'.18)

　느헤미야가 목록 속에 없음을 주시할 것이다. 느헤미야는 에스라에 포함되어 있다. 성경의 성인록에 그의 이름이 실려 있지 않

---

17) 히브리 성경에는 이런 대칭적인 순서대로 되어 있지 않고 이사야가 예레미야보다 먼저 온다.
18) 히브리 성경의 순서는 이렇지 않다. 즉 시편 · 잠언 · 욥기 · 아가 · 룻기 · 애가 · 전도서 · 에스더 · 다니엘 · 에스라 · 느헤미야 · 역대기.

은 이유는 그 '자신의 복지를 생각했기 때문이니라. 말씀하시기를 "……내게 은혜를 베푸시옵소서"(느5:19) 다른 이유는 그가 선배들을 모욕했기 때문이니라. 말씀하시기를 "이전 총독들은 백성에게 토색하여 양식과 포도주와 또 은 사십 세겔을 취하였고'"(느5:15, 34:93b)

성경의 작가들은 다음과 같다. '모세는 율법서와 민수기의 발람 부분(민23f)과 욥을 썼다. 여호수와는 여호수아와 신명기의 마지막 여덟 구절(모세의 죽음을 묘사)을 썼다. 사무엘은 사무엘과 사사기와 룻기를 썼다. 다윗은 열 명의 장로와 함께 시편을 썼다. 즉 아담(시편 139)・멜리제데기(시편110)・아브라함19)(시편89)・모세(90~100)・헤만(시편88)・예루산(39, 62, 77편)・아사프(50, 63~83편), 그리고 코라의 세 아들(62~69, 84f, 87f)이다. 예레미야는 예레미야와 열왕기와 애가를 썼다. 헤제키아와 그의 동료20)는 이사야와 잠언, 아가와 전도서를 썼다. 대집회의 사람들이 에스겔과 12인과 함께 다니엘과 에스더를 썼다. 에스라는 에스라와 그 자신에 이르기까지의 역대기를 썼고 느헤미야가 역대기를 완성시켰다'(33:14bet, seq)

성경의 성인록을 어떻게 결정지었는가는 확실치가 않다. 어떤 곳에 이렇게 씌어 있다. '처음에는 잠언・아가와 전도서를 빼려고 하였다. 이들은 우화만21)이야기할 뿐 성서에 속하지 않기 때문에 대집회의 사람이 와서 영적으로 자세히 설명해 줄 때까지 빠진 채로 있었다'(65:1) 적어도 B.C.3 세기 경에 성인록이 결정되었으리라는 견해이다. 그리고도 그 후 5세기 동안에 성경에 있는 어떤 책들은 의문시당한 것이 확실하다.

성경 속에 어떤 책에 대한 불확실성이 B.C. 1세기 말까지도 상

---

19) Ethan이라고 신분이 밝혀져 있다.
20) 이것은 편집이란 뜻이다. 마지막 3권은 솔로몬이 썼기 때문이다.
21) 즉 세속적인 작문을 말한다.

존했음을 다음 구절에서 엿볼 수 있다. '모든 성경은 성서의 범주
에 속한다.22) 유다가 말하기를 아가는 성서에 속하지만 전도서는
논쟁의 여지가 있다. 요세가 말하기를 전도서는 성서에 속하지만
아가서는 논쟁의 여지가 있다. 시메온이 말하기를 샤마이 학파는
전도서에 대하여 미미한 결정을 내렸으나 힐렐 학파에서는23) 강
력히 비성인록이란 결정을 내렸다. 아자이는 말하기를 72명의 장
로가 모여서 아자리아를 아카데미의 수석으로 결정하던 날 아가
서와 전도서가 성서에 속한다고 결정지었다는 것이다. 아키바는
말하기를 하나님 맙소사! 아가서가 성서에 속하지 않는다고 생각
하는 사람은 이스라엘에는 없다. 이스라엘이 아가서를, 받은 날은
전세계가 축복할 가치가 있는 것이다. 모든 성서가 성스럽지만,
성서중에서도 성서가 아가서이다. 논쟁의 여지가 있는 것은 전도
서이다'(62:3:5)

　아가서가 성인록에 포함되는 것은 의문의 여지가 없다는 아키
바의 진술은 확증이 없다. 탈무드에서 기록하기를 '메이어가 말하
기를, 전도서는 성인록에 포함되지만 아가서는 논쟁의 여지가 있
다. 요세가 말하기를, 아가서는 성인록에 포함되지만 전도서는 논
쟁의 여지가 있다'(21:7a) 논쟁의 초점은 이 책들이 신적 영감을 받
은 것인지, 세속적인 작문인지에 달려 있다. 아가서에 관해서는
문제는 이것이 사랑의 전원시(詩)이냐, 아니면 하나님과 이스라엘
사이의 우화이냐 하는 점이다. 후자라는 의견이 우세하다, '아가
서는 성령에 의해 씌어졌으므로 성인록에 들어간다. 전도서는 성
인록에 들어가지 않으니, 그 이유는 이것이 솔로몬 개인의 지혜이

---

22) 이 표현은 암시된 대상이 성서의 범주에 속했다는 뜻이다.
23) 헬렐 학파는 사마이 학파에 비해 관대한 생각을 가진다. 그러나 세 가지 문제
　　에 관하여 힐렐파가 엄격하였으나, 그 중 하나가 전도서가 비성인록이란 점이
　　다.

기 때문이다'(Tosifta62:2:14)

전도서의 어려운 점은 뚜렷한 모순성에 있다. '현인이 전도서를 빼려고 하였으니, 이는 말들이 모순되었기 때문이니라. 현인들이 왜 그렇게 하지 못하였는가? 토라의 말씀으로 시작해서 토라의 말씀으로 끝남이니라. "사람이 해 아래서 수고하는 모든 수고가 자기에게 무엇이 유익한고"(1:3) 이에 대한 야니학파의 설명, 태양 아래서는 사람이 아무 이익을 얻지 못하지만, 태양 이전의 것, 즉 토라에서는 이익을 취한다. 전도서는 토라의 말씀으로 끝난다. 말씀하시기를 "하나님이 행하신 일을 보라. 하나님을 두려워하고 그의 율법을 지키라. 이것이 인간의 전부이니라."(7:13) 마지막 말은 무엇을 의미하는가? 모든 세상이 토라를 위하여 창조되었음을 말한다.

성서의 다른 책 중에 불확실하게 남은 것은 잠언이다.

'잠언서도 빼려고 하였으니, 이유는 서로 모순되는 말 때문이다. 그러나 그렇게 하지 못한 이유는 무엇인가? 그들이 말하기를, 전도서를 공부할 때 빼지 못한 이유를 발견하지 못하였던가? 여기에 대해서도 자세히 조사해 보자. "미련한 자의 어리석은 것을 따라 대답하지 말라"(잠26:4)

다음 구절에는 "미련한 자의 어리석은 것을 따라 대답하라". 그러나 여기에 모순은 없다. 한 구절은 토라의 말씀을 다룬 것이고 다른 구절은 세속적인 문제를 말함이니라'(12:30b) 최종 결정은 '성령이 솔로몬에게 임하사 세 권의 책을 지었느니라. 잠언·아가서, 그리고 전도서'(cant. R.1.1)

에스더도 마찬가지로 성경에 예고 없이 첨가된 것이 아닌가 하는 의문이 있었으나, 결국 '성령에 의해 쓰어진'(21:7a) 것으로 합의를 보았다. 욥기를 어떤 랍비들은 역사적 기록으로 간주하지 않

는다. '욥은 생존한 적이 없다. 욥기는 우화이다'(33:15a)라는 주장
때문이다.

성인록에 포함시킬 것인가 하는 논쟁을 일으키는 또 하나의 책
이 에스겔이다. 반대하는 데 두 가지 이유가 있다.

첫째, 사원의 의식에 관한 몇 구절이 '모세의 오경'과 거리가 멀
다. 그러나 그 구절들은 아주 하모니가 잘 되어 있다. '헤제키아[24]
를 기억하라. 그가 아니었으면 에스겔서는 토라와 모순을 일으켰다
고 해서 성인록에서 빠질 뻔하였다. 그가 무엇을 하였는가?

한밤중에 그의 다락방에 앉아 에스겔의 구절들이 토라와 화해
하는 점을 발견할 때까지 300되의 기름을 썼다'(12:13b)

또 다른 이유는 다음의 인용구에서 엿볼 수 있다. '한 어린이가
그의 선생의 집에서 에스겔서를 읽으며 차스말[25]을 공부하고 있
었다. 차스말(Chashmal)에서 받은 불꽃 같은 영감이 그 어린이
를 고민케 하였다. 그래서 선생이 에스겔서를 빼려고 하였으나,
헤제키아가 말하기를 "이 아이가 현명하다고 모두가 다 현명할
까?"(23:13a)

그 뜻은 이 소년은 특별하였고, 이 소년처럼 차스말과 같이 난
해한 것을 조사하려는 사람은 드물다는 뜻이다. 우리는 여기서 신
비한 에스겔서에서 일어날 수 있는 종교적 신앙의 미해결을 발견
할 수가 있다.

성인록에 무슨 책들을 넣을까 하는 문제에 합의를 보고난 후에
는 더 이상 추가하지 말라는 강력한 경고를 내렸다. '성령께서 말
씀하시기를 "스물 네 권의 책을 너희들을 위하여 썼으니, 더 이상
추가하지 말지니라!" 왜? "여러 책을 짓는 것은 끝이 없고 많이 공

---

24) 이 랍비는 B.C. 1세기의 전반부에 살았다.
25) 이 말은 에스겔 1장17절에 있는 말로 "호박"이란 뜻이다. 탈무드에서는 성난
   천사들의 무리로 설명한다.

부하는 것은 몸을 피곤케 하느니라".(전12:12)

24권의 책 이외에 한 구절이라도 읽으면 "외부의 책"을 읽는 것과 같다. 성서에 첨가하기 위하여 책을 만드는 자를 위해서는 내세에 그의 자리가 없음을 알라'(민 R14:4)

토라가 하나님의 영감에 의한 것이라는 것은 이미 인정된 독단이다. '토라가 하늘에서 온 것이 아니라고 말하는 자는 천국에 그의 자리가 없느니라'(34:10:1)

특히 율법서는 말 하나하나가 영감된 말로써 기록한 것이다. "'주님의 말씀을 경멸하였다"(민14:31) 이 말은 토라가 하늘에서 내려오지 않았다고 믿는 사람을 의미하고, 그 사실을 인정하더라도 한 마디로 성령이 말한 것이 아니라 모세의 임의대로 말한 것이다'(34:99a)

그러나 해석의 문제에는 많은 자유가 허용되었고, 문학적 의도는 산산조각이 났지만 의미의 교묘함은 그대로 두었다. "'내 말이 반석을 쳐서 부서뜨리는 방망이 같지 아니하냐?'(렘23:29) - 망치가 돌을 쪼갤 때 수많은 불꽃을 내는 것처럼, 성경도 수많은 해석이 가능하다'(34:34a)

§ 5. 구전 율법

랍비의 기본적 과제는 성전(聖傳)의 토라를 한 세대에서 다음 세대로 기록된 토라와 나란히 입으로 전해 주는 일이다. 기록된 토라와 마찬가지로 구전 토라도 세부까지는 아닐지라도 적어도 원칙만은 시나이산에서 묵시에 의해 받아졌다고 주장한다. 율법서의 기록에서 찾아볼 수 없는 42개의 법령은 탈무드에서 설명하기를 '시나이산에서 모세에게 내려준 법령'이다. 구전 토라의 나머지는 성경에 적용되고, 성경의 주석에 따라 추론할 수 있다.

　구전 토라를 위한 이런 주장에 사두개 교도26)가 심한 반발을 일으켰다. 자연히 랍비들은 이의 중요성과 가치에 대해 특히 강조하기에 이르렀다. 이에 다음과 같은 선언을 한다. '씌어 있다는 것은 무엇을 뜻하는가? "……너로 그들을 가르치려고 내가 율법과 계명을 친히 기록한 돌판을 네게 주리라!"(출24:12) "돌판"은 십계를 말함이요, "율법"은 모세의 오경을 말함이요, "계명"은 미쉬나를 말함이요, "내가 친히 기록할" 것은 예언자와 성서를 말함이요, "너로 그들을 가르치려고"는 게마라를 말함이니라. 이 구절이 뜻하는 것은 시나이산에서 모든 것이 모세에게 주어졌음이라'(1:5a)

　'하나님이 시나이산에 나타나 이스라엘에게 토라를 줄 때, 모세에게 순서있게 주셨다─ 성경·미쉬나·탈무드, 그리고 하가다의 순서로'(출R47:1)

　'하나님이 구전적 토라에 대해서는 이스라엘과 서약만 하셨다고 랍비들이 주장한다. 말씀하시기를 "이 말들27)을 기록하라, 내가 이 말들의 뜻대로 너와 이스라엘과 언약을 세웠음이니라."'(출35:27,29;60b)

　두 개의 묵시의 존재는 유대인과 비유대인 사이의 대화에서 지적된다. 예를 들어서 '로마 총독 퀴에터스가 가말리엘에게 묻기를 "이스라엘이 토라를 몇 개나 받았느냐?" 대답하기를, "두 개입니다─ 하나는 글로 쓴 것이요. 다른 하나는 구두로 전해 오는 것입니다"'.(sifre 신351:145a)

　힐렐과 개종자가 될 사람의 이야기에서 교재의 해석을 위한 매개체로서의 성전(聖傳)의 목적이 나타나 있다. '한 이교도가 샤마

---

26) 서문 p. 21을 보라.
27) 즉 씌어지지 않은, 말하는 말이다.

니 앞에 나타나 묻기를 "토라를 몇 개나 가지고 있습니까?" 대답하기를, "두 개일세—쓴 것과 구전적인 것."이교도는 말하기를, '씌어진 토라에 관해서는 믿겠지만, 구전적 토라는 믿지 못하겠으니, 기록된 토라만 가르쳐 준다는 조건으로 나를 개종시켜 주시오'. 샤마니는 화가 나서 그를 욕하며 내쫓았다. 그는 힐렐 앞에 나타나 똑같은 요구를 하여 받아들여졌다. 첫날 힐렐은 그에게 알파벳을 순서대로 가르쳐 주었으나, 다음 날에는 거꾸로 가르쳐 주었다. 이교도가 그에게 말하기를, "어제는 다르게 가르쳐 주지 않았습니까?"(12:31a) 그러면 왜 토라가 두 가지 형태로 주어져야 할 필요가 무엇인가? 여기에 계시된 답은 '하나님이 이스라엘에게 두 가지 토라—기록과 구전—를 주셨다. 기록된 토라를 주어서 그 속에 있는 630계율을 배워 미덕을 길러 주기 위함이요, 구전적 토라는 다른 민족과 구분 짓기 위하여 주셨다. 글로 씌어 있지 않기 때문에 이스마엘의 후손들이 기록된 토라를 조작하여 자기네 것이라고 했듯이 그렇게 못하도록 하기 위함이라'(민R14:10) 중세기에 비판을 피하기 위하여 이스마엘의 후손이라는 말로 대응하였다. 즉 기독교도를 말하는 것이다. 그러나 교회가 히브리 성경을 사용하면서, 유대인 특유의 자산이 유대인만을 위한 것이 아니게 되었다. 따라서 기독교가 사용하지 못하는 구전적 토라만이 기독교 사회에 사는 유대인들을 구분 지어 주는 것이다.

다른 설명이 다음 구절에서 지적되고 있다. '말씀하시기를, "너는 이 말들을 기록하라."'(출34:27)

또한 말씀하시기를, "이 말의 뜻대로."28)(출34:27)

이것을 어떻게 설명해야 할까? 기록된 토라의 말씀을 말로 인용하지 말아야 하고, 구두로 전해 오는 토라는 글로 쓰지 말아야

---

28) 히브리어로는 '이 말의 입에 의해'

한다.

이스마엘 학파는 설명한다. "너는 이 말들을 기록하라"는 이 말들은 받아 적지만 구전으로 전해오는 격언은 적지 말라(29;60b)

구전적 토라의 가장 중요한 목적은 이를 기록하지 못하는 데 있다. 기록된 토라의 법령은 영원하고 변치 않는다. 단지 환경이 실행하기 힘들 때-사원이 파괴되어 토지법령으로 희생되고 사람들이 포로가 되었을 때- 잠시 연기하였다가 때가 오면 다시 행하였다. 씌어 있지 않은 구전적 토라는 융통성 있게 남아서 기록된 토라를 다음 세대에 맞게 적응하도록 하였다. 다시 말해서 구전적 토라가 사회의 종교적 법령을 고정시켜 발전을 저해하는 것을 막아 주었다.

이 목적이 아주 명확하게 정의된 것을 다음 구절에서 볼 수 있다. '토라가 고정된 형태로 주어졌다면, 발을 붙이고 설 수도 없을 것이다.29) 자주 나타나는 구절 "하나님께서 모세에게 이르기를"이란 무슨 뜻인가? 모세는 하나님 앞에 말했다. "우주의 통치자시여! 각 법령의 마지막 결정을 알게 해 주소서". 대답하시기를, "대중을 따르라". 대중이 허용한다고 선언하면 허용되고, 대중이 금한다면 허용되지 않느니라. 따라서 토라도 49% 찬성과 49%반대의 해석이 가능하리라'"(p.34:22a)

따라서 세대가 바뀔 때마다 종교 지도자들은 당대에 맞게 구전적 토라를 제정함으로써 권위를 찾았다. 이 중요한 원칙을 다음의 신기한 주석에서 추론할 수 있다. '말씀하시기를, "하나님께서 예루발과 베단과 예프타를 보내셨으니"(삼상12:2) 더 말씀하시기를, "그 제사장 중에는 모세와 아론이요, 그 이름을 부르는 자 중에는 사무엘이라".(시99:6) 성경에서 세상에서 제일 보잘 것 없는 세 사람을 가장 중요한 세 사람과 비중을 같이한다. 예루발이 그의 세

---

29) 숙어로써, 위치가 아주 찰 수 없음을 뜻한다.

대에서는 모세와 같고, 베단이 그의 세대에서는 아론과 같고, 예프타가 그의 세대에서는 사무엘과 같다. 이 말은 즉 아주 보잘 것 없는 사람이 사회의 지도자로 지목되었을 때는 가장 중요한 사람과 같은 대우를 해야 한다는 뜻이다. 또한 말씀하시기를, "레위 사람 제사장과 당시 재판장에게로 나아가서 물으라. 그러면 그들이 어떻게 판결할 것을 네게 가르치리니"(신17:9) 그 당시 재판장이 아닌 사람에게로 갈 생각이 생기겠는가? 그 뜻은 그 당시의 권위자에게만 가라 함이다. 선언하시기를 "옛날이 오늘보다 나은 것이 어찜이냐 하지 말라"(전7:10, 19:25a,b)

이런 말을 기억한다면 다음의 말이 알기 쉽다. '뛰어난 제자도 스승의 앞에서 가르치고자 함은 시나이산에서 모세가 이미 들었느니라'(p.2:17a) 랍비의 교리는 고유의 묵시 기간에 뿌려진 씨앗을 거둔 것이다.

§ 6. 토라의 실행

탈무드의 기본 목적은 유대인에게 가르침이 법령 이상이 되어야 하며, 모든 면에서 인생 지침서가 되는 것이다. 유대인이 움직이고 존재하는 세상을 탈무드는 창조한 것이다. 모세의 5경에 포함되어 있는 613개의 교리의 뿌리에서 수많은 가지를 가진 나무가 자라나서 결실을 맺은 것이 누구든지 유용하게 쓰고자 하는 사람에게는 매일 매일 영적 양분을 제공한다.

탈무드가 유대인을 율법으로 너무 속박하여, 손발이 묶여 자유와 영혼을 잃어버렸다는 비난이 종종 있다. 이것은 국외자의 생각일 뿐, 탈무드 자체에서는 조금도 그런 사실을 찾아볼 수가 없다. 반대로 기쁨과 사랑의 영혼으로 '토라의 멍에'를 짊어진 그들에게 생기를 불어 준다는 증언이 있다.

'하나님께서 이스라엘이 미덕을 배우는데 기쁨을 느끼시고, 토라와 계율을 그들에게 내리셨다. 말씀하시기를 "여호와께서 자기의 의로우심을 인하여 기쁨으로 그 교훈을 크게 하며 존귀케 하려하셨으니"(사42:21,35:3:16) 이 구절이 기도서에 부록되어, 안식일날 교회에서 읽을 때 토라 밑에서 랍비의 인생에 대한 태도를 요약할 수가 있었다. 속박이라고 생각하기는커녕 특권으로서 신으로부터 사랑받는 표적으로 우러러보고 사랑과 은혜로 감사하고 있었다. 시편의 말 "얼마나 그대의 토라를 사랑하는지!"(시119:97)-는 비평을 요한다. '솔로몬이 말하기를, "사랑하는 마음"(잠5:19) 바로 이런 것이 토라이다. 모두 사랑하고, 토라를 사랑하는 사람은 누구나 인생을 사랑한다. 다윗도 토라에 대한 그의 사랑을 고백한다. "얼마나 그대의 토라를 사랑하는지!" 어디에 가든지 나와 함께 있고, 잘 때도 나와 함께 있다. 한 번도 조금도 유기한 적이 없다. 한 번도 유기한 적이 없으니, 나에게 짐이 되지 않고 노래의 근원이 되도다. 말씀하시기를, "나의 나그네된 집에서 주의 율례가 나의 노래가 되었나니."(시119:54,Midrash adloc:249b)

탈무드에 나타난 이런 축복은 일일 기도문의 일부가 되었고, 토라에 대한 진실한 느낌을 반영한다.

'내 주 하나님이시여, 우주의 왕이시여, 축복 있을진저, 당신의 계율로 우리를 신성케 하시고 토라의 말씀에 전념토록 명하셨나이다. 그러니 내 주 하나님이시여, 간청하노니 토라의 말씀을 우리의 입에 있게 하시고 당신의 백성의 입에 있게 하시고 이스라엘의 집에 있게 하시어, 모두 당신의 이름을 알고 토라에 전념토록 하게 하소서. 축복 있을진저, 주여, 당신의 백성 이스라엘에게 토라를 가르치소서. 우리를 여러 나라 중에서 선택하셔서 토라를 주신 내 주 하나님이시여, 우주의 왕이시여, 축복 있을진저! 우리에게 토라를 주신 주여! 축복 있을진저!'(1:11b)

행동의 지침 원칙은 '계율을 사랑으로 행하는 자가 두려움으로 행하는 자보다 위대하니라' 토라에 대한 사랑의 한 표시는 폭력으로부터 보호하기 위하여 주위에 울타리를 치는 것이다. 따라서 종교적 교리를 율법에 순응하는 필요 때문에 수행할 필요는 없고 의무를 충실히 이행하는 확실히 목표를 첨가시킬 필요가 있다. '문제는 무엇과 같은가? 과수원을 지키는 사람과 같다. 과수원을 외부로부터 지킨다면 과수원 전체가 보호를 받을 것이나, 내부에서 지킨다면, 그 앞에 있는 것이나 보호할 뿐, 뒤에 있는 것은 보호하지 못할 것이다'(24:21a) 예로써 '성스럽지 않은 것에서 성스러운 것으로 첨가하는' 규칙이 있다.(19:9a)

달력의 성스러운 날에 관하여- 즉 일하는 것을 안식일이나 축제가 시작하기 전에 중지하여 무심결에 성스러운 날을 방해하지 않도록 한다.

종교적 의무를 보호하려는 욕망이 아래에서 잘 나타난다. '현인들이 그들의 말에 '담장'을 치고서, 사람이 저녁에 들일에서 돌아와 "집에 가서 조금 먹고 마시고 그리고 기도하겠습니다"라는 말을 못하게 한다. 졸음이 와서 잠이 들어 밤새 자 버릴 수도 있으니까. 사람은 저녁에 들일에서 돌아와 교회에 들어가야 한다. 성경을 읽던 사람이면 성경을 읽게 하고, 상급반의 학습을 하는 사람이면 공부를 하게 하라. 그리고 기도를 하게 하라. 그 후에 먹고 감사하라고 하라. 이 문제에 관하여 현인의 말을 어기는 사람은 죽어 마땅하니라'(1:4b)

토라에 대한 헌신을 나타내는 또 하나의 규칙은 계율의 장식 (Hiddur Mitzvah)이다. 즉 율법에 의하여 요구된 이상의 무엇을 첨가하여, 사람이 할 수 있는 한 가장 좋은 방법으로 계율을 지키려 함이다. 이것은 출애굽기 15장 2절에 근거를 둔다. '그는 나의 하나님이시니 그를 칭송할 것이요'. '토라의 교훈으로 아름답게 하라. 하나님께 아름다운 초막을 지어 드리고(레23:42) 아름다운 종려가지《상동40》아름다운 나팔을 불어 신년을 고하고《상동24》아름다운 장식술(민15:38)아름다운 족자로 토라를 만들어 가장 좋은 펜으로 가장 훌륭한 대서인이 하나님을 명예롭게 써서 가장 좋은 비단에 감싸라'(12:133b) 따라서 유대 사상의 장식은 형식적인 것이 아니고, 열광과 사랑에서 우러나온 것이다.

반면에 하나님을 명예롭게 하려는 욕망이 지나쳐 해로울 수도 있다는 것을 인식해야 한다. 예를 들어 불모화한 결과가 될지도 모른다. 따라서 여기에도 규칙이 정해졌다. 'Hiddur Mitzvah는 삼류의 가치로 하는 것이 좋을 것이다'(31:9b) 즉 삼류가 장식하기 위하여 첨가를 하면 중간 정도의 비용이 든다.

그러면 토라에 대한 의무감은 소멸되게 될 것이다. 강요된 노역이기보다는 하나님의 즐거운 봉사로서 개인의 인생을 성스럽게 한다. 진실로 토라의 전목적은 인간 존재를 정화시키고 고상하게 하는 것이었다. 성경 구절 '하나님의 말씀은 정미하시니'30)은 다음의 교리를 지지하는 것이다. '계율은 인간을 정화시키는 목적으로 주어졌다. 예를 들어 동물의 목을 앞에서 자르든 뒤에서 자르든 하나님에게 무슨 상관이 있으리요?31)

하나님께서 주신 법령은 인간을 정화시키고자 함이니라(창R44:1) 모든 계율은 신의 보편성을 상기시키고 항상 마음을 하나님께 향하도록 하는 데 목적이 있다. 이 율법의 주된 것은 문 앞에

---

30) 히브리말로서 뜻은 "정화시키다".
31) 동물을 먹이로써 살육할 때를 보라.

붙여 놓은 메쭈자(Mezuzah), 옷의 술장식, 팔과 이마에 붙이는 부적 등이다.

이와 관련된 구절이 있다. '사랑하는 이스라엘아! 하나님께서 교훈으로 너희를 둘러쌌으니, 머리와 팔에 부적을 붙이고, 옷에는 술장식을 달고, 대문에는 메쭈자를 붙였으니, 이에 관하여 다윗이 말하기를, "주의 의로운 규제를 인하여 내가 하루 일곱 번씩 주를 찬양하나이다"'(시119:164, 34:43b)

위의 것을 각각 간단히 설명해 보자. 메쭈자는 계율의 엄밀한 실천이다. '네집 문설주 메쭈자와 바깥문에 기록할지니라'(신6:9) 전통적인 형태의 양피지에 신명기 6장 4~8절과, 6장 13~21절을 써서 상자에 넣어 대문에 들어설 때 오른쪽에다 붙여 둔다. 상자 밖에는 전지전능(Shaddai)이란 글자를 눈에 보이게 써 붙인다. 원래 목적은 유대인들에게 그들의 집 속에서도 하나님이 항시 감시하고 있다는 것을 일깨워 주고 하나님의 은총에 감사하게 하기 위함이다.32)

따라서 말씀하시기를, '팔과 머리에 부적을 붙인 자와 옷에 술장식을 단 사람과 대문에 메쭈자를 붙인 사람은 죄를 짓지 않게끔 되느니라'(42:43b)

그러나 대중에게는 메쭈자가 하나님의 보호를 약속해주는 부적이 되었다. 이에 관련된 두 가지 일화를 들어보자.

'파시아의 왕 아타반이 성인 유다에게 대단히 값나가는 진주를 보내며, 그에게도 이 선물에 상응하는 것을 보내줄 것을 요청했다. 유다는 메쭈자를 보냈다. 왕이 묻기를 "나는 너에게 값진 선물을 주었는데 너는 이런 보잘 것 없는 것을 보냈느냐!" 유다가 대답하기를, "전하의 물건과 저의 것은 같지가 않습니다. 전하께서는

---

32) it이나 him을 의미하나 설교의 목적으로 후자를 택한다.

나에게 지켜야 할 물건을 보내 주셨지만, 나는 전하가 잠들었을 때 전하를 지킬 것을 보내었습니다'"(p.2:15a)

다른 이야기는 온켈로스(즉 아킬라스)에 관한 것이다. 그는 로마의 귀족이었으나 유대 종교로 개종하였다. 이 말을 들은 황제가 군대를 보내어 그를 체포하려 하였으나, 그의 말에 감복하여 군인들도 유대교로 개종하였다. 황제가 최종적으로 그에게 동화되는 자는 엄벌에 처한다는 명을 내려 그를 체포하게 되었다. '그들이 집을 떠날 때' 그는 문설주에 붙어 있는 메쭈자를 쳐다보며 손을 그 위에 얹고 군인들에게 말했다.

'이것이 무엇인지 말해 주지, 이 세상의 관습은 왕이 방 안에 있고 종들이 밖에서 그를 지키나, 하나님께서는 그의 종들을 안에 두시고 하나님께서 밖에서 종들을 지켜주신다. 성경에 말씀하시기를, "여호와께서 너의 출입을 지금부터 영원까지 지키시리로다'"(시121:8, 38:11a)

트필린 부적은 끈이 붙어 있는 두 개의 작은 상자인데, 각 상자마다 네 개의 성구절- 출애굽기 13장 1~10절, 출애굽기13장 11~16절, 신명기6장 4~9절과 신명기 11장 13~21절-을 써 넣은 양피지가 들어 있다.

이것이 율법을 지키는 전통적 방법이다. '너는 또 그것을 네 손목에 매어 기호를 삼으며 네 미간에 붙여 표를 삼고'(신6:8) 목적은 토라의 가르침을 인생의 조절과 지근으로 삼아 유대교의 이상이 사상을 형성하고 인간의 행동을 가르치기 위함이다. 이는 탈무드의 현인 라바의 이야기에서도 엿볼 수 있다. '아바이가 라바 앞에 앉아서 아주 즐거운 듯이 보였다. 라바가 말하기를, '성경 말씀에 '기뻐서 떨리도다'"(시2:2) 아바이가 대답하기를, "부적을 달았노라"(1:30b)라바가 낮에 그것을 붙이면 지나친 행동을 방지하는 온

건한 영향을 줄 것이라고 반박하였다. 계율, '너의 하나님 여호와
의 이름을 망령되이 일컫지 말라'(출20:7) 이 다음과 같이 해석되었
다. '부적을 달고 하나님의 이름으로 나가 죄짓지 말라'(14:111b)

푸른 술장식의 목적은 다음 구절에서 묘사되었다. '이 술은 너
희로 보고 여호와의 모든 계명을 기억하여 준행하고'(민15:39) 여기
에 대하여 탈무드에서 말하기를, '이 장식은 모든 교훈과 일치한
다. 왜냐하면 보게 되면 기억하게 되고 기억하게 되면 행하게 되
기 때문이니라'(42:43b) 부도덕한 일을 하다가 그의 옷 술장식을 보
고 깨달아 자신을 구원한 사람의 예도 있다.(42:44a) 이렇게 가르
쳤다.

'이 장식에 각별히 유의하는 사람은 후광을 받을 가치가 있
다'(42:43b)

'너희로 보고보다는 "그를 보고"[33]가 더 나을 것이다. 술장식을
다는 사람은 누구든지 후광을 받는다고 선언한다. 술장식 색깔이
푸른 색깔이므로, 푸른 창공과 같은 바다 색깔과 같은 영광의 왕
관과 같다'.[34]

술장식의 사용에 대한 이해는 사람의 생활을 정하게 해주고 따
라서 하나님과의 보다 가까운 영교를 할 수 있게 해 준다.

여기에서도 종교적 의식을 호신용으로 보려는 미신적 가치관을
발견할 수가 있다. 술장식을 달기를 게을리 한다든지, 메쭈자를
문설주에 붙이지 않음으로 해서 아이들이 죽은 예도 있다.(12:32b)
반대로 '술장식을 충실히 다는 사람은 2,800명의 하인이 그를 시
중듦과 같으니라. 말씀하시기를, "여호와가 말하노라. 그 날에는
방언이 다른 열국 백성 열 명이 유다 사람 하나의 옷자락을 잡을

---

33) it이나 him을 의미하나 설교의 목적으로 후자를 택한다.
34) 에스겔 1장 25절을 보라.

것이다. 곧 잡고 말하기를, 하나님이 너희와 함께 하심을 들었나
니 우리가 너희와 힘께 가려 하노라 하리라 하시니라.'"(슥8:23,
12:32b)35)

랍비가 성경의 법령을 발전시킨 것 가운데 가장 놀라운 것이 안
식일일 것이다. 성경에서는 단지 안식일에 어떤 일도 하지 말라는
일반적인 계율을 말씀하셨으나, 탈무드 전체가 안식일에 신성모
독이 되느냐 안 되느냐 하는 일로 꽉 채워져 있다. 금지된 사항은
39개 분야로 나뉘었다.

'씨뿌리기, 밭이랑 갈기, 베기, 단으로 묶기, 도리깨질, 키질, 이
삭줍기, 갈기, 체질, 빵반죽, 빵굽기, 털깎기, 탈색, 솔질, 염색,
물레질, 밧줄로 배 끌기, 두 개의 피륙짜기, 두 개의 실짜기, 밧줄
의 실 가르기, 매듭매기, 매듭풀기, 두뜸 바느질, 바느질하기 위하
여 천을 찢기, 사슴 사냥, 살육, 가죽 벗기기, 소금에 절이기, 수
피 만들기, 머리카락을 부스러뜨리기, 머리카락을 자르기, 알파벳
2개 쓰기, 2개의 알파벳 쓴 것을 지우기, 집 짓기, 허물기, 불 지
피기, 불 끄기, 망치로 때리기, 물건을 한 곳에서 다른 곳으로 옮
기기'.(12:7:2)

여기에 속하는 각 항목이 정의를 내리는 데 여러 가지 문제점이
있다. 어떤 특정한 행동이 위에 열거한 범주에 들어가나 아닌가
하는 의문이 끝없는 토론을 일으킨다. 그 중 한 가지 예를 들어 보
자. 제일 마지막 조항에서 두 가지 조사를 할 수 있다. 첫째 문제
는 물건을 옮긴다는 것이 어떤 점에서 안식일을 모독하는가 하는
점이다. 소책자 샤바트(Shabbath)의 첫 장에서 그 점을 다루고
있다. 미쉬나의 첫 구절은 다음과 같다. '물건을 한 곳에서 다른

---

35) 2,800명이란 숫자는 이렇게 해서 나왔다. 70개의 나라가 있다. 10개의 나라가
   각각 관계를 갖는다. 700이 된다. 700개가 옷의 네귀퉁이에 달린다. 따라서
   700×4=2,800이다.

곳으로 옮기는 데는 두 가지 행동이 있다. 이것이 집안에 끼친 결과는 네 가지가 되고, 밖에서도 네 가지가 된다. 어째서 그러한가? 예를 들어 거지가 밖에 서 있고 집주인이 안에 있을 때 거지가 손을 내밀어 집 속에서 무엇을 집주인의 손에 놓거나 집주인에게서 받아서 손을 밖으로 빼낸다. 그럴 경우 거지는 안식일을 모독한 죄가 되지만 주인에게는 죄가 없다. 집주인이 손을 뻗어 거지의 손에 무엇을 놓거나 빼내어서 손을 집안으로 끌어들이면 주인은 죄가 있으나 거지에게는 죄가 없다. 거지가 손을 뻗어 집안으로 내밀어 집주인이 무엇을 받아 내거나 거지 손에 무엇을 놓아주면 둘 다 죄가 없다. 집주인이 손을 밖으로 뻗어 거지가 무엇인가를 그 손에서 가져가거나 갖다 놓을 때는 둘 다 죄를 짓는다'. 이 예에서 느낄 수 있는 것은 랍비가 안식일 법령을 얼마나 복잡하게 만들었는가 하는 것이다.

두 번째 문제는 안식일에 금지된 사항에서 무엇이 짐이 되는가 하는 점이다. 예를 들어 여인의 복장에 관하여 어떤 것이 의복이고 어떤 것이 장신구이고 하는 것을 결정짓는 규율이 있다. 장신구라고 규정지은 것은 쓸데없는 짐으로 간주된다.

'안식일에 여인은 자기의 머리를 만들었든 남의 것으로 만들었든 동물의 털로 만들었든간에 편발을 쓸 것, 이마 장식과 머리에 맞는 장식을 할 것, 집에서는 머리에 망을 쓰거나 가짜 커얼을 만들 것, 귀와 구두와 위생용으로 솜뭉치를 준비할 것, 후추알이나 소금알 같은 것을 안식일 전에 입에 넣을 것, 만약 그것들이 입속에서 빠져나오면 다시 넣지 말 것, 이는 의치든지 금니를 해 넣을 것, 금니는 현인들은 금했지만 유다는 허락했다'(12:6:5)

위에 열거한 것들이 안식일에 관계되는 많은 율법 중의 일부이다. 랍비의 궤변 속에서 신성한 날이 악몽과 같아지고 기쁨과 영성을 모조리 박탈한다는 비난을 정당화시키는 듯도 하다. 그러나 진실로 이 율법을 체험한 사람들이 이 법의 가혹성에도 불구하고 귀찮은 짐으로 간주하기보다는 안식일을 광명과 아름다움과 경건의 날로 즐겁게 선포한 것이다.

안식일 저녁에 낭송하기 위하여 한 랍비가 지은 간단한 기도를 소개한다.

'내 주 하나님이시여! 당신의 사랑으로 당신의 백성 이스라엘을 사랑하시고, 우리의 왕이시여! 당신의 서약의 어린이들을 위하여 인정을 베푸셔서, 내 주 하나님이시여! 이 위대하고 성스러운 일곱 번째 날을 우리에게 사랑으로 주셨나이다"(Tosifta1:.3:2) 안식일을 은혜로 기쁨으로 아는 자만 이런 말을 할 수 있을 것이다. 성경 말씀에 '나는 너희를 거룩하게 하는 여호와인 줄 너희로 알게 함이라'(출31:13) 또한 이같은 말도 있다. '하나님이 모세에게 이르시되 내 보고 속에 안식일이라 부르는 아주 귀한 선물이 있으니 이를 이스라엘에게 주려고 하니 가서 그들에게 알려 주라'(12:10b)

안식일의 준수는 아주 엄격하였다. 죽은 친척의 장례 후에 일주일 동안이나 계속되는 조의(弔意)의 공중적인 표명도 안식일에는 금지되었다. 여기에 관한 구절은 '안식일을 기쁨이라 부르라'(사58:13) 여기에 근거를 두고 집에는 등을 켤 것을 권장하고(12:25b) 최고로 좋은 옷을 입고(12:113a) 아주 훌륭한 세 끼니를 준비하라고 한다.(12:117b)

안식일을 영예롭게 하기 위하여 자유롭게 지내는 것이 칭찬받을 행동으로 여겨지고, '안식일에 찾아오는 이에게는 누구나 융숭히 대접하라'(12:119a)로 보증을 받는다. 한 랍비가 안식일에 동료의 집을 방문하였다. 진수성찬이 가득 차려진 상이 그 앞에 놓여졌다.

'내가 오는 것을 알았나? 이렇게 음식을 많이 장만하다니'.
손님이 물었다.

'자네가 내게 안식일보다 더 중요할 줄 아는가?'라고 주인이 반박했다. 안식일을 영예롭게 하는 풍습은 다음의 말에서 나온 것이다. '나는 어두우나 아름답다'(cant:1:5) 즉 '나(이스라엘)는 주중에는 어두우나 안식일에는 아름답다'(Midrashad loc.)

두 명의 랍비가 행한 헌신은 얼마나 사랑스러우냐! 챠니나가 금요일 저녁 해질 무렵에 최고로 성장을 하고 저녁놀을 향하여 소리쳤다. "오라, 여왕, 안식일을 만나러 가자".

야니는 안식일 저녁에 최고로 성장을 하고서 소리쳤다.

"들어오너라, 신부여! 들어오너라, 신부여!"(12:119a)

안식일의 목적은 생활을 신성하게 하는 것이다.

"'너희에게 성일이 됨이라"(출31:14)

이 말은 안식일이 이스라엘에게 성스러움을 더해 줌을 가르치는 것이다'(Mech.adloc:a,4a) 최근에 생긴 믿음은 '추가적인 영혼'으로 안식일을 영예롭게 하는 자에게 안식일이 주어진다는 것이다.

안식일이 사람들의 생활에 소개한 특별한 맛에 대한 이야기 두 가지가 있다.

'황제가 샤난야에게 묻기를, "여찌하여 안식일 음식은 이렇게 냄새가 향기로우냐?" 대답하기를, "새버스36)(안식일)라고 부르는 향료를 가지고 있는데, 이 음식 속에 그 향료가 들어 있어 향기롭습니다". 황제가 그 향료를 가져올 것을 청하였으나 "안식일을 지키는 사람만이 얻을 수 있습니다"라고 답하였다'(12:119a)

'유다가 안토니누스를 안식일에 접대하는데 음식이 모두 차가왔다.37) 주중에 다시 그를 접대하였는데 음식이 뜨거웠다. 안토니누스가 말하기를 "저번에 먹은 음식이 더 맛있습니다". 주인이 답하기를 "이 음식에는 향료가 덜 들어갔어요. 새버스가 빠졌습니다". "새버스가 있습니까?"(창R11:4)

안식일이 탈무드가 가장 공을 들인 성경 법령의 정교라면, 주의 사정에 의하여 준수치 못하게 되었을 때 성경법령의 중요한 부분을 어떻게 지켰는지 의문을 가져 보아야 한다. 이스라엘 백성의 생활에서 사원과 의식은 매우 중요한 역할을 하였다. 탈무드에서도 그에 관한 묘사로 많은 지면을 차지했다. 랍비에게는 희생이란 것은 신성한 행동이었다. 그러면 사원이 없어질 때 그들의 태도는 어떻게 될까? 그 답은 랍비 요하난과 그의 제자 요수아의 이야기에 잘 나타나 있다. "어느 날, 그들이 예루살렘을 떠나서 요수아가 허물어진 사원을 보고 소리쳤다. '슬플진저! 이스라엘이 속죄를 하던 곳이 무너졌구나!" 요하난이 말하기를 "내 아들아, 슬퍼 마라. 효능이 똑같은 속죄할 것을 가졌으니 그것은 자비의 행함이니라'"(65:4) 하나님께서도 비슷하게 선언하셨다. '네가 행하는 정의와 의로움을 속죄보다 더 랑하노라'(p.1:4b) 다윗을 통하여 이렇게도 말씀하셨다.

'토라를 공부하느라 하루를 보내는 것이 너의 아들 솔로몬이 내게 바칠 제단의 수천의 불에 구운 속죄보다 내게 이로우니라'(12:30a)

탈무드가 유대인에게 가르친 교훈 중 가장 위대한 것은 사원의 끝남이 그들 종교의 끝이 아니라는 점이다. 그 유실은 심각하겠으나 하나님에게 접근 방법은 열려 있었다. 선행과 정의와 토라 연구에 관하여 기도가 있었으니 이는 '속죄보다 더 위대하다'(1:32b)

---

37) 안식일에는 요리가 금지되었으므로 그 이전에 음식을 준비하여 두니 차가운 음식이 된다.

고 선언하였다. 다음 구절들에서 근거를 둔다. '우리 입술의 송아
지를 바치겠나이다'(호14:2) '하나님에게 바치던 황소 대신에 무엇
을 바치리? 하나님께 기도를 드리는 우리 입술이니라'(14:165b)

여기서는 토라의 랍비적 이론의 설명을 외적인 스케치를 시도
해 본 것에 불과하다. 완성하기 위해서는 책 한 권을 다 소비하여
야만 할 것이다.38)

현대 종교 개념에서 이 문제를 옳지 않게 보는 경향이 있다. 이
것은 랍비 자신들의 설명만이 정당한 평가를 받을 것이고 가장 공
정한 방법은 실용주의적인 것이다. 랍비들의 토라에 대한 해석에
의존해서 유대교가 사원이 무너지고 국가가 없어졌는데도 계속되
었으나, 유대교의 라이벌인 사두개 교도들은 역사에서 사라져 버
렸다. 이스라엘의 종교를 지키는 것이 그들의 목표였고 이 점을
깨우쳤다는 것이 그들의 진실한 가르침의 증거이다.

---

38) R.T.Herford의 "The Pharisees"(1924) 읽기를 권한다. 주제가 아주 뛰어나게 다
루어졌다.

토라 탈무드

1990년 5월 15일 1판 1쇄 인쇄
1990년 5월 20일 1판 1쇄 발행
1998년 9월 10일 1판 2쇄 발행
2013년 7월 20일 1판 3쇄 발행
2017년 6월 15일 1판 4쇄 발행

지 은 이 Dr. A. 코언
옮 긴 이 기독문서간행회
펴 낸 이 심 혁 창
마 케 팅 정 기 영

펴낸곳 **도서출판 한글**
서울특별시 서대문구 신촌로 27길 4호
☎ 02) 363-0301 / FAX 02) 362-8635
E-mail : simsazang@hanmail.net
등록 1980. 2. 20 제312-1980-000009

GOD BLESS YOU

정가 **18,000원**

*
ISBN 97889-7073-126-1-93230